Angelika Feilhauer

Feste feiern in Deutschland

Angelika Feilhauer

Feste feiern in Deutschland

Ein Führer zu alten und neuen Volksfesten und Bräuchen

Sanssouci

Die Schreibweise in diesem Buch entspricht
den Regeln der neuen Rechtschreibung.

5 4 3 2 1 04 03 02 01 00

ISBN 3-7254-1185-9

Redaktion: Beate Rieppel, Holzkirchen
Veranstaltungskalender: Cornell Ehrhardt
Satz: Satz für Satz. Barbara Reischmann, Leutkirch
Druck und Bindung: Franz Spiegel Buch GmbH, Ulm
Printed in Germany

Inhalt

März

April

Mai

Juni
136

Juli
157

August
177

September
192

Oktober

205

November

218

Dezember

235

Veranstaltungskalender

275

Vorwort

Feste und Bräuche – das Thema ist beinahe unerschöpflich und lässt sich in einem Buch kaum umfassend behandeln. Man könnte meinen, dass es in unserer modernen Welt gar keinen Platz mehr hat, aber das Gegenteil ist der Fall. Nie hat es in der schwäbisch-alemannischen Fastnacht so viele Maskenträger gegeben wie heute, nie sind Jahr für Jahr so viele neue Feste entstanden, die an frühere Bräuche, alte Traditionen oder geschichtliche Ereignisse anknüpfen. Manche werden gar von einfallsreichen Verkehrsdirektoren schlichtweg erfunden, um den Tourismus mit zusätzlichen örtlichen Attraktionen anzukurbeln, und oft genug sind sie ohnehin wenig mehr als historische Vorführungen. Dennoch, das Interesse ist groß und die wachsenden Zuschauerzahlen sind eine Bestätigung.

Bräuche und Feste waren und sind im ständigen Wandel begriffen und stellen eine Mischung verschiedenster Elemente und Traditionsstränge dar. Ihre Ursprünge lassen sich vielfach nicht eindeutig feststellen. Sie entstanden oft in enger Beziehung zum Jahreslauf der Natur, markierten jahreszeitliche Wendepunkte oder waren im Zusammenhang mit bestimmten Lebenssituationen oder bedeutsamen Ereignissen der Vergangenheit zu sehen. Sie wanderten von einer Kultur zur anderen und wurden im Laufe der Zeit immer wieder anders interpretiert. Vor allem im 19. Jahrhundert belebte man viele Bräuche und Feste neu, die während Reformation, Aufklärung und Säkularisation untergegangen waren, und schrieb ihre Entstehung den alten Germanen zu. Eine Vorstellung, die sich bis weit nach dem Zweiten Weltkrieg hartnäckig hielt, obwohl neuere Forschungen eindeutig zeigen, dass diese Bräuche zum größten Teil noch gar nicht so alt sind.

Dieses Buch versteht sich als Reiseführer in die Vergangenheit und Gegenwart. Der Hauptteil wurde nach Monaten gegliedert. Er gibt einen Überblick über einzelne Festtage im Jahreslauf und mit ihnen verbundene Bräuche. An die einzelnen Kapitel schließen sich Tipps für Veranstaltungen an, von denen manche auf einige hundert Jahre Geschichte zurückblicken können; andere wurden erst kürzlich geschaffen. Aber was heute neu ist, kann in einigen Jahrzehnten Brauchtum sein und gerade in den neuen Bundesländern wurden erst nach der Wende viele Feste wiederbelebt oder neu geschaffen. Einige der Veranstaltungen sind riesig, andere klein. Bei ihrer Auswahl ging es vor allem darum, einen Eindruck von ihrer Vielfältigkeit quer durch die Republik zu vermitteln. Dieser Teil erhebt daher ebenso wenig Anspruch auf Vollständigkeit, wie der nach Bundesländern zusammengestellte Veranstaltungskalender im Anhang, für den aus Platzgründen ebenfalls eine Auswahl getroffen werden musste. Denn eines ist sicher: Die Deutschen feiern gern und zahlreich sind ihre Feste.

Meinen herzlichen Dank möchte ich an dieser Stelle Cornell Ehrhardt aussprechen, die mit endloser Geduld durch unermüdliche Recherchen und Tausende von Telefonaten den Terminkalender des Anhangs zusammengestellt hat. Ohne sie wäre das Buch nicht möglich gewesen.

Januar

Das Kalenderjahr beginnt mit einem Monat, in den nur wenige Feiertage und Feste fallen. Vermutlich sind die Menschen hierzulande bei kalter Witterung nicht oft in festlicher Stimmung. Die Bezeichnung Januar ist auf den römischen Kalender zurückzuführen. Seit Cäsar begann das Jahr mit dem Monat Ianuarius. Sein Namensgeber war Janus, der römische Gott allen Anfangs, der Gott der Türen und Tore, sodass der Januar den Eingang zum neuen Jahr darstellt. Janus hat zudem zwei Gesichter: eines ist greisenhaft, eines jugendlich. Sie symbolisieren Vergangenheit und Zukunft.

Der Januar galt einmal als wichtiger Wetterprophet. Herrschte große Kälte, glaubte man an eine gute Ernte und daran, dass die Hühner viele Eier legen würden. Mildes Wetter und Regen hingegen, kündeten nach dem Volksglauben für das bevorstehende Jahr eine hohe Sterblichkeit an, vor allem unter der weiblichen Bevölkerung.

Neujahr – *1. Januar*

Der 1. Januar gehört zu den Festen unseres Kalenders, die sich von kirchlichen immer mehr zu bürgerlichen Festtagen entwickelten. Die frühchristliche Kirche setzte an diesem Tag das Fest der Beschneidung und Namensgebung Jesu ein – nach dem Wortlaut des Lukasevangeliums, in dem es heißt: »Als acht Tage vorüber waren und das Kind beschnitten werden sollte, gab man ihm den Namen Jesus.« Da das Christentum die *Beschneidung* im Grunde ablehnte (das Fest der Namensgebung feiert man heute noch), trat dieser Gedenktag langsam in den Hintergrund, bis er 1960 von der Kirche abgeschafft wurde. In der katholischen Kirche feiert man heute an Neujahr vor allem das Hochfest der Gottesmutter Maria.

Als eigenständiges Fest gibt es Neujahr seit 546, doch bereits 567 wurden im Bemühen um die Christianisierung des Kalenders auf einer Synode für den ersten Tag des Jahres Sühnegottesdienste und Bittgänge eingeführt, um die ausufernden Feiern einzudämmen. In Rom hatte man schon in vorchristlicher Zeit den Jahresbeginn mit ausgelassenen Festlichkeiten, den *Calendae Ianuariae*, begangen. Am Neujahrsmorgen brachte man nicht nur Janus, sondern auch dem Gott Jupiter und der Göttin Strenua Opfer, beschenkte sich gegenseitig und wünschte sich Glück für das neue Jahr. Wahrscheinlich verlagerte sich auch manches aus dem Brauchtum der Saturnalien (siehe S. 253) auf diesen Tag, an denen früher im Monat Dezember das neue Jahr mit närrischem Treiben gefeiert worden war. Offenbar noch bis ins Mittelalter hinein fand ein »Fest der Narren« statt. Dann sangen sogar Priester und ehrbare Bürger von Masken begleitet schamlose Lieder, zogen in den Kleidern ihrer Oberen umher und verspotteten Kirche und Hof, wobei sie selbst die höchsten Persönlichkeiten nicht schonten. Wie bei allen Bräuchen, die eine »verkehrte Welt« zum Thema haben, ging es darum, der Gesellschaft einen Spiegel vorzuhalten und eitlen, machtsüchtigen Würdenträgern die Masken herunterzureißen. Auswüchse führten vermutlich dazu, dass das Fest abgeschafft wurde.

Die schon in Rom gebräuchlichen Segenswünsche zu Neujahr galten lange Zeit vor allem Herrschern, die ihre Untertanen empfingen, um deren Huldigungen entgegenzunehmen. In dieser Tradition stehen übrigens die bis heute selbst in Demokratien noch üblichen Neujahrsempfänge.

Auch die Gaben, mit denen sich die Römer beschenkten, kennt man noch heute, doch an die Stelle von Feigen, Datteln und Honig traten Marzipanschweinchen, goldene Schokoladentaler, Glücksklee, Schornsteinfeger und Hufeisen – Dinge, die nach altem Aberglauben

Der Kalender

An der Geschichte der Menschheit gemessen hat der heutige Kalender noch keine lange Gültigkeit. Er fußt auf verschiedenen Zeitrechnungen, doch entscheidende Bedeutung kam dem römischen Kalendersystem zu. Man hatte das Jahr in 304 Tage und zehn Monate – Martius, Aprilis, Majus, Junius, Quintilis, Sextilis, September, October, November, December – eingeteilt. Schon im 7. oder 6. Jahrhundert v.Chr. fügte man dann noch zwei weitere Monate – Ianuarius und Februarius – hinzu. Das normale Jahr hatte fortan 355 Tage und war damit ein reines Mondjahr. Jahresbeginn blieb der 1. März.

*In der Folgezeit unternahmen die Römer viele erfolglose Versuche, den Sonnenlauf in ihrem Kalender zu berücksichtigen. 153 v. Chr. führte man das so genannte konsularische Jahr ein, das mit dem 1. Januar begann, dem Tag, an dem die Konsuln ihr Amt antraten. Julius Cäsar sah sich 46 v. Chr. zu einer erneuten, durchgreifenden Kalenderreform gezwungen: Er schuf den julianischen Sonnenkalender mit 365 Tagen und behielt den Jahresbeginn am 1. Januar bei. Die Monatsnamen blieben erhalten, was aber bedeutete, dass der nunmehr neunte Monat dennoch weiterhin »siebenter« (*septem *= sieben) hieß, und die drei folgenden Monatsnamen bis zum Jahresende ebenfalls in ihrer Bezeichnung nicht mehr mit der tatsächlichen Zählung im Jahresverlauf übereinstimmten. Doch auch Cäsars Kalender war nicht vollkommen präzise, sodass sich bis zum*

Glück bringen sollen. Das Hufeisen etwa gilt als Glücksbringer und Schutz, weil eine Legende erzählt, der heilige Dunstan habe einmal den Huf des Teufels so lange beschlagen, bis dieser um Gnade flehte und versprach künftig alle zu schonen, die ein Hufeisen bei sich trugen. Der Kaminkehrer soll seinen Ruf als Glücksbringer der Tatsache verdanken, dass er früher an Neujahr seine Rechnung brachte und daher zu den ersten Gratulanten gehörte.

Heute ist es üblich, dass man sich schon nach den Mitternachtsschlägen Glück und Gesundheit wünscht. Man stößt an mit den Worten »Prosit Neujahr« und benutzt damit eine aus dem Lateinischen abgeleitete Wunschformel. Ein alter Brauch ist das Neujahrsgewinnen: Wer dem anderen mit dem Neujahrswunsch zuvorkommt, kann von ihm ein Geschenk einfordern. Manchmal mussten die Neujahrswünsche gereimt und auf denjenigen, der sie erhielt, bezogen sein.

Wenn sich die Menschen am Neujahrsmorgen besuchten, brachten sie sich Gebäck, das oft mit Sprüchen verziert war. Von diesen so genannten Gebildbroten (siehe S. 247) haben sich bis heute einige erhalten. In der Gegend von Aachen und in der Eifel etwa gibt es das so genannte Neujährle mit einer Art Knauf an beiden Enden, das als Doppelgesicht des Janus gedeutet wird oder als Rückblick auf das alte und Ausschau auf das neue Jahr. Auch in der Lausitz sind Neujährchen bekannt. In einem 1841 erschienenen Buch über sorbisches Brauchtum ist zu lesen: »Am Abende vor dem neuen Jahre und heiligen Dreikönigstage, bisweilen an diesem Feste selbst, backen einige mancherlei Figuren von Teig in Gestalt der Kühe, Schafe, Schweine, Gänse etc., von denen sie die zum neuen Jahr gebacknen Neujährchen, die zum Dreikönigstage zubereiteten aber Dreilinge nennen. Diese Figuren werden von Kindern ihren Paten geschenkt, von denen sie dafür ein Gegengeschenk erhalten und dem Vieh zum Fraße geben, welches dadurch recht gedeihen soll.«

Ein weiteres verbreitetes Brauchtumsgebäck des

16. Jahrhundert wiederum eine deutliche Abweichung zum Sonnenjahr ergeben hatte und Papst Gregor XIII. eine erneute Kalenderreform durchführte. Sein gregorianischer Kalender gilt noch heute.
Obwohl sich der julianische Kalender, bedingt durch Größe und Macht des Römischen Reiches, rasch verbreitete und ihn auch die frühen Christen übernahmen, hielten sich in Europa dennoch für lange Zeit neben dem 1. Januar andere Jahresanfänge, die zum Beispiel auf den nicht genau definierten Mittwintertag, den Frühlingsbeginn, oder kirchliche Festtage wie den ersten Advent, den 25. Dezember oder Ostern fielen und immer wieder wechselten. Das Kirchenjahr unterscheidet sich auch heute vom Kalenderjahr. Erst Ende des 17. Jahrhunderts stand in den meisten europäischen Ländern der 1. Januar als kalendarischer Jahreswechsel fest. Die häufige Verlegung des Neujahrstermins wirkte sich natürlich auf die mit dieser wichtigen Wendezeit verbundenen Bräuche aus, und so finden wir noch heute an einstigen Neujahrsterminen Übergangsriten.

Neujahrstages sind die Neujahrsbrezeln. Im Süden Deutschlands schenkten junge Männer einst ihrer Liebsten an Neujahr Brezeln, die auch sonst im Brauchtum immer wieder Verwendung fanden (siehe S. 69). In anderen Gegenden aßen die jungen Männer selbst am Silvesterabend Brezeln und zogen anschließend mit dem letzten Mitternachtsschlag durch das Dorf, um das neue Jahr anzusingen.

Dieses Neujahrsansingen ist ebenfalls eine alte Sitte, die bereits vom heiligen Bonifatius erwähnt wird. Inhalt der »Ansingelieder« waren wiederum Neujahrswünsche, die allerdings nicht ganz selbstlos gesungen wurden, denn es handelte sich um einen Heischebrauch. Im Lauf der Zeit artete die Sitte jedoch derart in Bettelei aus, dass es im 15. und 16. Jahrhundert zu zahlreichen Verboten kam. Trotzdem wird bis heute musiziert, und Neujahrskonzerte stehen in enger Beziehung zu dem alten Brauch.

Heischebräuche
Die an vielen wichtigen Festtagen des Jahres praktizierten Heischebräuche mögen zwar häufig ihre Wurzeln in anderem Brauchtum haben, doch verselbstständigten sie sich im Laufe der Zeit zu dem Zweck, Gaben zu sammeln. In vernünftigem Rahmen betrieben war das sicher ein sinnvoller Brauch, denn er bot an Festtagen armen Leuten, vor allem Kindern, die in jener Zeit nicht durch ein soziales Netz aufgefangen wurden, Gelegenheit, am Überfluss der Bessergestellten teilzuhaben. Das Wort heischen leitet sich vom althochdeutschen eiscon *ab, was »fragen, fordern« bedeutet, und auch im englischen Verb* to ask *erhalten ist.*

Schriftliche Neujahrswünsche haben ebenfalls eine lange Tradition. Am Anfang standen vermutlich Andachtsblätter, die zu Neujahr von Klöstern verschenkt wurden. Bald nach Erfindung der Buchdruckerkunst dienten dann kolorierte Holzschnitte als Neujahrswünsche. Im 15. und 16. Jahrhundert war es unter den wohlhabenden Bürgern üblich, sich gedruckte oder gemalte Wünsche zum neuen Jahr zukommen zu lassen. Ende des 18. Jahrhunderts begannen Lehrer die Kinder zum Schreiben und Malen von Neujahrswünschen anzuhalten. Im ausgehenden 19. Jahrhundert endlich fanden mit der Verbilligung der Drucktechniken Neujahrskarten immer weitere Verbreitung.

Das Feiern des neuen Jahres beschränkt sich heute weitgehend auf die Silvesternacht. Überall begrüßt man das neue Jahr mit Knallerei und Feuerwerk, an manchen Orten mit Posaunenklängen und Glocken, in Küstenstädten auch mit Schiffssirenen. Obwohl heute von den alten Inhalten nur noch wenig im Bewusstsein der Feiernden erhalten ist, geht diese Sitte auf Lärmbräuche zurück, mit denen man früher Dämonen und Totengeister verscheuchen wollte, die nach altem Aberglauben in den dunklen Winternächten ihr Unwesen trieben. Um Mitternacht dominierten Glücks- und Abwehrzauber: So trank man etwa in versammelter Runde aus einem Glas und warf es dann aus dem Fenster, da dies Unglück fernhalten sollte.

Mit den heute mehr als Gesellschaftsspiel praktizierten Orakeln wollte man an diesem wichtigsten Wendepunkt des Jahres die Zukunft erhellen, wobei

Liebe, Wetter, Ernte und Tod stets eine besondere Rolle spielten. Knechte und Mägde gingen zum Kreuzweg und hielten die Ohren offen, denn sie glaubten, dort vielleicht etwas zu hören, womit sie ihre Zukunft deuten konnten. Man meinte, Zukunftsträchtiges auch von Tieren erfahren zu können, und beobachtete sie daher genau. Hielten etwa die Pferde ihre Köpfe gesenkt, so mussten sie im kommenden Jahr einen Leichenwagen ziehen, hatten sie dagegen ihr Haupt hoch erhoben, würden sie vor eine Hochzeitskutsche gespannt werden. Um etwas über den Verlauf des neuen Jahres zu erfahren, knackte man auch Nüsse. War eine Nuss taub oder ihr Kern vertrocknet, galt dies als schlechtes Omen. Da man auch glaubte, das Jahr ginge so weiter wie es begonnen hatte, vermied man alles, was als schlechtes Vorzeichen gedeutet werden konnte. Es empfahl sich, am Neujahrstag nicht zu stürzen, nichts verkehrt zu machen, alles Angefangene zu vollenden, Verliehenes bis zum Abend wieder im Haus zu haben, nichts zu verkaufen und keine unangenehmen Arbeiten auszuführen. Vielmehr musste man früh aufstehen und fröhlich sein, sich am besten beschenken lassen, ordentlich Geld in die Tasche stecken, baden und neue Kleider anziehen, da all das Glück und Gesundheit verhieß. Unglück drohte, wenn man am Neujahrsmorgen als erstes einer alten Frau begegnete; traf man hingegen eine Hure, galt dies als gutes Zeichen, da die Dame Sinnbild für Liebesfreuden und freies Leben war.

Dreikönigstag – 6. *Januar*

Nachdem die Kerzen ein letztes Mal angesteckt worden sind, wird am Dreikönigstag der Weihnachtsbaum geplündert; denn dieser Tag markiert das Ende des engeren Weihnachtsfestkreises, seit die römische Kirche die Geburt Christi auf den 25. Dezember legte.

Schon früh wurde am 6. Januar in der Kirche aus dem Evangelium die Geschichte von den »Königen« gelesen, die sich auf die Suche nach dem Jesuskind begaben, was letztlich dazu führte, dass dieser Termin zum »Dreikönigstag« wurde, obwohl es sich hier nicht um ein Heiligenfest handelt, denn die Weisen aus dem Morgenland wurden niemals heilig gesprochen.

Die Kirche begeht an diesem Tag offiziell das Hochfest der Epiphanie. Der Begriff leitet sich von dem griechischen Wort *épipháneia* ab, das das Erscheinen eines Gottes, insbesondere sein erstes Erscheinen und Offenbarwerden beschreibt. Die Christen feiern also die »Erscheinung des Herrn« und die Offenbarwerdung seiner Göttlichkeit, die durch drei Stellen im Neuen Testament belegt wird: die Anbetung der Weisen aus dem Morgenland, die als Erste von der Geburt Christi erfuhren; die angeblich genau 30 Jahre später stattfindende Jordantaufe, bei der nach den Worten des Markusevangeliums Gott erstmals als Stimme aus dem Himmel Jesus als seinen Sohn bezeichnete; und das erste Wunder Jesu, die Verwandlung von Wasser in Wein bei der Hochzeit zu Kanaan, durch die nach dem Evangelisten Johannes Jesus zum ersten Mal selbst seine Gottheit offenbarte.

Seinen Ursprung hat das Erscheinungsfest im ägyptischen Alexandria, wo die christliche Splittergruppe der Basilidianer mit der Einsetzung dieses Festes einen älteren heidnischen Kult christianisieren wollte, mit dem in der Nacht vom 5. auf den 6. Januar die Geburt des Aion, Gott des Lebens in Zeit und Ewigkeit, auch Horus genannt, gefeiert wurde. Die Kirche übernahm das Fest der Basilidianer am Anfang des 4. Jahrhunderts, rückte jedoch die Geburt von Christus als Mensch in den Vordergrund, obwohl sich noch im 3. Jahrhundert der Kirchenlehrer Origenes scharf gegen das Feiern persönlicher Lebensdaten gewandt und dies als heidnische Sitte verurteilt hatte. Als ab etwa 336 auf einer Regionalsynode Christi Geburt auf den 25. Dezember festgelegt wurde, begann man an diesem neuen Termin die Menschwerdung Christi zu feiern, am 6. Januar dagegen die Offenbarung seiner Göttlichkeit. Während die griechisch-orthodoxe Kirche die Jordantaufe in den Mittelpunkt des Festes stellte, wurde in der westlichen Kirche die Anbetung der Weisen das zentrale Thema. Daraus entwickelte sich im Lauf der Zeit die Verehrung der Heiligen Drei Könige.

Wer waren diese Könige? In der Bibel werden die Heiligen Drei Könige als Sterndeuter oder Weise aus dem Morgenland bezeichnet. Im Matthäusevange-

Sternsinger. *Zeichnung von F. Quidenus*

lium heißt es: »Jesus wurde in der Stadt Bethlehem in Judäa geboren, als König Herodes in Jerusalem regierte. Bald nach seiner Geburt kamen Sterndeuter aus dem Osten nach Jerusalem und fragten: Wo finden wir das neugeborene Kind, den kommenden König der Juden? Wir haben seinen Stern aufgehen sehen und sind gekommen, um ihm zu huldigen.« Ihre Zahl wird tatsächlich nirgends genannt, doch schon der oben erwähnte Kirchenlehrer Origenes soll aufgrund der Geschenke – Myrrhe, Weihrauch und Gold – gefolgert haben, dass es sich um drei Männer gehandelt haben müsse. Zu demselben Schluss kam Leo I., der ab 440 das Papstamt innehatte. Im 6. Jahrhundert wurden dann in Auslegung der Psalmen und aufgrund der Kostbarkeit der Geschenke aus den Weisen Könige, die zum ersten Mal auch Namen trugen: Thaddadia, Melchior und Balytora. Von dem Theologen und Geschichtsschreiber Beda Venerabilis sind die Namen in ihrer heute gebräuchlichen Form überliefert und im 9. Jahrhundert wurden sie in dem berühmten Malerbuch vom Berge Athos in ihrer Reihenfolge festgelegt: Caspar, Melchior und Balthasar.

Schon früh rankten sich viele Erzählungen um diese Männer, deren Leben bereits voller Wunder gewesen sein soll, ehe sie den Stern entdeckten, der sie nach Jerusalem führte. Sie sollen vom heiligen Thomas getauft worden und im Jahr 54 nach einem gemeinsamen Weihnachtsessen gestorben sein. Der Legende zufolge wurden ihre Gebeine von Helena, der Mutter des christenfreundlichen Kaisers Konstantin, zunächst nach Konstantinopel gebracht und später dem Bischof von Mailand geschenkt. Nach der Eroberung Mailands durch Friedrich Barbarossa raubte sein Reichskanzler Reinald von Dassel, zugleich Erzbischof von Köln, die Reliquien und ließ sie 1164 nach Köln überführen. In der Zeit zwischen 1794 und 1803 wurde dann der »Dreikönigsschrein« wegen drohender Kriegsgefahr in die Abtei Wedinghausen bei Arnsberg in Westfalen gebracht. Die drei Heiligen kamen also nicht nur zu Lebzeiten weit herum und so wurden sie denn auch Patrone der Reisenden und der Gasthäuser, die heute noch Namen wie »Stern«, »Krone« oder »Zum Mohren« tragen.

Nachdem im 12. Jahrhundert die Gebeine der Heiligen nach Köln überführt worden waren, nahm sich zum zweihundertsten Jahrestag dieses Ereignisses der Karmelitermönch Johannes von Hildesheim im 14. Jahrhundert der Bearbeitung ihrer Legende an und die Weisen der Bibel wurden zu Verkörperungen der damals bekannten Erdteile Asien, Europa und Afrika, aber auch der drei Lebensalter Jüngling, Mann und Greis.

Aus dem zu dieser Zeit bereits verbreiteten Dreikönigskult entstand auch das Dreikönigsspiel – oft in enger Verknüpfung mit den Weihnachtsspielen. Um die Festgeschichte des Tages darzustellen, zogen Priester im Gewand der Heiligen Drei Könige mit ihren Gaben in die Kirche und lasen aus dem Evangelium. Bald fand dieses Spiel seinen Weg aus der Kirche auf die Straße, wo es von Umzügen begleitet wurde. Daneben entwickelten sich Stubenspiele, bei denen Sternsinger von Haus zu Haus zogen und in den Stuben Lieder und Verse vortrugen. Sie galten als Segensbringer und waren willkommen, kein Haus durfte von ihrem Besuch ausgenommen werden.

Bei Dreikönigsspielen und Sternsingen kommt dem Stern eine wichtige Rolle zu. Er wurde auf verschiedene Weise gedeutet, etwa als Halleyscher Komet. Nach anderer Auslegung fußt die Legende des Sterns von Bethlehem auf einer Konjunktion der Planeten Jupiter und Saturn im Sternbild der Fische, die nur alle 794 Jahre eintritt. Da Jupiter damals als Stern der Herrschaft und Saturn als Stern der Juden galt, sollen die Sterndeuter aus der Bibel diese Konstellation als Ankündigung der Geburt eines Königs der Juden verstanden haben.

Drei »Eisheilige« Könige.
Zeichnung von Jiří Sliva

Mit der Reformation fand das muntere Dreikönigsspiel sein Ende und übrig blieb nur das Sternsingen, das heute noch – oder wieder – ein verbreiteter Brauch ist. Oft als Könige verkleidet ziehen zumeist Kinder durch den Ort, singen Lieder und sagen Sprüche auf. Außerdem versehen sie die Türen mit der Aufschrift C + M + B für Caspar, Melchior und Balthasar oder, nach anderer Lesart, für den Segenswunsch *Christus mansionem benedicat* = Christus schütze dieses Haus. Während heute gewöhnlich für wohltätige Zwecke gesammelt wird, handelte es sich früher bei den Sternsingern oft um arme Kinder, die für sich selbst Gaben erbaten, zum Teil aber auch um Erwachsene, etwa Angehörige bestimmter Handwerksberufe wie Maurer, die im Winter keine Arbeit hatten und so ihr Einkommen aufzubessern suchten. Natürlich reihten sich auch Landstreicher und Vagabunden unter die Sternsinger. Im Erzgebirge etwa galten die »Königsscharen« schon bald als liederliches Volk. Dies führte dazu, dass immer wieder Verbote gegen das Sternsingen ausgesprochen wurden, um das dreiste Treiben einzudämmen. In der »Deutschen Zeitung« vom 11. März 1791 war beispielsweise zu lesen: »Die Zeit vom Tage des hl. Stephanus bis zum Feste der Erscheinung Christi ist hier die Zeit einer allgemeinen Brandschatzung. Kaum wird es Nacht, so beginnt vor allen Häusern ein fürchterliches Geschrei, bei welchem man nur erraten muß, daß es Gesang sein soll. Oft ist eine Bierfidel oder eine Posaune die Begleiterin der Stimmen, die aus allen möglichen Tönen gehen. Eigentlich will man auf diese sonderbare Weise ein glückliches Neujahr wünschen; indessen – ist ein erpreßtes Geschenk der

Hauptzweck. Die heiligen Dreikönige mit ihrem Stern treiben ihren Unfug mit ihrem bekannten Gesang. Sollten diese Arten von ... Bettelei nicht auch einigermaßen die Aufmerksamkeit der Polizei verdienen?« Und wenig später reimte Goethe: »Die heilgen drei König' mit ihrem Stern / sie essen, sie trinken und bezahlen nicht gern.«

Ein alter Brauch des Dreikönigstages ist die Wasserweihe, die ihre Wurzeln in dem Glauben hat, dass Jesus durch seine Taufe die Wasser des Jordan und auch alle anderen Wasser der Welt heiligte. Neben Wasser wurden auch Salz und Kreide geweiht. Diese drei Dinge fanden sich früher in jedem Haushalt zur Abwehr von Unheil und Krankheit. Anschließend segnete man mit dem Weihwasser Häuser, Bewohner, Ställe und Vieh und schrieb mit der geweihten Kreide C + M + B an die Türen. Inschriften aus drei Buchstaben und Kreuzen waren auch eine häufig verwendete Form des Abwehrzaubers und wurden auch über Kaminen und überall dort angebracht, wo Böses ins Haus eindringen konnte. Das Salz mischte man als Mittel gegen Verhexung in das Butterfass und gegen Krankheit in die Suppe, streute es in das Viehfutter oder warf es bei drohendem Gewitter zum Fenster hinaus. Mit dem Weihwasser besprengte man Gärten und Äcker. Am Niederrhein wurden die Namen der drei Könige auf Zettel geschrieben, die man an den Stall klebte, oder man verwendete gedruckte »Dreikönigszettel«, die es in Köln zu kaufen gab. Gesegnete Amulette dienten als Schutz vor Feinden und als Mittel gegen die Fallsucht. Dreikönigszettel wie Amulette führte man auch auf Reisen mit sich.

Da früher einmal Neujahr auf den 6. Januar fiel, war auch die Dreikönigsnacht lange mit zahlreichen Los- oder Orakelbräuchen verbunden, mit denen man die Zukunft deutete. Einer bestand darin, die an Silvester gegossenen Bleifiguren noch einmal umzugießen, vielleicht um das Schicksal ein wenig zu korrigieren.

Wie auch an Weihnachten, Silvester und Neujahr sollte üppiges Essen gewährleisten, dass der Tisch das ganze Jahr hindurch reich gedeckt war. Aus diesem Grunde hieß der Dreikönigsabend in manchen Gegenden Bayerns denn auch feiste Raunacht.

Ein wichtiges Datum war Dreikönig für Wünschelrutengänger, die an diesem Tag ihre Ruten schnitten und auf den Namen eines der Könige tauften: Für die Goldsuche auf Kaspar, für die Silbersuche auf Balthasar und für die Wassersuche auf Melchior.

Zu den Bräuchen des Dreikönigstages gehört auch die Wahl des Bohnenkönigs, die einst in weiten Teilen Europas Sitte war und schon im 13. Jahrhundert praktiziert worden sein soll. Man backte in einen Kuchen, oft Königskuchen genannt, eine Bohne ein, manchmal war es auch eine Münze oder eine kleine Königsfigur, und verteilte den Kuchen dann an die Familienmitglieder oder andere Anwesende. Wem das Stück mit der Bohne zufiel, der war Bohnenkönig und musste ein Kreuz gegen alles möglicherweise drohende Unglück an die Zimmerdecke schreiben. In anderen Gegenden wählte sich der Bohnenkönig eine Königin und einen Hofstaat und jeder spielte den ganzen Tag die ihm zugewiesene Rolle. Die Sitten um die Wahl des Bohnenkönigs waren vielfältig, und sie wurden häufig von ausgelassenen Festen begleitet. Im 17. und 18. Jahrhundert war dieser Brauch bei niederländischen Malern ein beliebtes Thema.

Am Dreikönigstag gehen die Zwölften zu Ende, jene unheimliche Zeit, in der das Wilde Heer aus Dämonen und Totengeistern sein Unwesen treibt (siehe auch S. 229). Da es in der Nacht vor dem Dreikönigstag noch einmal besonders heftig zur Sache geht, wurden früher Haus und Stall ausgeräuchert und Speisen für die Geister vors Fenster oder auf den Küchentisch gestellt, um sie freundlich zu stimmen. Im Alpenraum versuchte man den Schreckensgestalten mit Weihwasser und magischen Zeichen beizukommen. Dieser Brauch ist bei Peter Rosegger beschrieben: »Mögt ihrs glauben oder nicht, die Dreikönigsnacht ist die wichtigste unter den heiligen Nächten des ganzen Jahres. Das ist die letzte der drei Weihnächte, in welcher der Alpenbauer Rundgang hält um Haus und Hof, und es mit Weihrauch und Weihwasser besegnet, daß Gottes Heil sei im Stall, in der Vorratskammer, Scheune und im Hausvatergelaß bei Weib und Kind, und in der Gesindestube und insonderheit in der Kammer, wo die Mägde schlafen. Mit der Kreide wird ein dreifaches Kreuz gezeichnet auf jede Tür, und ein ›Drudenfuß‹ auf die Lagerstätten – wohl ein fürtrefflich Mittel gegen jegliche Hexerei und Anfechtung des Leibes und der Seele.«

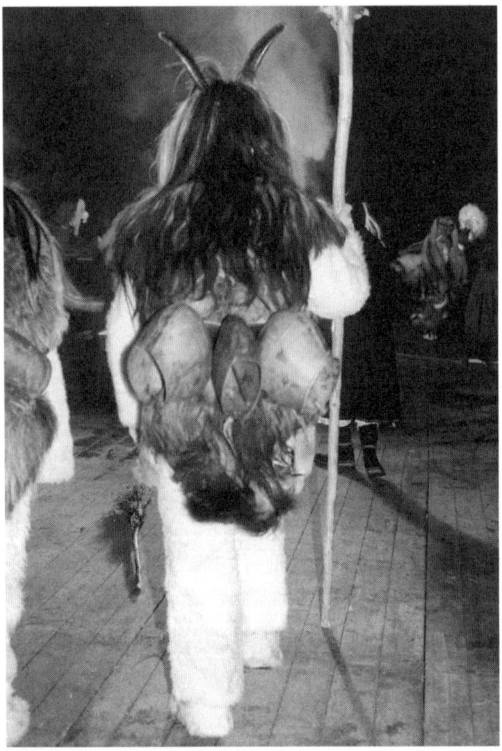

Koppler Schiachpercht im Oberbayrischen

Bei dem von Rosegger erwähnte Druden- oder Trudenfuß handelte es sich um ein Pentagramm, einen fünfzackigen Stern, der schon seit alter Zeit zur Abwehr von Krankheit und Hexen an Betten angebracht wurde. Die Trud war eine Hexe oder weiblicher Alb, der Albträume brachte und in Losnächten die Häuser heimsuchte, um ungetaufte Kinder zu holen.

Doch noch ein weiteres wirksames Mittel gegen Hexen ist überliefert. Früher baute man am Abend des Dreikönigstages einen Schemel aus neun verschiedenen Hölzern, in den man Haare von sieben alten Jungfrauen leimen musste. Kniete man dann um Mitternacht auf ihm nieder und betete, sah man nicht nur sämtliche Hexen des Ortes, sondern war fortan sogar vor ihnen geschützt.

Vor allem in den benachbarten Alpenländern, aber auch in Bayern, geht in dieser letzten und gefährlichsten der Raunächte noch einmal Frau Bercht um, weshalb Dreikönig auch Berchtentag genannt wird. Die Bercht ist eine ambivalente Gestalt mit einer schönen, freundlichen und einer hässlichen, bösen Seite. Denjenigen, denen sie wohlgesonnen ist, bringt sie Reichtum und üppige Ernten, wer ihr Missfallen erregt, muss mit Bestrafung rechnen. Unartige Kinder nimmt sie mit, und oft ist sie mit einem Rückenkorb dargestellt, aus dem Kinderbeine ragen. Da und dort toben noch heute nach ihr benannte ganze Geisterzüge, die so genannten Perchten, durchs Land, die über die Äcker springen. Je größer ihre Zahl, desto fruchtbarer wird das Land, heißt es.

Fabian und Sebastian – *20. Januar*

Fabian(us) lebte im 3. Jahrhundert in Rom, und war von 236 bis 250 Papst. Während seiner Amtszeit ließ er Märtyrerakten anlegen, doch nach Beginn der von Decius veranlassten Christenverfolgungen erlitt er bald selbst den Martertod. Er gilt als Patron der Töpfer und Zinngießer.

Sebastian(us) war, wie die Legende erzählt, ein römischer Offizier, der Christen zu helfen versuchte und dafür unter Diokletian hingerichtet wurde. Sein Martyrium war das Thema vieler Künstler, und zahlreiche Darstellungen zeigen ihn an einen Baum gefesselt und von Pfeilen durchbohrt. Sein Festtag ist schon 354 belegt. Sebastian gilt unter anderem als Schutzheiliger der Sterbenden, Soldaten, Kriegsinvaliden, Eisenhändler, Gerber, Gärtner und nicht zuletzt Armbrustmacher, da er durch die Hand von Bogenschützen gestorben sein soll. Viele Schützenbruderschaften feiern sein Fest mit einem Schützenamt und einem Festessen. Außerdem ist er als Patron der Pestkranken zu hohen Ehren gekommen. Angeblich fand die 680 in Rom wütende Pest ein plötzliches Ende, nachdem die Reliquien des Heiligen durch die Stadt getragen worden waren. Wohl aus diesem Grunde trug man in früheren Zeiten zur Abwehr von Pest und anderen Krankheiten so genannte Sebastianspfeile bei sich. An seinem Gedächtnistag wurde auch die Sebastiansminne (vgl. Johannesminne, siehe S. 264f.) getrunken.

Nach einer alten Bauernregel steigt an Fabian und Sebastian der Saft wieder in den Bäumen, sodass man in manchen Gegenden nach diesem Termin keine Bäume mehr fällte.

Agnestag – *21. Januar*

Die Legende vom Leben der Agnes gilt als eine der ältesten Heiligenerzählungen. Agnes war eine junge Römerin, die Ende des 3. Jahrhunderts lebte. Wegen ihrer außergewöhnlichen Schönheit wurde sie schon früh vom Sohn des Stadtpräfekten umworben, verschmähte ihn jedoch mit der Begründung, dass Jesus Christus ihr Bräutigam sei. Als Christin erkannt und vor Gericht gestellt, verurteilte der Richter sie zum Tod auf dem Scheiterhaufen, wo jedoch die Flammen vor ihr zurückwichen. Daraufhin befahl er, sie durch das Schwert zu töten. Nach ihrem Tod erschien sie ihren Eltern und Freunden in einem goldenen Kleid und mit einem weißen Lamm zur Rechten, und bis heute gelten Scheiterhaufen und Lamm als ihre Attribute. In diesem Zusammenhang ist wohl auch der Brauch zu sehen, dass früher die Schafe an ihrem Gedächtnistag besonders gutes Futter erhielten. In Rom werden am Agnestag zwei Lämmer gesegnet, aus deren Wolle die Pallien – über das Messgewand gelegte ringförmige Bänder mit vier schwarzen Kreuzen – aller Erzbischöfe der Welt gewoben werden.

In manchen Gegenden heiraten nach altem Volksglauben am Tag der heiligen Agnes die Vögel, an anderen Orten allerdings findet diese Vogelhochzeit zwei Tage später am Tag des heiligen Vinzenz beziehungsweise vier Tage später zu Pauli Bekehrung statt. Mit der Vogelhochzeit verbundenem Brauchtum begegnet man heute beispielsweise noch in der Lausitz, wo eine »Elster« als Braut und ein »Rabe« als Bräutigam Hochzeit halten. Sie werden von zwei Kindern dargestellt, die meist sorbische Festtracht tragen, andere Kinder nehmen als Vögel verkleidet am Hochzeitsschmaus teil. Die Einladung zur Hochzeit soll die Belohnung dafür sein, dass die Kinder während des Winters die Vögel gefüttert haben. Die Wurzeln des Brauches sind vielleicht darin zu suchen, dass nach dem Volksglauben am Agnestag bestimmte Vögel, vor allem Lerchen, zurückkamen und damit das Nahen des Frühlings ankündigten.

Man glaubte auch, mit den Vögeln würden die für die Fruchtbarkeit der Erde zuständigen Geister zurückkehren. Nach anderer Deutung soll der Brauch Wurzeln in einem Totenkult haben, denn es ist auch Sitte, dass die Kinder am Vortag der Vogelhochzeit Tellerchen vor die Türe stellen, auf denen sie am nächsten Morgen Hochzeitsgebäck der Vögel finden. Dies scheint eine Umwandlung des Brauches zu sein, Ahnengeistern – Seelen Verstorbener wurde oft Vogelgestalt zugeschrieben – Speiseopfer zu bringen, um sie freundlich zu stimmen. Dafür könnte auch sprechen, dass Elster und Rabe im Volksglauben als Todesomen galten.

Aus der Vogelhochzeit leitet sich auch ein Orakelbrauch ab. Erblicken ein Mädchen oder ein junger Mann am Agnestag ein Vogelpaar, werden sie im kommenden Jahr heiraten, ein einzelner Vogel hingegen bedeutet, dass sie ledig bleiben.

Veranstaltungstipps

Kalter Markt in Ellwangen

Ellwangens Kalter Markt, der seinen Namen dem winterlichen Termin verdankt, soll auf eine tausendjährige Tradition als Pferdemarkt zurückblicken können und damit der älteste seiner Art in Baden-Württemberg sein. Für die Ellwanger ist er die fünfte Jahreszeit und sie bevölkern vor allem am Tag der Pferdeprämierung und des traditionellen Festumzugs mit seinen hunderten geschmückten Pferden, Bürgergarden und Musikkapellen Straßen und Gaststätten der Stadt. Begleitet wird die Veranstaltung von einem Krämermarkt in der gesamten Innenstadt.

Schnablerrennen in Gaißach

Das bayrische Gaißach hat im Januar eine Faschingsveranstaltung besonderer Art zu bieten. Dann treten dort am Lehener Berg Ortsansässige auf Hornschlitten, so genannten Schnablern, mit denen man früher Holz und Heu ins Tal brachte, zu einem Rennen an. Zugelassen sind nur Schnabler im Originalzustand, die von den maskierten Fahrern ohne mechanische Hilfsmittel wie etwa Steuer oder Bremse talwärts gelenkt werden. Dabei müssen sie möglichst weit über eine Naturschanze hinweg springen.

Mainzer Fastnacht

In seiner heutigen Form wird der Mainzer Karneval seit den dreißiger Jahren des 19. Jahrhunderts gefeiert, als zur Zeit des Vormärz Bürger unter dem Schutz der Narrenkappe die allgemeine Zensur umgingen. Damit war der politische Karneval geboren. Anders als in vielen Karnevalsorten beginnt in Mainz die Straßenfastnacht bereits am 1. Januar mit einem Neujahrsumzug der Garden durch die

Innenstadt. Das nächste Mal gehen die Mainzer am Fastnachtssamstag zum Jugendmaskenzug auf die Straße. Am Sonntag sammeln sich die Garden zu einer weiteren großen Parade, die nachmittags in einen allgemeinen Tanz auf der Ludwigstraße übergeht. Den Höhepunkt der Fastnacht bildet der Rosenmontagszug, der sich ab Mittag unter den Augen von einer halben Million Zuschauer mehrere Stunden durch die Straßen wälzt.

Münchner Schäfflertanz

Im siebenjährigen Turnus wird in München zwischen Dreikönig und Faschingsdienstag der »Schäfflertanz« aufgeführt, an dem ursprünglich nur Angehörige des Schäfflergewerbes teilnehmen durften. Er soll auf die Pestepidemie im Jahre 1517 zurückgehen, an deren Ende die Schäffler durch Musik, Tanz und Späße die Bevölkerung wieder aus ihren Häusern locken wollten. Während es sich

Schäfflertanz auf dem Viktualienmarkt in München

zunächst wohl um einfache Tänze handelte, entwickelte sich im Laufe der Zeit ein komplizierter Reifentanz, bei dem Reifen, in deren Innenseiten gefüllte Weingläser stehen, in kunstvollen Figuren geschwungen werden. Außer zur Faschingszeit wird der Schäfflertanz alle zwei Jahre beim Brauertag am Viktualienmarkt aufgeführt. Auch in anderen Orten Bayerns – wie etwa in Murnau – gibt es anläßlich verschiedener Feste Schäfflertänze.

Naumburger Taubenmarkt

Vogelfreunden bietet sich jeweils am zweiten und vierten Samstag im Januar und Februar auf dem historischen Marktplatz von Naumburg in Sachsen-Anhalt ein einmaliges Bild, wenn sich dort über sechshundert Züchter aus ganz Deutschland unter freiem Himmel zum Taubenmarkt versammeln. Bei seiner Entstehung im Jahre 1868 war er ein allgemeiner Geflügelmarkt.

Februar

Die Fastnacht machte früher den zweiten Monat des Kalenders zum Narrenmonat, aber er hieß auch Taumond, Schmelzmond – Namen, die den nahen Frühling ankündigten – oder Hornung, eine Bezeichnung, die auf Karl den Großen zurückgeht und so viel wie »der (in der Anzahl der Tage) zu kurz Gekommene« bedeutet. Der vom römischen Kalender übernommene Name Februar leitet sich vom lateinischen Wort *februare*, »reinigen« ab oder *februum*, was ursprünglich »(Unheil abwehrendes) Reinigungsmittel« bedeutete, denn als in Rom das Jahr noch mit dem 1. März begann (siehe Kalender, S. 16) und mit dem Februar endete, wurde dieser Monat mit Reinigungsriten begangen, mit denen man sich auf das neue Jahr vorbereitete.

Schaltjahre
Im Rhythmus von vier Jahren wird dem zweiten Kalendermonat ein Tag, der 29. Februar, angefügt. Dieser so genannte Schalttag ist notwendig, weil das Sonnenjahr über 365 Tage hinaus 5 Stunden, 48 Minuten und 46 Sekunden dauert, die sich in 129 Jahren zu einem vollen Monat addieren würden. Eben diese Zeitabweichung wird durch den Schalttag reguliert. Am 29. Februar Geborene galten früher übrigens als geistersichtig.

In den Februar fallen mit der Fastnacht vielfach die ersten »beweglichen Feiertage« des Jahres, deren Termin sich an Ostern orientiert, das aufgrund eines Beschlusses auf dem Konzil von Nizäa im Jahr 325 am ersten Sonntag nach dem ersten Frühlingsvollmond begangen wird (siehe auch S. 81f.). Dem Osterfest geht die vierzigtägige Fastenzeit voran, aus der sich wiederum der Termin der Fastnacht ergibt, obwohl es sich nicht um ein kirchliches Fest handelt. In anderen Jahren findet Fastnacht aus eben diesen Gründen erst im März statt.

Mariä Lichtmess – *2. Februar*

Mit dem 2. Februar schließt der Weihnachtsfestkreis endgültig ab, und die letzten Krippen und Tannenbäume werden fortgeräumt. Obwohl es noch kalt ist, sind die Tage schon spürbar länger und ein altes Sprichwort besagt: »Lichtmessen der Winter halb gemessen« oder »der Winter bald vergessen«. Bauern sehen es allerdings lieber, wenn es an Lichtmess stürmt und schneit, da dies gutes Wetter im Frühling verspricht.

In der katholischen Kirche heißt der 2. Februar offiziell »Fest der Darstellung des Herrn (Jesus)«, da es das Gesetz Moses verlangte, dass männliche Erstgeborene vierzig Tage nach ihrer Geburt in den Tempel gebracht wurden. Zu der Zeit, als man Christi Geburt noch am 6. Januar feierte, fand das Fest am 14. Februar statt, doch mit der Verlegung des Geburtsfestes auf dem 25. Dezember (siehe auch S. 20) rückte es auf den 2. Februar vor. Der Zeitraum von vierzig Tagen erklärt sich folgendermaßen: Die Darstellung erfolgte nach Ende des vierzigtägigen Wochenbettes der Mutter und ging mit ihrer Reinigung einher. Daher wurde der Tag auch »Mariä Reinigung« genannt.

Erste Zeugnisse für diesen Gedenktag stammen aus dem 5. Jahrhundert. Feierte man an ihm zunächst tatsächlich die »Darstellung des Herrn«, also ein Christusfest, trat mit einer wachsenden Verehrung Marias, die 431 auf dem Konzil in Ephesus den Titel Gottesgebärerin erhalten hatte, diese in den Vordergrund. Das in Jerusalem schon früher begangene Reinigungsfest Mariä wurde 542 von Kaiser Justinian I. für Byzanz übernommen, Rom folgte bald darauf nach. Ebenfalls schon im 5. Jahrhundert sind für das Fest Lichterprozessionen nach dem Vorbild heidnisch-römischer Sühneumgänge belegt, was schließlich zu dem Namen »Lichtmess« führte. Spätestens im 10. Jahrhundert begann man die Kerzen für die Prozessionen zu weihen. Noch heute werden am 2. Februar in vielen katholischen Gemeinden alle im kommenden Jahr in der Kirche verwendeten Kerzen und auch Kerzen der Gläubigen geweiht. Ganz besondere Schutz- und Segenskraft sollen die Kerzen besitzen, wenn Mariä Lichtmess auf einen Sonntag fällt.

Die in der Kirche geweihten Kerzen der Gläubigen sollen nach dem Volksglauben vor plötzlichem Tod, Feuersgefahr und Blitzschlag und sogar vor Hexen und bösen Geistern schützen. Sterbenden werden sie neben das Kopfende des Bettes gestellt. Früher schlang man das zuweilen rot gefärbte Wachs Wöchnerin-

Kerzen

Kerzen sind ebenso wie Fackeln gleichbedeutend mit Licht und Feuer, das wärmt und reinigt und Sinnbild des Lebens ist.
Früher galt das Feuer als Besitz der Götter und in vielen Religionen wurden die Götter des Feuers besonders verehrt. Im Alten Testament ist das Feuer Symbol Jahwes.
Mit der Entdeckung des Feuermachens begann die eigentliche Kulturgeschichte der Menschheit, und die Erfindung der Kerze war vielleicht von ähnlicher Bedeutung. Außerdem schrieb man dem von den als heilig geltenden Bienen stammenden Wachs große Segens- und Heilkraft zu.
Auch in Kirche und Brauchtum des Christentums spielten Kerzen seit jeher eine wichtige Rolle. Die Verwendung von Lichtern im christlichen Gottesdienst ist so alt wie dieser selbst, da er ursprünglich oft abends gefeiert wurde.
Schon Zeugnisse aus dem 5. Jahrhundert belegen, dass man bei der Osternachtsfeier brennende Kerzen in die Kirche trug.

nen um Hände und Füße, um Mutter und Kind vor Verhexung zu bewahren. Anderswo formte man aus dem Wachs Drudenfüße (siehe S. 24) oder Kreuze, die man an Bäumen oder Häusern und selbst an Geräten und Hüten befestigte, oder man brannte mit der Lichtmesskerze drei Kreuze über der Tür ein. In manchen Gegenden fütterten die Bauern dem Vieh Brotstücke, auf die sie das Wachs einer geweihten Kerze geträufelt hatten. In Schwaben glaubte man, dass Menschen, deren Kerze beim Beten am Lichtmessabend als Erste erlosch, im folgenden Jahr starben.

Allerlei Aberglaube war auch mit an Lichtmess gebackenen Pfannkuchen verbunden. Hausfrauen hofften, dass ihnen das ganze Jahr das Geld nicht ausginge, wenn der erste Pfannkuchen, den sie zum Wenden in die Luft warfen, wieder in der Pfanne landete. In manchen Regionen versuchte man an Lichtmess mit Hilfe von Zaubersprüchen und magischen Ritualen Schädlinge zu vertreiben. Man zog dreimal eine Kette ums Haus, um Schlangen und Mäuse fern zu halten.

Der 2. Februar war auch ein wichtiger Arbeitstermin und einer der hergebrachten Dingtage. Gesinde erhielt an ihm häufig den Jahreslohn und bekam anschließend einige Tage frei. Dies waren die so genannten Schlenkltage, in denen es oft hoch herging. In Süddeutschland gab es auch Schlenklmärkte, zu denen alle kamen, die eine neue Stellung oder neue Dienstboten brauchten. Mägde, die neue Arbeit suchten, trugen verschiedenfarbige Strümpfe, Knechte steckten sich ein Strohbündel an den Hut.

Durch Überreichen eines Wachsstockes verlängerte der Bauer den Arbeitsvertrag für ein weiteres Jahr, konnte an diesem Tag aber auch kündigen. Wenn ein Bauer übrigens unterm Jahr sagte, »Heut ist Lichtmess«, bedeutete dies die fristlose Entlassung.

Vielerorts glaubte man, dass die Sonne an Lichtmess einen großen Sprung macht, und Handwerker hörten an diesem Tag bei Tageslicht mit der Arbeit auf. In manchen Gegenden kam von nun an eine fünfte Mahlzeit auf den Tisch, auf die man seit Martini verzichtet hatte.

Blasiustag – *3. Februar*

Der Legende zufolge war der heilige Blasius Arzt, ehe er Anfang des 4. Jahrhunderts das Amt des Bischofs von Sebaste übernahm. Unter der Christenverfolgung durch Kaiser Diokletian musste er sich in einer Höhle verstecken, wo er wilde Tiere heilte und vor Jägern verbarg. Schließlich spürte man ihn auf und warf ihn in den Kerker. Nach langen, schweren Misshandlungen mit eisernen Kämmen starb er 316 den Märtyrertod.

Eine der bekanntesten Geschichten über Blasius ist die Rettung eines kleinen Jungen, der an einer Fischgräte zu ersticken drohte. Sie machte Blasius zum Schutzheiligen gegen Halskrankheiten, aber er gilt auch als Helfer bei Husten, Blasenbeschwerden, Blutungen und Zahnschmerzen und gehört zu den vierzehn Nothelfern (siehe S. 241). Außerdem ist Blasius Patron der Ärzte, Bäcker, Hutmacher, Maurer, Musikanten (Blasinstrumente), Schneider, Schuhmacher, Weber und Windmüller wie auch der Haustiere und insbesondere der Pferde.

Etwa seit dem 16. Jahrhundert gibt es in der katholischen Kirche den Blasiussegen, für den zwei brennende Kerzen über Kreuz vor den Hals der Gläubigen gehalten werden. Er soll vor Halskrankheiten schützen und wird auf Wunsch auch noch heute erteilt.

Früher wurden am Blasiustag Wein, Wasser und Brot gesegnet. Aus getrockneten Früchten backte man das Blasienbrot, dem man besondere Heilkräfte zuschrieb.

Zum Wetterpatron wurde Blasius, weil man seinen Namen mit dem Blasen des Windes verband. An manchen Orten fütterte man am Blasiustag dem Wind Asche, Salz oder Brot. Nach einer alten Bauernregel verspricht schönes Wetter an diesem Tag eine gute Weinernte.

Blasius hat einen Jungen, der eine Fischgräte verschluckt hat, vor dem Erstickungstod gerettet.
Gemälde von Martin Feuerstein

Agathentag – *5. Februar*

Agatha gehörte schon früh zu den meist verehrten Heiligen. Sie lebte im 3. Jahrhundert in der sizilianischen Stadt Catania und wurde wegen ihrer Schönheit und ihres Reichtums vom Statthalter Quintian umworben. Als sie sich jedoch als Christin zu erkennen gab, wurde sie einer Kupplerin übergeben, die sie mit ihren Töchtern zur Unzucht verführen sollte. Als sie immer noch standhaft blieb, ließ man sie in den Kerker werfen und martern, bis sie auf glühenden Kohlen starb.

Ein Jahr nach ihrem Tod sollen bei einem Ausbruch des Ätna die Bewohner Catanias dem glühenden Lavastrom Agathas Schleier entgegengetragen und ihn so zum Stillstand gebracht haben. Daher gilt Agatha als Helferin gegen Feuer, Hitze und Fieber. Ferner ist sie Schutzpatronin der Glockengießer, Goldschmiede, Bergarbeiter, Weber und Hirtinnen. Als »Feuermagd« wird sie von Knappen und Glasmachern verehrt. Da ihr während ihres Martyriums angeblich die Brüste abgeschnitten wurden, ist sie außerdem Schutzheilige der Ammen und Helferin gegen Brustkrebs.

Früher fütterte man Vieh vor dem Almauftrieb, Ochsen, die zum ersten Mal vor den Pflug gespannt wurden und Kühen, die vor dem kalben standen, kleine geweihte Agathenbrote. Außerdem gab man sie neuen Dienstboten und Kindern, die in die Fremde ziehen mussten. Bauern verstreuten Krumen von Agathenbroten auf ihrem Hof, um ihn vor Feuer zu schützen. Dem gleichen Zweck dienten »Agathenzettel« und »Agathenkerzen«, die auch anderes Unheil wie etwa Hexen abwehren sollten. Beide trugen die Inschrift der Tafel, die angeblich ein Engel auf das Grab der Märtyrerin gestellt hatte.

Valentinstag – *14. Februar*

Im Brauchtum Englands und Amerikas hat dieser Tag bereits eine lange Tradition, bei uns gewann er jedoch erst nach dem Zweiten Weltkrieg an Bedeutung.

Valentin soll im 3. Jahrhundert Bischof der italienischen Stadt Terni gewesen und 268 den Märtyrertod gestorben sein. Seine Legende vermischt sich jedoch mit der anderer Träger dieses Namens, wie zum Beispiel der des im 5. Jahrhundert in Rätien lebenden Bischofs Valentin, dessen Gebeine um 764 von Herzog Tassilo III. nach Passau gebracht wurden.

Ein Gruß zum Valentinstag. *Zeichnung von Almud Kunert*

Valentin ist Patron der Reisenden, der Imker, der Jugend, des Viehs und insbesondere der Pferde und gilt als Garant für eine gute Heirat. Er ist Helfer bei Fallsucht (Veitstanz), da er der Legende zufolge einen Jungen von dem Leiden heilte. Früher bereitete man gegen die Krankheit Tee aus Eibenbaumzweigen zu, mit denen man eine Statue des heiligen Valentin berührt hatte.

Die Sitte, am Valentinstag Blumen zu schenken, soll ihre Wurzeln in dem alten römischen Brauch haben, am 14. Februar – dem Tag der Göttin Juno, die als Schützerin von Ehe und Familie galt – die Frauen der Familie mit Blumen zu ehren. Andere Legenden erzählen von einem Mönch namens Valentin, der jungen Männern und Mädchen, die an seinem Kloster vorüberkamen, eine Blume über die Mauer reichte. Nach wieder anderer Deutung kommt der Brauch daher, dass man in manchen Gegenden glaubte, an diesem Tag würden die Vögel Hochzeit machen. Vermutlich entspringt jedoch auch dieser Brauch Liebesorakeln. So steckten Mädchen Lorbeerblätter an die Zipfel ihres Kopfkissens, um in der Nacht von ihrem Zukünftigen zu träumen. Oder sie rollten Zettel mit den Namen ihrer Verehrer in Lehm und legten die Kügelchen in Wasser, wo der Lehm langsam zerfiel. Der Zettel, der zuerst nach oben stieg, verriet ihnen den Namen des Ehemannes. Nach einem anderen alten Aberglauben heirateten Mädchen den jungen Mann, dem sie am 14. Februar als Erstem begegneten.

Bis heute ist dieser Tag ein Fest der Freundschaft und Zuneigung geblieben, an dem man sich Blumen schenkt, und natürlich taten die Floristen – und nicht nur diese – ein Übriges, den Brauch am Leben zu erhalten. Mit der Auswahl der Blumen sollte man allerdings vorsichtig sein, denn möglicherweise kennt der Beschenkte ihre Sprache und missversteht die Gabe. Daher hier einige der alten Bedeutungen:

Tulpe: »Wenn auch schön ist deine Gestalt,
über mein Herz hast du keine Gewalt.«

Narzisse: »Warum mein Liebchen, quälst du mich
gar so grausam und fürchterlich?«

Flieder: »Mein liebes Herz, ich frage dich,
liebst du auch treu und redlich mich?«

Feuerlilie: »Ich bete dich an, du hast es mir angetan.«

Die Funktion des Valentinstages als Liebesfest mag auch der Grund sein, weshalb der 14. Februar früher »Vielliebchentag« hieß.

Petri Stuhlfeier – *22. Februar*

Dieser Festtag geht auf eine Begebenheit in Antiochien im 1. Jahrhundert zurück. Damals ließ der dortige Statthalter den Apostel Petrus ins Gefängnis werfen, doch nachdem Paulus seine vorläufige Freilassung erreicht hatte, erweckte Petrus den toten Sohn des Statthalters wieder zum Leben. Daraufhin bekehrte dieser sich und ließ Petrus auf einen hohen Stuhl setzen, damit alle Menschen ihn sehen und seine Lehren hören konnten.

In manchen Gegenden galt Petri Stuhlfeier als Winterende beziehungsweise Frühjahrsbeginn – von diesem Tag an ginge kein Fuchs mehr übers Eis, wie es hieß – und in Erwartung des Frühlings fanden Pflugumzüge statt. Die Arbeit auf den Feldern und in den Weinbergen begann, Bienenstöcke wurden gereinigt und die Fischer, deren Patron der heilige Petrus ist, nahmen ihre Arbeit wieder auf. Oft kam an dem Tag ein großer Schweinebraten auf den Tisch, dessen Knochen man ganz oder zertrümmert auf die Felder streute. Danach wurde das Abendessen wieder bei Tageslicht gegessen. Manche Bräuche dieses Tages decken sich mit denen von Mariä Lichtmess: So stellte man beispielsweise Gesinde und Hirten ein.

In Friesland beginnt nach alter Sitte der Frühling am Vorabend des Petritages, und man entzündet auf Anhöhen weithin sichtbare Strohfeuer, so genannte Baken oder Biiken.

Matthiastag – *24. Februar*

Matthias lebte im 1. Jahrhundert und wurde nach dem Tod Jesu von den Aposteln per Los zum Nachfolger des Verräters Judas Ischariot gewählt. Der Legende zufolge missionierte er zunächst in Judäa, später in Äthiopien. Um das Jahr 63 soll er als Märtyrer mit einem Beil enthauptet oder gekreuzigt worden sein, nach anderen Überlieferungen starb er eines natürlichen Todes. Die heilige Helena soll seine Gebeine zunächst nach Rom gebracht und später Agricius, dem Bischof von Trier, geschenkt haben, aber auch andere Städte nehmen für sich in Anspruch Reliquien zu besitzen. Da Matthias der einzige in Deutschland beigesetzte Apostel ist, genießt er hierzulande besondere Verehrung, was vielleicht auch das häufige Vorkommen seines Namens als Tauf- oder Familienname erklärt.

Matthias ist Patron des Bistums Trier und der Städte Goslar, Hannover und Hildesheim. Er gilt als Schutzheiliger der Bauhandwerker, Metzger, Schmiede, Schneider und Zuckerbäcker und als Helfer gegen Keuchhusten, Blattern und Unfruchtbarkeit.

Wie andere Februartermine markierte sein Tag einmal das Winterende und war daher mit zahlreichen Orakelbräuchen verbunden. So legte man Efeublätter in eine Schüssel mit Wasser und war eines am folgenden Morgen nass oder schwarz, bedeutete dies Krankheit oder Tod. In Böhmen glaubte man an eine gute Obsternte, wenn man die Obstbäume am Matthiastag unter lautem Geschrei schüttelte und so aus dem Winterschlaf weckte. In der Matthiasnacht zwischen elf und zwölf Uhr geschöpftes Wasser verwandelt sich angeblich in Wein.

Fastnacht

Ihren Auftakt nimmt die Fastnacht heute gewöhnlich zu Ende des engeren Weihnachtsfestkreises am Dreikönigstag mit der Vorfasten- oder Vorfastnachtszeit, in der vor allem karnevalistische Sitzungen und Maskenbälle stattfinden. Die Fastnacht im engeren Sinne mit Straßenkarneval und närrischen Umzügen beginnt meist am schmalzigen, gompigen oder unsinnigen Donnerstag, auch »Weiberfastnacht« genannt, und endet am eigentlichen Fastnachtsabend, dem Dienstag. Für den 11.11. als Fastnachtsbeginn, an dem heute vor allem der rheinische Karneval seinen Anfang nimmt, gibt es zwei Erklärungen. Zum einen begann früher nach diesem Tag eine vierzigtägige auf Weihnachten vorbereitende Fastenzeit, zum anderen gilt die Elf seit langem als Narrenzahl. Wirkliche Bedeutung erhielt der Termin jedoch erst im 20. Jahrhundert.

Schwerpunkte des närrischen Treibens bilden heute der bayrische Fasching,

Fasching in München: Ball der Damischen Ritter

der rheinische Sitzungskarneval und die schwäbisch-alemannische Fastnacht. Letztere hat sich – neben alpenländischen Veranstaltungen – ihre ursprünglichste Form bewahrt. Hier sind häufig noch traditionelle Masken und Handlungszüge zu sehen.

Auf einen einfachen Nenner gebracht geht es in der Fastnacht vor allem darum, dass reichlich gegessen, getrunken, gelärmt, gelästert und geflirtet werden darf, kurzum, es ist alles erlaubt, was zu anderen Zeiten des Jahres verpönt ist. Das verrät übrigens auch das Wort Rosenmontag, das sich vom kölnischen *rose*, »toben, tollen« ableitet und »rasender Montag« bedeutet. Man lebt während der tollen Tage in einer »verkehrten Welt«, in der die Narren das Regiment übernehmen und Narrenreiche errichten, was häufig durch die Übergabe des Rathausschlüssels symbolisiert wird. Jeder kann kostümiert durch die Straßen ziehen, obwohl im Laufe der Zeit eine immer stärkere Trennung zwischen organisierten Fastnachtsnarren und Zuschauern eingetreten ist.

Ursprünge der Fastnacht

Kaum etwas war wohl bislang in der Volkskunde umstrittener als die Ursprünge der Fastnacht und bereits an der Erklärung der Begriffe Fastnacht, Fasching oder Karneval schieden sich die Geister. In den zwanziger und dreißiger Jahren des 19. Jahrhunderts glaubte man aufgrund des häufigen Wegfalls des »t«, dass sich Fastnacht oder Fas(e)nacht von dem untergegangenen Wort faseln, »gedeihen, fruchtbar sein« ableiten würde. Daher deutete man das fastnächtliche Brauchtum als alte Vorfrühlings- und Fruchtbarkeitskulte und suchte seine Wurzeln im germanischen Heidentum. Diese Auffassung hielt sich noch lange nach dem Zweiten Weltkrieg und mag auch darauf zurückzuführen sein, dass im 16. und 17. Jahrhundert die protestantische Kirche Fastnacht vollkommen ablehnte und die katholische zumindest gewissen vermeintlich heidnischen Bräuchen voller Argwohn gegenüberstand.

Ähnliche Theorien entstanden um das Wort Karneval. Da es offenbar italienischen Ursprungs ist, brachte man es mit heidnischen römischen Festen in Verbindung, die auf ähnliche Weise gefeiert wurden, wie Saturnalien, Calendae Januariae, Lupercalien oder Bacchanalien. Andere leiteten den Begriff Karneval von *carrus navalis* ab, einem Schiffskarren, in dem angeblich bei kultischen Umzügen der Antike Dionysus oder Bacchus als Bringer des neuen Sommersegens gesessen hatten. Nach heutigem Wissen existierte das Wort zu dieser Zeit aber noch gar nicht.

Zweifellos nahmen viele jüngere Bräuche immer wieder Anleihen an älteren Festen. So feierte man früher mit Masken, Lärm und Feuerbräuchen verbundene Feste, um den Winter und die Dämonen der Dunkelheit zu vertreiben. Hier scheuchte man maskierte junge Männer aus dem Dorf, dort verbrannte oder ertränkte man unter großen Zeremonien eine Puppe, die den Winter symbolisierte. Solche Bräuche existieren noch heute, auch wenn ihr Sinn oft in Vergessenheit geraten ist. Dennoch gab es wohl keine kontinuierliche Entwicklung von vorchristlichen Kulten hin zur Fastnacht. Vielmehr entspringt sie hauptsächlich dem Ablauf des christlichen Kirchenjahres.

Heute geht man davon aus, dass zwischen dem Begriff Fastnacht und der Fastenzeit ein direkter Zusammenhang besteht. In alter Zeit meinte man mit »naht« oder Nacht auch den vorangehenden Abend und für die Germanen gehörten Abend und Nacht zum folgenden Tag. Schon Tacitus berichtete in seiner *Germania*: »Sie zählen nicht, wie wir, nach der Zahl der Tage, sondern der Nächte. So setzen sie fest, so verabreden sie. Die Nacht geht nach ihrer Auffassung dem Tage voran.« Bei der Fastnacht handelte es sich daher ursprünglich um den Abend vor Beginn der Fastenzeit. Das Wort Fas(e)nacht ist vermutlich eine Verschleifung, die der Erleichterung der Aussprache diente.

Auch »Fasching« geht offenbar auf die Wortwurzel »Fasten« zurück und entwickelte sich aus den alten Begriffen *Vastchang* oder *vast-schanc*, »Ausschenken des Fastentrunks«. Ähnlich verhält es sich mit dem Wort Karneval. Im Kirchenlatein heißt die Fastenzeit *carnislevanem*, *carnisprivium* oder *carnedollendas*, was so viel wie »Fleischwegnahme« bedeutet, und daraus entstand das italienische *carnelevare* und schließlich *carnevale*.

Selbst die unterschiedlichen Fastnachtstermine, die wir kennen, sind auf das Kirchenjahr zurückzuführen. Die »alte Fastnacht« oder »Bauernfastnacht«, die eine Woche nach der üblichen Fastnacht gefeiert wurde und noch gefeiert wird (siehe auch Basler Morgenstraich, S. 52), kommt daher, dass man in den ersten Jahrhunderten n. Chr. die Sonntage zu der vierzigtägigen Fastenzeit zählte, sie dann aber als Gedächtnistage der Auferstehung Jesu ausnahm, wodurch der Beginn der Fastenzeit auf den heutigen Aschermittwoch vorrückte.

Auch der Sinn der Fastnacht kann weitgehend aus der christlichen Religion erklärt werden. Obwohl die Fastnacht zweifellos Elemente älterer heidnischer Feste enthält und im Laufe der Zeit immer wieder einen Funktionswandel erlebte, ist auffällig, dass sie im gesamten Einflussgebiet der römisch-katholischen Kirche begangen wird.

Entwicklung der Fastnacht

Im deutschen Sprachraum stammen die ersten gesicherten Belege für ein solches Fest aus dem beginnenden 13. Jahrhundert. Vor Beginn der Fastenzeit, die seit dem 7. Jahrhundert von der römischen Kirche fur alle Bevölkerungsschichten mit Ausnahme Kranker, Schwangerer und Wöchnerinnen fest vorgeschrieben war, ließ man es sich noch einmal gut gehen und aß vor allem große Mengen Fleisch, das in den folgenden Wochen ebenso verboten war wie Produkte warmblütiger Tiere, z. B. Eier, Milch, Käse, Butter oder Schmalz. Zweifellos hatten die Schlemmereien aber auch den Zweck diese Nahrungsmittel aufzubrauchen, und aus dieser Notwendigkeit heraus entstanden Fastnachtsspeisen wie die noch heute bekannten und beliebten Schmalzgebäcke – Krapfen, Kreppel oder Pfannkuchen. Zunächst waren die Festlichkeiten wohl auf den eigentlichen Vorabend der Fastenzeit, also den Dienstagabend beschränkt, doch im Laufe der Zeit dehnte man sie auf den Montag aus, der früher übrigens Fressmontag hieß, aber auch geiler Montag (*geil* wurde in seiner ursprünglichen Bedeutung wie »üppig«, »lustig«, »fröhlich« verwendet).

Durch diese Verlängerung der Festzeit rückte die Vorbereitung der Speisen auf den Donnerstag vor Fastnacht, da der Sonntag als Ruhetag galt, der Samstag nur ein halber Werktag war und der Freitag als Gedächtnistag an den Tod Christi für solche Arbeiten nicht zur Verfügung stand. Diese Entwicklung belegen bis heute Namen wie »fetter, feister, schmalziger oder schmutziger Donnerstag« (im Alemannischen ist Schmutz gleichbedeutend mit Fett).

Aus der Notwendigkeit, bestimmte Lebensmittel aufzubrauchen entstanden im Laufe der Zeit auch andere Bräuche wie etwa Heischegänge (siehe S. 18), die mitunter zu regelrechten Prozessionen ausarteten. Später begann man bei Fastnachtsumzügen Eier zu werfen, von denen manche gekocht, andere allerdings roh waren. Daneben versuchte man schon im Hochmittelalter dem Eierüberschuss durch Reduzieren des Hühnerbestandes Herr zu werden. Diese »Fastnachtshühner« wurden häufig an Zinsherren abgeführt. Trotzdem sammelte sich während der Fastenzeit wieder ein Eierberg an, der auch manchen Osterbrauch erklärt.

Während man im Hochmittelalter zu Hause geschlemmt hatte, begann man ab dem 13. Jahrhundert zumindest in den Städten immer häufiger öffentlich zu feiern. Oft wurden die Feste von den Handwerkern ausgerichtet, insbesondere von ledigen Gesellen, die später auch wesentlich an der Organisation der Fastnachtsumzüge beteiligt waren. Bald lockerte man die Gelage durch Musik und Tanz auf. Man engagierte Spielleute und machte damit einen ersten Schritt, das Geschehen in Aktive und Zuschauer zu trennen. Von Beginn an waren alle Schichten der Gesellschaft beteiligt – und mochten sie auch auf unterschiedliche Weise feiern, nicht einmal die Geistlichkeit verzichtete auf das Vergnügen.

Sehr rasch entstanden nun so genannte Schaubräuche, bei denen es sich zunächst wohl um einfache Tänze und Wettbewerbe wie Turniere, Rennen oder Stechen handelte. Manche der Wettspiele erfolgten nach ernsthaften Regeln, andere nahmen dagegen die Lebensweise der Ritter auf die Schippe. Zwischen dem 13. und 16. Jahrhundert entwickelten sich diese Schaubräuche oft zum beherrschenden Element der Fastnacht und zuweilen auch zu allegorischen Vorführungen, in denen Personifizierungen der Fastnacht und der Fastenzeit gegeneinander antraten. Schon 1330 beschrieb der spanische Dichter Juan Ruiz Arcipreste in seinem »Libro de Buen Amor« einen Kampf zwischen »Don Carnaval«, der mit einem Heer aus Hühnern, Enten und Gänsen, Hammelflanken, Schweinsfüßen und Käsen erscheint, und der »Quadresma«, der Fastenzeit, in deren Gefolge sich zahllose Meerestiere befinden. Während der Schlacht erstickt eine gesalzene Sardine eine Henne, Hundshaie machen Rebhühnern den Garaus, der Thunfisch kämpft gegen den Speck. Der Kampf ist erst zu Ende, nachdem die Fastenzeit den Karneval und seine Streiter vernichtend geschlagen hat.

Bis zum Ende des 14. Jahrhunderts war die Fastnacht ein unbeschwertes, fröhliches Fest, bei dem man sich vor der Zeit der Askese noch einmal nach Herzenslust amüsierte, und auch die Kirche schien nichts dagegen zu haben, solange

Fasnet in Bad Waldsee

der zeitliche Rahmen nicht überschritten wurde. Dann allerdings konnte es zu herben Bestrafungen kommen. Bis in die jüngste Zeit war auf der Schwäbischen Alb noch der Brauch bekannt, Narren, die am Aschermittwoch nicht in der Kirche erschienen, im so genannten »Saugatter«, einem Bretterverschlag für Schweine, durch den Ort zu karren.

Im 15. Jahrhundert erlebte die Fastnacht dann einen grundlegenden Wandel, als Theologen begannen, sie nur noch in Bezug auf die Fastenzeit zu deuten. Die Fastenzeit galt nun als gut, die Fastnacht als schlecht. Dieser Vorstellung lag eine vereinfachte Zwei-Reiche-Lehre des Kirchenlehrers Augustinus von der *civitas terrena*, dem Reich der Verdammten, und der *civitas Dei*, dem Gottesreich, zugrunde. Die *civitas Dei* erfüllte sich im himmlischen Jerusalem, das durch Einheit, Ruhe, Frieden und Hinwendung zu Gott gekennzeichnet war, dagegen stand die *civitas terrena*, als deren historische Verwirklichung Babylon und das heidnische Rom galten. Im Gottesstaat lebte die Gemeinschaft der Gläubigen, im Reich der Verdammten das Volk der Gottlosen und Verblendeten. Beide Reiche waren auf zweierlei Liebe gegründet. Ersteres auf Gottesliebe, letzteres auf Selbstliebe. Dieses Konzept wurde nun auf Fastnacht und Fastenzeit übertragen und am Fastnachtssonntag predigten die Geistlichen landauf, landab die Abkehr von der konfusen, am Diesseits orientierten *civitas terrena*, die die Fastnachtszeit versinnbildlichte.

Da die Menschen der damaligen Zeit einen wesentlichen Teil ihres Wissens von der Kanzel bezogen, hatten diese Predigten eine große Breitenwirkung. So setzte an der Schwelle zur Neuzeit eine Verteufelung der Fastnacht ein und sie wurde zur Manifestation der verkehrten, sündhaften Welt. Hatten früher auch die »Pfaffen« munter Fastnacht gefeiert, verkündete der Dichter Sebastian Brant 1495 in seinem »Narrenschiff«, der Teufel habe dieses Spiel erdacht und gab damit wohl die allgemeine Auffassung der Geistlichkeit wieder.

Das konnte nicht ohne Folgen für die Fastnacht bleiben. Das vergnügliche Treiben geriet zunehmend in den Geruch des Verwerflichen, was ihm aber auch einen ganz neuen Reiz verlieh. Das Volk machte sich nämlich einen »Heidenspaß« daraus, genau das zu tun, was die Prediger als gottlos anprangerten, und es setzte eine bemerkenswerte Erweiterung der Bräuche ein. Aus den Wettkämpfen des 13. und 14. Jahrhunderts entstanden die schon erwähnten allegorischen Streitspiele, in denen Fastnacht und Fastenzeit einander bekämpften. In Zwickau etwa traten 1505 die Fastnachts- und Fastenspeisen Wurst und Hering gegeneinander an. In Literatur und bildender Kunst fand sich das Thema in enormer Vielfalt wieder. Eines der berühmtesten Beispiele ist Pieter Bruegels Gemälde »Kampf der Fastnacht mit dem Fasten«. Natürlich gingen diese Spiele stets zu Gunsten der Fastenzeit aus. Später wandelten sie sich in Gerichtsverfahren, in denen der Fastnacht der Prozess gemacht wurde.

Narrenreiche

In Anlehnung an die Zwei-Reiche-Lehre des Augustinus begann man im ausgehenden Mittelalter vergängliche Narrenreiche zu errichten, die der Vorstellung von der civitas terrena *entsprachen. Sie wurden von Herrschern wie einem Fürst Bacchus regiert oder einem König Nebukadnezzar, als Abbild des einstigen Königs von Babylon, der nach Volksüberlieferungen Juda zerstört, die Israeliten in Gefangenschaft geführt und den Turm zu Babel gebaut haben soll und im Mittelalter als Inbegriff des Bösen und der Verblendung galt. Diese Narrenreiche fanden während der folgenden Jahrhunderte weithin Verbreitung. Im Kölner Karneval und Münchner Fasching mit ihren Prinzen, Herolden, Elferräten und Garden leben sie bis heute weiter, ebenso in Bräuchen wie der Übergabe des Rathausschlüssels.*

Die »Verteufelung« der Fastnacht durch die Kirche spiegelte sich bald auch in Verkleidungen und Masken wider, die im 15. Jahrhundert immer weitere Verbreitung fanden. Vor dieser Zeit hatte man sich zwar zu anderen Terminen des Kirchenjahres wie Weihnachten und Ostern verkleidet, zu Fastnacht war dies aber keineswegs üblich gewesen. Allen voran trat nun der Teufel auf den Plan, in dessen Begleitung sich Dämonen, Hexen und Wilde Leute befanden. Offenbar war es nicht ungewöhnlich, dass Kirchen und Klöster während der Fastnacht Verkleidungen ausliehen und umgekehrt Besitzer eigener Maskierungen diese zu anderen Zeiten für christliche Prozessionen zur Verfügung stellten.

Vermutlich waren die Masken zunächst recht uneinheitlich, doch rasch bildeten sich gewisse Grundtypen heraus, bei denen es sich durchweg um Negativ-

Masken der schwäbisch-alemannischen Fastnacht (Gengenbach)

gestalten handelte. Daran änderten auch die so genannten Schönmasken nichts, die nur die körperliche Schönheit versinnbildlichten, hinter der sich eine verdorbene Seele verbarg. Am häufigsten waren dämonische Wesen zu sehen, daneben aber auch sozial verachtete Gestalten wie der Bauer, in den Augen der Städter ein Tölpel, oder Zigeuner, Mohren, Türken oder Juden. Außerdem gab es Tiermasken, denen gemein war, dass sie im mittelalterlichen Lasterkatalog fast ausnahmslos eine bestimmte Sünde verkörperten: Bär und Schwein standen für Fresssucht, Hahn und Bock für Geilheit, der Esel für Trägheit, Pfau und Pferd für Hoffart, der Drache für Neid, der Löwe für Zorn und der Fuchs für Geiz. Die Bärengestalt ist, als so genannter Strohbär, bis heute in der Fastnacht zu finden.

Sie erklärt sich jedoch nicht allein aus der Tiersymbolik. Im Mittelalter lebten in europäischen Wäldern noch Bären, die der Sage nach verwunschene Menschen waren und in unmittelbare Nähe der Wilden Leute gestellt wurden, die man für Abhängige des Teufels hielt. Andere alte Gestalten, die bis heute in der Fastnacht erscheinen, sind Riesen. Ihre Entstehung geht auf die Bibel zurück, in der Riesen gottlose Männer sind, die andere Menschen vom rechten Glauben abbringen wollen.

Neben diesen sinnträchtigen Masken gab es auch solche, deren Träger bewusst in eine andere, dem eigenen Ich entgegengesetzte Rolle schlüpften, um einfach »verkehrte Welt« zu spielen und allerlei Unfug zu treiben. Gewöhnlich waren es Streiche harmloser Natur, doch manchmal arteten sie aus und endeten in einem Blutbad. Dies hatte Einschränkungen und Verbote zur Folge, die sich aber meist als wirkungslos erwiesen. Hinzu kam, dass die Maskierungen ihre Träger vor dem Zugriff der Obrigkeit schützten.

Das 15. und 16. Jahrhundert sollte eine Blütezeit der Fastnacht werden. Etwa ab Mitte des 15. Jahrhunderts kam es in den Städten zu einer immer stärkeren Organisation und neben die bereits bekannten Tänze und Wettspiele traten große Umzüge.

Bei der Ausrichtung der Fastnacht genoss das Metzgerhandwerk oft Privilegien. Man wollte seinen Mitgliedern die Möglichkeit geben, vor der langen Fastenzeit noch einmal gut zu verdienen, da ja ab Aschermittwoch der Genuss von Fleisch als schweres Vergehen galt. Im 16. und 17. Jahrhundert war es unter den Metzgern Sitte, bei den Umzügen Riesenwürste umzutragen. 1601 wurde in Königsberg von 103 Männern eine 900 Pfund schwere und über 1000 Ellen lange Wurst durch die Stadt geschleppt. Ihnen folgten mit einem Riesenwecken die Bäcker, die während der Fastenzeit durch das Verbot fett- und eihaltiger Backwaren ebenfalls unter Einbußen litten. Nicht selten kam es übrigens bei den Umzügen unter den Zünften zu erbitterten Rangeleien um die Reihenfolge.

Der Nürnberger Schembartlauf

Der vielleicht bekannteste und größte Fastnachtsumzug alter Zeit war der Nürnberger Schembartlauf (Schembart = Maske), der erstmals von den Metzgern der Stadt veranstaltet worden sein soll und zwischen 1449 und 1525 beinahe jährlich stattfand. Er ist unter anderem durch zahlreiche Handschriften und Gedichte belegt. Die Schembartläufer zogen in Kostümen mit jährlich wechselnden Motiven von der Burg hinunter und durch die Gassen der Stadt. Daneben traten aber auch Einzelgestalten mit verschiedenen Masken auf. Zu dem Umzug gehörten Handwerkertänze, Gesellenstechen, Narrenturniere und Fastnachtsspiele. Ab 1475 führten die Schembartläufer Schauobjekte, eine Art Umzugswagen, mit sich, die als Höllen bezeichnet wurden und jedes Jahr auf andere Weise die christlichen Vorstellungen von der Hölle versinnbildlichten. In Zuge der Reformation geriet der Schembartlauf ins Kreuzfeuer der Kritik. 1539 wurde dann sein Schicksal besiegelt, als man die Hölle durch ein großes Narrenschiff darstellte, unter dessen Narrengestalten auch unschwer der reformierte Theologe Dr. Osiander zu erkennen war. Er hatte gegen die Fastnacht als Überrest des Katholizismus und damit des Heidentums gewettert. Dafür wollten sich die Organisatoren des Umzuges mit einer Verballhornung seiner Person rächen. Osiander beschwerte sich beim Rat der Stadt, und der Schembartlauf wurde endgültig verboten.

Immer häufiger spielte nun in der Fastnacht das Element der Schau eine Rolle. Außerdem begann man Geschehnisse des Alltags zu parodieren. Bestimmte Vorführungen fanden in nahezu identischer Form weite Verbreitung wie etwa das Pflug- oder Eggenziehen, bei dem Ackergeräte durch die Straßen gezerrt wurden. Oft wurden unverheiratete Frauen und Mädchen, die man gewaltsam aus ihren Häusern holte, in das Geschirr gespannt und verspottet, weil sie keinen Mann gefunden hatten – übrigens nur einer von vielen Bräuchen, die man heute als frauenfeindlich bezeichnen würde. In Begleitung der ledigen Frauen befand sich meist auch ein »Sämann«, der Sand oder Spreu verstreute und Männer für sie »säte«, in Anlehnung an ein Motiv aus der Bibel, in der Matthäus Samenkörner mit Menschen vergleicht, woraus sich die Idee des Menschensäens – und in der Fastnacht des Narrensäens – entwickelte. Das Pflug- und Eggenziehen wurde zwar vielfach verurteilt und verboten, doch hat sich der Brauch, wenn auch in humanerer Form, bis in heutige Tage gehalten.

Verwandt waren das Blockziehen und das Umführen der so genannten Weintrotte, einer riesigen Kelterpresse. Weit verbreitet scheinen auch Schiffe mit Rädern gewesen zu sein. Viele dieser Gegenstände lassen sich wiederum nur durch christliche Symbole und Allegorien erklären, die im närrischen Sinn umgekehrt wurden. Weitere Beispiele sind Narrenbaum und Narrenmühle.

Aus den Schaubräuchen ging im Laufe der Zeit auch das so genannte Fastnachtsspiel hervor, dessen Meister im 16. Jahrhundert Hans Sachs wurde. Die Schaubräuche bestanden daneben aber fort und überlebten das Fastnachtsspiel letzten Endes.

Eine solche Entwicklung war natürlich nur in den Städten möglich, in denen es genügend Zuschauer für die Spektakel gab. Doch nicht nur die Städter fanden an ihnen Vergnügen, auch die Landbevölkerung, die ihre »Bauernfastnacht« erst am Sonntag nach Aschermittwoch feierte, stellte sich ein.

Der Narr

Spätestens im 15. Jahrhundert mischte sich dann eine weitere Gestalt unter das bunte Fastnachtstreiben, die heute als Inbegriff der Fastnacht gilt. Mit der Figur des Narren verbinden wir heute meist den Schalknarren mit eng anliegenden bunten Kleidern und einer Narrenkappe. Seine historische Entwicklung ist jedoch weitaus vielschichtiger.

Für die Menschen des Mittelalters hatte Narrheit nichts mit Lustigkeit und Humor zu tun, sondern man verstand darunter Dummheit und Verblendung und das Wort beinhaltete sogar Sündhaftigkeit, Bosheit und Gefährlichkeit.

Als Narren galten zunächst alle, deren geistige Fähigkeiten eingeschränkt oder die geisteskrank waren. Dies wird auch in dem Wort »Narrenhaus« deutlich. Es bezeichnete den Ort, in dem man geistig Behinderte und psychisch

Kranke verwahrte. In unmittelbare Nähe dieser »Narren« stellte man aber auch Leute mit körperlichen Gebrechen.

Im Laufe der Zeit dehnte man dann den Narrenbegriff auf Personen aus, die aus ganz anderen Gründen mit Argwohn betrachtet wurden, Menschen, die keine Christen waren und daher als gottlos galten.

Darunter mussten während der Fastnacht vor allem Juden leiden, die zumindest zeitweise unfreiwillig als Spottobjekte in das närrische Treiben einbezogen wurden. Aber wie schon erwähnt tauchten auch viele andere Außenseiter der Gesellschaft als Masken in den Umzügen auf, etwa Zigeuner, Räuber oder Piraten. Es dauerte nicht lange, da galt jeder als Narr, der in irgendeiner Weise von geltenden Moralvorstellungen und Normen abwich, sei es durch maßloses Essen und Trinken oder Geldgier.

Zwei Clowns. Feucht-fröhliche Szene aus dem Kölner Karneval

Den Nährboden für die wachsende Popularität der Narrenidee während des ausgehenden Mittelalters bildete wohl die Auflösung der Wertmaßstäbe am Ende des »christlichen Jahrtausends«. An der Schwelle zur Neuzeit mit ihren tief greifenden sozialen, geistigen und ökonomischen Veränderungen und dem Zusammenbruch der alten Ordnung, hinter der die Menschen dunkle Mächte vermuteten, lag es nahe, diese Umwälzungen mit Narrheit in Verbindung zu bringen.

Gegen Ende des 15. Jahrhunderts erschien dann immer häufiger der Standardnarr oder Schalknarr, bei dessen Entstehung zweifellos die Gestalt des Hofnarren eine Rolle spielte, und dieser Narr begann positive Züge anzunehmen. Mit dieser Entwicklung einher ging eine weitere Verschiebung vom natürlichen Narren zum künstlichen Narren, der nur auf Zeit in diese Rolle schlüpfte und bald zum prägenden Charakter der Fastnacht wurde.

Narrenattribute

Mit der Gestalt des Narren verbindet sich eine Reihe von Gegenständen, die eine lange Tradition haben. Einige sind in mehr oder weniger ursprünglicher Form bis heute erhalten geblieben.

Eines der ältesten Narrenattribute ist die so genannte Marotte, die sich als Stab oder Keule bereits in Psalterillustrationen des 13. Jahrhunderts findet. Im

Laufe der Zeit wurde die Verdickung am oberen Ende dann zu einem menschlichen Kopf, dessen Züge denen des Trägers der Marotte ähnelten. In alten Darstellungen haben beide stets einander das Gesicht zugewandt. Der Narr betrachtete sich selbst, ein Sinnbild für seine Selbstverliebtheit und Ichbezogenheit, worin nach mittelalterlicher Überzeugung der Kern aller Narrheit bestand. Etwa ab dem 15. Jahrhundert begann mit dem gleichen Sinngehalt der Spiegel an die Stelle der Marotte zu treten. Erst später verwandelte er sich in jenen Spiegel, den der Narr anderen vorhält, damit sie in ihm ihre eigene Torheit erkennen.

Ein weiteres typisches Narrenkennzeichen sind noch heute die Schellen oder Rollen (hohle Metallkugeln mit »rollenden« Metallkügelchen im Innern), die etwa ab dem 14. Jahrhundert in der Fastnacht gebräuchlich wurden. Der Begriff Schelle taucht bereits in der mittelalterlichen Narrenliteratur auf und steht dort, in Anlehnung an die Bibel, für »Dummheit, leere Phrasen und hohles Wortgeklingel«.

Auf alten Narrendarstellungen findet sich oft auch schon die Narrenkappe (Gugel) mit Eselsohren. Die Gugel selbst war im Hochmittelalter Mode und Bestandteil vieler Kleider und Standestrachten, die Narrengugel besaß allerdings einen besonderen, seltsamen Schnitt. Die langen Ohren wurden ihr dann möglicherweise hinzugefügt, weil man im Mittelalter Teufeln und Dämonen große, spitze Ohren zuschrieb, später deutete man sie jedoch in Eselsohren um, da der als dumm, geil, träge und störrisch galt und in der mittelalterlichen Lasterlehre die Hauptsünde der Trägheit symbolisierte. Während die Eselsohren der Narren praktisch verschwunden sind, existiert der Esel als Fastnachtsgestalt noch heute, etwa als Butzesel in der Villinger Fastnacht.

Die Narrenmutter

Im Bodenseeraum gehört noch heute die so genannte Narrenmutter fest zum närrischen Brauchtum. Sie war bereits während des gesamten Mittelalters bekannt und symbolisierte ursprünglich wohl Eva, die die Erbsünde in die Welt gebracht hatte und daher nach christlicher Überzeugung die Mutter aller Narrheit war. In der bildenden Kunst wurde sie gewöhnlich mit sieben Söhnen dargestellt, die vermutlich die sieben Todsünden verkörperten.

Da die Erbsünde den Tod bedingte, waren Narrheit und Tod verbunden und der Narr auch ein Symbol der irdischen Vergänglichkeit. In diesem Zusammenhang sind die Todes- und Totenfiguren der Fastnacht zu verstehen, die an die Unbeständigkeit der weltlichen Narrenreiche erinnern sollen.

Zwischen den Eselsohren saß häufig ein Hahnenkamm an der Gugel. Der Hahn war Sinnbild für sexuelle Begierde und Geilheit, die man untrennbar mit Narrheit verband. Auch Hahnenattribute sind heute noch in der Fastnacht zu finden wie viele Bräuche, die an die angebliche Geilheit des Narren erinnern, wenn z.B. die Maskenträger bei Umzugen versuchen, die Röcke der Zuschauerinnen hochzuheben.

Ein Narrenzeichen, das heute meist als Symbol der Schalkheit und Schläue gilt, ist der Fuchsschwanz. In der Vergangenheit stand der Fuchs jedoch für Falschheit und Heuchelei und auch für einzelne Laster wie Geiz und Betrügerei.

Weithin verbreitet sind auch noch Fleckenkostüme, die offenbar einmal den sündenbefleckten Leib des Menschen versinnbildlichen sollten.

Reformation und Aufklärung

Mit der Reformation kam es zu einem tiefen Einschnitt im Fastnachtsbrauchtum. Luther selbst verhielt sich offenbar noch zurückhaltend, doch spätestens ab Mitte des 16. Jahrhunderts geißelten reformierte Theologen die Fastnacht als »papistisches« Treiben. In reformierten Gebieten entzog man der Fastnacht nach und nach den geistigen Nährboden und bis heute finden sich die Fastnachtshochburgen fast ausschließlich in katholischen Gegenden.

Einen weiteren Niedergang erlebte die Fastnachtsidee während der Zeit der Aufklärung, in der man sich endgültig von der mittelalterlichen Theologie löste. Dadurch wurde vielfach das letzte Verständnis für überlieferte Brauchtumsformen zerstört. Die Fastnachtsbräuche verloren ihren Bezugsrahmen und ihre Sinninhalte, auch dort, wo sie weiterhin praktiziert wurden.

19. und 20. Jahrhundert

Als dann im Zuge der Romantik während der ersten Hälfte des 19. Jahrhunderts eine neue Begeisterung für alte Bräuche und Feste aufkam, erlebte die Fastnacht eine erste Renaissance. Doch neigten die Romantiker zur Mythologisierung und deuteten die Bräuche häufig neu. Die süddeutsche und alpenländische Fastnacht wurde auf heidnische Winteraustreibungs- und Fruchtbarkeitskulte der Germanen zurückgeführt, der rheinische Karneval auf Feste der römischen Antike. Diese Vorstellungen hielten sich ins 20. Jahrhundert hinein hartnäckig und wurden im Dritten Reich begierig aufgegriffen.

Nach dem Zweiten Weltkrieg erlebte die Fastnacht noch einmal einen gewaltigen Aufschwung. So sind heute allein im Verband schwäbisch-alemannischer Narrenzünfte 68 Zünfte mit weit über 50 000 Maskenträgern organisiert. Von den einstigen Inhalten der Fastnacht ist aber nur noch wenig geblieben und sie entwickelt sich mehr und mehr vom Volksfest zur folkloristischen Brauchtumsvorführung.

Für ihre Akteure bedeutet die Fastnacht häufig harte Arbeit. Ein beliebter Büttenredner im Rheinland steigt an Sonn- oder Feiertagen bis zu zwölfmal in die Bütte. Und oft ist eine Menge Geld im Spiel. Das Kölner Dreigestirn muss für seine Ernennung tief in die Tasche greifen.

Geblieben ist der Fastnacht ihre Ventilfunktion: Einmal darf man aus dem Alltag ausbrechen und – vielleicht hinter einer Maske versteckt – »die Sau rauslassen«. In einer zunehmend entfremdeten, technisierten Welt bietet die Fastnacht zusätzlich eine großartige Gelegenheit für Geselligkeit und Fröhlichkeit und zur, wenn vielleicht auch nur vermeintlichen, Rückbesinnung auf Traditionen.

Aberglaube

Wie auch zu anderen Terminen des Jahres sorgten nach dem Volksglauben üppiges Essen und vor allem fette, kräftige Speisen an Fastnacht im kommenden Jahr für Überfluss. Man sollte sieben- oder neunerlei Speisen essen, darunter Butter, Milch, Eier, Schweinebraten, Fisch, Erbsen oder Hirse – letztere ließ angeblich das Geld »quellen«. Von Fischen meinte man, dass die Zahl ihrer Schuppen die Geldmenge im Portemonnaie bestimmte. Mädchen empfahl man, am schmutzigen Donnerstag Fleischgerichte stehend zu essen, da das angeblich schöne Waden machte. Resten von Fastnachtsspeisen schrieb man besondere Kräfte zu und verfütterte sie an Tiere oder brachte sie Engeln als Opfer. An Fastnacht getrunkenes Warmbier sollte kräftigende Wirkung haben und ein am Faschingsdienstag auf nüchternen Magen getrunkener Schnaps das ganze Jahr vor Mückenstichen schützen.

Viel Aberglauben verband man auch mit Krapfen oder Pfannkuchen und anderen Fettgebäcken. So durften schwangere Frauen keine Fastnachtsküchlein backen, da, wurden sie von Fettspritzern getroffen, ihr Kind angeblich an den entsprechenden Stellen Muttermale bekam. Außerdem durften die Gebäcke nur in ungerader Anzahl zubereitet werden, denn sonst drohte Unglück.

Kreuzschmerzen verschwanden nach dem Volksglauben, wenn man am Fastnachtsdienstag nüchtern badete. Junge Mädchen wuschen sich an diesem Tag mittags zwischen elf und zwölf Uhr in einem Fluss die Haare. Dann wurden sie besonders schön. Fastnacht war auch eine Zeit des Großreinemachens, in der man unliebsame Tiere aus Haus und Hof vertreiben wollte. Außerdem versteckte man Spinnräder oder Rocken, um im Sommer Schlangen und wilde Tiere vom Haus fern zu halten. Damit der Kornboden von Mäusen verschont blieb, schob man die ersten drei Fastnachtsküchlein in die Garbe, die im vorangegangenen Jahr als Erste geschnitten worden war.

Fastnacht war auch eine beliebte Zeit, um Hochzeit zu machen, denn in der Fastenzeit galt nicht nur beim Essen Enthaltsamkeit. Die Fastnacht bot daher die letzte Möglichkeit zu Beischlaf und Zeugung, was übrigens noch im 18. Jahrhundert Empfängnisstatistiken belegen, die im Februar einen sprunghaften Anstieg aufweisen. Doch sollte man auf keinen Fall am Fastnachtsdienstag heiraten, weil an diesem Tag alle Teufel los waren. Von Kindern, die an Fastnacht geboren wurden, glaubte man, dass sie Schalknarren oder Gaukler würden.

Funkensonntag

(alte Fastnacht, Bauernfastnacht, Sonntag Invocavit)

Der erste Sonntag der Fastenzeit gilt in vielen Gegenden bis heute als alte Fastnacht, da an ihm die Fastnachtszeit endete, ehe die Kirche die Sonntage als Gedenktage an die Auferstehung Jesu von der Fastenzeit ausnahm.

Als Funkensonntag ist dieser Tag vor allem im Süden und Westen Deutschlands bekannt, wo man vielerorts abends nach Einbruch der Dunkelheit auf Anhöhen große Feuer, auch Fasnetfunken genannt, entzündet oder Fackeln über die Felder trägt, ein alter Brauch, durch den man früher das Korn wecken wollte. An einem günstigen Standort kann man als Zuschauer mehrere Funken gleichzeitig beobachten und ein beeindruckendes Schauspiel erleben.

Der Scheiterhaufen zum Funkenfeuer ist aufgeschichtet

Das Brennmaterial für die Scheiterhaufen wird meist von Kindern und Jugendlichen gesammelt. In manchen Regionen wie in Schwaben und im Allgäu befindet sich auf dem Holzhaufen – oft am Narrenbaum der Fastnacht – die Funkenhexe, eine mit Pulver geladene Strohpuppe, die ursprünglich wohl Winter und Unfruchtbarkeit symbolisierte. Einen ähnlichen Brauch gab es auch im Bayrischen. Dort führte man eine Strohpuppe durchs Dorf, der man auf dem Marktplatz den Prozess machte und die man allen Unglücks beschuldigte, das die Gemeinde im vergangenen Jahr getroffen hatte. Anschließend wurde sie zur Strafe verbrannt.

Oft werden die Scheiterhaufen über einen längeren Zeitraum errichtet und bewacht, um zu verhindern, dass Saboteure aus Nachbarorten den Funken vorzeitig in Brand setzen. Entwickelt sich nach dem offiziellen Entzünden des Feuers ein starker Funkenflug, verspricht dies nach altem Volksglauben eine gute Ernte. Ist der Haufen niedergebrannt, springt man über die Glut oder durch den Rauch, wobei man aber nicht lachen darf, da das wiederum Unglück bringt.

Von der Mosel, aus Mitteldeutschland, Oberbayern und dem Odenwald ist der Brauch bekannt, mit Stroh umwickelte Räder einen Hang hinunterzurollen. Davon berichtet schon der aus Franken stammende Prediger Johannes Bohemus (1485-1535): »Man umwickelt ein altes Holzrad mit Stroh. Von einer großen Schar junger Leute wird es auf einen höheren Berg gebracht. Nachdem man auf seinem Gipfel jenen ganzen Tag, sofern die kalte Witterung nicht hinderlich ist, allerlei Kurzweil getrieben hat, wird das Rad gegen Abend angezündet und so brennend von der Höhe in das untengelegene Tal gerollt. Fürwahr, einen überwältigenden Eindruck macht das, und viele, die es zuvor nicht gesehen haben, meinen, die Sonne oder der Mond falle vom Himmel.«

Während man in manchen Gegenden eine Stange in das Rad steckt, durch die man es bewegt, stößt man es anderswo den Berg hinunter. Die Bauern sehen es gern, wenn das Rad über ihre Felder rollt, da es das Korn wecken und Fruchtbarkeit bringen soll.

In Baden ist außerdem das so genannte Scheibenschlagen üblich. Es ist seit dem 11. Jahrhundert bezeugt, wurde aber vermutlich bereits von den Germanen praktiziert, die auf diese Weise wohl die Wiederkehr der Sonne symbolisieren wollten. Während der Aufklärung geriet der Brauch weitgehend in Vergessenheit, doch heute hat er wieder große Verbreitung gefunden. Man schleudert glühende Scheiben, meist aus Erlen-, Buchen- oder Ulmenholz, mit Hilfe eines Schwingstockes in hohem Bogen durch die Luft. Junge Männer verbinden dies oft mit einem Segen für ihr Mädchen, die Segenssprüche können aber auch anderen Personen gelten wie dem Pfarrer oder Bürgermeister. Der Vers wird vor dem »Abschlagen« aufgesagt und muss nicht unbedingt lobend sein, sondern kann auch Tadel beinhalten – eine Sitte, die Wurzeln im fastnächtlichen Rügegericht hat. Fliegt die Scheibe weit, gilt dies als gutes Omen. Die Bauern glauben, dass auch durch das Scheibenwerfen der »Samen gezunden« wird. Doch nicht immer war dieser Brauch segensreich. Schon 1090 wurde durch eine solche Scheibe das Kloster Lorsch an der Bergstraße in Brand gesetzt und weitgehend zerstört.

Höhenfeuer und Scheibenschlagen sind heute in mehreren hundert Orten im Breisgau und am Oberrhein, von Bodensee bis zur Schwäbischen Alb und im Allgäu zu sehen. Die Scheiben werden mittlerweile sogar in Großmärkten angeboten.

Wenn am Funkensonntag viele Sterne am Himmel stehen, soll es nach dem Volksglauben eine reiche Kirschernte geben, Eiszapfen hingegen versprechen langen Flachs und schönes Wetter gutes Heu.

Am Funkensonntag isst man allerlei Brauchtumsgebäck. In Oberschwaben gibt es noch heute Funkenringe und Funkenküchlein. Im Allgäu tischten Mädchen früher den jungen Männern, mit denen sie an Fastnacht zum Tanz gegangen waren, Fettgebackenes auf, von dem sie allerdings selbst besser die Finger ließen, sofern sie es nicht auf einen reichen Kindersegen anlegten. Da vielerorts außerdem Brezeln, die als Liebesgaben galten, eine wichtige Rolle spielten, wurde der Tag auch Brezelsonntag genannt (siehe auch S. 69). Im Rheinland war es Sitte, dass die jungen Mämnner ihren Mädchen eine möglichst große Brezel mitbrachten.

Veranstaltungstipps

Basler Morgenstraich

Ausnahmsweise verlassen wir Deutschland für einen Tipp in der benachbarten Schweiz, wo gleich jenseits der Landesgrenze in Basel am Montag nach dem ersten Fastensonntag die alte Bauernfastnacht stattfindet, die mit dem eindrucksvollen »Morgenstraich« ihren Auftakt nimmt. Nachdem in den frühen Morgenstunden die gesamte Stadtbeleuchtung erloschen ist, erhebt sich in der Altstadt ein Pfeifen und dumpfes Dröhnen von Trommeln. Aus allen Ecken strömen Scharen von Maskenträgern zusammen, die im Trommelschritt als Höllengeister, Dämonen und Kobolde durch die Gassen huschen, nur im Schein kleiner Laternen, die sie auf den Köpfen tragen. Die Gaststätten, in denen traditionell Mehlsuppe und Zwiebelwähe serviert wird, sind brechend voll. Dort tragen auch Moritatensänger, so genannte Schnitzelbänkler, ihre beißenden, witzigen Lieder vor. Am Montagnachmittag findet zu den schaurigen Klängen der »Guggemusige« ein großer Umzug statt.

Geisterzug in Blankenheim

Im historischen Eifelstädtchen Blankenheim unweit von Köln werden seit spätestens 1613, vermutlich aber schon weit länger, lokale Karnevalsbräuche gepflegt, die am Fastnachtssamstag im traditionellen Geisterzug ihren Höhepunkt finden. Ausgestattet mit lodernden Pechfackeln bewegen sich tanzend und springend in Laken gehüllte Gestalten mit hörnerartigen Zipfeln am Kopf zum eigenwilligen Rhythmus des Blankenheimer Karnevalsmarsches durch die Straßen und Gassen, die durch eine bengalische Beleuchtung der Stadttore gespenstisch erleuchtet sind. An ihrer Spitze springen die beiden Jecke-Böhnchen, Traditions- und Leitfiguren der Blankenheimer Fastnacht. An dem Zug kann sich übrigens jeder beteiligen, der ein weißes Bettlaken und Kordel mitbringt. Pechfackeln kann man sich leihen. Seit 1990 besitzt die Stadt sogar ein eigenes Fastnachtsmuseum.

Buchenbacher Scheibenschlagen

Im badischen Buchenbach hat sich der alte Brauch des Scheibenschlagens noch in sehr ursprünglicher Form erhalten. Schon am Aschermittwoch wird auf dem dortigen Schibebuck (Scheibenberg) ein Holzstoß errichtet, zu dem die jungen Männer des Ortes am folgenden Sonntag ziehen. Sie tragen Scheibenkränze um den Hals und in den Händen Fackeln, mit denen der Scheiterhaufen in Brand gesetzt wird. Sobald die Flammen lodern, halten sie ihre Scheiben an langen Stöcken in das Feuer, bis die Ränder glühen. Durch einen Schlag auf die »Scheibenbank« werden sie nun vom Stock gelöst, um schwirrend am Nachthimmel ihre feurige Bahn zu ziehen. Im Anschluss an das Scheibenschlagen wird ein vorbereitetes Feuerrad entzündet und den Hang hinuntergestoßen.

Dammer Karneval

»Helau Fastaubend« lautet im niedersächsischen Damme seit 1614 der Gruß der Narren, wenn sie eine Woche vor den Karnevalshochburgen ihre Fastnacht feiern. Am Sonntag und Montag formieren sich in bis zu fünf Kilometer langen Umzügen rund fünftausend Narren, von denen viele schon vor Monaten damit begonnen haben, nach eigenen Ideen Wagen zu bauen und Kostüme zu nähen. Die Dammer Umzüge gelten als die fantasievollsten und größten Norddeutschlands und ziehen jedes Jahr sechzig- bis neunzigtausend Besucher an.

Elzacher Schuddiglaufen

Zentralfigur der Fastnacht im badischen Elzach ist der Schuddig, dessen Name sich von Schurtag, oder Schauertag ableitet, was eine alte Bezeichnung für den Aschermittwoch war, an dem die Obrigkeit den Bürgern für ihre Fronarbeit eine Maß Wein zugestand. Am Fastnachtssonntag schlüpfen in der ganzen Stadt die Schuddige in ihren Fleckenkleidern und traditionellen Masken aus den Häusern und laufen, während sie lärmend mit Schweinsblasen auf den Boden knallen, zum Rathaus, wo sie sich mit dem Narrenrat zu einem Zug zusammenschließen, der zu den Klängen der Hemdklonkermusik durch die Straßen zieht. Am Sonntagabend gehen sie noch einmal mit Fackeln durch die Stadt, am Montagmorgen bewegt sich der Umzug ein letztes Mal im Schein einer einzigen Stalllaterne durch den Ort. Dann werden spottwürdige Ereignisse und Verfehlungen des vergangenen Jahres angeprangert.

Garmisch-Partenkirchener Schellenrühren und Jacklstutzen

Nach dem Läuten der Mittagsglocken setzt sich im bayrischen Garmisch-Partenkirchen am unsinnigen Donnerstag der bunte Zug der Schellenrührer in Bewegung. Sie gehen paarweise mit so genannten Vortänzern, die den Takt ange-

Zug der Schellenrührer in Mittenwald

ben, nach dem die Schellenrührer in rhythmischen Bewegungen ihre Schellen zum Klingen bringen.

Das Jacklstutzen geht auf einen alten Rechtsbrauch zurück, der zunächst nichts mit den Schellenrühren zu tun hatte und erst im 17. Jahrhundert mit der Fastnacht verbunden wurde. Vier als Mädchen verkleidete junge Männer werfen dabei mit einer Decke eine Stoffpuppe, den Jackl, in die Höhe. Ursprünglich geschah dies vor Häusern von Mädchen, in deren Bett man einen Liebhaber vermutete.

Eine ähnliche Veranstaltung findet auch im bayrischen Mittenwald statt.

Feuerradrollen in Hirschhorn-Langental

Im Odenwald ist an vielen Orten wieder der alte Brauch des Feuerradrollens aufgenommen worden. Eine ungebrochene Tradition hat er jedoch in Hirschhorn-Langental, wo am Fastnachtsdienstag ein Eisenrad mit vier- bis fünfhundert Kilogramm Stroh gestopft wird, das von Kindern des Ortes geschmeidig gemacht wird, indem sie darauf herumhüpfen. Dann binden Männer Stroh an das Rad, bis es zweieinhalb Meter Durchmesser hat. Wenn es abends entzündet und mit einem langen Fichtenstamm ins Tal geführt wird, folgen ihm junge Männer mit brennenden, strohgefüllten Drahtgestellen.

Jülicher Lazarus

Ähnlich wie das Jacklstutzen in Bayern geht ein im nordrhein-westfälischen Jülich geübter Brauch auf eine alte Strafmethode zurück, bei der Übeltäter auf einer Kuhhaut oder Decke in die Luft geworfen wurden, nicht selten mit tödlichem Ausgang. Am Faschingsdienstag ziehen die »Lazarusbrüder«, begleitet von Musikanten, einer Besengruppe und Standartenträgern, durch die Stadt, wo sie den Lazarus Strohmanus, eine Strohpuppe, an vierundzwanzig festgelegten Punkten in die Luft werfen, oder »precken«. Nach Einbruch der Dunkelheit wird der Strohmann schließlich unter Heulen und Wehklagen ein letztes Mal gepreckt und schließlich im Schein eines großen Feuerwerks in die Ruhr gestürzt.

Kieler Umschlag

Im Jahre 1975 wurde in Kiel die Tradition des Kieler Freimarktes wieder aufgegriffen und zu einem gewaltigen Volksfest umgestaltet. Zu seinem Auftakt wird Kiels Oberbürgermeister des Jahres 1700, Asmus Brenner, am Freitagmorgen des letzten Februarwochenendes feierlich aus seiner Gruft erweckt und steigt mit Samthosen und Perücke bekleidet in eine prächtige Karosse, um zum Bieranstich zu fahren. Danach geht es über drei Tage hinweg mit einem traditionellen Feuer auf dem Kleinen Kiel, Fischversteigerungen, Paraden, Volkstänzen, Hafenkonzerten, Schiffsbesichtigungen, sportlichen Wettbewerben, einer Sammlerbörse und anderen Veranstaltungen weiter. Gaststätten servieren während dieser Zeit Gerichte aus vergangenen Jahrhunderten.

Kölner Karneval

Der Kölner Karneval ist urkundlich erstmals 1341 belegt und wurde im 17. und 18. Jahrhundert durch den italienischen Karneval beeinflusst. 1794 kam er durch die französische Besetzung zum Erliegen, 1823 wurde er dann durch die Gründung des »Festordnenden Kommitees« in der Form organisiert, wie man ihn noch heute feiert. Seinen Auftakt nimmt er am 11.11. mit einer Varieté-Schau zum aktuellen Karnevalsmotto. Bis zum Ende der Saison finden dreihundert Sitzungen und Kostümbälle statt. Am Donnerstag vor Karnevalssonntag beginnt das Straßentreiben mit der Weiberfastnacht, an der die Kölner das regierende »Dreigestirn« erstmals unter freiem Himmel begrüßen. Am Sonntag ziehen

Züge mit Karnevalswagen und Musikkapellen durch die Stadt. Der Höhepunkt des Kölner Karnevals ist der viele Kilometer lange Rosenmontagszug aus Narren, Festwagen und Großfiguren, die das Tagesgeschehen karikieren.

Mainzer Fastnacht (siehe S. 27)

Münchner Fasching/Tanz der Marktweiber

Die Münchner feiern den Fasching angeblich schon seit dem 15. Jahrhundert, belegt ist er jedoch erst seit Beginn des 19. Jahrhunderts. 1894 organisierte die »Münchner Karnevalsgesellschaft« erstmals einen Umzug. Heute finden während der Faschingszeit zahllose Bälle und andere Veranstaltungen statt. Sehenswert ist der Tanz der Marktweiber auf dem Viktualienmarkt am Faschingsdienstag, zu dem auch das Faschingsprinzenpaar und der Oberbürgermeister erscheinen.

Karneval in Münster

In einer Chronik von 1570 über den Münsteraner Karneval steht zu lesen: »...von einer eigenwilligen Raserey beseelet, laufen sowohl Männer als Weiber mit scheußlichen Larven und in ungewöhnliche Kleidung gehüllt mit brennenden Fackeln umher, wobei auch Trommeln und Pfeifen nicht vergessen werden. Die Männer stecken sich in Weiber- und die Weiber in Männerkleider...« Auch heute wird in Münster an den drei »unwiesen« Tagen noch ebenso ausgelassen gefeiert. Am Rosenmontag strömen außerdem Hunderttausende aus dem Umland in die Stadt, um den riesigen Rosenmontagszug zu sehen.

»Federhannes« beim Rottweiler Narrensprung

Rottweiler Narrensprung

Das Fastnachtstreiben in der baden-württembergischen Narrenhochburg Rottweil ist seit dem 15. Jahrhundert belegt und war der Obrigkeit, die das Maskentreiben immer wieder zu verbieten suchte, lange ein Dorn im Auge. Doch die Neugründung der Narrenzunft im Jahre 1903 führte zu einer unaufhaltsamen Renaissance und heute gibt es in der Stadt etwa viertausend Narren in traditioneller Kleidung zu sehen. Ihren Höhepunkt erreicht die dortige Fastnacht Montag und Dienstag, wenn aus dem schwarzen Tor der Narrenzug hervorbricht und unter Peitschenknallen, Schellenklingeln und den Klängen des Rottweiler Narrenmarsches durch die Altstadt tobt, deren Straßen tausende Zuschauer säumen. Zu seinen Traditionsfiguren gehören der Federhannes, der sich in wilden Sprüngen fortbewegt, der Gschell, der Schantele, der Guller und die Riesenfigur des Langen Mannes.

Schifferfastnacht in Schmilka

In einigen Orten des Elbtals wird von Ende Januar an die Schifferfastnacht gefeiert, die auf zweihundertfünfzig Jahre Tradition zurückblicken kann. Ungeachtet des Namens hat das Fest seine Wurzeln jedoch nicht in der Fastnacht. Vielmehr handelt es sich um einen alten Brauch des Winteraustreibens, mit dem die Schiffer das Schmelzen des Elbeises feierten, das sie in der kalten Jahreszeit arbeitslos gemacht hatte. In dem kleinen sächsischen Dorf Schmilka findet die Schifferfastnacht heute am ersten Samstag im Februar statt. Bei einem Festzug in historischen Kostümen werden Modelle alter Schiffe mitgeführt und geschichtliche Ereignisse nachgestellt. Abends wird der Schifferball gefeiert.

Stockacher Narrengericht

Das Narrengericht im badischen Stockach steht in der Fastnachtstradition des Rügegerichtes und gehört wohl zu den ältesten Veranstaltungen dieser Art, die heute noch stattfinden. Schon ab dem Dreikönigstag ziehen die Mitglieder des Narrengerichts immer wieder mit Musik und Fackeln durch die Straßen, um sich zu versammeln und über das Programm der Fastnacht zu beraten. Am schmutzigen Donnerstag wird dann öffentlich getagt, wobei Ankläger und Verteidiger aus dem Stegreif sprechen müssen. Dienstags findet ein großer Umzug statt, bei dem die Beteiligten noch einmal Ereignisse des vergangenen Jahres auf die Schippe nehmen. Am Aschermittwoch wird die Fastnacht unter traurigen Klängen begraben.

Im vierjährigen Turnus findet auch im hohenzollerischen Grosselfingen ein Narrengericht statt.

Biikebrennen und Petritag auf Sylt

Am Vorabend des Petritages (22. Februar) ziehen auf Sylt bei Einbruch der Dunkelheit die Bewohner zu ihren »Biiken«, großen Holzstößen, mit deren Feuern in germanischer Zeit Wotan um gutes Wetter, freie Fahrt zur See und Sieg über die Feinde gebeten worden sein soll. Außerdem befindet sich auf einem Pfahl über jedem Stoß eine Puppe, die den Winter symbolisiert, und wenn sie in den

lodernden Flammen versinkt, ertönt ein vielstimmiger Erleichterungsschrei. Auch der Petritag selbst, an dem die Friesen früher ihr Frühjahrsthing abhielten, wo sie politische Entscheidungen trafen und Gericht hielten, ist ein traditionelles Fest, das jedoch in jedem Ort auf andere Weise gefeiert wird.
Das Biikebrennen findet auf allen Nordseeinseln, auf den Halligen und an der ostfriesischen Küste statt.

Wasunger Karneval

Eine Karnevalshochburg Thüringens ist die Stadt Wasungen, wo bereits 1524 ein Fastnachtsspiel belegt ist. Bis heute feiert die Bevölkerung ihren Karneval nach alter Tradition mit einem Prinzen und seinen Pagen an der Spitze, die von einem Elferrat unterstützt werden. Während der närrischen Tage gibt es insgesamt vier Umzüge, der größte bewegt sich am Samstag durch die Stadt.

März

Wer kennt es nicht, das alte Volkslied vom Bauern, der »im Märzen die Rösslein anspannt«? Es beschreibt, was in diesem Monat den Alltag prägte. Die Natur erwacht zu neuem Leben und die Arbeit auf den Feldern konnte beginnen. Deshalb hieß der März auch Frühlingsmonat. Da man am 19. März den Gedenktag Josefs, des Ziehvaters Jesu, feiert, wurde der März auch Josefsmonat genannt. Die altmodische Bezeichnung Lenz leitet sich von »lang« ab, denn die Tage werden nun merklich länger. Der heutige Name März ist dem lateinischen Monatsnamen Martius entlehnt, für den der gleichnamige altrömische Kriegsgott Pate stand.

In den März fällt in manchen Jahren das Osterfest, das am Sonntag nach dem ersten Frühlingsvollmond gefeiert wird. Als Frühlingsbeginn gilt der 21. März. Liegt er auf einem Samstag und ist an diesem Tag Vollmond, wird Ostern bereits am 22. März begangen. In anderen Jahren findet das Osterfest erst am 25. April statt, dann nämlich, wenn der volle Mond zum ersten Mal am 18. April am Himmel steht und dieser Tag außerdem ein Sonntag ist.

Sicher ist es kein Zufall, dass Ostern, das Fest der Auferstehung Jesu, in eine Zeit fällt, zu der in Europa seit alter Zeit Neujahrs- oder Frühlingsfeiern begangen wurden, denn nach einem langen, dunklen und zweifellos von vielen Entbehrungen geprägten Jahresabschnitt erstand die Natur gewissermaßen neu und verhieß Überfluss, Licht und Wärme. Man weiß nur wenig darüber, wie diese Feiern aussahen und ob sie in Germanien dem Gott Thor (Donar) oder einer Göttin namens Ostara geweiht waren. Sicher ist jedoch, dass sie durch das Osterfest christlich überformt wurden und beide Feste den Sieg des Lebens über den Tod zum Inhalt haben.

Der Volksglaube kennt für den März eine Menge Ratschläge und Verhaltensregeln: Mit dem Erwachen der Natur kommen die ersten Veilchen. Im Mittelalter durften sie nur von den sittsamsten, schönsten Mädchen gepflückt werden.

Man sagte, wer im März das erste Veilchen fände, dem würde ein Wunsch in Erfüllung gehen. Anderswo hieß es, man müsse die drei ersten Veilchen und auch Schlüsselblumen, Gänseblümchen und Buschwindröschen mit den Zähnen pflücken und essen, da Frühlingsblumen vor Fieber, Hals- und Zahnschmerzen bewahren. Andererseits solle man bestimmte Frühlingsblumen nicht ins Haus bringen, weil sonst der Blitz einschlüge und die Hühner keine Eier mehr legten. Es wird auch dringend davon abgeraten, an Veilchen zu riechen – wer es dennoch tut, soll Sommersprossen bekommen oder toll werden.

In der Tierwelt ist der Kuckuck der Frühlingsbote, und hört man im Lenz einen Kuckuck rufen, muss man rasch auf den Geldbeutel klopfen, wenn man reich werden möchte. Wer beim ersten Ruf des Kuckucks allerdings barfuß umherspaziert, dem ist ein Fußleiden gewiss, schlägt man einen Purzelbaum, bleibt man mit Sicherheit gesund. Ruft der Kuckuck erst nach dem Abendläuten, bedeutet das Unglück.

In manchen Gegenden betrachtete man auch die Schwalben als Frühlingsboten. In Hessen meldete man die Ankunft der ersten Schwalbe dem Turmwächter, und offiziell wurde anschließend der Frühlingsbeginn bekannt gegeben. In Westfalen öffneten die Bauern in Erwartung der ersten Schwalben ihre Scheunentore weit, denn man hielt es für ein glückliches Omen, wenn sie in Stall oder Scheune nisteten. Man glaubte, dass die Vögel Haus und Hof vor Feuersgefahr und Blitzeinschlag schützten. Mieden Schwalben ein Haus, war es von bösen Menschen bewohnt.

Märzschnee, aber auch Märzregen und Märztau machen angeblich eine schöne Haut, lassen jedoch auch Sommersprossen blühen, die deshalb auch Märzflecken heißen. Allerdings verschwinden die Sommersprossen, wenn man sich am 1. März das Gesicht in einem Brunnen wäscht. Märzregen soll sogar Ungeziefer vertreiben, wenn man mit ihm am 1. März die Stube auswischt, das noch wirksamere Mittel ist Märzschnee, der unter das Bett geworfen wird. Geschmolzener Märzschnee hilft auch gegen Augenleiden.

Insgesamt galt der März früher als gefahrvoll für Gesundheit und Wohlbefinden. So hieß es, dass der März all jene packe und fresse, die im Winter krank und bettlägerig geworden seien, aber auch Kinder, die im März schon barfuß umherliefen. Dennoch sollen am 1. März Gichtkranke ihr Leiden auf eine Birke übertragen können, und wer im März eine Wurmkur macht und ein Bad nimmt, bleibt das ganze folgende Jahr von Würmern verschont.

Am 1. März verlobte man sich gern und praktizierte Liebesorakel. Man ging um Mitternacht dreimal um sein Bett, um anschließend von dem oder der Zukünftigen zu träumen.

Kunigunde – *3. März*

Kunigunde heiratete 999 Heinrich II. von Bayern, der 1002 nach dem Tod Kaiser Ottos III. deutscher König wurde. 1014 krönte Papst Benedikt VIII. das Paar in Rom zum Kaiser und zur Kaiserin. Kunigunde war maßgeblich an der Gründung des Bistums Bamberg beteiligt und stiftete das Benediktinerinnenkloster im hessischen Kaufungen, in das sie sich nach dem Tod Heinrichs zurückzog. Sie starb am 3. März 1033 oder 1039. Ihre Gebeine befinden sich mit denen ihres Mannes im Bamberger Dom. Sie ist Schutzpatronin der Diözese Bamberg, wo an ihrem Todestag das Kunigundenfest gefeiert wird. 1200 wurde sie durch Papst Innozenz III. heilig gesprochen.

Auf bildlichen Darstellungen ist Kunigunde oft mit einer Pflugschar zu sehen, denn eine Legende berichtet, dass sie, nachdem Verleumder sie des Ehebruchs bezichtigt hatten, als Beweis für ihre Unschuld unversehrt über glühende Pflugscharen lief.

Kunigunde gilt als Patronin des Viehs und als Beistand der Schwangeren und der kranken Kinder. Besondere Heilkräfte sagte man früher Kunigundenwasser und Kunigundenkraut, besser bekannt als Wasserdost, nach.

Fridolinstag – *6. März*

Nach der Legende kam Fridolin Ende des 5. Jahrhunderts von Irland auf den Kontinent. Zunächst ging er nach Frankreich, später nach Deutschland, wo er in Säckingen ein Kloster gründete. Von dort aus soll er mit großem Erfolg fast den gesamten alemannischen Raum bekehrt haben, da er sich wegen seiner Güte und Hilfsbereitschaft bei der Bevölkerung ungemeiner Beliebtheit erfreute. Seine Verehrung ist seit dem 14. Jahrhundert auch durch Prozessionen belegt, und noch heute wird am 6. März in Säckingen das Fridolinsfest, eines der interessantesten Patronatsfeste Südwestdeutschlands gefeiert (siehe S. 89).

Fridolinsprozession in Bad Säckingen

Gregoritag – *12. März*

Am Gregoritag wurde früher des Todestages von Papst Gregor I. gedacht. Da dieser Gedenktag aber in die Fastenzeit fällt, verlegte man ihn später auf den 3. September, den Tag, der an die Weihe Gregors zum Bischof von Rom erinnerte.

Gregor wurde 540 in Rom geboren und entstammte einer angesehenen Familie. 590 folgte er Pelagius II., dessen enger Berater er war, als Papst.

Gregor förderte Erziehung, Schule und Schulgesang, was dazu führte, dass er später zum Schutzpatron der Schulen, Schüler und Lehrer wurde. Im Jahre 830 stiftete Gregor IV. zu Ehren seines Vorgängers ein Schulfest. Während des Mittelalters fand es, vornehmlich im mittel- und süddeutschen Raum, am Gregoritag statt, an dem in den Schulen das Winterhalbjahr endete. Bei diesem Fest veranstalteten die Schüler Umzüge, Spiele und Wettsingen. Die Umzüge endeten häufig auf Jahrmärkten, wo man auf Scheiben schoss, Vögel von Stangen holte und tanzte. Im Zusammenhang mit diesem Tag ist auch die Wahl eines Kinderbischofs bekannt, der auf einem Schimmel umherritt und Brezeln an die anderen Kinder verteilte. Viele dieser Kinderfeste haben sich später in den Sommer verlagert und einige werden noch heute gefeiert wie das Ravensburger Rutenfest (siehe S. 172).

Eine andere alte Sitte war das Gregorisingen, ein Heischebrauch, bei dem der Schulmeister und seine Schüler von Haus zu Haus und von Hof zu Hof gingen und Mehl, Eier, Fleisch, Brot und Schmalz sammelten, woraus ihnen im Wirtshaus eine gute Mahlzeit bereitet wurde. In Baden zogen Schulkinder als Engel verkleidet mit ihrem Lehrer umher. Nachdem sie Gedichte aufgesagt und Lieder gesungen hatten, schlich sich ein als Fuchs verkleideter Schüler ins Haus und räumte den Küchentisch ab, wo die Hausfrau in weiser Voraussicht Gebäck und Obst bereitgestellt hatte.

Vor der Kalenderreform durch Gregor XIII. im 16. Jahrhundert galt der Gregoritag als Tagundnachtgleiche, da sie zu diesem Zeitpunkt kalendarisch auf den 12. März vorgerückt war. Das wirkte noch lange in dem Sprichwort nach, dass »Gregori den Tag der Nacht gleichmache«.

Gertrudentag – *17. März*

Gertrud lebte im 7. Jahrhundert und war die Tochter von Pippin dem Älteren. Im Jahre 640 trat sie in das von ihrer Mutter gestiftete Kloster Nivelles ein, das sie später als Äbtissin leitete. Sie gilt als Patronin der Krankenhäuser, Pilger, Armen, Witwen und Gärtner und an ihrem Tag begann früher oft die Arbeit auf dem Feld. So heißt es denn auch »Gertrud schließt den Garten auf« oder »St. Gertraud führt die Kuh zum Kraut, das Ross zum Zug«.

Die Heilige wird vor allem in ländlichen Gegenden verehrt, und da sie durch Gebete die Ernte ihres Landes vor einer Mäuse- und Rattenplage gerettet haben soll, wird sie gegen dieses Ungeziefer angerufen und gilt als Schützerin der Feld- und Gartenfrüchte. Aber der Volksglaube spricht auch davon, dass am Gertrudentag die Mäuse vom Haus aufs Feld umziehen.

Auf alten Darstellungen ist Gertrud oft mit einem Spinnrocken zu sehen, an dem zwei Mäuse hinauflaufen. Nach der Legende nahm eines Tages der Teufel Mausgestalt an, um Gertruds Geduld beim Spinnen auf die Probe zu stellen. Natürlich mühte er sich vergebens. So wurde die Heilige auch zur Patronin der Spinnerinnen, die an ihrem Gedenktag Umzüge oder Frühlingsessen veranstalteten.

Nach alter Volksweisheit gewährt Gertrud Seelen Verstorbener auf dem Weg zum ewigen Gericht in der ersten Nacht Obdach. Bekannt war früher auch die Gertrudenminne, die man im Mittelalter Sterbenden reichte, um ihnen im Jenseits eine gute Herberge zu sichern. Sie diente auch als Abschiedstrunk vor langen Reisen oder wurde dort getrunken, wo Streit zu schlichten war.

Im Süden Deutschlands galt die Raute als »Gertrudenkraut«, mit dem sich angeblich nicht nur Kröten und Ungeziefer, sondern auch Unholde vertreiben ließen. Es war auch üblich, dass sich Bräute am Hochzeitsmorgen ein Rautenblatt in der linken Schuh steckten, um sich vor schlechten Einflüssen zu schützen.

Josefitag – *19. März*

Über den Zimmermann Josef von Nazareth, den Ziehvater Jesu, ist nur wenig bekannt. Der Legende nach soll er bereits im fortgeschrittenen Alter gewesen sein, ein Witwer, der Söhne aus seiner ersten Ehe in die Verbindung mit Maria gebracht haben soll.

Der 19. März wurde im 10. Jahrhundert zu seinem Gedenktag bestimmt. Möglicherweise wollte man durch ihn das Fest der Minerva, Göttin des Handwerks, verdrängen. Die Verehrung Josefs fand erst im ausgehenden Mittelalter weitere Verbreitung. Zahlreiche Kirchen und Klöster tragen seinen Namen. In der katholischen Kirche wird das Fest des heiligen Josef seit 1487 begangen. 1870 wurde Josef von Papst Pius IX. zum Patron der Kirche erklärt. 1955 bestimmte Papst Pius XII. außerdem den 1. Mai, den Tag der Arbeit, zum Fest »Josef, der Handwerker«.

Josef ist Schutzheiliger von Familie, Ehe und Keuschheit und hilft bei Wohnungsnot. Frauen beten zu ihm für einen guten Ehemann. Josef ist der Patron aller Berufe, bei denen man eine Axt benötigt, nicht nur der Zimmerleute, die in manchen Gegenden früher an seinem Tag eine Festmesse abhielten. Sein Patronat über die Ehe führte dazu, dass sein Gedenktag zu einem beliebten Hochzeitstermin wurde. Man beschenkte sich an diesem Tag auch mit Liebesgaben und stellte Orakel. Im alpenländischen Raum war es am Josefitag unter den jungen Männern beliebt, bei ihren Mädchen drei mit Liebesversen geschmückte rote Eier zu bestellen, die sie am Ostermontag als Bestätigung für den Fortbestand der Beziehung erhielten.

Schönes Wetter an Josefi bringt, so weiß es der Bauernkalender, ein gutes Jahr; wenn es stürmisch ist, wird es auch das ganze Jahr hindurch so bleiben.

Frühlingsanfang – *21. März*

Mit dem Eintritt der Sonne in das Sternbild des Widders und der Tagundnachtgleiche beginnt der kalendarische Frühling. In vorchristlicher Zeit glaubte man, dass an diesem Tag die Welt erschaffen worden sei, und so wurden um diesen Termin herum lange Zeit Neujahrsfeste gefeiert.

Wie andere Tage, die einmal als Frühlingsanfang galten, Mariä Lichtmess oder Petri Stuhlfeier, war natürlich auch der eigentliche Frühlingsbeginn früher mit vielen Bräuchen verbunden. Kinder zogen mit bunt geschmückten Stangen durch das Dorf, um den Sommer zu begrüßen, denn den Frühling kannte man lange nicht als eigene Jahreszeit.

Auf den 21. März fiel auch der Gedenktag des heiligen Benedikt, Gründer des Benediktinerordens. Später verlegte man ihn auf den 11. Juli, das Datum, an dem im Jahr 673 Benedikts Gebeine ins französische Fleury überführt worden sein sollen. Im Brauchtum sind Benediktmedaillen und Benediktpfennige bekannt, die als Amulette dienen. Sie sollen Menschen und Tiere heilen und vor Unwettern bewahren. Die so genannte »Benediktenwurz« schützt nach dem Volksglauben vor giftigen Tieren und hilft gegen Entzündungskrankheiten.

Mariä Verkündigung – *25. März*

Mariä Verkündigung ist eines der ältesten Kirchenfeste und wurde bereits im 5. Jahrhundert gefeiert. Mit diesem Tag wird der Verkündung von Christi Geburt gedacht. Es ist sowohl ein Christusfest als auch ein Marienfest, letzteres trat jedoch in den Vordergrund, nachdem Maria auf dem Konzil von Ephesus zur »Gottesgebärerin« erklärt worden war.

Früher glaubte man, dass sich an diesem Tag die Erde den Samenkörnern öffne und man säte Kohl und Lein. In Jahren, in denen Mariä Verkündigung mit dem Karfreitag zusammenfällt, muss man dem Volksglauben nach die Eschen schneiden, da ihr Holz dann besonders kräftig wird.

Ebenfalls am 25. März wird das Fest des Erzengels Gabriel gefeiert, der als Bote zu Maria kam. Daher hieß es auch, man säe an »Gabriel« das erste Korn.

Die Verkündigung. *Gemälde von Rogier van der Weyden*

Der Osterfestkreis

Der Osterfestkreis beginnt am Aschermittwoch, findet in der Karwoche und dem eigentlichen Osterfest seinen Höhepunkt, dem die vierzigtägige nachösterliche Zeit bis Christi Himmelfahrt folgt, und endet fünfzig Tage später mit dem Pfingstsonntag. Damit ist er die längste Festzeit des Kirchenjahres.

Fastenzeit

Im katholischen Christentum wird die vierzigtägige Vorbereitungszeit auf Ostern Fastenzeit oder österliche Bußzeit genannt, die evangelische Kirche bezeichnet sie als Passionszeit. Das Wort fasten, *vasten* oder *fastan* bedeutete ursprünglich »festhalten, beobachten, bewachen«, wurde vermutlich aber schon ab dem 5. Jahrhundert im Sinne von »an den Fastengeboten festhalten« verstanden. Den Begriff Passion, abgeleitet von *passio* = Leiden, verknüpft man seit dem Mittelalter mit dem Leiden Christi.

Fasten hat in den Religionen der Welt eine lange Tradition. Früher wollte man durch Verzicht auf Speisen und Getränke die Götter gnädig stimmen. Im Christentum ist das Fasten nicht auf die vorösterliche Zeit beschränkt. Man fastet auch in Vorbereitung auf das Weihnachtsfest, an Freitagen, vor der Einnahme des Abendmahls, bei Wallfahrten oder an bestimmten Gedenktagen wie dem Fest der Heiligen Drei Könige. In früheren Zeiten unterlag sogar das Vieh dem Fastengebot.

Während die Christen sich im 2. Jahrhundert noch durch zweitägiges Fasten auf die Osterfeierlichkeiten vorbereiteten, fasteten sie im 3. Jahrhundert schon während der gesamten Karwoche, und bereits im 4. Jahrhundert hatte sich die vierzigtägige Fastenzeit offenbar weithin durchgesetzt.

Ursprünglich begann die Fastenzeit am sechsten Sonntag vor Ostern und dauerte bis Gründonnerstag. An Karfreitag und Karsamstag wurde in Trauer um den Tod Jesu ohnehin gefastet. Später nahm man die Sonntage als Gedenktage der Auferstehung Christi vom Fasten aus und bezog Karfreitag und Karsamstag in die Fastenzeit ein, sodass ihr Beginn auf den heutigen Aschermittwoch vorrückte.

Fastenspeisen

Nach den strengen Regeln des Mittelalters war während der Fastenzeit der Verzehr vieler Lebensmittel untersagt, vor allem der Genuss von Fleisch, Eiern und Milchprodukten. Das Verbot von Milchprodukten wurde allerdings schon durch die Laktizienbulle von Innozenz XII. (1691 – 1700) teilweise aufgehoben. Heute ist das Fastengebot weitgehend gelockert, doch gelten Gemüse, Fisch, Brot- und Semmel-, Milch- und Käsegerichte immer noch als klassische Fastenspeisen.

Für die Erlaubnis, Fisch zu essen, werden zwei Begründungen genannt: Zum einen ist der Fisch ein Symbol für die Taufe, zum anderen ergeben die Anfangsbuchstaben der griechischen Worte »Jesus Christus Gottes Sohn und Retter« das Wort ICHTYS, was Fisch bedeutet – man nimmt also mit dem Fisch gewissermaßen Jesus in sich auf.

Um das Verbot des Verzehrs von Fleisch oder Produkten warmblütiger Tiere erträglich zu machen, ging man in der Küche mit viel Fantasie zu Werk. So ersetzte man z. B. Kuhmilch durch Mandelmilch. Man scheute sich auch nicht, Wasservögel, Otter, Biber und andere Tiere, die im Wasser lebten für »fischähnlich« zu erklären, denn Fische durfte man essen. Auf diese und ähnliche Weise fand man im Lauf der Zeit viele Möglichkeiten, sich mit dem Fastengebot zu arrangieren, und gerade am Aschermittwoch, der in der katholischen Kirche nach wie vor als strenger Abstinenz- und Fastentag gilt, lässt man es sich auch heute häufig besonders gut gehen. Zu den klassischen Aschermittwochsspeisen gehören Heringe, Schnecken und Froschschenkel. Auf Letztere sollte man schon aus Gründen des Artenschutzes lieber verzichten.

Die Zahl 40 *ist eine Symbolzahl für besondere Gottesnähe und Bußgesinnung, die sich in der Bibel an zahlreichen Stellen findet. So blieb Mose 40 Tage und Nächte auf dem Berg Sinai, 40 Jahre zog das Volk Israel von Ägypten ins Gelobte Land, Jesus fastete 40 Tage in der Wüste, bevor ihn der Teufel versuchte, 40 Tage nach der Auferstehung fand die Himmelfahrt Christi statt. Außerdem ist die 4 eine Zahl der Ganzheit und auf ihr basierende Zeitperioden beinhalten Reifung, Reinigung und Vollendung.*

Ein weiteres Schlupfloch im Fastengebot ermöglichte die Regel, dass Flüssiges das Fasten nicht unterbricht. Sie führte dazu, dass man in Klöstern bald kräftiges »Fastenbier« zu brauen begann. Diese Tradition lebt bis heute in Bayern fort, wo man während der Fastenzeit immer noch Starkbier herstellt, zu dessen Anstich im März sich die gesamte politische Prominenz auf dem Nockherberg in München versammelt.

Aschermittwoch

In der frühchristlichen Kirche begann früher mit dem Anfang der Fastenzeit die öffentliche Buße derer, die einer schweren Sünde für schuldig befunden worden waren. Diese Strafe war mit überaus unangenehmen Maßnahmen verbunden, denn die Büßenden mussten ihre Köpfe kahl scheren und Bußgewänder tragen und wurden mit Asche bestreut, sodass sie als Sünder für jedermann zu erkennen waren. In Anlehnung an die Vertreibung von Adam und Eva aus dem Paradies wurden sie außerdem für die Dauer der Fastenzeit aus der Kirche verbannt. Später ging man dazu über, dass sich alle Gläubigen als Zeichen ihrer Sündhaftigkeit mit Asche bestreuen ließen, die seit alter Zeit Symbol der Wertlosigkeit, der Vergänglichkeit und des Todes ist, gleichzeitig aber mit der Symbolik des Feuers in Zusammenhang steht, das verwandelt und reinigt. An diesem Brauch hielt man auch dann noch fest, nachdem der öffentliche Ausschluss der Sünder nicht mehr praktiziert wurde. Heute zeichnet der Priester manchmal den Gläubigen ein Aschekreuz auf die Stirn.

Die Segnung der Asche ist erstmals im 11. Jahrhundert bezeugt, ab dem 12. Jahrhundert wurde sie aus den geweihten Palmen des vorjährigen Palmsonntags hergestellt.

Plakatmotiv, das Fastenbier bewirbt

Zum Brauchtum des Aschermittwochs gehört die so genannte Geldbeutelwäsche, bei der die Menschen ihre Geldbeutel in einem Brunnen auswaschen und auf die Leine hängen. Mit dieser Sitte soll die Befreiung von irdischem Besitz und ein Neuanfang symbolisiert werden. Ein typischer Aschermittwochsbrauch, der sich in fast allen Gegenden mit Fastnachtstradition findet, ist das Begraben der Fastnacht in Gestalt einer Puppe, sofern dies nicht schon am Abend des Fastnachtsdienstags geschehen ist.

Im Volksglauben galt der Aschermittwoch als Unglückstag, an dem Haus und Hof nicht gereinigt und weder Mist noch Gülle gefahren werden durften. Ein Bad an diesem Tag sollte allerdings das ganze Jahr vor Rückenschmerzen bewahren. Als heilkräftig galt auch das Fett, das von am Aschermittwoch gebackenen Küchlein übrig blieb.

Seit 1953 hat sich der politische Aschermittwoch eingebürgert, an dem die politischen Parteien mit ihren Gegnern abrechnen. Dass der eigentliche Sinn dieses Tages eher in der Besinnung auf die eigenen Fehler besteht, hat man wohl allenthalben vergessen.

Sonntag Laetare

Seinen Namen verdankt dieser vierte Sonntag der Fastenzeit dem lateinischen Eröffnungsvers der Messe dieses Tages, *Laetare Jerusalem* (Freu dich Jerusalem). Er wird auch als Mitt- oder Halbfastensonntag bezeichnet, da er einen Wendepunkt in der Fastenzeit markiert und der Blick sich von diesem Tag an auf das freudige Ereignis des nahenden Osterfestes richtet. Eine andere Bezeichnung ist »Rosensonntag«, denn der Papst trat früher am Sonntag Laetare mit einer goldenen Rose vor die Gläubigen, weihte sie und kündigte damit die bevorstehende Passions- und Osterzeit an – die Rose mit ihren Dornen gilt als Symbol für Jesu Passion und seine Auferstehung. Dieses Ritual wurde bis 1967 vollzogen.

Die Ursprünge des Brauchtums in Verbindung mit diesem Tag sind umstritten. Während die einen christliche Wurzeln sehen, glauben andere, sie auf heidnische Kulte zurückführen zu können. Vielerorts fanden und finden noch heute an diesem Sonntag Umzüge oder Spiele statt, die den Namen Sommertagszug, Sommereinholen oder Sommergewinn tragen. Zentraler Bestandteil der verschiedenen überlieferten Bräuche ist häufig das ältere Todaustragen, das schon im 14. Jahrhundert belegt und auch zu anderen Terminen wie Mariä Verkündigung oder Fastnacht bekannt ist. Dabei wurde und wird in einem oft dramatisch inszenierten Spiel eine Strohpuppe durch den Ort geführt und schließlich erhängt, ertränkt, gesteinigt, verbrannt oder begraben. In manchen Gegenden warf man sie sogar auf den Grund der Nachbargemeinde. Der Brauch soll auf die verheerenden Pestepidemien im Europa des 14. Jahrhunderts zurückgehen und die Puppe symbolisierte wohl anfangs Tod, Krankheit und überhaupt alles Schlechte, das auf diese Weise zerstört werden sollte. Später wurde sie zur Personifizierung des Winters. Nach dem Volksglauben zog ein Unterlassen des Todaustragens unweigerlich den Ausbruch einer Seuche nach sich. Der Brauch war früher so weit verbreitet, dass man Laetare auch als Totensonntag bezeichnete.

Im Laufe der Jahre wurde mit ihm dann das Sommereinholen verbunden. In Schlesien gingen Kinder nach dem Todaustragen mit geschmückten Bäumchen oder Gerten, die als segenskräftig galten, von Haus zu Haus und sagten: »Den Tod haben wir ausgetrieben, jetzt bringen wir den Sommer wieder.« Beim Sommereinholen kam es oft zum Kampf zwischen Winter und Sommer. Davon berichtet eine alte Augsburger Chronik: »An diesem Tag [Laetare] hat man an etlichen Orten ein Spiel, daß die Buben an langen Stangen Brezeln umhertragen in der Stadt und zwei verkleidete Männer, einer in Efeu, der heißt der Sommer, der andere mit Gemüse angelegt, der heißt der Winter. Diese streiten miteinander. Der Sommer obsiegt und erschlägt den Winter.« Im *Wunderhorn* berichten auch Achim von Arnim und Clemens Brentano über ähnliche Bräuche: »In der Pfalz und umliegenden Gegenden gehen am Sonntag Laetare, welchen man den Sommertag nennt, die Kinder auf den Gassen herum mit hölzernen Stäben, an welchen eine mit Bändern geschmückte Brezel hängt, und singen den Sommer an, worüber sich jedermann freut. Auch gehen oft zwei erwachsene junge Burschen verkleidet herum, von welchen einer den Sommer, der andere den Winter vorstellt, diese kämpfen miteinander, und der Winter verliert. Im Kraichgau tragen die Mägdlein bei diesem Fest einen mit Immergrün umwundenen Reif auf einem Stecken, an dem Reife hängen, kleine Spiegel, Goldflitter und Brezeln. Die Knaben aber tragen viele solche kleineren Kränze an ihren Stecken und geben immer einen als Gegengabe in jedem Hause ab, wo sie für ihren Gesang Geld, Eier, Schmalz oder Mehl erhalten. Dieser Kranz wird in der Mittenstube über dem Tisch an einem Faden aufgehängt und bleibt bis zum nächsten Jahr hängen. Durch die Ofenwärme, die in die Höhe zieht, bewegt sich der Kranz zuweilen, dann sagen die Kinder, das bedeute was Gutes, wenn aber eine Hexe in die Stube kommt, sagen die alten Weiber, stehe der Kranz still.«

Brezeln

Ein typisches Gebäck der Fastenzeit ist die Brezel, obwohl sie auch im Brauchtum anderer Festzeiten ihren Platz hat, vor allem als Liebesgabe. Für ihre Form gibt es vielerlei Erklärungen. Nach einer Deutung symbolisiert sie die Fesseln Jesu, nach einer anderen soll sich ihr Name vom Lateinischen bracchium = *Unterarm ableiten und ihre Form verschlungene Arme darstellen. Über ihren Ursprung ist wenig bekannt. In Klöstern ist sie seit dem 10. Jahrhundert bezeugt, wo man sie insbesondere in der Fastenzeit an Kinder und Arme verteilte. Fastenbrezeln bringen nach dem Volksglauben Glück und Gesundheit und sind mit zahlreichen Bräuchen verbunden. Am Karfreitag durfte zeitweise kein anderes Gebäck gegessen werden. Karfreitagsbrezeln sollen das ganze Jahr hindurch vor Fieber schützen.*

Vor allem in der Pfalz, aber auch im benachbarten Odenwald haben sich solche Feste bis zum heutigen Tag erhalten oder wurden neu in Szene gesetzt. Auf eine jahrhundertelange Tradition kann, wenn auch in neu gestalteter Form, der Eisenacher Sommergewinn (siehe S. 90) zurückblicken.

Zum Sonntag Laetare lassen sich noch viele andere Bräuche finden, die an Terminen üblich waren, an denen früher der Frühlingsbeginn gefeiert wurde. So versuchte man beispielsweise durch Feuerradrollen die Saat zu wecken.

An manchen Orten galt der Sonntag Laetare als Unglückstag, an dem vor allem der Wassermann sein Unwesen trieb und Opfer holte. Andererseits sollte dieser Termin Liebesangelegenheiten förderlich sein und junge Paare tauschten oft kleine Geschenke aus.

Karwoche

Die Karwoche beginnt am Palmsonntag und endet mit den drei Leidenstagen Christi: Gründonnerstag, Karfreitag und Karsamstag, dem »Österlichen Triduum«. Ihr Name kommt von dem althochdeutschen Wort *chara* oder *kara*, das »Wehklage«, »Kummer« oder »Trauer« bedeutet. Neben Klage- oder Trauerwoche kennt man noch die Bezeichnungen Marter- oder Passionswoche, heilige, hohe, große oder stille Woche.

Die siebentägige Karwoche ist seit ungefähr 400 n. Chr. bekannt. In katholischen Gegenden verstummen nach dem Gloria der Messe am Gründonnerstag-

Passionsspiele 2000 in Oberammergau: Die Israeliten tanzen um das Goldene Kalb – Moses und die Gesetzestafeln (Lebendes Bild)

abend, manchmal auch schon am Mittwoch, die Glocken und erklingen erst wieder in der Osternacht – im Volksglauben sagt man, sie flögen für drei Tage nach Rom, um beim Papst die Beichte abzulegen. Stattdessen wurden und werden noch heute, vor allem im Süden, Gottesdienste und Tageszeiten mit Klappern und Handratschen angekündigt, die vom Kirchturm oder Kirchplatz und in den Straßen ertönen. Gewöhnlich sind es Schuljungen, häufig Messdiener, die sie bedienen und dafür Geld und andere Gaben sammeln dürfen. Oft werden auch die Schellen der Messdiener durch Holzklappern ersetzt.

Früher fand am Mittwochabend oder Gründonnerstag oft eine Rumpel- oder Pumpermette statt, bei der die Gläubigen nicht nur mit Ratschen, sondern auch mit Stöcken, Brettern und Prügeln einen »Höllenlärm« in der Kirche veranstalteten. Er sollte den Aufruhr der Natur beim Tod Christi darstellen. Nach anderer Deutung wurde mit ihm das Kreuzigungsgeschehen nachgeahmt und der Zorn der Christen über den Verräter Judas demonstriert, den man zum Beispiel in Schlesien sogar symbolisch aus der Kirche vertrieb.

Ansonsten hatte Lärm früher in der Karwoche zu unterbleiben. So durfte weder geschossen noch getanzt werden. Auch das Eintreiben von Schulden oder Gerichtsverhandlungen waren verboten.

Ab dem späten Mittelalter begann man während der Karwoche an zahllosen Orten, vornehmlich im deutschsprachigen Raum der Alpenländer, in oder vor Kirchen Passionsspiele aufzuführen. Veranstalter waren zunächst Klöster und Stifte. Die Texte basierten auf den – ursprünglich in Lateinisch gesungenen und gesprochenen – mittelalterlichen Osterliturgien, spätestens ab Beginn der Neuzeit wurden sie dann auch in der Volkssprache verfasst. Manchmal zogen sich diese Spiele über mehrere Tage hin und wurden unter Beteiligung hunderter Mitwirkender in Szene gesetzt. Im Zuge von Reformation und Aufklärung gingen sie weitgehend unter. Im bayrischen Raum erlebten sie ihre Blütezeit im 17./18. Jahrhundert, doch 1770 wurde auch hier wegen »barocker Entartungserscheinungen« ein allgemeines Verbot erlassen und nur wenige Spiele konnten sich bis in die heutige Zeit hinüberretten. Das bekannteste ist das Oberammergauer Passionsspiel. Auch im Norden Deutschlands, in Hamburg und Hildesheim, gab es früher Passionsspiele, von denen allerdings keines erhalten blieb. Eine Ausnahme bildet das sauerländische Hallenberg, wo man im Jahre 1950 wieder an diese Tradition angeknüpft hat.

Oberammergauer Passionsspiel

Das im 18. Jahrhundert für ganz Bayern ausgesprochene Passionsspielverbot machte lediglich für Oberammergau eine Ausnahme, wo man die Passion mit Auflagen auch weiterhin alle zehn Jahre spielen durfte. Bei diesem Aufführungsrhythmus ist es bis heute geblieben.

Der Brauch geht auf eine Pestepidemie im Jahre 1633 zurück. Damals legte die Bevölkerung ein feierliches Gelübde ab, »das fromme Spiel vom Leiden und Sterben Christi aufzuführen, so Gott Erbarmen habe und ihr Dorf von der unheimlichen Seuche befreien würde«. Tatsächlich berichtet die Oberammergauer Chronik, dass von diesem Tag an kein einziger Mensch mehr an der Pest gestorben sei.

Zunächst wurden die Spiele in der Kirche, dann auf dem Friedhof und später am Rande des Dorfes aufgeführt. Im Jahre 1900 baute man schließlich einen überdachten Zuschauerraum, die Bühne blieb ungeschützt.

Die Darsteller des Passionsspieles sind ausnahmslos Laien und müssen in Oberammergau geboren sein. Von den etwa fünftausend Einwohnern des kleinen Ortes sind ungefähr zweitausend als Darsteller, Musiker oder Akteure hinter den Kulissen beteiligt. Die Aufführung dauert einen ganzen Tag. Sie zeigt die Passion Jesu vom Einzug in Jerusalem bis zu seinem Tod und der Auferstehung.

Während das Spiel in seinen Anfängen jeweils nur ein einziges Mal aufgeführt wurde, gibt es heute Vorstellungen von Mai bis Oktober, um den Besucheransturm bewältigen zu können. Mittlerweile reisen zu den Passionsspielen mehr als eine halbe Million Zuschauer aus aller Welt an. Die hundert Aufführungen des Jahres 2000 waren bereits ein Jahr im Voraus fast ausverkauft – für das Jahr 2010 sollte man sich rechtzeitig um Karten bemühen!

In katholischen Kirchen werden während der Karwoche in Anlehnung an die Weihnachtskrippe manchmal auch noch so genannte Fastenkrippen aufgestellt, szenische Darstellungen des Kalvarienberges, die die Passion Jesu, also die Kreuzigung Jesu auf dem Berg Golgatha zeigen.

Häufiger findet man in Kirchen noch das »heilige Grab« mit einer meist lebensgroßen Figur des toten Jesus. Manchmal wird in das Grab die verhüllte Monstranz gestellt, die in der Osternacht in einer feierlichen Prozession zum Hochaltar getragen wird.

Zu den christlichen Passionsbräuchen gehört die Tradition des Kreuzweges, der den Leidensweg Christi von der Verurteilung bis zur Grablegung veranschaulicht und während der Fastenzeit gebetet wird. Dazu wurden in Kirchen, aber auch im Freien, Kreuzwege gestaltet. Kreuzwegandachten sind in Deutschland seit dem Mittelalter bekannt. Träger waren früher die Zünfte und Bruderschaften. Neben lebenden Bildern sah man auch Traggestelle mit Figurengruppen. Was im Ursprung als Bußprozession gedacht war, entwickelte sich später häufig zu prunkvollen Schauprozessionen. In manchen Gegenden entstand aus der Begehung des Kreuzweges der Brauch der Kreuztracht, des Kreuztragens, bei dem ein Träger ein Holzkreuz schleppt. Er hat sich bis heute in Bayern und Westfalen erhalten.

Ebenfalls in der Tradition der szenischen Darstellung des österlichen Geschehens steht der Emmausgang, der, wenn auch in sehr schlichter Weise, die Geschichte der beiden Jünger erzählt, die in das zehn Kilometer von Jerusalem entfernte Emmaus gingen und unterwegs Jesus begegneten. Heute geht die Gemeinde am Ostermontag oft zu einem bestimmten Ziel, einer Kirche oder einer anderen Gemeinde, wo eine Feier abgehalten wird.

Nach dem Volksglauben schützt ein in der Karwoche mit geweihter Kreide unter das Bett gemaltes Kreuz vor unerwünschten Besuchen des Teufels. Betten dürfen in dieser Zeit aber unter keinen Umständen frisch bezogen werden, da man sonst krank wird. Schlimmer noch ist Wäschewaschen, das unweigerlich den Tod eines Hausbewohners zur Folge hat. Auch geht der Tod im Dorf um, falls Dünger oder Mist auf die Felder gefahren wird.

Palmsonntag

Die Karwoche beginnt mit dem Palmsonntag, der bereits im 6. Jahrhundert gefeiert wurde. Er erinnert an den Einzug von Jesus in Jerusalem, als die Menschen ihm zujubelten und grüne Zweige schwenkten. Vielleicht waren es Palmzweige, vielleicht übernahmen die frühen Christen später auch nur dieses Symbol, das bereits in der griechischen Mythologie für Sieg und Triumph, Frieden und Leben stand, um Jesus als Sieger und Überwinder des Todes zu zeigen.

In Deutschland finden sich erste Zeugnisse für den Palmsonntagsbrauch im

9. Jahrhundert, und obwohl die Reformatoren ihn bekämpften, ist es selbst in protestantischen Gegenden heute noch üblich, an diesem Tag »Palmbuschen« in die Kirche zu tragen, vor allem im süddeutschen Raum. Die Palmbuschen reichen von kleinen Handsträußen über Palmbäumchen bis zu meterlangen Palmstecken und mitunter haushohen kunstvollen Gebilden, die nicht nur mit Grün, sondern auch mit Äpfeln, Apfelsinen, Feigen, Seidenbändern, Holzkreuzen, Gebildbroten, Eiern, Kerzen, den Buchstaben AM für Ave Maria und vielem mehr geschmückt sein können. Als Grün verwendet man, je nach Landschaft, Buchsbaum, »Palmkätzchen«, Stechpalme, Wacholder, Tanne, Lärche, Eiche, Hasel, Immergrün oder Efeu.

Der Baseler Palmesel – ein Meisterwerk gotischer Schnitzkunst

Nachdem die Palmbuschen in der Kirche geweiht wurden, tragen die Gläubigen sie nach Hause, um sie im Garten aufzustellen oder an einem Kruzifix, einem Spiegel, einem Heiligenbild, unter dem Dach und am First zu befestigen. Sie sollen Haus und Hof Schutz und Segen bringen und vor Feuer, Blitz, Hexen, bösen Geistern und Krankheit bewahren. Früher steckten Bauern die Palmzweige auch als eine Art Wachstumsfetisch an die Ecken ihrer Felder, um diese vor Dämonen, Hexen, aber auch Ungeziefer und Unkraut zu schützen.

Bis heute hat sich an einigen wenigen Orten der Brauch erhalten, am Palmsonntag auf nüchternen Magen drei unzerkaute Palmkätzchen zu essen, die das ganze Jahr hindurch Gesundheit bringen sollen. Aus der Rinde von Palmbuschen schnitzte man früher Drudenfüße (siehe S. 24), die man am Bett anbrachte. Bei Gewitter verbrannte man einzelne Palmzweiglein im Herd oder Ofen, um Blitzschlag abzuwenden. Außerdem ging man mit dem Palm dreimal ums Haus, um einen magischen Kreis zu ziehen, der Fuchs und Habicht fern hielt. Auch das Vieh wurde manchmal am 1. Mai mit Palmbuschen ausgetrieben.

Während sich Palmprozessionen heute gewöhnlich nur noch in die Kirche hinein oder um sie herum bewegen, hatten sie sich im Mittelalter verschiedentlich zu spektakulären Umzügen entwickelt. Dabei wurde sogar oft ein lebendiger oder hölzerner Esel mitgeführt, auf dem eine Christusfigur oder, stellvertretend für Jesus, ein Geistlicher ritt. Der hölzerne Palmesel ist seit dem 10. Jahrhundert bezeugt. Er war auf Rollen montiert und ihn ziehen zu dürfen, galt als besondere Gunst, die dem Seelenheil förderlich war. Doch offenbar wurde dieser Brauch allmählich zur reinen Volksbelustigung. In manchen Gegenden füllte man Süßigkeiten in den Bauch des Esels, der sich im Laufe der Prozession irgendwann öffnete und seine Schätze zum Vergnügen der Kinder freigab. Oder man ließ die Kinder auf dem Esel reiten, weil sie dadurch angeblich »groß und stark« wurden. Kein Wunder, dass im Zuge von Reformation, Aufklärung und Säkularisation während des 18. Jahrhunderts viele Palmesel ein unrühmliches Ende fanden und geköpft, verbrannt oder auf den Speicher verbannt wurden. Einer der »Überlebenden« ist im Bayerischen Nationalmuseum in München zu sehen. Kirchen, die heute noch einen Palmesel besitzen, gibt es wenige. Eine von ihnen steht im niederbayrischen Kößlarn, wo am Palmsonntag um neun Uhr auf dem Marktplatz die Palmeselprozession beginnt (siehe S. 91).

Bis heute ist es übrigens Sitte, am Palmsonntag (oder am Gründonnerstag) Palmkätzchen- oder Forsythienzweige zu schneiden und im Haus ins Wasser zu stellen, um sie am Karsamstag mit bunten Eiern zu schmücken.

Gründonnerstag

Für die Bezeichnung Gründonnerstag, die erstmals im 13. Jahrhundert belegt ist, gibt es verschiedene Deutungen. Möglicherweise leitet sie sich von dem verbreiteten Brauch her, an diesem Tag Grünes zu essen. Dieser wiederum kann mit der uralten jüdischen Tradition zusammenhängen, am Passahfest neben Lammfleisch und ungesäuertem Brot auch Bitterkräuter zu verzehren. Nach einer anderen Auslegung handelt es sich bei dem Namen um eine Übersetzung des kirchlichen Begriffs *dies viridum* = Tag der Sündlosen, Tag der Büßer. Nach einer dritten entstand er durch den Gebrauch grüner Messgewänder, nach einer vierten leitet er sich von dem Wort »greinen« ab und steht in Zusammenhang mit der alten Sitte, am Gründonnerstag Büßer wieder in die Kirche aufzunehmen, die vor Freude und Reue geweint haben sollen. Im Süden Deutschlands heißt dieser Tag auch Antlasstag, ein Name, der auf das mittelhochdeutsche *antlâz* = Entlassung, Ablass, Lossprechung (der Büßer von der Kirchenstrafe) zurückgeht.

Im Christentum steht das Gedenken an das Abendmahl im Mittelpunkt des Gründonnerstags. Daher wird er in der evangelischen Kirche »Tag der Einsetzung des heiligen Abendmahles« genannt, während die katholische Kirche ihn auch als »Hohen Donnerstag« kennt.

In den Domkirchen weiht man am Gründonnerstag oft das heilige Öl, das unter anderem für Krankensalbungen oder Taufen verwendet wird. Geweihte Öle, die vom Vorjahr übrig geblieben sind, werden im Osterfeuer verbrannt.

Ein wichtiger Bestandteil des abendlichen Gottesdienstes am Gründonnerstag war früher die Fußwaschung, bei der meist der ranghöchste Priester einem bestimmten Personenkreis die Füße wusch, so wie Jesus es beim Abendmahl tat. Dieser Brauch lebt heute da und dort wieder auf. Verbindlich vorgeschrieben ist die Fußwaschung jedoch nur für Bischofs- und Abteikirchen.

Am Nachmittag und Abend des Donnerstag oder in der Nacht zum Freitag fand und findet das so genannte Kalvarienberg-Anbeten statt. In manchen Orten gibt es einen Hügel mit drei Kreuzen, zu dem die Gemeinde in einer Prozession zieht, um dort zu beten.

In Erinnerung an die Ölbergstunden Christi waren am Gründonnerstag früher Arbeitsverbote üblich. Es durfte weder gebacken noch geschlachtet oder gewaschen werden. Andererseits war es Sitte, das Haus zu säubern, zu baden oder bereits das nach dem Volksglauben heilkräftige Osterwasser zu holen. Säen und Pflanzen, vor allem von grünen Kräutern, Blumen oder Kohl galt sogar als segensreich.

Zu den grünen Speisen, die am Gründonnerstag gegessen werden, gehören neben Grünkohl in Schwaben so genannte Maulschellen (mit Gemüse gefüllte Nudeln), in Norddeutschland Kräutersuppen, im Schwarzwald Schnittlauch-Pfannkuchen. Typisch ist die Zubereitung von Gerichten mit sieben-, neun- oder zwölferlei »Kräutern« wie Brunnenkresse, Porree, Spinat, Petersilie, Schnittlauch, Sauerampfer, Bibernelle, Kerbel, Brennessel, Löwenzahn, Wegwarte, Schafgarbe, Huflattich, Frauenmantel oder Schlüsselblume, die das ganze Jahr Gesundheit bescheren sollen. Der Genuss von grünem Gemüse, vor allem Spinat, soll die frische Kraft des Frühlings verleihen. Aus den am Gründonnerstag gepflückten heilkräftigen Kräutern und Blumen flocht man früher »Antlasskränzchen«, die man später in den Erntekranz steckte.

Grüne Soße aus vielerlei Kräutern – nicht nur zur Fastenzeit beliebt

Als heilkräftig und gesundheitsfördernd gelten auch Butter, Honig, Linsen, Äpfel, Brezeln und besondere Gebäcke wie Judasbrötchen oder Judasohren. Ein typisches Gebäck ist der Gründonnerstagkringel, der früher als zauberkräftig galt und angeblich gegen Durchfall und Fieber hilft. Andererseits soll aber auch der, der am Gründonnerstag fastet, das ganze Jahr kein Fieber bekommen. Wer hingegen am Gründonnerstag Kümmelbrötchen verzehrt, den beißt das ganze Jahr kein Floh, und auch Honigbrot soll vor den kleinen Blutsaugern schützen.

Besondere Kraft wurde Antlasseiern, also am Gründonnerstag – möglichst zwischen elf und zwölf Uhr von einer schwarzen Henne – gelegten Eiern zugeschrieben. Früher deponierte man sie als Schutz gegen Hexerei und Blitz im Gebälk des Hauses, oder füllte die Schalen mit Weihwasser und trug sie aufs Feld. Im Stall oder im Garten vergraben sollten sie vor diversen Gefahren schützen, insbesondere vor Hochwasser und Lawinen. Verzehrt man übrigens mit einem anderen Menschen gemeinsam ein Antlassei, kann man sich angeblich nie mehr verlaufen, denn man muss nur an diesen anderen denken, und schon findet man den richtigen Weg. Männer soll der Genuss von Antlasseiern vor Leistenbrüchen und vor Verletzungen durch Messer oder Beil bewahren. Und wer am Karfreitag ein Antlassei zum Gottesdienst mitnimmt, soll alle dort anwesenden Hexen sehen können.

Karfreitag

Die Ursprünge dieses Gedächtnistages an den Tod Jesu gehen auf die Mitte des 2. Jahrhunderts zurück. Im evangelischen Christentum gilt er als höchster Feiertag, der mit Fasten, Stille und Besinnlichkeit begangen wird. In der Kirche löscht man die Kerzen. Besondere Bedeutung kommt der Todesstunde Jesu um 15 Uhr zu, an die am Nachmittag mit Gottesdiensten gedacht wird.

Für katholische Christen war der Karfreitag nicht immer ein Feiertag. Früher arbeiteten sie an diesem Tag, was hin und wieder sogar zum Erlass von Gesetzen führte, die Katholiken lärmende Arbeiten in der Nähe evangelischer Gotteshäuser untersagten. Heute ist der Karfreitag als »stiller Feiertag« gesetzlich geschützt.

Mit der allgemeinen Trauer an diesem Tag sind viele alte Sitten verbunden. So hieß es früher, man dürfe an ihm keine Tiere töten, nichts trinken, da Christus am Kreuz Durst litt, keine an Marterwerkzeuge erinnernden Geräte benutzen und kein gutes Hemd anziehen. Auch Graben oder Pflügen war untersagt, um die Grabruhe Christi nicht zu stören. Außerdem sollte man weder verreisen, noch waschen, nähen oder Haare schneiden. Nach einer anderen Überlieferung allerdings war Haare schneiden am Karfreitag dem Haarwuchs ausgesprochen förderlich. Man hielt es aber unter Katholiken für nützlich, im Garten und auf dem Feld zu arbeiten und vor allem Bohnen, Zwiebeln und Klee zu säen oder auch Blumen, die besonders groß und bunt werden sollten. Obstbäume wurden geschlagen oder geschüttelt, um reiche Ernte zu tragen. Da Haselsträuchern nach dem Volksglauben an diesem Tag spezielle Kraft innewohnte, schnitten Wünschelrutengänger am Karfreitag auch gern ihre Ruten.

Große Heilkraft wurde in der Volksmedizin dem Karfreitagsgras zugeschrieben, das man krankem Vieh unter das Futter mischte. Karfreitagswasser, in dem man ein glühendes Bügeleisen abkühlt, soll übrigens gegen Warzen helfen. Magenleidenden wird empfohlen an diesem Tag Essig zu trinken, Gichtkranken, Ringe aus Sargnägeln zu tragen. Ein auf nüchternen Magen gegessener Apfel soll das ganze Jahr vor Magenschmerzen schützen.

Am Karfreitag gelegte Eier verderben angeblich nicht und tragen innen ein Kreuz. Sie bringen auch Glück im Spiel. Wer sich einen Sohn wünscht, dem wird ebenfalls der Verzehr eines Karfreitagseies empfohlen. Kindern gab man früher vor der Einschulung hart gekochtes und fein gewiegtes Karfreitagsei, das mit gebackenen und zerschnittenen Buchstaben vermischt wurde, denn das machte angeblich klug.

In der Karfreitagsnacht ist, wie zu anderen besonderen Zeiten des Jahres, das Wilde Heer mit seinen Geistern und Dämonen unterwegs und um Mitternacht erscheint der Teufel am Kreuzweg. Der Abergläubische trägt am Karfreitag keine gewaschene oder geflickte Kleidung, weil eben jene bösen Geister ihn sonst ins Wasser werfen. Nicht nur das Waschen ist verboten, es darf auch keine Wäsche zum Trocknen auf die Leine ins Freie gehängt werden, da sich in ihr Gespenster verfangen und sich dafür rächen könnten. Allerdings wird es sowieso meistens regnen, weil die Sonne trauert, was wiederum durchaus wünschenswert ist, lautet doch eine alte Wetterregel: »Wenn es Karfreitag regnet, ist das ganze Jahr gesegnet.«

Unter den klassischen Karfreitagsspeisen steht an erster Stelle der Fisch. Ebenfalls typisch sind Mehlspeisen und auch Brezeln spielen eine wichtige Rolle (siehe S. 69). Daneben gibt es so genannte Kreuzbrote, Hefeteigbrötchen, deren Oberfläche man kreuzförmig einritzt oder mit einem aus Teig geschnittenen Kreuz schmückt. In der Rhön wird der so genannte Judas gebacken, ein Hefegebäck in Form eines Stricks, das den Strick symbolisieren soll, mit dem sich Judas erhängt hat. Brot gilt wie Wasser und Ei am Karfreitag als heilkräftig und soll nicht verderben. Nach einer anderen Überlieferung schimmelt es erst, wenn der Schenkende untreu oder unaufrichtig wird.

Karsamstag

In der Kirche gilt der Karsamstag als Gedächtnistag der Grabesruhe Christi und wird entsprechend still begangen. Erst mit dem Gloria der abendlichen Auferstehungsfeier erklingen wieder die Glocken.

Eine zentrale Bedeutung kommt beim kirchlichen Osterfest dem Licht zu, das ein Symbol für Christus und die Gegenwart Gottes ist. Licht oder Feuer spielt in allen Kulturen eine wichtige Rolle und findet sich natürlich auch in der germanischen Mythologie. Das christliche Osterfeuer sollte heidnische Frühlingsfeuer ablösen und ist in Deutschland offenbar erstmals im 11. Jahrhundert bezeugt.

Meist wurde es am Karsamstag entzündet, und noch heute beginnen in katholischen Gegenden die Osternachtsfeiern oft mit Osterfeuern, die vor den Kirchen entfacht werden. Früher wurden sie mit einem Feuerstein oder einem Brennglas entzündet, und als besonders segensreich galt es, sie mit Holz zu speisen, das bei Instandsetzungsarbeiten der Kirche anfiel. Im Osterfeuer verbrannte man auch geweihte Dinge, die ihren Dienst erfüllt hatten, wie ausgediente Kreuze oder Messgewänder und warf den geweihten Palm des Vorjahres hinein.

Außerdem war es Sitte, dass die Gläubigen von zu Hause Holzstücke mitbrachten, die sie im Feuer ankohlten und später im Stall oder Haus als Schutz gegen Gewitter und Hexen aufbewahrten. Oder sie trugen kleine Stücke davon bei sich, um sich vor allem möglichen Übel zu schützen. In manchen Gegenden schnitzte man aus dem Holz kleine Kreuze, die man in die Felder steckte. Oft nahm man auch einen brennenden Scheit nach Hause, um das am Karfreitag gelöschte Herdfeuer neu zu entzünden.

Eines der wichtigsten Symbole des christlichen Osterfestes ist die Osterkerze, die am Karsamstag geweiht wird. Bevor der eigentliche Osternachtgottesdienst beginnt, wird sie vor der Kirche am gesegneten Osterfeuer angesteckt und in die dunkle Kirche getragen, wo dann die Gläubigen an ihr ihre eigenen Kerzen entzünden. Während der österlichen »Freudenzeit« bis Christi Himmelfahrt steht die Osterkerze gut sichtbar im Altarraum, danach wird sie neben das Taufbecken gestellt und zum Entzünden der Taufkerzen benutzt.

Die Osterkerze ist bereits im 4. Jahrhundert erwähnt und war in Rom spätestens im 5. Jahrhundert üblich. Schon damals teilte man sie für die Gläubigen in Stücke, die vor Unheil jeglicher Art schützen sollten. Da die Kerze aber häufig nicht ausreichte, wurde auch Wachs geweiht, dem man ein Agnus Dei (Gotteslamm), Bezeichnung und Sinnbild für Christus, aufprägte. Später wurden aus dem Wachs sogar Lämmer geknetet, die die Gläubigen nach Hause mitnahmen.

Schon immer war das Osterfest der wichtigste Tauftermin des Jahres. Das verwendete Wasser wird geweiht und einen Teil nehmen die Gläubigen bis heute mit nach Hause, wo sie mit dem Wasser übers Jahr die Weihwasserbecken füllen. Früher gab man es Kindern auch gegen Albdrücken.

Am Karsamstag werden nach alter Sitte Eier gefärbt und verschiedenste Ostergebäcke hergestellt, Gebildbrote wie das »alte« Osterlamm oder der »junge« Osterhase und natürlich auch das Osterbrot. Das Osterbrot ist in seiner ursprünglichen Form ein ungesäuerter, in der heißen Herdasche gebackener Fladen; im Laufe der Zeit entstanden regional die unterschiedlichsten Osterbrote. Da dieses Brot nach der Weihe in der Kirche große Kraft besitzen soll, schnitt man im Allgäu früher aus der Brotrinde Kreuze, die man unter die Stalltür steckte, um das Vieh vor Hexen und Dämonen zu schützen.

Im Volksbrauch ist der Karsamstag der Tag des großen Reinemachens, an dem der sprichwörtliche Osterputz stattfindet. Wer übrigens während des Glorialäutens seinen Kehricht über die Hofmauer wirft, dessen Haus ist angeblich von Ungeziefer befreit, dafür muss sich der Nachbar fortan damit plagen. Und da am Karsamstag alle Geister in der Hölle sind, um Christus predigen zu hören, gilt er als guter Termin, Hufeisen an Haus und Hof anzubringen, die vor eben jenen Geistern schützen sollen.

Osterfeuer

In Niedersachsen, im Rheinland, in Schleswig-Holstein, in Hamburg und im Alten Land hat sich bis heute der Brauch erhalten, am Ostersamstag oder Ostersonntag auf Anhöhen und entlang von Flüssen Osterfeuer zu entzünden, wie es schon bei den Germanen üblich war. Bonifatius, der die Germanen missionierte, erwähnt jedenfalls bereits 751 in einem Brief an Papst Zacharias solche Frühlingsfeuer. Sie waren Symbol für die Sonne, die nach der Tagundnachtgleiche endlich wieder länger schien und mit ihrer Wärme die Natur zu neuem Leben erweckte.

In der gleichen Tradition wie Osterfeuer stehen auch Osterräder, zwei Meter hohe, verzierte Holzräder, die mit Stroh umwunden, brennend einen Berg hinuntergestoßen werden. Früher symbolisierten auch sie die wiederkehrende Sonne und sollten den Feldern, über die sie rollten, Fruchtbarkeit bringen. Diese Sitte war in Deutschland weit verbreitet und wurde zu verschiedenen Frühjahrsterminen praktiziert. Einer der wenigen Orte, in denen der Brauch noch heute gepflegt wird, ist das westfälische Lügde (siehe S. 92).

An der Elbe sammelt man schon ab Weihnachten Brennmaterial und türmt es am Strand haushoch auf. Es ist ein sehr beeindruckendes Schauspiel, wenn nach Einbruch der Dunkelheit die zahlreichen Scheiterhaufen angesteckt werden und den Fluss mit Feuersäulen säumen.

Früher war es vor allem die Dorfjugend, die das Holz für den Scheiterhaufen im Wald holte, bei Heischegängen durchs Dorf sammelte oder einfach stahl, was besonders viel Glück bringen sollte. Übrigens durfte niemand für einen solchen Diebstahl belangt werden.

Auch im Harz werden bis heute Osterfeuer entzündet. Eine anschauliche und aufschlussreiche Schilderung der Osterfeuer und mit ihm verbundener Bräuche stammt von einem Pfarrer aus Rotta, der sie in seiner Jugendzeit miterlebte: »Als gäbe es eine Arbeit von höchster Wichtigkeit zu verrichten, so mühten wir Kinder uns ab, nach dem Nachmittagsgottesdienste am ersten Ostertage mit dem Rufe: ›Die Kirche ist aus, gebt's Osterholz raus‹ in allen Häusern Holz- und Strohreste, altes Gerümpel, Besen und Teertonnen zusammenzutragen, und auch der längst vergessene Tannenbaum sollte sein einst so glanzvolles Dasein auf dem Scheiterhaufen abschließen. Wehe, wer etwa Miene gemacht hätte, uns den schuldigen Tribut beim Sammeln zu versagen: Ein Spottlied hätte ihm seine Pflichtversäumnis klargemacht. Am Abend ging's auf den nahe liegenden Berg. Der Holzstoß war schon aufgeschichtet, bald schlugen die Flammen züngelnd an

Osterrad mit so genannter Kranzweide – mit Roggenstroh gestopft wird es brennend den Abhang hinuntergerollt

ihm empor, und eine dicke Rauchwolke schob sich hinab ins Tal. Nun entzündeten wir unsere schon tagelang vorher verfertigten Pechfackeln an langen Stangen in der Glut und führten einen Reigen auf, wobei die Fackeln in der Luft im Kreise gedreht wurden. Bald erschienen auch die Nachbarfeuer anderer Gemeinden auf den Höhen, und so entstand das mir unvergessliche Schauspiel einer ganzen Kette von Feuern, die von den Fackellichtern wie von unzähligen Glühwürmchen umschwärmt wurden. Brannte aber das Osterfeuer zu Ende, dann versäumte unser altgläubiger Vater nicht, einen angekohlten Pfahl mit nach Hause zu nehmen und in das Trinkgefäß der Tiere im Stall zu stellen, um sie gesund zu erhalten. Die Asche aber wurde allenthalben auf die Saatfelder gestreut, um deren Wachstum zu befördern.«

Wie mit vielen anderen Bräuchen auch, war mit den Osterfeuern also eine Menge Aberglauben verbunden. So hieß es etwa, je mehr Osterfeuer jemand sah, desto mehr Glück hatte er im folgenden Jahr. Auch galt es als segensreich, wenn Häuser und Felder vom Schein des Feuers beleuchtet wurden. Gebäude sollten dadurch vor Brand und ihre Bewohner vor Krankheiten geschützt werden. Reste der verbrannten Holzscheite bewahrten, ins Haus gebracht, dieses angeblich vor Blitzschlag. Wie beim süddeutschen Fastnachtsfunken (siehe S. 50) war es Sitte, über das ersterbende Feuer zu springen. Wer allerdings bei diesem Sprung stürzte, starb noch im selben Jahr. Die Asche der Feuer rieb man

Kindern ins Gesicht, damit sie das ganze Jahr gesund blieben, oder brachte sie auf die Felder, wo man sie verstreute oder vergrub, um den Boden fruchtbarer zu machen und vor Hagel und Blitz zu schützen.

In manchen Gegenden wird noch heute im Osterfeuer eine Strohpuppe verbrannt, die ursprünglich wohl eine Verkörperung des Winters darstellte, im Christentum aber in den Judas umgedeutet wurde.

Ostern

Auch für die Bezeichnung Ostern gibt es verschiedene Deutungen. Nach einer kommt sie von Ostara, dem Namen einer germanischen Licht- oder Frühlingsgöttin, deren Existenz allerdings angezweifelt wird, und eines heidnischen Frühlingsfestes, das die Germanen vor der Christianisierung feierten. Auch wird vermutet, dass sie sich von dem althochdeutschen Wort *ostrâ* ableiten könnte, der Bezeichnung für die Jahreszeit, in der die Sonne wieder ganz genau im Osten aufgeht. Neueren Forschungen zufolge soll Ostern auf einer falschen Übersetzung von *hebdomada in albis* = Woche der weißen Kleider beruhen (Christen, die an Ostern getauft wurden, legten in der Osterwoche weiße Gewänder an), denn es wird angenommen, dass man fälschlicherweise *in albis* für den Plural von Morgenröte hielt und mit dem althochdeutschen Wort *eostarum* übersetzte.

Im katholischen Christentum ist Ostern das höchste Fest des Kirchenjahres und zugleich das älteste. Vermutlich wurde es schon in der ersten Hälfte des 2. Jahrhunderts begangen und ist damit beträchtlich älter als Weihnachten.

Ostern ging aus dem jüdischen, Passa(h)-, Pascha- oder Pessachfest hervor, mit dem des Auszugs der Israeliten aus Ägypten gedacht wird. In vielen Sprachen hat der Name des Osterfestes seine Wurzel in dem Wortstamm Passah, beispielsweise im französischen *pâque*. Auch in der heutigen Kirchensprache findet man wieder zunehmend die Bezeichnung »Passah-Fest«. Zunächst wurde Ostern tatsächlich zum Passah-Termin gefeiert, dem 14. Nisan, der als Todestag Jesu galt. Der Nisan war der siebte Monat des jüdischen Jahres, und da nach dem jüdischen Kalender jeder Monat mit Neumond begann, war der 14. Nisan stets ein Vollmondtag und insofern »beweglich«, als er auf jeden Wochentag fallen konnte. Die frühen römischen Christen, die die Auferstehung Christi stärker betonten, begingen ihr Osterfest am ersten Sonntag nach dem 14. Nisan. Diese Abweichung führte zu einem heftigen »Osterfeststreit«, der erst im Jahre 325 auf dem Konzil von Nizäa beigelegt wurde. Dort setzte man als Ostertermin den ersten Sonntag nach dem ersten Frühlingsvollmond fest. Die Ursprünge von Ostern im Passahfest erklären auch viele Bräuche, die im Christentum lange praktiziert wurden, wie die Bewirtung von Armen, das Verbot von Geschäftsabschlüssen oder die Freilassung von Sklaven.

In den ersten Jahrhunderten feierte man das Osterfest nur während der Nacht bis zum folgenden Morgen, später kam ein weiterer Gottesdienst Sonntagfrüh hinzu. An einem einzigen Tag zeigte sich die ganze Sinnfülle des Festes: Leiden und Tod, Auferstehung, Himmelfahrt und Sendung des Geistes. Ab dem 4. Jahrhundert wurde das Fest am gesamten *triduum paschale* (von Gründonnerstag bis zum Auferstehungstag) begangen – an den »heiligen drei Tagen«, die bis heute den Höhepunkt des Kirchenjahres bilden. Himmelfahrt wurde auf vierzig, das Pfingstfest auf fünfzig Tage nach Ostern datiert.

Das Osterlamm

Ein zentrales Symbol des Osterfestes ist das Osterlamm, das bis heute allgegenwärtig ist. Es geht auf die Bibel zurück und erinnert zum einen an den israelitischen Tempelbrauch, täglich zur Reinigung von den Sünden ein Lamm zu opfern, zum anderen an das Passahlamm, dessen Blut die Israeliten vor ihrem Auszug aus Ägypten an ihre Türpfosten strichen, damit der Engel des Herrn an ihren Häusern vorüberging. So war das Passahlamm verbunden mit der Erlösung des Volkes aus den Fesseln der Unfreiheit. Im Christentum wurde das Bild des Lammes auf Christus übertragen. Vor allem das Johannesevangelium bezeichnet ihn häufig als Lamm und auch Paulus schreibt im ersten Brief an die Korinther: »Als unser Passahlamm ist Christus geopfert worden.«

Speisenweihe

Nach einem alten Brauch, der vermutlich auf die Einführung der Eierweihe im 12. Jahrhundert zurückgeht, bringen katholische Christen in der Osternacht oder am Ostermorgen Speisen zur Weihe in die Kirche. Neben Eiern sind es Salz, Meerrettich, Speck, Schinken, Wurst, Butter, der Osterfladen und vor allem das aus Teig gebackene Osterlamm. Wer ganz sicher gehen will, drückt die Schale der Eier vor der Weihe oben und unten ein wenig ein, denn nach altem Aberglauben dringt der Segen so besser ein.

Osterlachen

Ein heute etwas seltsam anmutender Brauch, der bis ins Spätmittelalter und auch in der Barockzeit sehr verbreitet war, ist das so genannte Osterlachen. Die Geistlichen erzählten von der Kanzel zur Erheiterung der Gemeinde lustige Geschichten, bei denen sie sich auch vor derben Späßen nicht scheuten. Offenbar kam es jedoch, wie bei so vielen anderen Bräuchen, zu Auswüchsen, die im 16. und 17. Jahrhundert Verbote des Osterlachens zur Folge hatten, obwohl es hier und da bis ins 19. Jahrhundert gepflegt wurde. In den Ostkirchen ist die Sitte in anderer Form noch heute erhalten. Dort trifft man sich nach dem Gottesdienst der Osternacht zu einem gemeinsamen Mahl, um mit Fröhlichkeit und Lachen seine Freude über die Auferstehung zum Ausdruck zu bringen.

Osterwasser

Nicht nur das an Ostern geweihte Taufwasser spielte früher im Brauchtum der Osterzeit eine wichtige Rolle, sondern auch das so genannte Osterwasser, das junge Mädchen in der Nacht zum Ostersonntag oder vor Sonnenaufgang am Ostersonntagmorgen aus Quellen oder Bächen gegen die Fließrichtung schöpften. Diesem Wasser schrieb man Segens- und Heilkräfte zu, die es sofort verlor, wenn die Mädchen unterwegs auch nur ein einziges Wort sprachen – dann nämlich verwandelte es sich in wirkungsloses »Plapperwasser«. Natürlich setzten die Dorfjungen alles daran, die Mädchen auf dem Heimweg zum Sprechen zu bewegen. Brachten diese das Wasser jedoch wohlbehalten nach Hause, ohne dabei einen Kreuzweg zu queren, wurde es als Mittel gegen Ungeziefer und Schimmelpilze und zum Benetzen von Vieh und Bienenkörben verwendet. Auch für die Gesundheit der Menschen war das Osterwasser gut. Es sollte nicht nur gegen Sommersprossen und Warzen helfen, sondern darüber hinaus alle möglichen Hautkrankheiten und Fieber heilen.

In manchen Gegenden schrieb man dem Tau, der am Morgen des Ostersonntags fiel, ähnliche Kräfte zu, und wälzte sich darin. Anderswo nahm man an diesem Morgen in einem fließenden Gewässer ein Vollbad. Als segensreich galt es, andere Menschen am Ostermorgen mit Wasser zu bespritzen, wobei auch hier wieder besonders junge Männer darin eine herrliche Gelegenheit sahen, die Mädchen möglichst gründlich nass zu machen. Anscheinend schlichen sie sich sogar schon mal am Vorabend heimlich in deren Häuser, um sie am nächsten Morgen noch im Bett mit einer kräftigen Dusche zu überraschen.

Der Brauch, an Ostern Brunnen und Quellen zu schmücken, steht vermutlich im Zusammenhang mit dem Osterwasserschöpfen.

Der Osterhase

Auf welche Weise der Hase es zum Amt des österlichen Eierbringers brachte, hat die Forschung bislang nicht enträtselt. Zwar gibt es allerlei Theorien, von denen jedoch keine ganz schlüssig erscheint. Möglicherweise sind die Wurzeln der Sitte darin zu suchen, dass der Hase bei vielen Völkern von jeher einen festen Platz im Frühlingsbrauchtum hatte und als Symbol der wieder erwachenden Natur galt. Vielleicht spielte auch die Tatsache eine Rolle, dass sich Hasen und Kaninchen in großer Anzahl auf den frisch grünen Frühlingswiesen tummelten, vielleicht ihre buchstäbliche Fruchtbarkeit.

Im Christentum hatte der Hase die unterschiedlichsten Bedeutungen. Während im 4. Jahrhundert Bischof Ambrosius von Mailand ihn als Sinnbild der Wandlung und Auferstehung deutete, verbot im 8. Jahrhundert Papst Zacharias den Genuss von Hasenfleisch, da den Tieren ungezügeltes Triebverhalten nachgesagt wurde. Dennoch taucht der Hase auch als Trinitätssymbol – etwa im Dreihasenbild des Kölner Doms – auf, und in diesem wird gar der Ursprung des Osterhasen vermutet. Nahe liegend ist die Annahme, dass der Osterhase in der Stadt erfunden wurde, da für die Landbevölkerung Eier legende Hasen eher schwer vorstellbar waren.

Das älteste Zeugnis für vom Osterhasen gelegte Ostereier ist vermutlich der aus dem späten 17. Jahrhundert stammende Bericht eines Mediziners namens Georg Frank: »In Oberdeutschland, in unserer Pfalz, im Elsaß und an den benachbarten Orten wie auch in Westfalen werden diese Eier Haseneier genannt nach der Fabel, mit der man einfältigen Menschen und Kindern weismacht, der Osterhase lege derartige Eier und verstecke sie in den Gärten, im Grase, in Büschen und anderswo, damit sie zum stillen Ergötzen der lächelnden Erwachsenen von den Kindern mit großem Eifer gesucht würden.« Anderswo aber war der Osterhase offenbar noch lange über diese Zeit hinaus unbekannt. Allerdings hatte er zahlreiche Mitstreiter: Je nach Region und Tradition brachte die Ostereier der Hahn, der Ostervogel, der Storch, der Kuckuck, der Fuchs oder die aus Rom heimgekehrten Glocken. Warum ausgerechnet der Osterhase dann eines Tages alle anderen arbeitslos machte, ist ungeklärt. Allgemeine Verbreitung fand er erst im 19. und 20. Jahrhundert.

Nicht nur zur Weihnachtszeit …
Zeichnung von Axel Scheffler

Osterei

Das Ei ist ein uraltes Symbol, das sich in den Schöpfungsmythen verschiedenster Völker findet. Dass aus dem scheinbar toten Ei neues Leben hervorgeht, muss den Menschen früher als unglaubliches Mysterium erschienen sein. Nach dem Glauben der Hindu formte Brahma Erde und Himmel aus den beiden Hälften eines großen Eies. In vielen Mythologien spielt das Ei bei der Entstehung der Welt eine Rolle, beispielsweise in der ägyptischen, griechischen und chinesischen.

Allgemein gilt das Ei als Sinnbild für Fruchtbarkeit und ewige Wiederkehr des Lebens oder das Leben an sich. In späterer Zeit konnte es daher bei der Gründung von Bauwerken auch Menschen- oder Tieropfer ersetzen. Die Sitte der Bauopfer entsprang dem Glauben, dass Leben oder etwas Lebendiges unter Bauten begraben werden müsse, um ihnen Bestand zu verleihen. Gerade in Deutschland hat man zahllose Eierschalen in den Grundmauern von Gebäuden gefunden.

In der christlichen Ideenwelt ist das Osterei Symbol für die Auferstehung Christi: Die Schale als Grab, aus dem ein lebendiges Wesen kommt.

Der heutige Brauch des Eierschenkens hat seine Wurzeln vermutlich in der früher üblichen Abgabe von Eiern als Zins oder Spende und sicher nicht zuletzt in dem Umstand, dass sich früher nach der Fastenzeit, in der der Verzehr von Eiern verboten war, ein beträchtlicher »Eierberg« angesammelt hatte. Aber offenbar wurde es erst ab dem 16. Jahrhundert Sitte, andere mit Eiern zu beschenken. Zunächst handelte es sich vielfach um weiße Eier. Das Färben von Eiern ist bei uns zwar seit Anfang des 13. Jahrhunderts belegt, aber wie es scheint, diente es zunächst der Unterscheidung der an Ostern geweihten Eier von ungeweihten. Rot steht bei den Christen für das vergossene Blut Jesu, doch vermutlich wurden Eier nicht deshalb rot gefärbt, denn bunte und vor allem rote Eier waren in vielen Kulturen schon seit ältester Zeit bekannt, u.a. als Grabbeigabe. Zudem galt Rot als alte Kult- und Opferfarbe und in zahlreichen Ländern auch als Farbe der Magie.

Auch zu Ostern werden gerne Grußkarten verschickt. *Illustration von Ernst Kahl*

Das Wort Osterei taucht zum ersten Mal 1615 in dem Bericht eines Straßburger Handwerkermeisters auf, der schildert, dass zu Ostern die Ostereier grün, gelb, rot, schwarz und blau gefärbt würden. Aus dem späten 17. Jahrhundert stammt die Schilderung eines oberbayrischen Pfarrers, nach der man Ostereier »vergolden, versilbern, mit schönen Flecken belegen und allerhand Figuren versehen, marmorieren, schön sprenkeln, in den verschiedensten Farben färben und hernach einem guten Freund verehren« würde.

1717 erwähnt Liselotte von der Pfalz in einem Brief Ostereier von Schildkröten. Aus Adelskreisen sind besonders ausgefallene Ostereier bezeugt. Kaiser Maximilian schenkte seiner Gemahlin Maria von Burgund ein fünfzig Pfund schweres Osterei mit einer wertvollen Perlenkette im Innern. Sonnenkönig Ludwig XIV. ließ einer Freundin ein Schokoladenei zukommen, so groß, dass es nur vier Pferde ziehen konnten und 1918 machte ein reicher englischer Landedelmann seiner Braut ein drei Zentner schweres mit Bonbons gefülltes Osterei zum Geschenk. Am russischen Zarenhof verzierte der berühmte Juwelier Fabergé Ostereier mit Perlen und Edelsteinen.

Die enorme Bedeutung, die man dem Ei schon immer zumaß, kommt natürlich auch in zahlreichen Volksbräuchen zum Ausdruck. So hängte man früher, um einen Bettnässer zu kurieren, eine mit seinem Urin gefüllte Eischale in den Schornstein. Nachtmahre ließen sich angeblich durch den Verzehr eines Eies vertreiben.

Auch in Fruchtbarkeitskulten und besonders in den im Frühjahr praktizierten Bräuchen spielt das Ei seit jeher eine wichtige Rolle. So warf man dem Vieh früher beim ersten Weidegang im Frühjahr Eier und Eierschalen auf den Weg oder vergrub Eier in Ackerfurchen, um eine gute Ernte zu bekommen. Ein im Stall vergrabenes Ei sollte das Vieh vor Verhexung schützen.

Eier fanden natürlich auch bei Liebeszaubern und Liebeswerbungen Verwendung. Aus Hessen ist ein Brauch bekannt, der noch nach dem Zweiten Weltkrieg praktiziert wurde. Wollte ein junger Mann ein Mädchen heiraten, kam er am zweiten Ostertag mit einem Fläschchen Schnaps an ihr Fenster. Nahm sie seine Werbung an, schenkte sie ihm zwölf verzierte Eier. Mochte sie ihn nicht, konnte es passieren, dass dem jungen Mann ein faules Ei hinterherflog.

In Hessen finden sich noch andere originelle Bräuche. So ziehen dort am Ostersamstag die unverheirateten jungen Männer zu den Häusern, in denen Familien mit jungen Töchtern wohnen, und klopfen gackernd und krähend an die Türen. Im Gegenzug erhalten sie Eier, die sie in Körben sammeln und zum Dorfwirtshaus tragen. Dort blasen sie die Eier aus und wer dabei eines zerbricht, muss Strafe zahlen. Anschließend werden die ausgeblasenen Eier zu einer langen Kette aufgefädelt und über der Straße aufgehängt. Wenn am nächsten Tag die Kinder zur Kirche gehen, dürfen sie mit Steinen nach den Eischalen werfen. Aus dem Inhalt der Eier werden im Wirtshaus traditionelle Pfannkuchen zubereitet.

Im Kreis Eschwege gibt es den Brauch, dass Konfirmanden am Ostersonntag einen Tannenbaum aus dem Wald holen und vor der Kirche mit Ketten aus bunten Eiern schmücken, die schon seit Weihnachten ausgeblasen wurden. Anschließend werden um den Baum herum allerlei Spiele gespielt. Am Ostermontag ziehen die Kinder mit dem Osterbaum durch den Ort und singen vor den Türen der Häuser Lieder. Dafür erhalten sie Eier zum Geschenk, aus denen ihre Mütter Pfannkuchen backen.

Eine hübsche Darstellung einiger mit Ostereiern verbundener Bräuche stammt von dem österreichischen Dichter Peter Rosegger: »Ihr [seiner Mutter] war es stets gelungen, die Hühner zu behaupten, bis sie im März wieder anfingen Ostereier zu legen. Diese wurden als Erstlinge rot gefärbt und dann verschenkt an arme Kinder, die von Hof zu Hof gingen, um Ostereier zu sammeln, und an die Dienstmägde, die mit solchen Eiern wieder junge Burschen erfreuten. In manchen Gegenden bedeutet es geradezu eine Liebeserklärung, wenn das Mädel dem Burschen ein rotes Osterei schenkt. Das berechtigt den Burschen übrigens einzig nur, des Abends manchmal ans Fensterlein zu kommen, um ihr gute Nacht zu sagen. Die Burschen pflegen die geschenkten Eier zu benützen, um untereinander zu ›dutschen‹. Da werden die Spitzen der Eier aneinander gedupft; der, dessen Ei ganz bleibt, hat das zerbrochene damit gewonnen, es wird sofort verzehrt. Ein anderes Eierspiel besteht darin, dass einer das rote Ei hinhält, es mit der geschlossenen Hand so weit verdeckend, dass nur eine kleine Fläche offen bleibt. Ein anderer schleudert nun zielend eine kleine Münze darauf hin. Trifft diese die Fläche und bleibt sie im Ei stecken, so gehört sie ihm, trifft die Münze nicht, so gehört diese dem Eigentümer des Eies. Ein weiteres Gesellschaftsspiel ist das Eiersuchen. Die Mädchen verstecken Eier in Winkeln, unter Stroh, Busch und dergleichen und die Burschen müssen dann suchen. Wer eins findet, glaubt bisweilen nicht bloß Eigentümer des Eies zu sein, sondern auch derselben, die es versteckt hat. Sie meldet sich aber nur im Falle der Bursche recht nett ist. Ansonsten will keine hinter dem gefundenen Ei stehen und der Finder ›ist der Narr, frisst den Dotter samt dem Klar‹.«

Osterspiele

Hatte man früher seine Ostereier gefunden, spielte man am Sonntag, oft auch am Montag, eines von zahllosen Eierspielen, zu denen etwa das von Peter Rosegger geschilderte »Dutschen« gehört, auch »teufeln und engeln«, »Rück und Spitz«, »Eierticken« oder »Eierschlagen« genannt. In der Gegend von Bruchsal hieß dieses Spiel »Higgen«. Am Ostermontag kamen die Männer des Ortes auf dem Marktplatz zusammen und forderten einander zum Spiel auf, indem sie sagten: »Higgo, higgo, Spitz auf Spitz!« oder »Spitz auf Arsch!« oder »Arsch auf Arsch!« und die Eier entsprechend gegeneinander schlugen. Wessen Ei zuerst auf beiden Seiten eingedrückt war, der hatte verloren.

Vielfach belegt ist das so genannte Eierlesen. Bei diesem Spiel wird auf einer Straße eine bestimmte Anzahl Eier ausgelegt, die der »Eierleser« nacheinander holen und in einen Korb am Anfang der Reihe bringen muss, während ein »Läufer« eine bestimmte Strecke zurücklegt und beispielsweise im Nachbardorf ein Ostergebäck abholt. Wer als Erster seine Aufgabe gelöst hat, gewinnt. Dieser Brauch wird heute noch in Schönecken in der Eifel praktiziert (siehe S. 93).

Verschiedene Varianten gibt es vom Eierrollen, bei dem Kinder hartgekochte Eier einen Hang hinunterkullern lassen. Gewinner ist der, dessen Ei am weitesten rollt.

Das neuere Eierlaufen wird bis in heutige Zeit auch zu anderen Zeiten des Jahres gespielt. Jeder Teilnehmer muss eine bestimmte Strecke zurücklegen, während er auf einem Löffel ein Ei balanciert. Wer als Erster ins Ziel gelangt, ohne sein Ei zu verlieren, gewinnt.

Neben Eierspielen wurden vor allem in Norddeutschland früher an Ostern häufig auch Ballspiele gespielt.

Die Lebensrute

Ein Brauch, der auch oft an Ostern praktiziert wurde, ist das Schlagen mit der Lebensrute, das man ebenso von anderen Zeiten des Jahres wie etwa Weihnachten, Neujahr, oder Pfingsten kennt. Je nach Landschaft nannte man diese Sitte Fuen, Futteln, Fitzeln, Pfeffern, Frisch- und Gsundschlagen, Peitschen, Stiepen oder Schmackostern. Häufige Verwendung für die Ruten fanden Zweige von Birke, Hasel und Wacholder, die man am Gründonnerstag schnitt und dann im Haus ins Wasser stellte, damit sich bis zum Sonntag die Knospen öffneten. Der Schlag mit der Lebensrute sollte Wachstum, Gesundheit, Fruchtbarkeit, Kraft und Glück bringen. Je kräftiger die Schläge ausgeführt wurden und je mehr grüne Blättchen hinterher am Boden lagen, desto größer sollte die Wirkung sein. Häufig waren die Schlagenden Kinder, die von denen, die geschlagen wurden, kleine Geschenke, wie etwa Süßigkeiten erhielten. Junge Männer machten sich auf diese Weise aber auch gern an Mädchen heran. Darüber hinaus ist der Brauch bekannt, dass Männer geschlagen wurden, die im vergangenen Jahr geheiratet hatten.

Österliche Umritte

Auf vorchristliches Brauchtum gehen österliche Umritte zurück, die ihre Wurzeln vermutlich in heidnischen Flurumgehungen (siehe S. 117) haben, durch die man »magische Kreise« um die Felder zog, um die Natur zu wecken und die Fruchtbarkeit des Bodens zu steigern. Mitunter tanzte man auch auf den Äckern. Dieser Brauch wurde später christlich überformt und hat sich in manchen Gegenden bis in unsere Zeit erhalten. Ein Beispiel ist der Georgiritt im bayrischen Traunstein (siehe S. 94).

Osterspeisen

Wo noch Speisen zur Osterweihe in die Kirche gebracht werden, verzehrt man diese am Ostersonntag oft als erstes, »damit das Essen nach der langen Fastenzeit besser bekommt«, doch dann langt man ordentlich zu. Früher kam natürlich vor allem das in der Fastenzeit verbotene Fleisch wieder auf den Tisch. Ein klassisches Gericht ist, allein wegen seiner Symbolik, das Lamm, ebenso der vorübergehend verpönte Hase. In manchen Gegenden gehörte auch Kitzbraten mit Rapunzelsalat zu den typischen Osterspeisen. Im Schwarzwald isst man eine gebackene

Osterhenne, unter deren Flügel ein Osterei steckt. Neben Fleischspeisen sind Quark- und Mandelfladen, Krautkuchen mit Frühlingskräutern und Gebäck in verschiedensten Tierformen – Kuckuck, Storch, Ente oder Wolf – bekannt.

Osterwoche

Bereits im 3. Jahrhundert soll in Jerusalem das Osterfest acht Tage gedauert haben und mit täglichen Gottesdiensten begangen worden sein. Diese achttägige Festzeit war bis ins Mittelalter üblich und arbeitsfrei. Dann verkürzte man sie bis auf Mittwoch, um 1650 auf Dienstag. Obwohl es keine einheitliche Regelung gab, feierte man im 18. Jahrhundert gewöhnlich nur noch bis Montag, und selbst dieser fiel im 20. Jahrhundert in vielen Ländern fort.

Weißer Sonntag

Die Osterwoche schließt mit dem Weißen Sonntag ab, der seinen Namen der Sitte verdankt, dass die am Osterfest neu getauften Christen als Zeichen der Reinheit während der Osterwoche noch ihre weißen Taufkleider trugen und erst am nachfolgenden Sonntag ablegten. Etwa seit dem 17. Jahrhundert findet in der katholischen Kirche an diesem Sonntag die Erstkommunion statt. Heute tendiert man dazu, sie auf einen späteren Termin im April oder Mai zu verschieben.

Veranstaltungstipps

Fridolinsfest in Bad Säckingen

Seit 1347 ist am Todestag des heiligen Fridolin (6.3.) in der badischen Stadt Säckingen, deren Patron er ist, eine Prozession zu seinen Ehren belegt. Heute findet sie am Sonntag nach dem eigentlichen Gedenktag statt und zieht immer noch zahlreiche Pilger von weither in den ruhigen Kurort. Nach einem Pontifikalamt werden die Gebeine des Heiligen in einer Prozession durch die Stadt getragen. Um das kirchliche Fest herum entstanden im Laufe der Zeit auch weltliche Vergnügungen wie etwa ein Jahrmarkt. Heute gilt das Fridolinsfest als das größte und bedeutendste Fest am Hochrhein.

Bensheimer Passionsspiele

Ein Neapolitaner rief vor rund zwanzig Jahren in Bensheim an der Bergstraße Passionsspiele in der Tradition seiner Heimat ins Leben, die noch heute von der dortigen Italienischen Mission, italienischen Familien und deutschen Freunden durchgeführt werden. Einige tausend Besucher säumen die Straßen der Innenstadt, wenn am Karfreitag der Zug der achtzig Mitwirkenden in einer anderthalbstündigen Prozession vom Bürgerhaus bis zum Marktplatz geht, wo an vier Stationen die Festnahme Jesu, seine Vorführung vor dem Hohen Priester und Pilatus und seine Kreuzigung dargestellt werden.

Eisenacher Sommergewinn

Am Samstag vor Laetare, also dem dritten Sonntag vor Ostern, wird im prachtvoll geschmückten Eisenach eines der größten Frühlingsfeste Thüringens, der Sommergewinn, gefeiert, der auf uraltes Brauchtum zurückgeht. In seinem Mittelpunkt steht das Austreiben des Winters und das Einholen des Sommers, die in einem Festzug durch die Stadt von einer Strohpuppe und einem Feuerrad symbolisiert werden. Nach Beendigung des Umzuges kommt es zu einem Streitgespräch zwischen Sommer und Winter, aus dem »Frau Sunna« als Siegerin hervorgeht, der Winter aber muss in den Flammen sterben.

Hansel-Fingerhut-Spiel in Forst

Im pfälzischen Forst wird die Dorfstraße zur Bühne, wenn am Sonntag Laetare das Hansel-Fingerhut-Spiel, ein so genanntes Sommertagsspiel, aufgeführt wird, das vermutlich auf das Jahr 1721 zurückgeht. Es gliedert sich in vier Auftritte und wird von sechs »Personen« dargestellt, von denen zwei mit Stroh beziehungsweise Efeu geschmückte Gestelle sind, die als Symbole des Winters und Sommers zum Kampf gegeneinander antreten. Der Sommer wird unterstützt vom »Henrich Fähnrich«, im Gefolge des Winters befindet sich die »Nudelgret«. Hauptperson ist jedoch der Hansel Fingerhut, der zur allgemeinen Belustigung Mädchen aus dem Publikum mit Ruß zu beschmieren versucht.

Sommertagszüge finden in der Pfalz auch an vielen anderen Orten wie etwa in Grünstadt oder Landau statt.

Osterbrunnenschmücken in der Fränkischen Schweiz

Die Sitte des Osterbrunnenschmückens soll in der Fränkischen Schweiz bis auf das frühe Mittelalter zurückgehen, als man noch einer Quellgottheit zu Ehren Wasserstellen mit frischem Grün verzierte. Vermutlich hat der Brauch in dieser Gegend vor allem deshalb überlebt, weil hier der Bau des öffentlichen Wassernetzes erst sehr spät erfolgte. Heute putzt man noch – oder wieder – in über zweihundert Orten Brunnen mit bunten Bändern, Eierschalen und grünen Zweigen heraus, die kunstvoll zu Girlanden, Gerüsten oder Kronen gewunden werden. Inzwischen werden sogar organisierte Osterbrunnenfahrten angeboten.

Heidelberger Sommertagszug

Am Sonntag Laetare findet auch in Heidelberg ein Sommertagszug statt, der 1893 aus Heischegängen der Kinder entstand. Heute kommen die Kinder am Nachmittag auf dem Karlsplatz mit bunten Sommertagsstecken zusammen, um gemeinsam mit Festwagen und Musikkapellen durch die Stadt zu ziehen. Zwei pyramidenförmige Holzgestelle, die mit Stroh beziehungsweise Tannengrün verkleidet sind, symbolisieren auch hier Winter und Sommer. Nach dem Umzug tragen die beiden einen Kampf aus, der mit der Verbrennung des besiegten Winters endet. Ein weiterer Programmhöhepunkt ist der Tanz der Frühlingskinder.

Palmeselprozession in Kößlarn

Die bayrische Gemeinde Kößlarn ist einer der wenigen Orte, in denen es noch eine Palmeselprozession gibt. In Kößlarn entstand sie um das Jahr 1480 und seither scheint sie ohne Unterbrechung durchgeführt worden zu sein. Wie es den dortigen Bürgern gelang, ihr Brauchtum über Aufklärung und Säkularisation hinwegzuretten, ist in den Stadtannalen nicht verzeichnet, aber bis heute gehört die Prozession zu den wichtigsten Terminen in ihrem Festkalender. Am Palmsonntag bewegt sich ein Zug von vier- bis fünfhundert Menschen mit der spätgotischen Skulptur des segnenden Heilands auf dem Esel unter den Klängen geistlicher Blasmusik von der Kirche aus durch die Stadt und wieder zur Kirche zurück, wo die Palmen gesegnet werden, die die Kößlarner während vieler Wochen kunstvoll gearbeitet haben. Manche sind drei bis vier Meter hoch und prächtig geschmückt.

Schöne Palmen sind bis heute auch in den oberschwäbischen Städten Riedlingen und Bad Saulgau zu sehen.

Osterreiten in der Lausitz

In den katholischen Orten der Oberlausitz finden am Ostersonntag insgesamt neun Osterprozessionen statt, die ihren Ursprung vermutlich in alten Feldumritten haben. In den letzten Jahren ist die Zahl der Osterreiter, deren Pferde mit Ostergeschirr und bunten Bändern geschmückt sind, wieder beständig gestiegen. Mit Liedern tragen die festlich gekleideten Männer die Botschaft von der Auferstehung Christi in die Nachbargemeinden, wo sie Kirche und Friedhof umreiten. In der Lausitz haben sich außerdem viele andere alte Osterbräuche

Sorbische Osterreiter in Wittichenau/Oberlausitz

erhalten wie Osterfeuer, Osterwasserholen und Eierspiele. An manchen Orten werden Dekorationstechniken für die traditionellen sorbischen Ostereier gezeigt, die auch auf Ostermärkten angeboten werden.

Osterfest auf Burg Mildenstein, Leisnig

Jedes Jahr wird das Osterfest auf der sächsischen Burg Mildenstein ein wenig anders gestaltet, aber immer gibt es viel zu sehen und zu entdecken. Es werden alte, schon fast in Vergessenheit geratene Bräuche gezeigt, Geschichten erzählt und gespielt, Handwerker demonstrieren ihre Künste, Mägde bereiten in der Mitte des Burghofes eine Ostersuppe zu, Ostereier werden nach alten und neuen Techniken dekoriert und junge Besucher können an Osterwettspielen teilnehmen oder am Sonntag auf Ostereiersuche gehen. Neben der Ostersuppe werden auch Osterbrot und andere Spezialitäten angeboten.

Feuerräderlauf in Lügde

Im westfälischen Lügde feiert man am Ostersonntag den Einzug des Frühlings nach alter Sitte mit einem Feuerräderlauf. Bereits am Montag vor Ostern legen die Mitglieder des »Osterdechenvereins« sechs Feuerräder von 1,70 m Durchmesser in die Emmer, wo sie sich mit Wasser vollsaugen. Am Samstag zieht man die Räder mit Pferden wieder heraus, am Sonntag bringt man sie auf geschmückten Wagen auf den Osterberg, wo das Stopfen mit Stroh beginnt. Nach Einbruch der Dunkelheit werden die Räder dann nacheinander mit einer Fackel in Brand gesteckt, den Berg hinuntergestoßen und unten mit einem Tusch und Glockengeläut empfangen.

Jahrmarkt anno dazumal in Mechernich

Seit einigen Jahren holt das Rheinische Freilichtmuseum Kommern in Mechernich zwischen Ostersamstag und Weißem Sonntag auf seinem Gelände das Flair historischer Jahrmärkte zurück. Das schaustellerische Angebot deckt die Zeit von 1870, als die industrielle Herstellung von Karussells begann, bis 1960 ab. Auf dem Jahrmarkt von 2000 etwa war die älteste Raupenbahn Deutschlands aus dem Jahr 1926 zu sehen. Tafeln informieren auch über die Geschichte des jeweiligen Karusselltyps. Neben den Karussells sind Glücks- und Geschicklichkeitsbuden aufgebaut, und man kann längst ausgestorbene Jahrmarktsdarbietungen und artistische Vorführungen oder traditionelles Handwerk sehen. Außer seinen festen Bestandteilen bietet das Museumsfest jedes Jahr viele neue Attraktionen.

Meppener Kreuztracht

Der lokalen Überlieferung zufolge wurde die Karfreitags-Kreuztracht im niedersächsischen Meppen zu Anfang des 17. Jahrhunderts von den Jesuiten eingeführt und durch das von ihnen gegründete Gymnasium ausgerichtet. Später entstand der Kreuzträgerverein, der schließlich die Organisation der Prozession ganz übernahm. In ihrem Mittelpunkt steht Christus mit dem Kreuz, dem Simon von Cyrene die Last zu erleichtern sucht. Die beiden sind umgeben von römischen Legionären. Ihnen voran gehen Chorknaben, die kleinere Leidensgeräte tragen. Passionslieder und Gebete begleiten den Zug, an dem viele Bürger der Stadt und zahlreiche Fremde teilnehmen.

Schönecker Eierlage

Ein altes Osterspiel pflegt man bis heute in der Eifelstadt Schönecken. Am Ostermontag nach dem Gottesdienst sammeln sich dort die beiden bereits am Palmsonntag bestimmten Spieler und die Zuschauer zu einem Umzug und ziehen zu einer Stelle, an der in der Straßenrinne im Abstand von jeweils 62,5 Zentimeter (das entspricht einer preußischen Elle) 104 rohe Eier in einer Reihe ausgelegt wurden. Einer der beiden Spieler, der Raffer, holt nun ein Ei nach dem anderen und trägt es in einen Korb an den Anfang der Reihe. Er muss dabei insgesamt eine Strecke von 6,7 Kilometern zurücklegen und sich natürlich ständig bücken und umdrehen. Der zweite Spieler, oder Läufer, rennt inzwischen in einen 3,5 Kilometer entfernten Nachbarort, wo ihm seine Ankunft bestätigt wird, und zurück. Sieger ist, wer seine Aufgabe als Erster erfüllt hat.

Störtebekerbrunnen in Verden – der Seeräuber mit Heringen und Brot in den Händen

»Störtebeker-Spende« in Verden

Im niedersächsischen Verden wird ein Brauch praktiziert, der nach einer Überlieferung auf den »Robin Hood der Meere«, Klaus Störtebeker zurückgeht. Der Seeräuber soll, nachdem er in der Stadt Unterschlupf gefunden hatte, bestimmt haben, jedes Jahr an die Armen, Geistlichen und Beamten Verdens eine Spende in Form von Heringen zu verteilen. Daran hat sich die Stadt gehalten. Am Montag drei Wochen vor Ostern werden vor dem Rathaus 1600 Heringe und 530 Stück Schwarzbrot ausgegeben – allerdings an jeden, der Geschmack daran findet.

Traunsteiner Georgiritt und Schwertertanz

Am Ostermontag bricht im bayrischen Traunstein die berühmte Prozession in Richtung Ettendorf auf, in der neben dem heiligen Georg auch Schwerttänzer, Landsknechte und zahlreiche Gestalten aus der Geschichte Traunsteins wie etwa der einstige Stadthauptmann Eisenritter mitreiten. Unter den Segnungen des Geistlichen umrunden sie das dortige Kirchlein und kehren dann nach Traunstein zurück, wo im Anschluss an den Ritt der seit 1530 belegte Schwertertanz stattfindet. Mit blumengeschmückten Schwertern führen siebzehn Tänzer in Landsknechtstrachten traditionelle Figuren vor und heben schließlich den Vortänzer auf ihre gekreuzten Klingen.

April

Der April führt auch die volkstümlichen Namen Regenmonat, Grasmonat oder Birkenmonat, weil die Birken zartes, neues Grün austreiben. Außerdem wird er Ostermonat genannt, da das Osterfest häufig erst im April gefeiert wird. In Jahren, in denen das nicht der Fall ist, hat dieser Monat allerdings nicht viel zu bieten, sieht man einmal von den Hexen ab, die in der letzten Aprilnacht auf dem Blocksberg ihr Unwesen treiben. Die heutige Bezeichnung April leitet sich vom lateinischen Monatsnamen *Aprilis* ab, dessen Herkunft nicht sicher geklärt ist. Nach Ovid soll der Begriff dem Wort *aperire* entlehnt worden sein, da sich die Natur mit dem beginnenden Frühling »öffnet«.

Berüchtigt ist der April für seine Wetterlaunen, die uns von spätwinter- bis frühsommerlichem Wetter alles bescheren können. Bauern mögen einen feuchten April, da dies als gutes Omen gilt. Doch ungeachtet seiner Launenhaftigkeit werden die Frühlingsblumen, die sich in einem winterlichen März vielleicht noch nicht hervorgewagt haben, nun erblühen, denn »was im März zu sprossen begann, sich im April entfalten kann«. Eine dieser Blumen ist die Küchenschelle, die in manchen Gegenden auch Aprillenblume heißt. Mit ihren glockenförmigen Blüten läutet sie den Austrieb der Herden auf die Almen ein und früher fand sie in der Volksmedizin vielfach Anwendung, bei der Behandlung von Gicht, Rheuma, Keuchhusten oder Bronchitis. Gebärenden wurde sie unter das Kopfkissen gelegt, um die Geburt zu erleichtern, und im Mittelalter versuchte man mit ihr sogar die Pest zu behandeln. Die Pflanzenheilkunde nutzt die Heilkraft der Küchenschelle heute noch. Doch sollte man nicht versuchen, sich selbst zu kurieren! Die Küchenschelle steht nicht nur unter Naturschutz, sondern ist, falsch dosiert, auch giftig.

1. April

Früher galt der April als Narrenmonat, und noch heute treibt man vor allem am ersten Tag mit seinen Mitmenschen Schabernack. Dieser Brauch ist bei allen indogermanischen Völkern bekannt, auch wenn über seinen Ursprung Unklarheit herrscht. Möglicherweise geht er auf die »Quirinalien«, ein römisches Narrenfest, oder das indische »Hulifest« zurück. Nach anderen Interpretationen wird der Brauch darauf zurückgeführt, dass Christus einst von »Pontius zu Pilatus« geschickt wurde. Nach einer dritten Deutung soll der Aprilscherz in der Tradition des Osterlachens (siehe S. 82) stehen.

Hierzulande sind Aprilscherze erstmals 1618 und 1631 belegt. Ursprünglich waren es die Erwachsenen, die Kinder und jugendliche Untergebene »in den April schickten« oder ihnen nicht durchführbare Aufträge gaben, etwa Schnakenfett, ungebrannte Asche, Stecknadelsamen oder Haumichblau zu beschaffen. Bis heute ist es Sitte, andere mit senfgefüllten Krapfen oder gesüßter Wurst hereinzulegen und Scherzrezepte zum 1. April gab es offenbar schon im 14. Jahrhundert, so für ein Gericht aus Stichlingsmägen, Mückenfüßen, Vogelzungen und Meisenbein, das ein langes, sorgenfreies Leben bescheren sollte. Einen Gefoppten nennt man Aprilkalb, Aprilesel, Aprilaffe, Aprilochse oder Aprilnarr.

Der 1. April wird aber auch als Unglückstag betrachtet, da er als Geburts- und Todestag des Judas gilt und Luzifer aus dem Himmel gestürzt worden sein soll. Am 1. April Geborenen droht nach dem Volksglauben Krankheit, Unglück, Selbstmord und Verkrüppelung; Wohlstand bleibt ihnen im Leben versagt. Im Kindesalter gelten sie als schwer erziehbar. Da der 1. April unselig ist, soll man an diesem Tag weder das Vieh aus dem Stall bringen noch in den Wald fahren oder auf dem Feld arbeiten, vor allem aber keine Gerste säen. Am besten schützt man sich vor allem erdenklichen Unglück, indem man zu Hause bleibt und die Hände in den Schoß legt.

Tag der heiligen Bernadette – *16. April*

Obwohl mit dem Gedenktag der Bernadette kein altes Brauchtum verbunden ist, da sie erst im vorletzten Jahrhundert lebte, soll sie nicht unerwähnt bleiben, denn ihr Geburtsort Lourdes ist heute die berühmteste Marienwallfahrtsstätte der Welt, zu der jedes Jahr Hunderttausende Menschen pilgern, um Genesung von ihren Leiden zu erflehen.

Bernadette Soubirous kam am 7. Januar 1844 in ärmlichen Familienverhältnissen zur Welt. Eines Tages, kurz vor ihrem vierzehnten Geburtstag, sammelte sie gemeinsam mit einigen Altersgenossinnen, die das stets kränkelnde, asthmatische Mädchen jedoch bald hinter sich ließen, im Wald Holz. Plötzlich hörte Bernadette ein lautes Rauschen und sah in der nur wenige Meter entfernten Grotte Massabielle eine Frau in wallenden weißen Gewändern. Diese Gestalt, die sich später als Maria zu erkennen gab, erschien Bernadette in den folgenden fünf Monaten insgesamt noch siebzehn Mal und befahl ihr eines Tages: »Geh an die Quelle und wasche dich.« Das Mädchen konnte keine Quelle sehen, begann aber in der Grotte zu graben, woraufhin Wasser zu sprudeln begann.

Zunächst stieß Bernadette mit ihrer Geschichte auf Unglauben und Ablehnung, doch dann ereigneten sich wundersame Heilungen. So erlangte ein Blinder das Augenlicht wieder, nachdem er die Augen mit dem Quellwasser benetzt hatte. Bald strömten zahlreiche Kranke zu der Grotte, die ebenfalls von ihren Leiden geheilt wurden. Um dem Rummel um ihre Person zu entgehen, zog Bernadette sich acht Jahre nach den Erscheinungen in ein Kloster zurück, wo sie sich der Krankenpflege widmete und mit fünfunddreißig Jahren starb.

Georgitag – *23. April*

Der heilige Georg wurde im 3. Jahrhundert in Kappadokien in der heutigen Türkei geboren und Anfang des 4. Jahrhunderts in Nikomedien oder in Lydda-Diospolis in Palästina zu Tode gemartert. Um kaum einen anderen Heiligen ranken sich so viele Legenden wie um ihn.

Georg soll einer vornehmen Familie angehört und zunächst als Soldat im Heer des Christenverfolgers Diokletian gedient haben, obwohl er selbst zum Christentum übergetreten war. Aufgrund der »Legenda aurea« zeigen ihn zahllose Darstellungen zu Pferd gegen einen Drachen kämpfend. Diese berühmte mittelalterliche Sammlung von Heiligenlegenden des Jacobus de Voragine berichtet, dass einmal in einem See bei der Stadt Silena in Lybia ein Drache hauste, dem täglich zur Besänftigung zwei Schafe als Opfer gebracht werden mussten. Bald aber gab es keine Schafe mehr, und so verlangte der Drache Menschenopfer, die nun per Los bestimmt wurden. Eines Tages traf dieses Los die Königstochter. Doch wie es der Zufall wollte, kam genau in diesem Moment Georg in die Stadt und eilte der Königstochter zu Hilfe. Mit dem Zeichen des Kreuzes schwang er seine Lanze und durchbohrte mit ihr das Ungeheuer, ohne es zu töten. Das tat er erst, als das Volk sich taufen ließ.

Nach einer älteren Legende wurde auch Georg während der Christenverfolgungen durch Kaiser Diokletian verhaftet. Man reichte ihm einen Giftbecher, flocht ihn auf das Rad und warf ihn in ein Bad aus siedendem Blei, ohne dass er den geringsten Schaden nahm. Schließlich wurde er von Pferden durch die Stadt geschleift und vor den Toren enthauptet.

Die Verehrung Georgs nahm im Vorderen Orient, in Ägypten und in Äthiopien ihren Anfang. Später verbreitete sich sein Kult vor allem auf Zypern, in Kappadokien und in Georgien, dem er seinen Namen gegeben hat. In Italien wurde Georg bereits im 6. Jahrhundert verehrt. Seit dem 13. Jahrhundert ist er Schutzpatron Englands, wo ihm etwa 160 Kirchen geweiht sind.

Auch in Deutschland gab es schon im 6. Jahrhundert in Mainz eine Georgskirche, ihren Höhepunkt erreichte die Verehrung des Heiligen hier jedoch, als Bischof Hatto von Mainz im Jahre 896 das Haupt Georgs auf die Bodenseeinsel Reichenau brachte.

Das Bistum Limburg verehrt Georg als Schutzheiligen. Zudem ist er Patron der Ritterorden, Bauern, Bergleute, Reiter, Soldaten, Gefangenen, Waffenschmiede, Schützenbruderschaften und Spitäler und Helfer der Kranken, Unfruchtbaren und Gebärenden. Auch wird er in Kämpfen und bei Kriegsgefahr, Versuchungen, Fieber und Pest angerufen. Hierzulande zählt er zu den vierzehn Nothelfern (siehe S. 241). Seine Attribute sind Drache, Lanze, Pferd, Fahne und Rad.

St. Georg tötet den Drachen. *Stich von Louis Vorstermann*

Als Reiter wurde er zum Patron der Pferde, und noch heute finden ihm zu Ehren meist am Sonntag nach Georg in manchen Gegenden Umritte statt, mit denen die Segnung von Pferden, Reitern und Bauern verbunden ist. Aufgrund der Drachenlegende entstanden in verschiedenen Gegenden außerdem Drachenkampfspiele, von denen der Further Drachenstich (siehe S. 187) bis heute lebendig geblieben ist.

Vor allem im bäuerlichen Brauchtum spielt Georg eine bedeutende Rolle. So heißt es, dass ab Georgi die Felder nicht mehr betreten werden dürfen. Im oberpfälzischen Furth tränkten Bauersfrauen früher Tücher mit Tierblut und steckten sie in die Felder. In manchen Gegenden wurde das Vieh »ausgeglöckelt« und auf die Weide gebracht; anderswo übte man den Brauch des »Grasausläutens«: Jungen liefen mit Glocken und Schellen um die Felder herum und veranstalteten damit einen ohrenbetäubenden Lärm, der alle bösen Geister aus dem Gras der Weiden vertreiben sollte. Kinder durften wieder barfuß gehen und Baden in der Georginacht hielt man für heilsam. Verschiedentlich galt der Tag auch als Frühlingsanfang und man praktizierte an ihm die zu Übergangszeiten üblichen Orakel. Die Georginacht wurde als eine besonders günstige Zeit für Liebeszauber angesehen.

Darüber hinaus kennt das Brauchtum Georgibrote und Georgikuchen und im Mittelalter gab es die Sankt-Georgs-Minne, die man vor Reisen zu Pferd zu sich nahm. Weit verbreitet war einmal der Georgstaler, ein Amulett, das Soldaten und Landsknechte vor allem während des Dreißigjährigen Krieges bei sich trugen. Es zeigte den Drachenstich und diente als Schutz vor Hieb- und Stichwunden und verschiedenen Krankheiten. Nachbildungen des Georgstalers gelten noch heute als Glücksbringer. Möglicherweise schützen sie auch vor Hexen und Dämonen, die in der Georginacht umgehen sollen.

Aufgrund der Drachensage wird Georg sogar mit Schlangen in Verbindung gebracht: Nach dem Volksglauben kann einem eine Schlange, die man vor dem Georgitag sieht, nichts anhaben. Kinderwunsch geht in Erfüllung, wenn an Georgi im abgeschlagenen Kopf einer Schlange eine Bohne keimt.

Früher war es auch ein Tag, an dem das Gesinde die Stellung wechseln konnte und Zahlungen fällig wurden. An die Armen des Dorfes wurde zu Georgi Brot und Wurst verteilt.

Erster Austrieb

Der Georgitag ist einer der Termine, an denen früher der erste Viehaustrieb stattfand, was mit vielerlei Volksbräuchen verbunden war. So ließ man die Tiere über eine Axt oder ein Pentagramm laufen, einen fünfzackigen Stern, von dem man im Mittelalter glaubte, dass er Herrschaft über Elementargeister ausübe und der selbst heute manchmal noch zur Abwehr von Hexen an Türschwellen, Viehställen und Betten angebracht wird (siehe auch S. 24). Man zeichnete dem Vieh mit Dreikönigskreide ein Kreuz auf den Rücken, besprengte es mit geweihtem Wasser, bestreute es mit Asche vom Christklotz (siehe S. 262) oder schlug es mit Lebensruten, die Fruchtbarkeit und Gesundheit bringen sollten. Auch mit Lärm versuchte man dämonische Mächte zu vertreiben.

Markustag – *25. April*

Der Legende nach war Markus der Sohn jener Frau, in deren Haus Jesus das letzte Abendmahl hielt. Sein eigentlicher Name soll Johannes gewesen sein, und es heißt, dass er von Petrus unterrichtet und getauft wurde. Später begleitete er Paulus und Barnabas nach Antiochien.

Um das Jahr 61 kam Markus angeblich nach Rom und wurde von Petrus beauftragt, das Evangelium zu verfassen. Nach Petrus' Tod begab sich Markus nach Alexandria, gründete die dortige Kirche und amtierte als Bischof, bis ihn christenfeindliche Bewohner am Altar überfielen und zu Tode schleiften. Ein Unwetter soll seine Mörder am Verbrennen des Leichnams gehindert haben, sodass er von Christen bestattet werden konnte. Vermutlich im 9. Jahrhundert brachte man seine Gebeine nach Venedig und im 11. Jahrhundert errichtete man über seinem Grab die noch heute existierende Markuskirche. Die Reliquien liegen dort unter dem Hochaltar. Markus wurde zum Schutzpatron der Lagunenstadt erhoben und sein Symbol, der geflügelte Löwe, zu ihrem Wahrzeichen. Im Jahr 830 erhielt auch Abt Erlebald von der Bodenseeinsel Reichenau eine Markusreliquie, die sich heute in der Schatzkammer des Münsters St. Maria und Markus befindet.

Markus ist Schutzheiliger der Notare, Maurer, Bauarbeiter und Glaser und wird für gutes Wetter, eine gute Ernte und gegen Blitzschlag, Hagel und plötzlichen Tod angerufen. Patron der Maurer wurde er, weil der Überlieferung zufolge ein Maurer, der beim Bau der Markuskirche vom Gerüst gestürzt war, durch ein Gebet zum heiligen Markus auf der Stelle von seinen Verletzungen genas.

Im bäuerlichen Brauchtum gilt Markus als Wetterherr und sein Gedenktag als Lostag: Sonne am Markustag verheißt eine gute Weinernte. Tradition haben auch Bittprozessionen über die Felder, mit denen Schutz vor Wetterunbilden erbeten wurde. Außerdem ließ man Salz weihen, das man dem Vieh vor dem ersten Austrieb ins Futter gab.

Walpurgisnacht – *30. April*

Der Gedächtnistag der Walburga oder Walpurga wird heute an ihrem Todestag, dem 25. Februar, begangen, in älterer Zeit lag er jedoch auf dem 1. Mai.

Walburga wurde 710 als Tochter des heiligen Richard und der Wunna, Schwester der Heiligen Willibald, Wunibald und Bonifatius, in England geboren. Sie kam 750, dem Ruf des Bonifatius folgend, nach Deutschland. Dort wurde sie 761 Äbtissin des Klosters Heidenheim, in dem sie 779 starb. Etwa hundert Jahre später wurden ihre Gebeine nach Eichstätt bei Ingolstadt überführt, wo noch heute die 1706 vollendete Kirche St. Walburg ihre Reliquien beherbergt. Die Steinplatte über ihrem Grab soll ein heilkräftiges Öl ausscheiden, das an Gläubige in aller Welt verschickt wird.

Walburga gehört zu den volkstümlichsten und meist verehrten Heiligen Deutschlands und wurde von zahlreichen Städten und Klöstern zur Patronin erkoren. Sie gilt als Schutzheilige der Bauern, Hausfrauen, Mägde und Wöchnerinnen und wird bei Augenleiden, Husten, Tollwut, Hundebissen und für ein gutes Gedeihen der Feldfrüchte angerufen. Ihre Attribute sind drei Ähren und Glas- oder Ölfläschchen.

Walburga wird darüber hinaus als Beschützerin vor Zauberkunst verehrt und hier mag sich der Zusammenhang mit der Walpurgisnacht herstellen, ein Zusammenhang, der allerdings ebenso oft bestritten wird. Nach alter Überlieferung versammeln sich in der Nacht vom 30. April auf den 1. Mai die Hexen mit dem Teufel auf dem Brocken, in jüngerer Zeit auch Blocksberg genannt, der höchsten Erhebung des Harzes, über die Johannes Praetorius im Jahre 1669 schrieb: »... dieser [Berg] ist gar berühmt durch ganz Deutschland von den Hexen und Unholden, daß sie allda jährlich in der Nacht Walburgae auf den ersten Mai ihren Konvent und Hof halten sollen ...« Nach einer Deutung geht dieser Glaube darauf zurück, dass sich bis zur Zeit Karls des Großen die Sachsen im Harz zu Opferfesten auf dem Brocken trafen, sich aber, nachdem sie getauft worden waren, nur noch vermummt zu ihren alten Kultstätten wagten und dadurch den Geschichten über Zusammenkünfte von Hexen und Dämonen Nahrung gaben. Die Legende kann aber auch mit den Maifeuern aufgekommen sein, die bis in dieses Jahrhundert in der Oberlausitz, im böhmischen Mittelgebirge, in Schleswig-Holstein und als Maifunken im Allgäu bekannt waren. Wie bei ähnlichen Feuerbräuchen sollten die Maifeuer mit ihrem Schein und Rauch die Fruchtbarkeit der Felder fördern und Mensch und Tier Segen bringen.

Zeichnung von Jiři Sliva

Erstmals erwähnt wird der Brocken in Sagen des 14. Jahrhunderts. Nach dem Volksglauben reisen die Hexen auf Besen, Böcken, Enten und Ofengabeln zum Walpurgisfest an und beißen unterwegs auf Geheiß des Teufels ein Stückchen aus den Kirchenglocken, an denen sie vorbeifliegen. Auf dem Brocken angekommen, tanzen sie und halten einen Teufelsdienst ab. Mit dem ersten Hahnenschrei ist der Spuk vorbei.

Der Glaube an Hexen ist alt. Die Herkunft des Wortes Hexe ist nicht eindeutig geklärt, seine Zusammensetzung im Dunkeln. Vermutlich geht es auf das althochdeutsche *hagazussa* zurück und bezeichnet ein sich auf Zäunen oder Hecken aufhaltendes dämonisches Wesen.

Während in vorchristlicher Zeit Hexen als weise Frauen mit »geheimem« Wissen galten, übertrug die Kirche die Bezeichnung im Spätmittelalter auf Personen, vor allem Frauen, die angeblich mit dem Teufel im Bunde standen und Zauberkräfte besaßen. Im 14. Jahrhundert begannen in Europa grausame Hexenverfolgungen. Zehntausende von Menschen wurden von den Inquisitoren aufs Schrecklichste gefoltert und ermordet. In den Prozessen war auch immer wieder von einer Salbe die Rede, die die Hexen sich angeblich auf den Leib strichen, um fliegen zu können. Sie soll unter anderem aus Fett, Nachtschatten, Tollkirsche und Schierling bereitet worden sein. Im 15. Jahrhundert behauptete sogar der bekannte Domprediger Geiler von Kaysersberg, er wisse aus eigener Erfahrung, dass sich Hexen solcher Salbe bedienten und danach angaben, am Hexensabbat teilgenommen zu haben.

Über Deutschland schwappte eine Woge der Hexenprozesse, nachdem Papst Innozenz VIII. im Jahre 1484 die dortige Hexenzauberei beklagt hatte und neben anderen den Inquisitor Jacobus Sprenger entsandte. Dessen »Hexenhammer« versetzte bald das ganze Land in Angst und Schrecken, denn er traf nicht nur bucklige alte Weiber mit Hakennasen, die wie Hexen im Märchen auszusehen pflegen. In Würzburg wurden selbst vierjährige Kinder, Chorherren und Domvikare der Zauberei angeklagt und hingerichtet. Zu den bekanntesten Frauen, die dem Hexenwahn zum Opfer fielen, gehören Johanna von Orleans und Agnes Bernauer (siehe auch S. 174). Anfang des 18. Jahrhunderts fand die Hexenverfolgung endlich ein Ende, die Furcht vor Hexen ist allerdings bis heute nicht vollkommen verschwunden.

Freinächte

Die Nacht auf den 1. Mai gehört wie auch andere, etwa die auf Georgi, zu den so genannten Freinächten. In dieser Nacht hatten junge Männer, die früher am 1. Mai zum Militärdienst eingezogen wurden, bisweilen auch Mädchen, das Freirecht, das heißt das Recht nach Herzenslust Unfug zu treiben. Außerdem sind nach altem Volksglauben in all diesen Nächten besonders häufig Hexen unterwegs.

Da man glaubte, dass die Hexen auf ihrer Reise zum Blocksberg alles verhexten, was ihnen in den Weg kam, mischte man dem Vieh zum Schutz früher neun verschiedene Kräuter, Mehl und Salz ins Futter. Man holte Böcke aus ihren Ställen und versteckte sie, damit die Hexen sie nicht fanden, und aus demselben Grund versteckte man die Besen. Haus, Stall und Scheune schützte man durch Kreuze oder Drudenfüße (vgl. S. 24), die man über die Tür malte, oder Arbeitsgeräte, die man gekreuzt heute noch auf dem Land auf den Türschwellen stehen sieht. Vor allem aber versuchte man die Hexen mit Lärm zu vertreiben, etwa durch lautes Geschrei oder Peitschenknallen. Um in dieser Nacht Hexen erkennen zu können, sollte man neun unterschiedliche Hölzer bei sich tragen oder an einem Kreuzweg auf einem Schemel aus neunerlei Holz kniend beten.

Ein alter Brauch der Walpurgisnacht ist das seit dem 12. Jahrhundert belegte Mailehen, eine Zuweisung, Verlosung oder Versteigerung der über sechzehnjährigen Mädchen des Ortes an die Junggesellen. Diese Sitte hat möglicherweise ihre Wurzeln in feudalistischer Zeit, als Leibeigene noch zur Ehe gezwungen werden konnten. Vielleicht ist sie aber auch auf Bräuche der Hirten zurückzuführen, die sich vor ihrer langen Abwesenheit während der Sommermonate ein Mädchen für den Winter sichern wollten.

Beim Mailehen handelte es sich jedoch um eine ehrbare Beziehung, die zunächst hauptsächlich dem Zweck diente, gemeinsam Feste zu besuchen und zum Tanz zu gehen, und die in späterer Zeit für die Mädchen nicht mehr verpflichtend war. In manchen Gegenden war es daher Brauch, dass der junge Mann beim Haus des Mädchens oder an ihrem Platz in der Kirche einen Blumenstrauß hinterlegte. War sie mit dem Lehen einverstanden, so steckte sie ihrerseits dem Antragsteller einen kleinen Strauß an den Hut. Das Mailehen scheint früher gar nicht so selten zur Heirat geführt zu haben.

Noch um das Jahr 1900 soll der Brauch in der Lahngegend folgendermaßen ausgeübt worden sein: In der Walpurgisnacht zogen die jungen Männer singend und mit knallenden Peitschen auf einen Hügel außerhalb des Ortes und entfachten dort ein Feuer. Dann verkündete einer, der ihr Anführer war: »Hier stehe ich auf der Höhe und rufe aus das Lehen, das erste (zweite, dritte und so weiter), dass es die Herrn recht wohl verstehen! Wem soll das sein?« Darauf nannten die anderen den Namen eines Junggesellen und eines Mädchens und sagten »In diesem Jahr noch zur Ehe!« Das ging solange, bis alle Kandidaten vergeben waren.

Der Brauch des Mailehens wird heute noch gepflegt, auch wenn die Paare ihre einjährige Bindung nicht mehr sehr ernst nehmen. Das Mädchen, das bei einer Versteigerung des Mailehens den höchsten Betrag bringt, ist übrigens die Maikönigin.

Veranstaltungstipps

Bochumer Maiabendfest

Das Bochumer Maiabendfest ist seit dem 18. Jahrhundert belegt, aber offenbar so alt, dass man schon damals den tatsächlichen Ursprung des Brauches nicht mehr kannte. Einer Legende zufolge geht er auf die Zeit der ersten Grafen von Bochum zurück, die den jungen Bürgern der Stadt jedes Jahr einen Baum geschenkt haben sollen. Er musste vor Sonnenuntergang und ohne Wagen von Junggesellen aus einem bestimmten Waldstück herbeigeschafft werden. Dafür erhielt jeder acht Taler zum Feiern. Vermutlich handelt es sich bei dem Brauch jedoch um eine Form des Maibaumaufstellens. Aus ihm entwickelte sich über die Jahrhunderte am letzten Samstag im April ein Volksfest, an dem die Junggesellen der Stadt noch heute eine »Junggesellenneiche« im Stadtpark pflanzen, wo anschließend ein Fest mit dem Maiabendball stattfindet.

Walpurgis im Harz

Die erst während der letzten hundert Jahre entstandenen Walpurgisfeiern gehen auf die Sage zurück, nach der sich in der Walpurgisnacht die Hexen auf dem Brocken, der höchsten Erhebung des Harzes, versammeln. Heute werden beinahe in allen Harzorten am Abend des 30. April Feste gefeiert, beispielsweise in Altenau, Bad Sachsa, Bad Suderode, Braunlage, Hahnenklee, Schierke oder Bad Grund, wo Tausende von Hexen und Teufeln ihr Unwesen treiben. Am Abend ziehen sie in einem Fackelzug, begleitet von Musik zum sagenumwobenen Hübichenstein, wo auf der Felsenbühne ein Walpurgisschauspiel gezeigt wird. Um Mitternacht erscheint die Maikönigin, dann leitet ein großes Feuerwerk zum Tanz in den Morgen über.

Mailehen in Körrenzig bei Linnich

Den einst weit verbreiteten Brauch des Mailehens pflegt man am Vorabend des 1. Mai noch in dem nordrhein-westfälischen Ort Körrenzig. Einheimische und auswärtige Junggesellen können an diesem Abend alle über sechzehnjährigen Mädchen des Ortes ersteigern, die sich bereit gefunden haben, an der Versteigerung teilzunehmen. Bei Auswärtigen wird der Preis allerdings gern künstlich in die Höhe getrieben. Mädchen, für die es keine Interessenten gibt, kommen zum Schluss in einen so genannten »Sack«, der für ein paar Mark weggeht. Das Mailehen verpflichtet den Maimann, sich am ersten Sonntag im Mai persönlich bei seiner Braut vorzustellen und sie am zweiten Sonntag zum Maiball auszuführen.

Hexenbrennen und Winteraustreibung in der Oberlausitz

Auch die Oberlausitz (Sachsen) gehört zu den Gegenden, in denen am Abend des 30. April auf den Bergen zahlreiche Feuer entfacht werden. Mit ihnen sollen die Geister des Winters vertrieben und der neue Frühling begrüßt werden. In Göda bei Bautzen führen die Mitglieder des Deutsch-Sorbischen Volkstheaters an diesem Abend ein Stück auf, in dem während einer Gerichtsverhandlung die »Stara Jeba« (alte Hexe), eine Strohpuppe, allen Unheils des vergangenen Jahres beschuldigt und zum Feuertod verurteilt wird.

Markusfest auf der Insel Reichenau

Am 25. April feiert man auf der Bodenseeinsel Reichenau das Fest des Schutzheiligen der Insel. Teile der Gebeine des heiligen Markus wurden 830 von Verona in die damals berühmte Benediktinerabtei Reichenau überführt, wo sie sich noch heute in einem vergoldeten Schrein befinden. Am Markustag werden die Reliquien nach einem Gottesdienst in einer feierlichen Prozession, begleitet von der historischen Bürgerwehr, Trachtengruppen und örtlichen Vereinen, über die Insel getragen. Den Abschluss des Festes bildet eine Parade der Bürgerwehr auf dem Münsterplatz.

Traditionelle Flottenparade in Schwerin

Seit einigen Jahrzehnten findet am letzten Aprilwochenende zum traditionellen Auftakt der Wassersportsaison im mecklenburgischen Schwerin die traditionelle Flottenparade statt, bei der sämtliche Fahrgastschiffe der Weißen Flotte über Top geflaggt im Korso über den Schweriner See fahren. Wer will, kann an Bord gehen und sich bewirten lassen. Andernfalls beobachtet man die Parade am besten vom Seeufer aus, wo sich ein buntes Treiben mit Karussells, Clownerien und musikalischen Vorführungen abspielt und auch für das leibliche Wohl gesorgt ist.

*Die Weiße Flotte im Hafen von Schwerin.
Links im Bild ist das Schweriner Schloss zu sehen.*

Mai

Wenn das Wetter mitspielt, ist der Mai tatsächlich ein Wonnemonat. Diese heute noch gebräuchliche Bezeichnung, die man im 16. Jahrhundert wieder aufgriff, stammt ursprünglich aus der Monatsliste Karls des Großen. Im Althochdeutschen kannte man den *winnimanod* oder *wunnimanod*, wobei das erste Wort das Substantiv *winne* = Weide(platz) enthält, was den Mai zum Weidemonat machte, letzteres dagegen *wunn(i)a* = Wonne, das Verlangen, Freude oder Lust ausdrückte. Das scheint recht treffend, denn im Mai erwacht nicht nur die Natur vollends zum Leben, sondern auch bei den Menschen beginnen sich Gefühle zu regen. Wohl aus diesem Grund wurden in den Maiwochen früher zahllose erotische Bräuche, Fruchtbarkeitszauber und Liebesorakel praktiziert. Nüchternere Menschen waren allerdings immer der Meinung, dass dieser Monat zum Heiraten völlig ungeeignet sei, da sich in ihm jeder Esel verliebe. Aber das Heiraten war nicht nur deshalb gefährlich, man glaubte auch, dass es den Tod nach sich ziehe.

Der heutige Name Mai beruht auf der lateinischen Monatsbezeichnung Maius. Sie entstand vermutlich zu Ehren eines gleichnamigen altitalischen Gottes, den man als Beschützer des Wachstums verehrte. Im kirchlichen Kalender ist der Mai der Marienmonat und steht ganz im Zeichen der Marienverehrung. Schon im Mittelalter kamen tägliche Marienandachten auf, die dann im 19. Jahrhundert weite Verbreitung fanden.

Zahlreiche Bräuche der in den Mai fallenden Feiertage sind einander sehr ähnlich und werden im Grunde genommen den ganzen Mai hindurch praktiziert. An vielen Tagen finden Umritte statt, die aus den alten Flurumgängen entstanden sind, mit denen man Dämonen abwehren und die Felder fruchtbarer machen wollte (siehe S. 117).

Mancher Aberglaube rankt sich auch um den Mairegen, der wegen seiner Heilkraft das ganze Jahr über aufbewahrt wurde. Noch heute sagt man ihm nach, dass er schön mache und die Kinder wachsen lasse.

Zwei besondere Festtypen, die vielfach im Mai gefeiert werden, sind Brunnenfeste und Höhlenfeste. Bei Höhlenfesten handelt es sich um Heimatfeste, die auf der Schwäbischen Alb stattfinden. Das bekannteste und wohl auch älteste ist das Nebelhöhlenfest bei Lichtenstein. Brunnenfeste sind Nachbarschaftsfeste, die immer noch oder wieder in großer Zahl gefeiert werden. Ursprünglich bezeichnete man mit dem Wort *brunne* nicht nur die Zieh- oder Pumpbrunnen in Dörfern und Städten, sondern auch alle anderen Quellen. Wegen der existenziellen Bedeutung des Wassers für die Menschen, entwickelten sich um die Quellen und Brunnen herum vielfältige Bräuche. In vorchristlicher Zeit brachte man Brunnen sogar Totenopfer, später entstanden Wallfahrten zu heilkräftigen Brunnen, von denen viele einen Heiligen als Schutzpatron hatten. Bis ins 20. Jahrhundert lag es in der Verantwortung bestimmter Personen und Gruppen, wie Brunnenmeistern, Brunnengemeinschaften, Handwerkern oder den unverheirateten Mädchen und jungen Männern eines Ortes, die Brunnen zu reinigen und defekte Gerätschaften zu ersetzen. Meist wurden Brunnen zur Pfingstzeit gesäubert. Anschließend schmückte man sie und feierte. Aber auch bei anderen Gelegenheiten standen und stehen Brunnen im Mittelpunkt zahlreicher Bräuche, etwa beim Gautschen neuer Buchdruckergesellen oder zur Fastnachtszeit beim Bräuteln in Sigmaringen, wo die frisch gebackenen Ehemänner des letzten Jahres in den Brunnen geworfen werden.

Maikäfer

Als Dämonen galten die Maikäfer, gegen die man sich mit Beschwörungen zu schützen versuchte. Dieser Aberglaube wird verständlich, wenn man sich klarmacht, dass die Menschen bis zur Erfindung der Insektizide den Schädlingen vollkommen schutzlos ausgeliefert waren. Maikäfer richteten oft verheerende Schäden an und wurden deshalb sogar vor Gericht zitiert. Gewöhnlich konnte man sie jedoch nur wegen Nichterscheinens verurteilen.

Wer sich aber überwinden konnte, einem Maikäfer den Kopf abzubeißen, der sollte ein ganzes Jahr lang Glück haben. Da sie als ausgezeichneter Schutz vor Krankheiten galten, briet man die Insekten auch und aß sie auf Brot. Wie andere Käfer fanden sie außerdem als Aphrodisiakum Verwendung.

Außerdem galten sie im Volksglauben als Zugänge zu Hölle und Unterwelt, die von Dämonen bewohnt wurden. Daher musste man sie an bestimmten Tagen meiden, wenn man nicht Gefahr laufen wollte, von den bösen Geistern in die Tiefe gezogen zu werden. Bei Sonnen- und Mondfinsternissen oder Sonnenwenden deckte man sie ab, damit kein Gift hineinfallen konnte.

Eine alte Redensart behauptet, dass Gott die Mütter erfunden hat, da er nicht überall selbst sein kann. Vielleicht wird er sie eines Tages im Himmel auch einmal belohnen, doch bis dahin müssen sie sich mit dem Muttertag zufrieden geben, der am zweiten Sonntag im Mai gefeiert wird. Wenn sie großes Glück haben, wird ihnen an diesem Tag die Hausarbeit abgenommen, mit etwas weniger Glück bekommen sie Geschenke, was ganz im Sinne der Floristen und anderer

Branchen ist, die den Tag schon bald nach seiner Entstehung für sich zu nutzen wussten. Das merkte auch die Erfinderin des Muttertages, Ann Jarvis, die gegen Geschäftemacher prozessierte und bedauerte, überhaupt jemals auf die Idee eines Muttertages verfallen zu sein. Sie war eine amerikanische Frauenrechtlerin, deren Mutter bereits die Mothers' Work Organisation zum Wohl von Müttern gegründet hatte. Am 12. Mai 1906 veranstaltete Ann Jarvis anlässlich des ersten Todestages ihrer Mutter mit Freunden ein Gedenktreffen, das ein Jahr später mit einem Gottesdienst gefeiert wurde. 1908 wurde der Tag bereits in ganz Philadelphia begangen, 1913 in Pennsylvania, und 1914 erklärte der amerikanische Kongress ihn zum offiziellen staatlichen Feiertag. Nicht einmal ein Jahrzehnt später kam der Muttertag nach Europa, wo man ihn begeistert aufnahm. In Deutschland machte man ihn 1922 zum Feiertag. Während des Dritten Reiches vereinnahmten ihn die Nationalsozialisten für die Idealisierung der Mutterschaft, doch nach dem Krieg kehrte das Fest in den privaten Bereich zurück.

Maitag – *1. Mai*

Der 1. Mai ist mit sehr unterschiedlichen Bräuchen verbunden, die in den meisten Fällen jedoch darauf zurückgehen, dass der Tag einmal zum Sommeranfang gemacht worden war. Der Mai wurde eingeholt, eingeblasen oder eingesungen und mit Tänzen und Spielen begrüßt – Sitten, die heute noch üblich sind. Aus dem Maiansingen entwickelten sich in manchen Gegenden Heischegänge (siehe S. 18), bei denen Kinder durch die Gemeinde zogen, Mailieder sangen und dafür beschenkt wurden. Anderswo gingen sie mit grünen Zweigen von Haus zu Haus, die als Lebensruten den neuen Segen, den die Natur versprach, weitergeben sollten. Diesen Segen holten die Menschen auch in Form von Blumen und Blütenkränzen in Dorf und Stadt.

Oft wurde der Maisegen durch eine Person dargestellt, die mit grünem Laub umhüllt durchs Dorf geführt wurde, nachdem man sie im Wald aufgespürt hatte. Mal suchte man auch eine bekränzte Maibraut im Grünen, die sich häufig in Begleitung eines Bräutigams befand. Die beiden stellten ein »Vegetationspaar« dar und wurden Maigräfin und Maigraf genannt.

Die für diese Bräuche verwendeten frischen grünen Zweige, Sträucher oder Bäumchen werden als »Maien« bezeichnet und dienen bis heute auch als Brautmaien, Erntemaien oder Richtmaien. Am ersten Maitag wurden die Maien oder »Maibuschen« häufig vor Fenstern und Türen aufgestellt oder festgebunden. Diese Sitte war vor allem unter jungen Männern üblich, die ihre Maien vor den Fenstern der Mädchen ihrer Wahl aufpflanzten. Küchenmägde fanden sie oft auf dem Brunnen, Stallmägde auf dem Misthaufen. Kinder legten Eltern und Großeltern einen Maibuschen ins Bett. Junge Mädchen erwarteten diese Gabe und betrachteten sie als Ehre, aber neben den Liebesmaien gab es auch Schandmaien: alte Bäume, dürre Reisigbündel oder auf Pfähle gespießter Saumist, die Verachtung ausdrückten. Nicht nur Mädchen, sondern auch Pfarrer und Lehrer entdeckten mitunter solche Schandmaien vor ihrem Haus. Außerdem wurden für die Maien oft bestimmte Pflanzen verwendet, um der »Beschenkten« eine unmissverständliche Botschaft zu übermitteln. Kirschblütenzweige vor den Türen von Mädchen gaben ihnen zu verstehen, dass man sie für leichtfertig hielt. Geschwätzige bekamen eine Pappel, unfreundliche eine Eiche. Weißdorn stand vor den Häusern von Damen, die sich um jeden Preis einen Mann angeln wollten. Liebesmaien wurden auch in Zusammenhang mit Mailehen aufgestellt, die meist am 1. Mai oder am 30. April (siehe S. 102) ausgerufen wurden.

Vor allem im Süden, aber auch in anderen Gegenden Deutschlands wird bis heute der Maibaum errichtet. Er zählt ebenfalls zu den Maien und kam spätestens im 16. Jahrhundert auf. Ursprünglich handelte es sich um eine glatte Stange, doch im Laufe der Zeit entwickelte er sich zu immer einfallsreicher gestalteten Kunstwerken.

Ein Mekka des Maibaums ist Oberbayern, wo in nahezu allen Ortschaften hohe, schlanke Stämme zu sehen sind, die mit Zunftzeichen der Handwerker, Kränzen, bunten Bändern, Fahnen, Wimpeln, Figuren, und Szenen aus dem bäuerlichen Alltag geschmückt sein können, aber auch mit Eiern, Würsten und Schinken oder mit religiösen und anderen Sprüchen. Gewöhnlich sind die Stämme geschält, mitunter auch bemalt, die Wipfel naturbelassen, bekränzt oder durch eine Krone ersetzt.

Meist wird der Maibaum von der Dorfjugend geholt, wobei es ziemlich ausgelassen zugeht. Früher kehrte da so manches Mädchen nicht mehr als Jungfrau aus dem Wald zurück. Auch deshalb wetterte die Obrigkeit lautstark gegen den Brauch und versuchte ihn zu verbieten – natürlich vergebens.

Der Maibaum wird nach Möglichkeit schon Monate vorher geschlagen, damit er gut trocknen kann. Wenn der Zeitpunkt des Aufstellens näher rückt, muss man den Baum gut verstecken oder bewachen, denn zum Maibaumaufrichten gehört auch die Sitte des Maibaumstehlens, die in Bayern als regelrechter Volkssport betrieben wird. Und der Diebstahl gelingt nicht selten, denn die jungen Männer aus den Nachbarorten haben nichts anderes im Sinn, als den Maibaum anderer ausfindig zu machen. Da schließen manche Besitzer ihren Baum vorsichtshalber schon mal an Alarmsirenen an; aber auch die Gegenseite überlässt nichts dem Zufall und versucht, Nachtwachen durch Alkohol oder andere Tricks außer Gefecht zu setzen. Gewaltanwendung und die Beschädigung des Baumes sind jedoch strikt verboten und der Diebstahl gilt als misslungen, wenn die Räuber innerhalb der Gemeindegrenzen gestellt werden. Sind sie aber mit ihm ent-

Tanz um den Maibaum (Oberbayern)

wischt, können sie mit dem Besitzer über ein Lösegeld verhandeln, das meist in Form von Bier gezahlt werden muss.

Am 1. Mai wird der Baum wieder herausgegeben und dann geht es ans Aufstellen. Oft mühen sich dutzende Männer unter den Anfeuerungen von Zuschauern, den Baum mit Stangen oder Metallscheren Zentimeter für Zentimeter nach oben zu drücken, was nicht nur Kraft, sondern auch äußerste Präzision erfordert. Ist das Werk vollbracht, wird getanzt und gefeiert. Je nach örtlicher Tradition muss der Maibaum auch noch erklettert werden, und damit das nicht so einfach ist, reibt man ihn mit Schmierseife ein.

Der Tanz in den Mai wird bis heute selbst in Städten gepflegt. Zu den klassischen Maitänzen gehört die Schnecke. Alle Tänzer fassen sich an den Händen und bilden einen Kreis, den sie an einer Stelle öffnen. Dann tanzen sie in einer immer enger werdenden Spirale um den Maibaum herum, bis sich die Spirale entweder auflöst oder die Tänzer ins Gras stürzen. Auch beim so genannten Zaun geben sich alle die Hände, tanzen im Kreis und singen. Nacheinander wird nun jeder Tänzer namentlich mit Gesang aufgefordert, den »Zaun zu binden«, was bedeutet, dass er die Arme über dem Körper verschränkt und den Nachbarn dann wieder die Hände reicht. Wenn auf diese Weise der Zaun vollständig geschlossen ist, wird das Ganze umgekehrt, bis alle die Arme wieder gelöst haben. Eine dritte Variante des Maitanzes ist die Brücke. Das erste Tänzerpaar hebt die Arme zu einem Bogen, unter dem das nächste Paar hindurchtanzt und sich dann ebenfalls aufstellt, bis alle Paare einen Kreis bilden.

Ungeachtet all dieses fröhlichen Treibens gilt der 1. Mai im Volksglauben jedoch häufig als Unglückstag und an ihm geborene Kinder als Eigentum der Hexen, die man früher mit allerlei Mitteln zu vertreiben suchte. Da sie auch das Vieh bedrohten, fuhr man den Tieren mit einem Besen über den Rücken. Tau, der am 1. Mai auf den Wiesen lag, diente als Mittel gegen Sommersprossen und Pockennarben. Besonders wer Krätze, Kopfgrind oder Läuse hatte, musste sich in ihm wälzen, aber das galt ganz allgemein als gesund. Am Maitag vor Sonnenaufgang geschöpftem Wasser schrieb man ebenfalls Heilkräfte zu. Außerdem sammelte man schwarze Schnecken, die man mit Salz bestreut in einem verschlossenen Glas in die Sonne hängte. Aus dem entstandenen Schleim gewann man Öl, mit dem man Wunden und Stiche behandelte.

Der 1. Mai ist aber auch ein Feiertag ganz anderer Art. 1889 wurde er von der internationalen Arbeitervereinigung zum sozialistischen Weltfeiertag erklärt. 1890 kam es in Europa und den USA erstmals zu Massendemonstrationen und Generalstreiks, mit denen man die Einführung des Achtstundentags erzwingen wollte. In vielen Ländern wurde der 1. Mai in der Folgezeit zu einem gesetzlichen Feiertag. In Deutschland funktionierte man ihn 1933 nach der Machtübernahme der Nationalsozialisten um und nutzte ihn zur Zerschlagung der Gewerkschaften. Seit 1945 wird er wieder im ursprünglichen Sinn begangen.

Im Jahre 1955 machte die katholische Kirche den 1. Mai zum Fest »Josef der Arbeiter«, um dem Tag einen christlichen Hintergrund zu geben. Josefs Hauptfest fällt jedoch auf den 19. März.

Florianstag – *4. Mai*

Florian wurde in der zweiten Hälfte des 3. Jahrhunderts in Zeiselmauer bei Wien geboren und im christlichen Glauben erzogen. Nachdem er einige Jahre als Offizier in der römischen Armee gedient hatte, kam er im Staatsdienst nach Lauriacum, dem heutigen Lorch in Österreich. Als dort unter den Christenverfolgungen Kaiser Diokletians vierzig Christen gefangen genommen wurden, wollte

Florian sie heimlich befreien, wurde bei dem Versuch aber selbst gefasst und verhaftet. Nach zahlreichen Martern warf man ihn mit einem Mühlstein um den Hals in die Enns.

Florian ist Patron der Feuerwehr, Bierbrauer, Kaminkehrer, Böttcher, Schmiede und Seifensieder. Er wird gegen Feuer, Wassergefahr und Sturm und bei Dürre und Unfruchtbarkeit der Felder angerufen.

An seinem Tag soll man weder Feuer anzünden noch rauchen. Als Beschützer gegen Feuer rief man ihn früher mit dem nicht sehr mitmenschlichen Spruch an: »Lieber heiliger Florian, schütz unser Haus, zünd' andere an.« Wetterregeln besagen, dass das Jahr viele Brände bringen wird, wenn der Florianstag heiter ist.

Gangolf – *11. Mai*

Die Legende beschreibt Gangolf als burgundischen Adligen, der im 8. Jahrhundert am merowingischen Königshof lebte und von einem Priester ermordet wurde, den er nach der Heimkehr von einer Heerfahrt des Ehebruchs mit seiner Frau überführt hatte. Gangolf soll schon zu Lebzeiten zahlreiche Wunder vollbracht haben, weitere Wunder geschahen angeblich an seinem Grab.

Seit dem 10. Jahrhundert wird er in Deutschland, insbesondere in Franken und Sachsen, verehrt und schon zu diesem frühen Zeitpunkt begann man ihm zahlreiche Kirchen, Kapellen und Altäre zu weihen. In der Kirche St. Gangolf in Bamberg wird eine Reliquie des Heiligen aufbewahrt.

Gangolf ist Patron der Eheleute, Schuhmacher, Gerber, Kinder, Pferde und der kranken Haustiere. Da er angeblich auf wunderbare Weise eine Quelle aus der Champagne in seine Heimat Varennes brachte, gilt er als Schutzheiliger zahlreicher Quellen und Brunnen, zu denen auch Wallfahrten unternommen wurden. In Neudenau (Jagst) in Baden hat sich dieser Brauch bis heute erhalten. Gangolfbrunnen gelten als heilkräftig und sollen bei der Behandlung verschiedenster Krankheiten wie Geschwüren, Hysterie und Augenleiden helfen und Kindersegen bringen.

Eisheilige – *11. bis 15. Mai*

Als Eisheilige oder »Eismänner« sind die Märtyrer und Bischöfe Pankratius, Servatius, Bonifatius und in manchen Gegenden Mamertus ins Volksbrauchtum eingegangen, weil sie das Pech haben, dass es an ihren Gedenktagen oft noch einmal zu einem Frosteinbruch kommt. Aber den »gestrengen Herrn« schließen sich noch einige weitere gefährliche Tage an, denn ihnen folgen die »kalte Sophie«, die vor allem in Süddeutschland als Eisheilige gilt, und die »Söhne und Enkel« der Eismänner.

Allzu viel ist vom Leben dieser Wettermänner nicht bekannt. Mamertus (11. Mai) wurde um 400 im französischen Vienne geboren, wo man ihn 461 zum Bischof ernannte. Nachdem die Stadt von zahlreichen Feuern und Erdbeben heimgesucht worden war, führte Mamertus im Jahr 470 Bittgänge vor Christi Himmelfahrt ein, auf denen die Bevölkerung um göttliche Hilfe flehte. Er starb um 475 an seinem Geburtsort.

Pankratius (12. Mai) wurde um das Jahr 290 als Sohn eines reichen Phrygers in Kleinasien geboren und kam wenig später nach dem Tod seiner Eltern zu einem Onkel nach Rom. Selbst im christlichen Glauben erzogen, versuchte er schon im Alter von vierzehn Jahren anderen Christen zu helfen, wurde aber bald verhaftet. Obwohl ihn der damalige Kaiser Diokletian mit zahlreichen Versprechungen vom Glauben abzubringen versuchte, blieb Pankratius standhaft und wurde am 12. Mai 304 öffentlich enthauptet. Eine Christin barg seine Leiche, und 500 errichtete man über dem Grab des jugendlichen Märtyrers an der Via Aurelia in Rom eine Kirche. Pankratius ist Patron der Kinder, insbesondere der Erstkommunionkinder, und als Eisheiliger Beschützer der jungen Saat und der Blüten. Er wird gegen Kopfschmerzen, Krämpfe und Meineid angerufen. In Deutschland breitete sich die Pankratius-Verehrung im 10. Jahrhundert aus. In der *Legenda aurea* heißt es, wer beim Pankratius einen Meineid schwöre, dem fahre der Teufel ins Gebein oder mache ihn rasend.

Die Eisheiligen *dürfen in keinem Bauernkalender fehlen*

Servatius (13. Mai) stammte vermutlich aus Armenien und war im 4. Jahrhundert Bischof im belgischen Tongern. Er starb am 13. Mai 384 in Maastricht. Angeblich wurde er mit Holzschuhen erschlagen. Bekannt ist, dass er an mehreren Synoden teilnahm und ein entschiedener Gegner des Arianismus war, doch der Rest seines Lebens ist Legende. Er soll einen Schlüssel von Petrus erhalten haben, mit dem er Bittenden Zugang zum ewigen Leben verschaffte, und wenn er predigte, verstanden ihn alle Menschen in ihrer Muttersprache. Außerdem soll er den Hunnenkönig Attila bekehrt und den Einfall der Vandalen vorausgesagt haben. Servatius ist Patron von Quedlinburg, Goslar, Limburg an der Lahn und des Bistums Worms. In Deutschland wird er vor allem an der Mosel und am Rhein verehrt. Er gilt als Beschützer der Tischler und Schlosser und wird gegen Frostschäden, Fußleiden, Rheumatismus, Fieber und bei Ratten- und Mäuseplagen angerufen. Seine Grabstätte ist angeblich nie mit Schnee bedeckt. Bei Speyer soll der Heilige eine Quelle zum Sprudeln gebracht haben, indem er ein Kreuz auf den Boden zeichnete. Gegen Fieber trank man früher Servatiuswasser.

Bonifatius von Tarsus (14. Mai), Märtyrer und Namenspate des heiligen Bonifatius, der Germanien bekehrte (siehe S. 136f.), hat in der letzten Hälfte des 2. Jahrhunderts gelebt und im Auftrag einer reichen Römerin in Tarsus in der heutigen Türkei Märtyrerreliquien gesucht, wobei er auch Zeuge der Marterungen von Christen wurde. Daraufhin trat er selbst zum Christentum über. Nach einem öffentlichen Bekenntnis seines Glaubens wurde er verhaftet und starb 306 den Märtyrertod. Sein Fest ist bereits im 10. Jahrhundert belegt.

Von der heiligen Sophia ist nur bekannt, dass sie im 3. Jahrhundert in Rom geboren wurde und 305 während den Christenverfolgungen unter Diokletian den Martertod starb. Sie wird gegen Spätfröste und für eine gute Entwicklung der Feldfrüchte angerufen.

Im 18. Jahrhundert erschienen die Eisheiligen offenbar erstmals in Bauernkalendern, und es wurde davor gewarnt, vorher im Garten zu säen, frostempfindliche Pflanzen zu setzen, Schafe zu scheren oder Vieh auf die Weide zu treiben. In manchen Gegenden der Alpen versuchte man sich vor den Wettermännern durch Nachtwachen, Schießen und Sturmläuten zu schützen. Weinbauern kamen zum Reifbrennen zusammen, für das sie mit nassem Holz und Erde Feuer entfachten, deren Qualm die jungen Triebe und Blüten schützen sollte.

Tag des Johannes (von) Nepomuk – *16. Mai*

Johannes Nepomuk wurde 1350 im böhmischen Pomuk geboren und studierte Theologie und die Rechte. Ab 1370 arbeitete er als Notar in der erzbischöflichen Gerichtskanzlei in Prag. 1380 empfing er die Priesterweihe, neun Jahre später berief man ihn zum Generalvikar der Erzdiözese Prag. 1393 wurde er nach bitteren Auseinandersetzungen mit König Wenzel von diesem gefangen genommen, gefoltert und schließlich von einer Brücke in die Moldau gestürzt. Glaubt man der

Legende, so rächte sich Wenzel, weil Johannes Nepomuk sich geweigert hatte, ihm die Beichtgeheimnisse seiner Frau, Königin Johanna, zu verraten. Vermutlich hatte der Mord jedoch eher politische Hintergründe.

Johannes Nepomuk ist Patron der Priester, Beichtväter, Schiffer und Flößer und Beschützer des Beichtgeheimnisses. Er wird gegen Wassergefahren und üble Nachrede angerufen. Sein Sturz von der Brücke machte Johannes Nepomuk zum Brückenheiligen und seine Figur schmückt zahllose Brücken in vielen Ländern. Da man bei der Öffnung seines Grabes im Jahr 1719 seine Zunge unversehrt fand, benutzte man früher häufig so genannte Nepomukzungen aus Stein, Metall oder Wachs als Amulette, um sich vor Zungenleiden und übler Nachrede zu schützen. Auch Andachtsbildchen mit der Nepomukzunge waren verbreitet.

Urban – *25. Mai*

Urban wurde im 2. Jahrhundert geboren und war von 222 oder 223 bis 230 Papst in Rom, wo er als Märtyrer enthauptet worden sein soll. Viel mehr ist über sein Leben nicht bekannt, schon weil sich die Legenden um ihn mit denen eines gleichnamigen Bischofs des 5. Jahrhunderts vermischen.

In Deutschland wird Urban seit dem 13. Jahrhundert als Patron der Winzer verehrt, da zu der Zeit, in die sein Gedenktag fällt, die Bestellung der Weinberge beendet sein muss. Sein Tag wird vor allem in Baden und Franken mit Flur- und Bittprozessionen oder auch Umritten begangen. War es früher am Urbanstag schön, begoss man in Franken den Heiligen mit Wein, andernfalls bestrafte man ihn mit Schmutz und Wasser. Da aber an Urban das Wetter oft noch schlecht ist, wurde er mitunter als »grober Heiliger« bezeichnet. Neben einer Urbansminne (siehe auch Johannesminne S. 264f.), die man früher nach Umgängen mit einer Urbansstatue trank, ist im Brauchtum die Urbansspende bekannt, die Rheingauer Winzer seit dem Zweiten Weltkrieg in Form von Naturalien an Senioren und Kranke verteilen. Natürlich ist Urban Schutzheiliger des Weines, der Weinberge und der Küfer. Außerdem wird er gegen Gewitter und Blitz, Frost und Trunkenheit angerufen.

Christi Himmelfahrt

Mit dem Himmelfahrtstag feiert die katholische Kirche die leibliche Auffahrt Jesu und seine Aufnahme in den Himmel, nach christlichem Glauben für die Menschen Symbol dafür nach ihrem Tod selbst im Himmel aufgenommen zu werden. Himmelfahrt ist ein bewegliches Fest (siehe S. 81), fällt aber immer auf einen Donnerstag. Es gehört noch zum Osterfestkreis und war ursprünglich Teil der Ostergeschichte. Seine genaue Entstehung ist nicht bekannt, da viele Feste zunächst oft im Verborgenen gefeiert wurden. Spätestens nach der offiziellen Anerkennung des Christentums im 4. Jahrhundert versuchte man jedoch, bestimmte Aspekte des österlichen Geschehens durch besondere Festtage herauszuheben. Da die Apostelgeschichte berichtet, dass Jesus noch vierzig Tage nach dem Tod zu seinen Jüngern kam, um ihnen Anweisungen für die Zukunft zu geben und über das Reich Gottes zu berichten, ehe er ganz zu seinem Vater zurückkehrte, legte man Himmelfahrt auf den vierzigsten Tag nach Ostern.

1773 wurde das Fest im Zuge der Aufklärung durch Friedrich II. von Preußen vorübergehend abgeschafft, da zur damaligen Zeit die Idee einer Himmelfahrt mit modernen Vorstellungen nicht vereinbar schien. Schon 1789 führte man es aber wieder ein.

Christi Himmelfahrt: Die Christusstatue wird durch das »Heiliggeistloch« hinaufgezogen.

Früh wurden die Geschehnisse des Himmelfahrtstages auf vielfältige Weise bildhaft dargestellt, etwa durch Prozessionen. Im Spätmittelalter wurde es Sitte, dass die Priester in den Kirchen mit Weihrauch sichtbare Wolken erzeugten, da Christus in einer Wolke in den Himmel emporgestiegen war. Im Laufe der Zeit entwickelten sich daneben andere Bräuche, die vereinzelt noch heute praktiziert werden. So zog man in der Kirche eine Christusfigur an einem Seil nach oben und ließ sie durch eine Dachluke verschwinden, die auch Heiliggeistloch genannt wurde, da man an Pfingsten aus ihr eine Taube herabließ. Manchmal war das Christusbild beim Aufziehen auch von Engeln, Leuchtern und anderen Gegenständen umgeben. Nicht immer lief die Zeremonie ohne Pannen ab. Im tirolischen Hall riss einmal während eines Aufzugs das Seil. Christus stürzte zu Boden und zersprang in tausend Stücke, aber der Messner wusste sich zu helfen. Er rannte in die Sakristei, holte einen großen Kübel, sammelte die Trümmer ein, hängte dann den Kübel an das Seil und rief: »Auffi muss er«. In München soll ein Lautenspieler am Vortag von Himmelfahrt die Christusfigur aus der Kirche in sein Stammlokal entführt und ihr Wein verabreicht haben, weil er Christus vor der Auffahrt noch etwas Gutes gönnen wollte.

Wenn die Christusfigur in der Luke verschwunden war, regneten Oblaten auf die Gläubigen herab, die symbolisieren sollten, dass Christus im Abendmahlsbrot gegenwärtig blieb, aber auch Blumen, Kräuter, Heiligenbilder, Äpfel, Nüsse, Süßigkeiten für die Kinder, brennendes Werg oder Wasser. Es kam auch vor, dass nach dem Verschwinden der Christusgestalt ein hässlicher Teufel aus dem Deckenloch fiel, den die Gottesdienstbesucher zerfetzten und nach dem Kirchgang auf die Felder streuten. Um den Himmelfahrtstag entwickelten sich im Laufe der Zeit so viele bizarre Bräuche, dass irgendwann fast alle verboten wurden. In Bayern wurde das Christusaufziehen schon im 17. Jahrhundert untersagt, doch noch im 20. Jahrhundert konnte man es vereinzelt miterleben. Lange galt die Christusfigur übrigens als Wetterprophet. Aus der Richtung, in die sie sich beim Aufziehen drehte, sollten im Sommer die Gewitter kommen.

Flurumgänge

Flurumgänge wurden bereits in vorchristlicher Zeit zu den verschiedensten jahreszeitlichen Anlässen durchgeführt, vor allem aber im Frühjahr und im Mai. Häufig waren die Teilnehmer nackt oder vermummt und trugen Götterbilder bei sich. Durch Lärm, Gesang und Musik suchten sie böse Geister zu vertreiben, und da diese zwischen Mitternacht und Sonnenaufgang die größte Macht besitzen sollen, fanden die Umgänge meist um diese Zeit statt. Sie dienten aber nicht nur dazu, böse Mächte auszugrenzen und die Felder zu segnen, sondern man erhob auf diese Weise auch seinen Anspruch auf ein bestimmtes Areal. Daher führten sie an Feld- oder Gemeindegrenzen entlang und entsprechend beteiligte sich die Hof- oder Dorfgemeinschaft.
Nachdem sich die Kirche der Flurumgänge angenommen hatte, wurden sie zu Bittgängen, mit denen die Fruchtbarkeit der Felder erhalten oder gefördert werden sollte. Im katholischen Christentum verband man sie auch mit einzelnen Heiligen. Eines der berühmtesten Beispiele ist der Weingartner Blutritt am Freitag nach Christi Himmelfahrt (siehe S. 135). Nicht alle Umritte stehen allerdings in der Tradition des Flurumgangs.

Nicht weniger seltsam als das Christusaufziehen mutet die alte Sitte an, dass man an Himmelfahrt »fliegende Speisen«, also Geflügel, aß. Daneben gab es auch Himmelfahrtsbrote in Gestalt von Engeln und Vögeln. Eher symbolischen Charakter hatte dagegen das Ausblasen der Osterkerze nach Verlesen des Evangeliums. Es sollte verdeutlichen, dass die Zeit der sichtbaren Gegenwart

Christi vorbei war, und die Jünger nun ihre neuen Aufgaben allein meistern mussten.

Blumen und Kräuter, die aus dem Heiliggeistloch herabgeregnet waren, stellten die Gläubigen zu Hause in den Herrgottswinkel, wo sie das Haus vor Blitz, Gewitter und Hagel schützen sollten. Der Volksglaube erklärte Regen und Gewitter an Himmelfahrt damit, dass sich an diesem Tag der Himmel öffnete, um Christus aufzunehmen. Vermutlich gehen die abergläubischen Verhaltensmaßregeln bei Blitz und Gewitter darauf zurück, dass der Donnerstag in germanischer Zeit dem Wettergott Donar geweiht war. Jedenfalls entstanden zahlreiche Bräuche, mit denen man Gewitter abwehren wollte, und es galten Arbeitsverbote, da man bestimmte Tätigkeiten für gefährlich hielt. Vor allem durfte man nicht nähen, stricken oder flicken, weil diese Arbeiten angeblich Gewitter anzogen. Der Mann im Mond mit seinem Holzbündel soll übrigens auf den Erdtrabanten verbannt worden sein, weil er am Himmelfahrtstag einen Zaun errichten wollte. Auch Baden im Freien und Arbeit auf dem Feld waren verboten, wahrscheinlich, da man dort durch Blitze besonders gefährdet war. Buttern wurde hingegen empfohlen, da Himmelfahrtsbutter als heilkräftig galt, ebenso wie an Himmelfahrt gesammelte Kräuter.

In der Himmelfahrtswoche fanden in vorchristlicher Zeit häufig Flurumgänge statt. Die Kirche verdrängte sie durch Prozessionen, bei denen es aber offenbar bereits im Mittelalter feuchtfröhlich zuging. Aus diesen Prozessionen entstand wohl im 19. Jahrhundert die so genannte »Berliner Herrenpartie« des Himmelfahrtstages, bei der die Väter aus den Städten Ausflüge in die Umgebung machten und kaum ein am Weg liegendes Wirtshaus ausließen. Die Herrenpartie wiederum stand Pate für die Einführung des heutigen »Vatertags«, an dem mittlerweile nicht mehr nur die Väter mit Leiterwagen voll Bier und Schnaps ins Grüne ziehen.

Pfingsten

Zu Pfingsten feiern die Christen die Herabkunft des Heiligen Geistes auf die Jünger nach Christi Himmelfahrt und zugleich die Gründung der Kirche. Neben Weihnachten und Ostern ist Pfingsten eines der drei Hauptfeste des Christentums, und mit ihm endet die österliche Freudenzeit. Sein Name entstand aus dem griechischen Wort *pentekoste* = fünfzigster (Tag). Das christliche Pfingstfest hat seine Wurzeln im jüdischen Festkalender, der sieben Wochen oder fünfzig Tage nach dem Passahfest das Wochenfest verzeichnete. Das Wochenfest war ursprünglich ein Erntedankfest, wurde später aber auch als Erinnerungsfest an die Gesetzgebung auf dem Berge Sinai begangen. Das Christentum deutete es früh um. Als kirchliches Fest ist es erstmals 130 belegt, allgemein als Hochfest wurde es 425 eingeführt. Wie Christi Himmelfahrt geht Pfingsten auf die Apostelgeschichte zurück, in der Lukas berichtet, dass die Jünger nach dem Tod Jesu zum Wochenfest wieder zusammenkamen, wo Gottes Geist mit Windesrauschen und Feuerzungen auf sie niederging. Zunächst war das Wochenfest mit einer achttägigen Festzeit verbunden, die sich jedoch allmählich auf zwei Festtage verkürzte.

Wie Ostern galt Pfingsten als wichtiger Tauftermin. Im frühen Mittelalter wurde es Brauch, an Pfingsten das Evangelium in verschiedenen Sprachen zu lesen, weil die Bibel beschreibt, dass Juden aus den verschiedensten Ländern, die zum Wochenfest in Jerusalem zusammengekommen waren, die versammelten Jünger in ihrer eigenen Sprache reden hörten. Außerdem symbolisierte man das Sprachenwunder durch Blütenblätter, die man aus dem Heiliggeistloch in der Kirchendecke herabwarf, durch das an Himmelfahrt Christus aufgefahren war. Da und dort regneten auch brennendes Papier und Werg, Lebkuchen oder Dörrobst auf die Gläubigen nieder.

Vor allem aber ließ man aus dem Heiliggeistloch an einem Seil eine Taube herab, die schon in der Bibel als Symbol für den Heiligen Geist steht. Gewöhnlich handelte es sich um hölzerne Tauben, die allerdings zentnerschwer sein konnten. Gelegentlich flatterten auch lebendige Tauben durch den Kirchenraum. Im tirolischen Stilfsern geschah dabei einmal ein kleines Missgeschick: Die Gläubigen hatten bereits zum sechsten Mal »Komm Heiliger Geist« gesungen und schauten irritiert zum Kirchendach hinauf, als der Messner seinen Kopf oben durch das Loch steckte und rief: »Singt it. Er kimmt it. Die Katz hat'n gfressa!« Das Rauschen des Pfingststurmes wurde von der Orgel oder den Stimmen der Ministranten nachgeahmt.

Als zweites christliches Symbol des Pfingstfestes gilt neben der Taube das Feuer. Daher ist Rot die liturgische Farbe für Pfingsten; früher brannte man vielfach Pfingstfeuer ab. Die evangelische Kirche führte zeitweise Gewissensprüfungen durch und examinierte Kinder und Erwachsene auf Katechismuswissen und andere Kenntnisse. Im 18. Jahrhundert wurden diese Pfingstexamen abgeschafft, weil der Widerstand unter den Gläubigen zu groß geworden war. Reste dieses Brauches enthält noch die Konfirmation.

Die meisten mit Pfingsten verbundenen Bräuche sind jedoch jahreszeitlich bedingte Frühlings- oder Maibräuche. Da Pfingsten ein freudiges Fest war, schmückte man Kirchen, Straßen und Häuser festlich mit frischen grünen Zweigen und bekränzte Brunnen mit Blumen. Auch in grünes Laub gehüllte Gestalten traten wieder auf. Im Harz gab es den maskierten Pfingstkönig und man musste erraten, wer sich hinter der Maske verbarg. Bei falschen Tipps schüttelte der Pfingstkönig den Kopf und ließ die Glöckchen, die er an seiner Krone trug, klingeln. In manchen Orten hatte er grüne Maibuschen bei sich, die man ihm entriss und in den Äckern vergrub, um deren Fruchtbarkeit zu fördern. In Thüringen nannte man die mit Laub geschmückte Gestalt Pfingstkarr, was auf die Sitte zurückgehen soll, dass die jungen Männer ihre Mädchen in Schubkarren um die Wette zum Maibaum fuhren. Manche dieser Bräuche sind auch heute noch zu finden.

In vielen Gegenden verließ an Pfingsten das Vieh die Ställe und wurde festlich hergerichtet. Besonders schön schmückte man das erste oder das letzte Tier des Zuges, woraus die Redensart »aufgeputzt wie ein Pfingstochse« entstand. Knechte, die am Pfingsttag zuletzt auf der Weide erschienen, wurden zum Pfingstlümmel gekürt, gelegentlich holte man sie auch mit einem kalten Wasserguss aus dem Bett. Im schlimmsten Fall karrte man Jungen oder Mädchen, die faul gewesen waren, mit einem Schandkleid aus Zweigen und Laub auf Wagen durch den Ort oder führte sie von Haus zu Haus, wo sie verspottet wurden. Man gab ihnen Namen wie Pfingstbutz, Pfingstbraut, Pfingsthammel oder Pfingstdreck. Zuletzt wurden sie meistens in den Brunnen geworfen.

Kötztinger Pfingstritt. Die Reiterprozession wird vom Kreuzträger angeführt.

Im Mittelalter begann man Pfingsten mit großen Festen unter freiem Himmel zu feiern. Reiterspiele, Wettritte und andere Wettkämpfe fanden statt, deren Sieger zur Pfingstkönigin oder zum Pfingstkönig erhoben wurden. 1184 sollen in Mainz siebzigtausend Menschen zu Ritterspielen zusammengekommen sein. An manchen Orten wurden Kranz- oder Ringstechen veranstaltet, bei denen man einen aufgehängten Kranz im Vorbeireiten mit einem Stock aufspießen musste. In Thüringen gab es das Topf- oder Hahnenschlagen. Die Teilnehmer wurden mit verbundenen Augen mehrmals im Kreis gedreht und mussten dann mit einem Stock einen Topf treffen. Als Gewinn winkte ein Hahn. Pfingstspiele gibt es bis heute, daneben auch Umritte wie etwa in Bad Kötzting (siehe S. 129).

Natürlich war Pfingsten früher mit Aberglauben verbunden. Um Hexen und Teufel vom Haus fern zu halten, warf man eine Handvoll Bohnen über das Dach.

Die Maien dienten dazu, das Haus vor Blitzeinschlag und die Felder vor Mäusen zu schützen. Wasser aus Bächen und Brunnen galt an Pfingsten als besonders heilkräftig. Man trank es, füllte es als Mittel gegen Augenkrankheiten ab und badete in ihm. Pfingsttau, der am Sonntagmorgen auf den Wiesen lag, wurde als besonders kostbar betrachtet und für Gesichtsbäder verwendet, da er nach dem Volksglauben Pickel verhinderte und eine zarte Haut machte. Die Bauern befeuchteten Schwarzbrot mit dem Tau, das sie dem Vieh ins Futter gaben, um es vor Verhexung zu schützen. In der Pfingstnacht horchte man auf den Pfingstvogel, wie der Kuckuck genannt wurde, und schloss aus der Zahl seiner Rufe auf die Jahre, die noch bis zur Hochzeit vergingen. Am Pfingsttag Geborene galten als Glückskinder, von zwischen Ostern und Pfingsten Verstorbenen hieß es, dass sie sofort in den Himmel kämen.

Dreifaltigkeitssonntag (Trinitatis)

Am ersten Sonntag nach Pfingsten gedenkt die Kirche der heiligen Dreieinigkeit (auch Dreifaltigkeit genannt), der Einheit von Vater, Sohn und Heiligem Geist, die zu den wichtigsten Grundlehren des Christentums gehört. Dieses Fest, das auch Güldensonntag, goldener Sonntag oder Frommtag genannt wird, entstand relativ spät. Erstmals ist es 950 belegt. Im 12. Jahrhundert war es dann weit verbreitet, aber erst 1334 wurde es von Papst Johannes XXII. für den ersten Sonntag nach Pfingsten verbindlich vorgeschrieben. Mit ihm schließt die Zeit der Feste im Kirchenjahr ab. In manchen Gegenden finden Prozessionen und Flurumgänge statt.

An Trinitatis soll die goldene Wunderblume aufblühen, mit der man verwunschene Jungfrauen erlösen und Schätze heben kann. In der Kirche weihte man früher Wachs und Salz. Der Volksglaube behauptete, Letzteres sei heilsam und verwandele verhextes Essen in Kuhfladen. Regen, der am Dreifaltigkeitstag fiel, fing man in Schüsseln auf, da man ihm die gleiche Wirkung wie Weihwasser zuschrieb. Allerdings sollte Regen auch Hochwasser und eine schlechte Ernte ankündigen. Außerdem galten Arbeitsverbote. So durfte man nicht in den Wald gehen oder im Freien baden, wollte man nicht vom Blitz erschlagen werden. Zahnschmerzen verschwanden, wenn man den Zahn mit einem rostigen Nagel berührte und diesen im Namen der Dreifaltigkeit in eine Tür schlug.

Fronleichnam

Fronleichnam gehört zu den bedeutendsten Feiertagen im Festkalender der katholischen Kirche und wird in katholischen Gegenden oft als das höchste Jahresfest empfunden. Sein Name kommt aus dem Mittelhochdeutschen und die beiden zusammengesetzten Wörter *vrôn* und *lichnam* bedeuten »Leib des Herrn«, Corpus Christi. In Süddeutschland heißt das Fest auch Heiliger Blutstag, Prangtag, oder Antlasstag.

Die Anregung für die Schaffung des Fronleichnamfestes gab die Augustinernonne Juliana, die in einem Kloster bei Lüttich lebte und von der überliefert ist, dass sie im Jahre 1209 mehrmals eine Vision hatte, in der sie eine Mondscheibe mit einem schwarzen Fleck sah. Christus soll ihr dann offenbart haben, dass der Mond das Kirchenjahr symbolisiere und der Fleck ein fehlendes Fest zu Ehren des Altarsakraments; Bischof Robert von Lüttich führte dies auf Drängen Julianas im Jahr 1246 in seiner Diözese ein. 1264 wurde es von Papst Urban IV. für die Gesamtkirche verbindlich angeordnet.

Als Festtermin setzte man den Donnerstag nach Trinitatis fest. Diesen Wochentag wählte man, weil das Abendmahl am Gründonnerstag eingesetzt worden sein soll, der selbst aber nicht zur Verfügung stand, da die Stimmung der Karwoche nicht dem freudigen Charakter des Festes entsprach. Beide Tage stehen jedoch in enger Beziehung zueinander. In Deutschland ist das Fest erstmals 1273 für Benediktbeuern nachweisbar, eine erste Prozession ist für das Jahr 1277 in Köln belegt.

In Anlehnung an bereits bestehende Flurumgänge entwickelten sich noch im Mittelalter Fronleichnamsprozessionen mit der geweihten und verwandelten Hostie, die vor allem Ketzern den Glanz der Kirche vor Augen führen wollten, wie es schon Papst Urban bestimmt hatte. Fronleichnam war ein Prangfest, an dem die Kirche ihren gesamten Pomp aufbot. Früh ging auch die Bevölkerung in Festkleidung und Zünfte und Stände nahmen in ihren Trachten an den Prozessionen teil. Bald gab es offenbar festgelegte Ordnungen für die Abfolge. Aus dem Jahr 1450 ist ein Bericht von der Eichstätter Fronleichnamsprozession erhalten, nach dem vorn die acht Zünfte in der Reihenfolge Weber, Weinschenke, Bierbrauer, Metzger, Kürschner, Schuster, Schneider und Bäcker gingen, dann kamen die Domschüler, die Geistlichen von Dom und Pfarreien und die Mess-

Brot

An Fronleichnam begleiten die Gläubigen bei ihrer feierlichen Prozession das »Heilige Brot«. Heute hat Brot viel von seiner einstigen Bedeutung verloren, doch Jahrtausende lang diente es den Menschen als ein Hauptnahrungsmittel. Wenn Brot fehlte, war das Leben in Gefahr. Daher galt Brot immer als heilig und die Achtung vor ihm war tief im Volksglauben verwurzelt. Brot wurde Göttern, Toten, den Elementen und Dämonen geopfert und spielte in zahllosen Bräuchen eine wichtige Rolle. Noch heute schenkt man anderen beim Einzug in eine neue Wohnung Salz und Brot. Der hohe Stellenwert des Brotes fand auch in vielen Vorschriften Niederschlag, die beispielsweise das Backen oder Anschneiden betrafen.

kapläne. Ihnen schlossen sich vier als Engel verkleidete Schüler an, und zum Schluss reihte sich die Bevölkerung, erst Männer, dann Jungfrauen, Ehefrauen und Witwen, in den Zug ein.

Im Laufe der Zeit wurde es üblich, bei den Prozessionen Szenen aus Bibel und Heiligenlegenden und andere Bilder darzustellen. Als obligatorisch galten unter anderem Drachenstich, Sündenfall, Christi Geburt und die Kreuzigung. Eine Ingolstädter Prozessionsordnung aus dem Jahre 1507 schrieb dreiunddreißig Bilder aus dem Alten und Neuen Testament vor. Die Zünfte übernahmen dabei oft einen Part gemäß ihres Gewerbes. So zeigten die Kistler die Arche Noah, die Barbiere die Enthauptung der Tochter Jephtas und die Messerschmiede den Kindermord zu Bethlehem. 1592 hatten in München Fischer eine nackte Sirene bei sich und Mohren als Vertreter der Heiden führten einen mit Schellen geschmückten Elefanten. Häufig tauchten auch Teufel und Engel auf, die manchmal sogar gegeneinander kämpften.

Es entstanden immer bombastischere Spektakel. Ende des 16. Jahrhunderts setzte man in München eigens eine Festkommission ein, die die Umzugsordnung der dreitausend Teilnehmer festlegen und die Rollen für die szenischen Darstellungen besetzen musste. Die Prozessionen verweltlichten in zunehmendem Maße und Berichte von damals wecken oft Assoziationen zu Fastnachtsumzügen. So schrieb 1781 der Berliner Verleger Friedrich Nicolai: »Bei der Fronleichnamsprozession sah man allerhand große papierne Figuren: Drachen, die an vierzig Fuß hoch waren und deren langen Schwanz ein Kerl wie ein Teufel gekleidet nachtrug, desgleichen sah man andere Ungeheuer, welche von Kerlen, die in denselben steckten, bewegt wurden und allerhand lächerliche Figuren machten, eine Menge Ritter und Engel zu Pferde … und anderes dummes Zeug mehr.« Schließlich wollte die Obrigkeit die Auswüchse nicht länger dulden und sprach Verbote aus, doch es dauerte lang, bis sie vollkommen verschwunden waren. In Furth im Wald, wo im Zuge der Fronleichnamsprozession der heilige Georg dramatisch in Szene gesetzt worden war und schon Jahrhunderte gegen den Drachen gekämpft hatte, rangen Behörden und Bevölkerung lange um das »erschröckliche« Schauspiel, bis man sich endlich darauf einigte, Prozession und Drachenstich zu trennen. Seither findet der Lindwurm im August sein trauriges Ende. Mittlerweile ist er übrigens beträchtlich gewachsen, mit modernster Hydraulik ausgestattet und motorgetrieben (siehe auch S. 187).

Es lag nahe, dass aus den Prozessionen im Verlauf der Jahre Fronleichnamsspiele wurden, die in enger Verwandtschaft zu Passions- und Osterspielen standen. Sie zeigten Szenen aus der Bibel, aber auch aus Legenden und anderen Überlieferungen. In Deutschland stammt einer der ersten Belege für diesen weiterentwickelten Brauch aus dem württembergischen Künzelsau, wo spätestens 1479 solche Spiele stattfanden.

Bei heutigen Prozessionen wird die geweihte Hostie in einer goldenen Monstranz unter einem Baldachin über Straßen, Plätze und Felder getragen, aber auch wie in verschiedenen Orten Bayerns oder auf dem Rhein bei Köln, wo sich weit über hundert Schiffe zur »Mülheimer Gottestracht« (siehe S. 131) versammeln, über Seen und Flüsse geleitet. In ländlichen Gegenden kommen die Gläubigen auch heute noch vielfach in ihren Trachten zur Prozession, und Schützengilden, Vereine, Feuerwehr und Musikkapellen treten vollzählig und gemeinsam an. Der Zug macht zumeist an vier Altären Station, und es werden die Anfänge der vier Evangelien gelesen, Fürbitten gesprochen und Segen ausgeteilt.

Am Fronleichnamsmorgen. *Gemälde von Fred Waldmüller*

Am Prozessionsweg stehende Häuser sind mit Birken, Kerzen, Fahnen, Teppichen und anderen Dingen festlich geschmückt. Mädchen, die an der Spitze des Zuges gehen, streuen Blumen. Auf dem Weg liegen Blütenteppiche von hunderten Metern Länge und vor den Altären finden sich Blumenmosaike, die geometrische Muster, biblische Szenen oder Bilder und Symbole wie Tauben, Kerzen oder Kreuze zeigen. An der Gestaltung der Blumenteppiche sind oft zahllose Gläubige beteiligt, die Millionen von Blüten zusammentragen und in der Nacht vor Fronleichnam arrangieren.

Blumen, Kräuter und Zweige von den Altären gelten auch heute noch als segenskräftig und werden von den Gläubigen als Mittel zur Schadensabwehr zu Hause getrocknet, pulverisiert oder verbrannt und verstreut oder dem Vieh ins Futter gemengt. Rosen legt man den Kindern ins Bett, um sie vor Unheil zu schützen. Fronleichnamskränze werden am Johannistag zerrieben in das Johannisfeuer geworfen.

Veranstaltungstipps

Altländer Blütenfest in Jork

Das Alte Land an der Elbmündung zwischen Hamburg und Stade ist eines der größten Obstanbaugebiete Europas, und wenn sich Anfang Mai die ersten Kirsch- und Apfelblüten öffnen, feiern die Altländer in Jork ihr Blütenfest. Seine Höhepunkte bilden der Blütenmarsch und die Krönung der Blütenkönigin am Samstag. Zum Rahmenprogramm gehören Auftritte von Trachtengruppen, musikalische Darbietungen und Straßentheater.

Altenburger Skatbrunnenfest

Da im thüringischen Altenburg, der Stadt der Spielkarten, der Skat erfunden worden sein soll, feiert man dort seit 1993 in den ersten Tagen des Mai ein Volksfest besonderer Art, bei dem sich (fast) alles um Skat dreht. Wer nicht an den Skatturnieren teilnehmen möchte, kann seine Spielkarten am Skatbrunnen taufen lassen, den Aufmarsch eines lebenden Kartenspiels ansehen oder dem vielfältigen Bühnenprogramm zuschauen. Daneben finden Familien, auf die das Fest in erster Linie ausgerichtet ist, auch zahlreiche andere Spiel- und Bastelangebote.

Fronleichnamsprozessionen um Amöneburg

Rund um das nordhessische Amöneburg werden in einigen Dörfern wie etwa in Mardorf bis heute besonders stimmungsvolle Fronleichnamsprozessionen abgehalten. In aller Frühe des Fronleichnamstages beginnt man die vier Stationen aufzubauen, den Weg mit Birkenbäumchen zu säumen, so genannte Ehrenpforten zu errichten und Blumenteppiche zu legen. In den Fenstern der Häuser werden Heiligenfiguren aufgestellt und junge Männer bereiten Böller vor, da das

Fronleichnamsschießen zur festen Tradition gehört. Bei der Prozession selbst gehen junge Mädchen mit dem Priester in ihrer Mitte voran, dann folgen die Ministranten und weiß gekleidete Mädchen mit Blumenkörbchen. Ihnen schließen sich nach Alter geordnet die Frauen in ihrer Tracht an, den Schluss des Zuges bilden die Männer.

Berchtesgadener Bergknappenfest

An Pfingsten feiert Berchtesgaden sein Bergknappenfest, dessen Ursprünge ins 16. Jahrhundert zurückreichen, als sowohl auf dem Peters- wie auch dem Frauenberg bedeutende Salzfunde gemacht wurden. Zunächst feierte man eine Dankmesse, die sich im Lauf der Zeit zu einem festlichen Gedenktag entwickelte, an dem die Bergleute Dinge wie Rindfleisch, Würste und Weingeld erhielten. Ab 1810 wurde die gesamte Bevölkerung am Fest beteiligt. Heute beginnt es am Sonntag mit einem Umzug der Knappschaftskapelle. Am Montag findet ein großer Festumzug statt, zu dem die Bergleute mit ihren Werkzeugen aufmarschieren und auch wieder je ein Kilogramm Schweine- und Rindfleisch erhalten.

Düsseldorfer Radschlägerturnier

An einem Tag meist im Mai treffen sich die Schüler von Düsseldorfs Schulen mittags auf dem Marktplatz und ziehen im festlichen Zug zum Turnierplatz, wo das Radschlägerturnier stattfindet. Der Brauch wurde 1937 vom Heimatverein »Alde Düsseldorfer« eingeführt und nach einer Unterbrechung im Zweiten Weltkrieg 1950 wieder aufgenommen. Woher er ursprünglich stammt, ist allerdings nicht bekannt.

Eisfelder Kuhschwanzfest

Seinen Namen verdankt dieses alte Volksfest, das seine Wurzeln noch im Mittelalter hat, vermutlich dem Umstand, dass die Wagen seines Festzuges lange ausschließlich von Kühen gezogen wurden. Schon damals fand es am Dienstag nach Pfingsten statt, dem Tag, auf den Herzog Johann Casimir von Sachsen-Coburg 1608 die jährlichen Waffenübungen und Musterungen festgesetzt hatte, die von einem Wachaufzug, Scheibenschießen und anschließenden Vergnügungen begleitet wurden. Nach der Wende knüpften die Eisfelder im Jahr 1992 wieder an diese alte Tradition an.

Frankfurter Wäldchestag

Den Frankfurtern gilt ihr Wäldchestag gewissermaßen als Nationalfeiertag, an dem sie beinahe noch wie zu Goethes Zeiten feiern. Über die Ursprünge des Festes können auch die Annalen des Stadtarchivs keine genaue Auskunft geben, seine Wurzeln sollen jedoch mindestens bis in das Jahr 1300 zurückreichen. Der älteste Beleg für den Namen »Wäldchestag« stammt aus dem Jahr 1792. Im 19. Jahrhundert war es jedenfalls unter den Frankfurtern Sitte am Pfingstdienstag mit Proviant ins Wäldchen zu ziehen, wo getanzt wurde und Bänkelsänger, Puppenspieler und andere Schausteller für Unterhaltung sorgten. Wie damals strömt die Bevölkerung auch heute zum Festgelände im Wald bei Niederrad mit seinen zahlreichen Gastwirtschaften und Vergnügungsunternehmen.

Frankfurter Wäldchestag, »Nationalfeiertag« der Frankfurter

Freienfelser Ritterspiele

Seit 1993 findet alljährlich um den 1. Mai im hessischen Dorf Freienfels mit seiner eindrucksvollen Burgruine das »größte nicht kommerzielle« Mittelalterfest statt, wie es in der Ankündigung heißt. Drei Tage lang kehrt der Ort in alte Zeiten zurück. Ritter messen sich hoch zu Pferde in Turnieren und Schaukämpfen, rund um ein Lagerfeuer herrscht buntes Markttreiben, Handwerker, Musiker und Gaukler zeigen ihre Künste, Bettler und Soldaten in historischen Kostümen bevölkern die Szene. Zur Stärkung warten auf den Besucher mittelalterliche Köstlichkeiten.

Göppinger Maientag

Ursprung dieses Festes, das Ende Mai oder Anfang Juni stattfindet, war der Abzug der letzten Besatzungstruppen nach dem Dreißigjährigen Krieg, den man mit einem großen Friedensfest feierte. Damals nahmen an ihm auch dreihundert Kinder teil, die zu einem Dankgottesdienst in die vor der Stadt gelegene Oberhofenkirche zogen. Dies wurde zur Tradition, doch heute gibt es neben dem Zug der Kinder, an dem sich etwa siebentausend Schüler beteiligen, einen weiteren Festzugsteil, der den geschichtlichen Werdegang Göppingens von den Bauernkriegen bis zu Beginn des Industriezeitalters zeigt. Umrahmt wird das Fest von einem umfangreichen Veranstaltungsprogramm.

Gymnicher Ritt in Erftstadt

Über die Entstehung dieser Prozession existieren keine gesicherten Belege, vermutlich geht sie jedoch auf einen traditionellen Flurumritt zurück. Am Morgen des Himmelfahrtstages werden im nordrhein-westfälischen Erftstadt zunächst heilige Messen gefeiert, danach erfolgt der Ausritt der Pferde. Die Wallfahrer sammeln sich um eine Reliquie des Kreuzes Christi, mit der die Fluren während des Umrittes gesegnet werden. Dann kehrt der Zug zur Mariensäule der Stadt zurück, wo sich die Pferdesegnung anschließt. Den Abschluss bildet eine Feier auf dem Rittplatz.

»Rum-Regatta« in Flensburg

Am Wochenende nach Himmelfahrt finden sich seit zwanzig Jahren im schleswig-holsteinischen Flensburg historische Segelschiffe aus aller Herren Länder zur traditionellen Rum-Regatta ein, die an die Zeiten des Rumhandels mit den Westindischen Inseln erinnert. Wenn am Freitagnachmittag alle Schiffe vertäut sind, beginnt der »Gaffler-Umzug« durch die Innenstadt. Außerdem findet seit 1979 im Rahmen des Festes auf der Route der alten Flensburger Hafenfähre eine Wettfahrt aller schwimmfähigen Fahrzeuge statt, bei der als Siegprämie Rum ausgesetzt ist. Zu Lande gibt es eine Budenmeile und auf einem »Gaffelmarkt« kann man altes Seemannshandwerk bestaunen.

Hamburger Kirschblütenfest

Ende der sechziger Jahre wollten die in Hamburg lebenden Japaner der Stadt für ihre Gastfreundschaft danken und pflanzten für jeden ihrer tausend Landsleute in der Umgebung der Alster ein Kirschbäumchen. Daraus entstand zur Blütezeit im Mai das Hamburger Kirschblütenfest, das jedes Jahr größer wird und immer mehr Besucher an die Promenade lockt, wo buntes Treiben herrscht und zahlreiche Buden kulinarische Köstlichkeiten anbieten. Den Höhepunkt des Festes bilden ein Kirschblütenball und ein japanisches Feuerwerk auf der Außenalster.

Rattenfänger-Freilichtspiele in Hameln

Von Mitte Mai bis Ende September wird im niedersächsischen Hameln an jedem Sonntag um zwölf die Sage vom Rattenfänger aufgeführt. Sie berichtet, dass Hameln, damals ein bedeutendes Kornhandelszentrum, im Jahre 1284 von einer furchtbaren Rattenplage heimgesucht wurde. Ein fremder Spielmann versprach, die Stadt von den Ratten zu befreien. Nachdem er jedoch um seine Belohnung betrogen worden war, lockte er hundertdreißig Kinder mit seiner Flöte fort, die niemals zurückkehrten. Die halbstündige Vorführung findet auf der Hochzeitshaus-Terrasse statt und ist übrigens kostenlos.

Kerzenwallfahrt von Holzkirchen nach Bogen

Die Kerzenwallfahrt vom niederbayrischen Holzkirchen zum Bogenberg geht vermutlich auf das 15. Jahrhundert zurück, belegt ist sie jedoch erst im 17. Jahrhundert. Damals gelobten die Holzkirchener während eines starken Borken-

Rattenfänger-Freilichtspiel in Hameln

käferbefalls ihrer Wälder eine Wallfahrt, die heute am Pfingstwochenende stattfindet. Die Pilger legen dabei eine zweiundsiebzig Kilometer lange Strecke zurück und schleppen eine vierzig Kilogramm schwere Kerze (eine 12,4 m lange Fichtenstange, die mit fingerdickem rotem Wachs umwickelt ist). Diese Kerze wird zum Schluss aufrecht den Bogenberg hinaufgetragen und am Chorbogen der dortigen Kirche neben der letztjährigen Kerze befestigt. Die Kerze des Vorvorjahres wird zersägt an die Wallfahrer verteilt.

Fronleichnamsprozession in Hüfingen

Der auch an anderen Orten Deutschlands praktizierte Brauch, an Fronleichnam kunstvolle Blumenteppiche zu legen, hat in dem badischen Ort Hüfingen eine ganz besonders ausdrucksvolle Form gefunden, wo die Gläubigen in mühevoller Arbeit zwischen Schloss und Hauptstraße auf etwa sechshundert Meter Länge Millionen von Blüten zu Mosaiken mit ornamentalen Mustern und bildlichen Darstellungen arrangieren. Die Idee stammt von den beiden Künstlern Xaver und Lucian Reich, die sich in Italien dazu anregen ließen und 1840 mit dieser Tradition begannen.

Kötztinger Pfingstritt

Der Legende zufolge entstand der berühmte Pfingstritt im bayrischen Kötzting im Jahr 1412. Damals wurde der örtliche Pfarrer zu einem schwerkranken Bauern ins sechs Kilometer entfernte Steinbühl gerufen, und da unterwegs Gefahren durch Räuber und wilde Tiere drohten, ritten mehrere Männer zu seinem Schutz mit. Nachdem sie unversehrt nach Hause zurückgekehrt waren, gelobten sie, den Ritt jedes Jahr durchzuführen. Heute richten die Bewohner Kötztings schon Wochen vorher ihre Trachten her und fertigen Papierrosen für die Mähnen der Pferde. Am Montag um acht Uhr begibt sich dann eine Prozession aus bis zu tausend Reitern unter Glockengeläut auf den Weg nach Steinbühl, wo in der Kirche St. Nikolaus das alte Gelübde des Pfingstrittes erneuert wird. Um den Ritt herum entstand im Laufe der Zeit ein großes Volksfest mit den verschiedensten Veranstaltungen, das am Samstag vor Pfingsten beginnt und eine ganze Woche dauert.

Schwedenprozession in Kronach

Im Jahr 1632 gelang es den Bürgern Kronachs, unter hohen Verlusten den Angriff des schwedischen Heers abzuwehren und die Festung Rosenberg zu verteidigen. Eine wichtige Rolle spielten dabei die Frauen, die den Feind mit siedendem Wasser und Pflastersteinen attackierten. Nach der Befreiung der Stadt unternahm man eine Dankprozession zur Festung, die heute am Sonntag nach Fronleichnam stattfindet. Ungewöhnlich an ihr ist, dass die Frauen aufgrund der geschichtlichen Ereignisse vor dem Allerheiligsten gehen dürfen.

Nebelhöhlenfest bei Lichtenstein

Obwohl die Nebelhöhle auf der Schwäbischen Alb schon lange vorher bekannt war, fand sie erst nach einem Besuch von Kurfürst Friedrich I. im Jahre 1803 allgemeines Interesse. Wilhelm Hauffs 1826 erschienener historischer Roman *Lichtenstein* machte sie dann endgültig populär. In der Folgezeit strömten an Pfingsten Scharen von Menschen zum Frühlingsfest auf den Festplatz über der Nebelhöhle, und noch heute kommen Tausende Besucher an den beiden Pfingsttagen zur Besichtigung der 280 m langen Tropfsteinhöhle, wo außerdem ein kleiner Vergnügungspark auf sie wartet. Sehenswert sind auch die ganz in der Nähe gelegene Olgahöhle und das Schloss Lichtenstein.
Weitere Höhlenfeste finden auf der Schwäbischen Alb an der Schertelshöhle bei Westerheim und der Bärenhöhle bei Sonnenbühl statt.

Ludwigsluster Barockfest

Seit einigen Jahren bietet das Schloss im mecklenburgischen Ludwigslust im Mai oder Juni ein Fest, bei dem Studenten der Universität Kiel unter Leitung ihres Professors höfisches Treiben der Barockzeit zeigen. In kleineren Einzelveranstaltungen spielen sie Szenen aus dem täglichen Leben nach. Man kann der Herzogin beim Ankleiden zuschauen, den Herzog beim Kirchgang begleiten oder Duelle im Park verfolgen. Unterdessen schreitet der Hofstaat durch die Räume des Schlosses und mischt sich unter das »gemeine Volk«. Eingeleitet wird das Wochenende am Freitagabend mit einem klassischen Barockkonzert.

Mülheimer Gottestracht

Zu den bekanntesten Fronleichnamsprozessionen Deutschlands gehört die »Gottestracht« im nordrhein-westfälischen Mülheim, deren Geschichte bis ins 16. Jahrhundert zurückgeht. Vermutlich entstand auch sie aus Flurumgängen, obwohl hier der Rhein Schauplatz ist, der Mülheims Bewohnern lange Zeit Brot und Arbeit gab. Zahllose Menschen säumen das Ufer, wenn das geschmückte Prozessionsschiff in Begleitung zahlreicher Boote von St. Clement im Kölner Stadtteil Mülheim auf den Rhein hinausfährt. Die auf dem Hauptschiff angestimmten Gesänge und Gebete werden von den Gläubigen auf den anderen Booten aufgenommen und vom Ufer her erklingen Böllerschüsse, die sich mit dem Krachen der Gewehre von in Booten mitfahrenden Schützen mischen. Die Fahrtroute führt zur ehemaligen Mülheimer Grenze und dann in umgekehrter Richtung zur Stammheimer Stadtgrenze.

Nürtinger Maientag

Am dritten oder vierten Samstag im Mai feiert die baden-württembergische Stadt Nürtingen eines der ältesten und schönsten Frühlingsfeste, das sich im Laufe der Jahrhunderte immer mehr von einem traditionellen Schulfest zu einem Volksfest wandelte und von dem schon 1786 das »Journal von und für Deutschland« berichtete, dass Menschen aus der ganzen Umgegend zu ihm strömten. Den Höhepunkt bildet bis heute der Festzug, in dem neben traditionellen Trachten Darstellungen aus dem Kinderalltag und Bilder historischer Ereignisse zu sehen sind. Sein Weg führt zur Festwiese, wo Spiele, Wettkämpfe und Tänze stattfinden.

Gangolfritte in Neudenau und Amorbach

Seit dem Jahr 1497 ist im baden-württembergischen Neudenau eine Wallfahrt zur Gangolfskapelle belegt, bei der die Hirnschale des Heiligen mitgeführt wird. Heute tragen die Teilnehmer zum Teil historische Kostüme. Große Bedeutung hatte auch immer schon die Quelle neben der Kapelle, zu der man früher kranke Menschen und Tiere brachte, um sie mit dem heilkräftigen Gangolfswasser zu waschen.

Nicht weit entfernt von Neudenau liegt das bayrische Amorbach, wo bereits in einer mittelalterlichen Handschrift ein Gangolfritt erwähnt ist. 1848 fand er jedoch im Zuge der Revolution ein vorläufiges Ende und wurde erst ein Jahrhundert später wieder aufgenommen. Heute kommen am zweiten Sonntag im Mai vor allem Privatleute und Reitervereine mit ihren Pferden auf den Schlossplatz, um mit den Reliquien des Heiligen durch die Innenstadt zur Kapelle Amorsbrunn zu ziehen, wo die Teilnehmer des Rittes gesegnet werden.

Historischer Mönchszug zum Oybin

Von Mai bis September sind die romantischen Ruinen der Burg- und Klosteranlage auf dem sächsischen Oybin im Zittauer Gebirge das Ziel von »Mönchen«, die nach Einbruch der Dunkelheit mit Fackeln hinauf auf den Berg ziehen und in den Ruinen der einstigen Klosterkirche sakrale Gesänge aus dem Mittelalter anstimmen. Neben den spektakulären »Mönchszügen« finden während der Sommermonate auf dem Oybin Chor- und Instrumentalkonzerte statt.

Quirinusritt in Perl

Am Nachmittag des 1. Mai sammeln sich im saarländischen Perl Reiter zum Quirinusritt. Der Überlieferung zufolge geht er auf das Jahr 1050 zurück, als bei der Überführung der Gebeine des Heiligen von Rom nach Neuss in Perl an der Quelle neben der Kirche eine Tagesrast eingelegt wurde. Nachdem dies bekannt geworden war, kamen viele Wallfahrer in den Ort, doch in den Wirren der Zeit ging der Brauch wieder unter. 1950 knüpfte man an diese Tradition mit einem Umritt an, der von der Kirche aus über die Fluren führt und dann wieder zur Kirche zurückgeht, wo eine Feier mit anschließender Pferdesegnung stattfindet.

Blutfest auf der Insel Reichenau

Am Dreifaltigkeitssonntag kann man auf der Bodenseeinsel Reichenau eine farbenprächtige Prozession sehen, bei der die Inselbewohner nach einem Festgottesdienst im Marienmünster und anschließender Parade der Reichenauer Bürgerwehr ihre Blutreliquie – ein byzantinisches Abtskreuz mit blutgetränkter Erde von Golgatha – zusammen mit anderen Klosterschätzen und Reliquiaren in Begleitung von Bürgerwehr, Musikkapellen und Trachtengruppen durch den Ort Mittelzell tragen. Das Blutfest geht vermutlich auf das Jahr 925 zurück, in dem die Blutreliquie durch Karl den Großen auf die Reichenau gelangte.

Rhein in Flammen am Siebengebirge

Auch wenn der »Rhein in Flammen« kein historisches Spektakel ist, hat er inzwischen doch bereits einige Jahrzehnte Tradition. Seit 1986 ist es eine regelmäßige Veranstaltung und verschiedene Flussabschnitte erstrahlen an mehreren Terminen des Jahres in gleißendem Feuerschein. Den Auftakt macht am ersten Samstag im Mai der Abschnitt zwischen Linz und Bonn, wo entlang des Flusses zahlreiche Bengalfeuer entfacht und insgesamt fünf Feuerwerke gezündet werden, während ein Korso aus etwa sechzig rot beleuchteten Fahrgastschiffen die

26 Kilometer lange Strecke zwischen den Städten rheinabwärts fährt. Vom Ufer aus kann man dem Spektakel in Orten wie Linz, Remagen, Unkel, Königswinter und Bonn zusehen, die festliche Rahmenprogramme bieten.

Meistertrunk in Rothenburg ob der Tauber

Seit hundertzwanzig Jahren wird das bayrische Rothenburg zu Pfingsten in die Zeit des Dreißigjährigen Krieges zurückversetzt; an den Festtagen wird bis zu zweimal in einem dramatischen Bühnenstück gezeigt, wie die Stadt im Jahre 1631 vor der Plünderung und Brandschatzung durch die kaiserlichen Truppen bewahrt worden sein soll. Der Legende zufolge versprach deren General den Eroberten Schonung, wenn einer von ihnen einen dreiviertel Liter fassenden Weinpokal in einem Zug leeren würde, was dem damaligen Bürgermeister Nusch angeblich gelang. Am Pfingstmontag geht ein historischer Heereszug durch die Stadt zum Lagerplatz, wo originalgetreu das damalige Lagerleben nachgespielt wird. Im Verlauf des Festes findet auch der historische Schäfertanz statt, der auf das Jahr 1397 zurückgeht, heute allerdings vom Trachtenverein organisiert wird.

Zunftmarkt in Saalfeld

Seit etwa zehn Jahren findet im thüringischen Saalfeld am letzten Maisamstag ein Zunftmarkt in historischen Kostümen statt, auf dem örtliche Handwerksbetriebe traditionelle Arbeitsmethoden zeigen und die hergestellten Produkte zum Kauf anbieten. Kleine und große Besucher haben die Möglichkeit, viele Techniken selbst auszuprobieren, für Kinder ist zudem eine Bastelstraße aufgebaut. Das Rahmenprogramm bietet musikalische Unterhaltung mit alter Drehorgelmusik, aber es gibt auch moderne Klänge.

Pfännerfest in Schönebeck/Bad Salzelmen

Die Pfänner waren vom Mittelalter bis ins 18. Jahrhundert Besitzer der Salzgüter, die Salzelmen in Sachsen-Anhalt so großen Reichtum brachten, dass die Pfänner sogar den Rat der Stadt stellen durften. Seit einigen Jahren veranstaltet das örtliche Museum an einem Wochenende im Mai auf dem Marktplatz einen historischen Markt rund um das Salz, wo unter anderem nach traditioneller Art Salz gesiedet wird. In den Räumen des Museums findet eine begleitende Ausstellung statt.

Kuchen- und Brunnenfest der Salzsieder in Schwäbisch-Hall

Da das baden-württembergische Schwäbisch-Hall seinen Reichtum einmal dem Salz verdankte, genossen die dortigen Salzsieder so hohes Ansehen, dass man ihnen ein eigenes Fest zugestand. Urkundlich belegt ist es seit 1723, vermutlich hat es jedoch eine weit ältere Geschichte. Seinen Namen verdankt es einem

Kuchen, der den Salzsiedern 1479 nach der alljährlichen Brunnenreinigung überreicht worden sein soll. Im Anschluss an die Eröffnung des Festes am Morgen des Pfingstsonntags bewegt sich ein Festzug durch die Stadt zu einer Insel im Kocher, wo die Honoratioren eine Kostprobe des riesigen Siederkuchens und einen Umtrunk aus dem »Siedergockel« erhalten. Danach werden traditionelle Siedertänze aufgeführt. Am Montag formiert sich der Brunnenzug, der zu allen Brunnen der Stadt führt. Weitere Programmpunkte sind ein Festspiel und ein Vergnügungspark auf den Kocherwiesen.

Kuchen- und Brunnenfest der Salzsieder in Schwäbisch-Hall. Bei der Präsentation des großen Siedekuchens

Fronleichnamsprozession in Seehausen

Eine eindrucksvolle Seeprozession ist am Fronleichnamstag im bayrischen Seehausen am Staffelsee zu sehen. Sofern schönes Wetter und Windstille herrscht, setzt dort der gesamte Prozessionszug mit Pfarrer, Traghimmel und Musik nach dem Gottesdienst zur Kapelle auf der Insel Wörth über. In manchen Jahren beteiligen sich achtzig Wasserfahrzeuge von großen Prozessionszillen bis zum Schlauchboot. Um die Prozession zu begleiten, kann man sich auch vor Ort Boote ausleihen.

Englmari-Suchen in St. Englmar

Eine Legende berichtet, dass der heilige Englmar ein Eremit war, der von einem eifersüchtigen Knecht erschlagen und im Wald verscharrt wurde. Ein Priester soll seine Leiche an Pfingsten entdeckt haben. Heute sammelt sich im bayrischen St. Englmar am Pfingstmontag ein großer Zug mit zahlreichen Reitern, der zum Kapellenberg zieht, wo eine Gruppe in historischen Kostümen den Toten sucht. Nachdem der »Leibjäger des Grafen« ihn gefunden hat, wird die Sage vom heiligen Englmar verlesen. Nach einer Messe geht es wieder zur Pfarrkirche zurück, wo das Fest mit einer Andacht schließt.

Schwedenprozession in Überlingen (siehe S. 174)

Walldürner Heiligblutwallfahrt

Die Wallfahrt »Zum Heiligen Blut« im baden-württembergischen Walldürn basiert auf einem Ereignis im Jahr 1330, in dem einer Legende zufolge während einer Messe der Kelch auf dem Altar umfiel und der vergossene Messwein sich als Blut auf ein Tuch ergoss, auf dem er ein Bild des Gekreuzigten und mehrere Veronika-Gesichter entstehen ließ. Bald nach diesem Wunder setzten Wallfahrten nach Walldürn ein und noch heute kommen jedes Jahr hundertfünfzigtausend Pilger in die alte Wallfahrtsstadt. Die Hauptwallfahrtszeit beginnt am Sonntag nach Pfingsten und erstreckt sich über vier Wochen. Höhepunkt ist der »Große Blutfeiertag«, der mit einer festlichen Prozession begangen wird.

Weingartener Blutritt

Alljährlich am Freitag nach Christi Himmelfahrt findet im oberschwäbischen Weingarten der Blutritt statt, der als bekannteste und größte Reiterprozession Baden-Württembergs gilt. Schriftlich erwähnt ist er erstmals im Jahre 1529, doch die Reliquie, die bei dem Ritt mitgeführt wird, wurde dem Kloster Weingarten bereits um 1090 vom Welfenhaus gestiftet. Die Prozession besteht aus etwa zweitausend Reitern und rund fünftausend Pilgern, die nach einer Messe um sechs Uhr morgens aus der festlich geschmückten Stadt hinaus zum Esch, der Feldflur westlich von Weingarten, ziehen, wo an vier Stellen Altäre errichtet sind, an denen Gebete gesprochen und die umliegenden Felder gesegnet werden.

Ziegenhainer Salatkirmes in Schwalmstadt-Ziegenhain

Die Ziegenhainer Salatkirmes ist eines der größten Heimat- und Trachtenfeste Nordhessens und findet am zweiten Wochenende nach Pfingsten statt. Bereits am Mittwoch davor wird auf dem Paradeplatz die Kirmes angesungen, die an den folgenden Tagen ein vielseitiges Programm bietet. Den Höhepunkt des Festes bildet der historische Festumzug am Sonntag. Der lokalen Überlieferung zufolge geht die Salatkirmes auf die Einführung der Kartoffel im 18. Jahrhundert zurück, als der hessische Landgraf Carl die Bevölkerung zu einem Kartoffel- und Salatessen nach Ziegenhain einlud, um für das neue Nahrungsmittel zu werben.

Juni

Der Name des sechsten Kalendermonats leitet sich vom lateinischen Iunius ab, dem »Monat, der der Göttin Juno geweiht ist«. Im deutschen Sprachraum hieß er auch Sommermonat, Heumonat, Rosenmonat oder Brachmonat, da früher im Juni das Brachland umgepflügt wurde.

Nach alten Wetterregeln lässt sich aufgrund des Juniwetters die Witterung im folgenden Dezember voraussagen: Ist der Juni heiß, wird der Dezember kalt, fällt im Juni viel Regen, ist auch im Dezember mit erhöhtem Niederschlag zu rechnen. Ein häufig auftretendes Wetterphänomen ist die so genannte Schafkälte, ein Kälteeinbruch um die Zeit der Schafschur.

Da der Beginn des Sommers in den Juni fällt und diese Jahreszeit auf dem Lande besonders harte Arbeit bedeutete, fanden früher nach Fronleichnam keine großen Feste mehr statt; die nächste Festperiode begann erst wieder im November. Heute ist man weitgehend vom Naturjahr unabhängig und nutzt den Sommer der Witterung wegen ganz besonders gern zum Feiern. Eine wahre Flut von Veranstaltungen setzt aber erst mit dem Juli ein.

Schützenfeste

Zu den Festen, die mit dem Frühsommer beginnen, gehören die Schützenfeste, die besonders im Norden Deutschlands eine lange Tradition haben. Die ersten Schützengesellschaften bildeten sich im 13. Jahrhundert. Zunächst hatten sie eine rein militärische Funktion und beteiligten sich an der Verteidigung der Städte. Im 14. Jahrhundert kamen Wehrübungen auf, die zwar hauptsächlich der Übung der Mitglieder im Umgang mit ihren Waffen dienten, gleichzeitig aber mit Spielen und Wettkämpfen wie z. B. Vogelschießen einhergingen. Oft setzten die Städte wertvolle Preise aus. Die Schützenvereine, die sich in der Folgezeit gründeten, verloren nach und nach ihren militärischen Charakter und widmeten sich immer mehr geselligen Vergnügungen, und bis heute wird das Vogelschießen in vielen Gegenden vor allem Nord- und Mitteldeutschlands mit großen Schützenfesten gefeiert.

Bonifatius – 5. *Juni*

Bonifatius kam um 675 als Sohn einer vornehmen angelsächsischen Familie zur Welt und wurde auf den Namen Wynfreth getauft. Nach seiner Erziehung in einem Kloster im englischen Exeter trat er in ein Benediktinerkloster ein, wo er sich zunächst wissenschaftlichen Studien widmete.

715 unternahm Wynfreth von Utrecht aus einen ersten Versuch, das heidnische Friesland zu missionieren, zunächst ohne Erfolg. 718 reiste er zu Papst Gregor II., der ihm nach einem sizilianischen Märtyrer den Namen Bonifatius gab und ihn nach Hessen und Thüringen sandte. Fortan missionierte Bonifatius nicht nur dort mit großem Erfolg, sondern auch in Württemberg, Westfalen und Bayern. 722 wurde er in Rom zum Missionsbischof geweiht, 732 erhob ihn Gregor III. zum Erzbischof und päpstlichen Vikar für ganz Germanien. Danach begann Bonifatius in seinem Missionsgebiet eine riesige kirchliche Organisation aufzubauen, die Karl der Große später auch für seine politischen Interessen nutzen konnte. Außerdem gründete Bonifatius zahlreiche Bistümer, 744 sein Lieblingskloster Fulda.

Statue des Hl. Bonifatius im Dom zu Fulda; mit Stab, Dolch und Buch

Nachdem er dieses Werk vollendet hatte, zog er, beinahe achtzigjährig, noch einmal als Missionar nach Friesland, wo er und seine Begleiter während einer Taufzeremonie am 5. Juni des Jahres 754 bei Dokkum in den heutigen Niederlanden von Angehörigen heidnischer Stämme überfallen und ermordet wurden. Seinen Leichnam brachte man zunächst nach Mainz, überführte ihn jedoch später seinem Wunsch entsprechend nach Fulda. Das Grab wurde zu einem berühmten Wallfahrtsort.

Die berühmteste Geschichte aus dem Leben des Bonifatius rankt sich um die dem Gott Donar (Thor) geweihte Eiche im hessischen Geismar, die eine bedeutende Kultstätte der Germanen war. Bonifatius fällte den Baum und errichtete aus seinem Holz eine Kapelle, ohne für diese Tat von Donar gestraft zu werden. Daraufhin ließen sich viele Heiden, die Zeugen des Geschehens waren, von ihm taufen.

Bonifatius ist Schutzheiliger der Bierbrauer und Schneider und Patron Thüringens und der Diözese Fulda.

Aufgrund der Namensanalogie sollen nach dem Volksglauben am Fest des heiligen Bonifatius Bohnen gesetzt werden, was deutlich macht, dass der Apostel der Deutschen mit den Eisheiligen nichts zu tun hat. Als solcher wird sein sizilianischer Namensvetter verehrt.

Vitustag – *15. Juni*

Nach manchen Quellen soll der heilige Vitus oder Veit, dessen Geburtsort vermutlich die sizilianische Stadt Mazzara war, nur sieben Jahre alt, nach anderen zwölf geworden sein. Die Legende erzählt, dass sein Lehrer und seine Amme ihn zu Beginn des 4. Jahrhunderts heimlich im christlichen Glauben aufzogen. Als dies sein Vater erfuhr, versuchte er mit allen Mitteln Vitus wieder davon abzubringen und ihn schließlich sogar zu ermorden, doch von einem Engel gewarnt, floh der Junge mit Lehrer und Amme nach Lucana in Unteritalien, wo er wundersame Heilungen vollbrachte. Als Kaiser Diokletian davon hörte, wurde er nach Rom gerufen und heilte des Kaisers Sohn von Epilepsie (Veitstanz). Doch statt Vitus zu danken, ließ der Kaiser ihn und seine Begleiter ins Gefängnis werfen, wo man sie in siedendes Öl tauchte und mit schweren Eisenplatten erdrücken wollte. Als sie beides unversehrt überlebten, hetzte man einen wilden Löwen auf sie, der sich ihnen aber sanftmütig zu Füßen legte. Auf eine Folter gespannt und nach dem Versuch, sie mit Hacken zu zerfleischen, befreiten Engel die drei und brachten sie an das Ufer eines Flusses, wo sie betend ihren Geist aufgaben. Adler bewachten die Leichname, bis eine Christin sie bestattete.

In der katholischen Kirche gehört Vitus zu den volkstümlichsten Heiligen. Er ist Patron von Böhmen, Pommern, Niedersachsen, Sachsen, Rügen und mehreren Städten, Schutzheiliger der Jugend, der Bergleute, der Schmiede, der Apotheker, der Gastwirte, der Winzer, der Bierbrauer, der Tänzer, der Schauspieler, wie auch von Quellen und Haustieren. Angerufen wird er nicht nur bei Epilepsie, Hysterie, Krämpfen und Besessenheit, sondern er soll auch vor Tollwut, Augen- und Ohrenkrankheiten, Bettnässen, Unwetter, Feuersgefahren und Unfruchtbarkeit bewahren. Seit dem 14. Jahrhundert gehört er zu den vierzehn Nothelfern (siehe S. 241). Seine Attribute sind Kessel, Feuer und der Hahn, der ein altes Symbol der Heilkunde ist.

Da vor der Kalenderreform Papst Gregors XIII. der kirchliche Sommerbeginn vor die eigentliche Sonnenwende fiel, sind mit dem Tag des heiligen Vitus auch Sonnwendbräuche verbunden.

Mädchen gossen in der Veitsnacht Blei und deuteten die entstandenen Figuren als Handwerkszeug ihres künftigen Ehemannes. Bis ins 19. Jahrhundert wurden im süddeutschen Raum am Abend des Veitstages Feuer entzündet, so wie in anderen Gegenden Johannisfeuer, häufig begann man bereits am Veitstag mit dem Sammeln des Brennmaterials für Johanni. Auch Schülerfeste am Veitstag hatten Tradition.

Sommersonnenwende – *22. Juni*

Am 21./22. Juni bildet die Sonne auf ihrer Bahn den größten Winkel zum Himmelsäquator. Sie scheint zu verharren, ehe der Winkel sich wieder verkleinert und die Tage kürzer werden. Die Sonne tritt ins Sternbild des Krebses und damit beginnt der Sommer.

Natürlich war die Sonnenwende für die Menschen früherer Zeit ein beeindruckendes Erlebnis, das sie mit vielerlei Bräuchen verbanden, die in diesem Buch unter Johanni beschrieben werden. Dieser Tag galt früher als Mittsommer. Die Bräuche waren im Mittelalter weit verbreitet und haben sich trotz des Verbots während der Aufklärung zum Teil bis in die heutige Zeit erhalten.

Johannistag – *24. Juni*

Johannes der Täufer ist der einzige Heilige, dessen Geburtstag die Kirche feiert. Sein Gedenktag ist seit dem 5. Jahrhundert nachweisbar und war ursprünglich ein Fest erster Klasse, was bedeutet, dass er mit Nachtwachen, Fasten, Messen und Oktav begangen wurde.

Johannes kam laut altkirchlicher Überlieferung sechs Monate v. Chr. in Ain-Karim bei Jerusalem als Sohn des hochbetagten Priesters Zacharias und seiner Frau Elisabeth zur Welt, denen die Geburt vom Erzengel Gabriel angekündigt worden war. Mit dreißig Jahren begann Johannes vom Kommen des Messias zu predigen und Menschen zu taufen, unter denen sich auch Jesus selbst befand. Johannes erfreute sich beim Volk ungemeiner Beliebtheit, sehr zum Missfallen des grausamen Königs Herodes Antipas, und nachdem der Täufer öffentlich die Heirat des Herrschers mit der Frau des eigenen Bruders gegeißelt hatte, verlangte diese seine Hinrichtung. Der König zögerte, doch der Legende nach hetzte die Königin ihre Tochter Salome so lange auf, bis das Mädchen sich vom Vater den Kopf des Johannes wünschte. Das abgeschlagene Haupt brachte sie ihrer Mutter in einer Schale, die man später Johannisschüssel nannte, eine Szene, die in der Kunst vielfach dargestellt worden ist.

Johannes ist unter anderem Patron der Schneider, Weber, Kürschner, Winzer, Zimmerleute, Architekten, Hirten, Bauern, Tänzer, Sänger, Winzer und Gastwirte, und zudem Schutzheiliger der Weinstöcke und Haustiere, insbesondere der Schafe und Lämmer. Er wird angerufen bei Kopfschmerzen, Schwindel, Heiserkeit, Epilepsie, Kinderkrankheiten, Angst und Hagel.

Die Verehrung des Johannes setzte früh ein und ist seit dem 4. Jahrhundert belegt. Vor allem im Mittelalter wurde sein Gedenktag mit Wallfahrten, Prozessionen und Volksfesten begangen. Dennoch sind viele mit diesem Tag verbundene

Bräuche vorchristlichen Ursprungs und stehen mit der Sonnenwende in Zusammenhang, die nach germanischer Rechnung auf den 24. Juni fiel. Damals feierte man die Kraft der Sonne, die nun ihren höchsten Stand erreicht hatte und die Feldfrüchte wachsen ließ. Man beging den Tag vor allem mit Feuern, die die Sonne symbolisierten und ihre Kraft sichern sollten, denn danach kündigte sich mit dem Kürzerwerden der Tage bereits Tod und Winterkälte an. Die Kirche bemühte sich vergeblich um die Abschaffung dieser »heidnischen« Feuer. Das Fest des Täufers wurde schließlich unter anderem mit der Begründung auf dieses Datum gelegt, dass Johannes die »Leuchte der Menschheit« gewesen sei.

Das Johannisfeuer, das am Vorabend des 24. Juni, manchmal auch am Johannistag zur Mittagsstunde, die früher als besonders geheimnisvoll galt, entzündet wird, ist seit dem 10. Jahrhundert bezeugt und in zahlreichen Schilderungen beschrieben. Johannes Bohemus, fränkischer Prediger und eifriger Chronist deutscher Bräuche an der Wende vom 15. zum 16. Jahrhundert, berichtet über die Sonnwendfeuer: »In der Nacht des heiligen Johannes werden in fast allen Dörfern im weiten Deutschland öffentliche Feuer angezündet, zu denen sich die Burschen und die Mädchen und die alten Leute einfinden, um einen Reigentanz mit Gesang aufzuführen. Aber auch viel Aberglaube ist dabei. Man bekränzt sich mit Beifuß und Eisenkraut, hält in den Händen Blumen, die wegen ihrer Ähnlichkeit mit einem Sporn Rittersporn genannt werden, und beobachtet das Feuer nur durch diese hindurch. Man glaubt, daß dies die Augen das ganze Jahr hindurch vor Krankheit schütze. Wer fortgehen will, wirft die Kräuter, mit denen er sich, wie oben gesagt, umhüllt hat, weg mit den Worten: Es möge verschwinden und mit verbrannt werden all mein Unheil.« Aus Würzburg berichtet Bohemus, dass in der Feste auf dem Berg über der Stadt von den Hofleuten ebenfalls ein Feuer entfacht worden sei, in das man durchlöcherte Holzscheiben gelegt habe. Sobald sie gebrannt hätten, habe man sie an biegsame Ruten gesteckt und mit viel Geschick und Kraft durch die Luft in den Main geschleudert. »Wenn einer das zuvor noch nicht gesehen hat, meint er ein feuriger Drach flöge umher.« Aus dem Jahr 1582 ist der Brief eines Pfarrers aus dem Odenwald erhalten, in dem er von einem Johannisfeuer seiner Zeit berichtet: »Jährlich uff Johannis Baptiste fangen sie an, uff einem besonderen Platz außerhalb den Flecken und Dörfern ein Feuer anzuzünden, treiben solches drei Abend nacheinander also und solchergestalt: Diejenigen, so darzu laufen, beide von Manns- und Weibspersonen, tragen eine Bürde Holz und sonst dergleichen Materie dazu, werfens ins Feuer mit den Worten, daß all ihr Unglück im Feuer verbrennen solle, tanzen und springen dernach um und über das Feuer, und währet solche Handlung oftmals wohl bis Mitternacht. Treiben, sonderlich das junge Gesindlein, wie denn gut zu erachten, große Schand und Mutwillen darbei, zerstreuen letztlich die ausgelöschten Kohlen gegen dem Fruchtfeld aus, welches für Hagel, Ungewitter und allerlei zufällige Schäden sonderlich gut sein soll. Ein Teil tragen die Bränd und Kohlen mit sich heim, brauchen sie auch zu besonderer Abgötterei, welche mir nit alle bewußt oder bekannt.« Dieser Schilderung ist ohne Zweifel zu entnehmen, dass der Berichterstatter das Treiben aufs Höchste missbilligt, doch muss es schon im frühen Mittelalter da und dort Sitte gewesen sein, das Feuer von einem Priester segnen zu lassen. Und nicht selten stellte sich Prominenz bei den Sonnwendfeuern ein. 1471 erschien in Regensburg Kaiser Friedrich III. höchstpersönlich zum Festtanz.

Die Mehrzahl dieser Feuer wurde mit der Zeit nicht mehr entzündet und im 18. Jahrhundert schließlich von den Behörden verboten. Im 19. Jahrhundert kam es zu einer Wiederbelebung des Brauches.

Wie bei anderen Jahresfeuern wurden die Kinder und jungen Leute mit dem Sammeln des Brennmaterials beauftragt; sie zogen dann am Vortag durch den

Sprung über das Johannisfeuer. *Zeichnung von F. Quidenus*

Ort. Am Abend des Festtages schichteten sie auf einer Anhöhe oder an einem anderen freien Platz einen Scheiterhaufen auf. In die lodernden Flammen warf man gern Unkraut hinein, das dann angeblich ein ganzes Jahr nicht mehr wuchs. Andere Kräuter sollten die heilende Kraft des Feuers verstärken, das als besonders wirksam gegen Augenkrankheiten galt, wie schon die Schilderungen der Sonnwendfeuer im 16. Jahrhundert belegen. In manchen Gegenden ließ man krankes und gesundes Vieh durch den Rauch gehen, um es zu heilen oder vor Krankheiten zu bewahren, oder man trieb es am folgenden Morgen durch die

Asche. Diese Sitten gehen wohl auf die alten Notfeuer der Germanen zurück, denen man ebenfalls heilende Wirkung zuschrieb. Deshalb hielt man auch Kinder in den Rauch des Sonnwendfeuers.

Verkohlte Scheite und Asche brachte man auf die Felder und in die Gärten, um deren Fruchtbarkeit zu fördern. Um Kohlsetzlinge herum streute man Asche und sagte: »Werdet so dick wie mein Hintern.« Selbst der Rauch von Johannisfeuern sollte die Fruchtbarkeit fördern und nach dem Volksglauben befreite er die Luft von bösen Dämonen. Man sprang außerdem über das Feuer und schloss aus der Höhe des Sprungs auf die bevorstehende Ernte. Als schlechtes Omen galt es natürlich, wenn ein Sprung misslang. In manchen Gegenden hieß es, wenn ein Mädchen neun verschiedene Johannisfeuer sähe, ginge sein Heiratswunsch in Erfüllung.

Mit den Feuern wurden aber noch zahlreiche andere Bräuche verbunden, wie man sie von sonstigen Jahresfeuern kennt, so etwa das von Bohemus beschriebene Scheibenschlagen oder das Schieben von Feuerrädern.

Doch nicht überall wurden zu Johanni Feuer entzündet. Man schmückte auch so genannte Johannisbäume mit Eiern und Blumen, die von singenden Kindern durch den Ort getragen wurden. Unter dem Johannisbaum durften die jungen Männer ihre Mädchen küssen, wenn man sich abends um ihn versammelte und feierte. Einen ähnlichen Brauch erwähnt schon Bohemus: Starke Burschen brachten große Fichtenstämme in die Dörfer, die unteren Äste wurden entfernt und die oberen mit Spiegelchen, Gläsern, Kränzen und glänzenden Metallplättchen geschmückt. Diese Bäume blieben in den Boden gesteckt den ganzen Sommer an ihrem Platz stehen. Durch Bohemus ist auch überliefert, dass man zu Johanni aus Ton Töpfe mit zahlreichen Löchern machte, die von den Mädchen gekauft, mit purpurroten Rosenblättern umhüllt und mit einem Licht im Innern am Hausdach zur Beleuchtung aufgehängt wurden.

Wasser, Quellen und Bäder gelten an Johanni als besonders heilkräftig. Dass Wasser im Brauchtum dieses Tages eine besondere Rolle spielt, hängt wohl mit der Tauftätigkeit des Johannes zusammen. Ein Bad an Johanni soll jedenfalls neunfache Heilkraft besitzen und »böse Gelüste« fortwaschen, was immer man darunter verstehen mag. Der Brauchtumsforscher Ludwig Andreas Veit berichtet schon über mit dem Wasser verbundene Bräuche aus dem Mittelalter: »In der Nacht zum Fest des heiligen Täufers waren alle Quellen, Flüsse, Teiche und Brunnen des christlichen Erdenkreises im Volksglauben gesegnet und die Waschung mit dem Wasser, die unter abergläubischen Gebeten vor sich ging, nicht nur für heilkräftig, sondern auch als Glück verheißend angesehen.« Der italienische Dichter Francesco Petrarca schreibt im Jahre 1337 in einem Brief an Kardinal Colonna aus Köln: »Es war gerade am Vorabend des Johannisfestes, als ich ankam, und die Sonne wandte sich dem Niedergang; da ging ich auf den Rat meiner Freunde alsbald mit an den Rhein, um ein ungewöhnliches Schauspiel zu sehen. Das ganze Ufer war bedeckt mit einer herrlichen Schar von Frauen und Mädchen. Ich stand erstaunt da. Unglaublich war der Zulauf, doch ohne Gedränge. Alles atmete Mut und Freude. Ein Teil war mit Gewinden von wohl riechenden Kräutern umgürtet, und mit zurückgestreiftem Gewande wuschen sie die weißen Arme und Hände im Flusse.« Von Petrarca befragt, hätten sie ihm geantwortet, dies sei uralter Brauch, durch den alles Elend und Unglück fortgespült werde.

Besondere Beachtung schenkte man häufig den Brunnen. Sie wurden an diesem Tag gereinigt und festlich geschmückt und an manchen Orten geschieht dies noch heute, wie in Wunsiedel, einer Stadt mit zahlreichen Brunnen im Fichtelgebirge. Clemens Brentano und Achim von Arnim berichten von solchen Bräuchen in *Des Knaben Wunderhorn*: »In Kreuznacht und anderen Städten am Rhein werden um Johannistag die Brunnen gereinigt und die neuen Brunnenmeister erwählt, wobei sich die Nachbarn versammeln und, nachdem sie manch nachbarliche Angelegenheit besprochen, ein kleines Fest geben. An dem Tage dieses Festes ziehen die Kinder in die Nachbarschaft Eier sammelnd herum, die sie in einem mit Feldblumen geschmückten Korb auf Blätter legen und sich Abends zu einem eigenen Feste backen lassen; bei ihrem Einsammeln singen sie.« Eine schöne alte Sitte des Johannistages ist es, sich mit den Nachbarn zu treffen, wobei niemand fehlen darf. Neue Mitglieder werden in die Gemeinschaft aufgenommen, Streitigkeiten beigelegt und Ämter vergeben, man isst und trinkt, tanzt und feiert gemeinsam.

Der Holunder

Der Holunderstrauch galt in alter Zeit als »Hausapotheke« und wer ihm mutwillig Schaden zufügte, dem drohte Unheil und Tod. Wenn beim Haus ein Holunderstrauch verdorrte, deutete man dies als Omen, dass bald ein Bewohner sterben würde. Man hielt den Holunder außerdem für die Wohnstätte der guten Hausgeister und für eine Hexen abwehrende Pflanze. Aber man brachte ihn auch mit ganz anderen Dingen in Verbindung. So hieß es im Thüringer Wald: »Auf Johannis blüht der Holler, da wird die Liebe noch toller.«

Da man das Wasser an diesem Tag nicht nur für heilkräftig, sondern auch für besonders gefährlich hielt, wurden den Flüssen früher Opfer gebracht, ein Hahn, ein Laib Brot oder Kinderkleider. Weit verbreitet war auch die Vorstellung, dass der heilige Johannes drei Opfer fordere: eines im Wasser, eines auf der Erde und eines in der Luft.

Mit der Bedeutung des Wassers ist vielleicht auch der Brauch zu erklären, an Johanni Brennnessel-Pfannkuchen zu essen, denn Brennnesseln galten als wirksames Mittel gegen Nixenzauber. Ein typisches Gebäck des Johannistages sind außerdem Hollerküchlein, da der Holunder an diesen Datum ganz besonders wirkungsvoll sein soll und der Verzehr der Küchlein das ganze Jahr vor Krankheit schütze. Außerdem bereitete man wie an anderen Festtagen an Johanni Speisen mit neun verschiedenen Kräutern wie Bärlapp, Mohn, Kornblumen, Beifuß oder Farnkraut zu. Wie die Sieben ist die Neun eine Zahl, der früher große Zauberkraft zugeschrieben wurde.

Früher wurden an Johanni zahlreiche Kräuter gesammelt, um aus ihnen Segen bringende Kränze zu winden – eine Überlieferung aus germanischer Zeit. Diese Kränze sollten ihre Besitzer wiederum vor Krankheiten und vor allen möglichen anderen Übeln, das Haus vor Feuer, Wetterunbilden und Hexen schützen. Bisweilen flocht man Kränze aus Johanniskraut und ähnlichen Pflanzen und ließ sie in der Kirche weihen. In manchen Gegenden galt der Sommersonnwendtag als Tag der Toten und man schmückte mit den gewundenen Kränzen die Gräber. Damit die Kräuter aber wirklich wirkten, durfte man sie nicht mit bloßen Händen pflücken und am besten nur mittags oder um Mitternacht. Wichtig war, dass man es schweigend tat und keiner Menschenseele begegnete. Alraunwurzeln, die in der Johannisnacht ausgegraben wurden, galten als Glücksbringer.

Einige Pflanzen sind sogar nach Johannes benannt, wie das Johanniskraut, obwohl dieser Name manchmal auch für verschiedene andere Blumen verwendet wird, die an Johanni blühen, wie Arnika oder Beifuß. Das eigentliche Johanniskraut, das seine leuchtend gelben Blüten um die Sonnenwende öffnet, besitzt einen seltsamen roten Saft, der früher Johannisblut hieß und für Liebeszauber und als Abwehrmittel gegen böse Geister verwendet wurde. Dieses Johannisblut sammelten Frauen am Abend vor Johanni, wobei sie auch den Blütensaft verschiedener anderer Kräuter hinzunahmen, und bewahrten es zu Hause sorgfältig auf.

Johannisbeere

Man benutzte das Johanniskraut vor allem zur Behandlung von offenen Wunden, Blutungen, Wahnsinn, Bettnässen, Durchfall, Magen- und Leberleiden, aber auch gegen Pest und andere ansteckende Krankheiten. Schon Paracelsus und Hildegard von Bingen priesen die Heilkraft des Johanniskrauts und selbst in der heutigen Pflanzenheilkunde findet es noch vielfältige Anwendung u. a. bei Schlaflosigkeit, Blutarmut, Verschleimung, Krämpfen oder Gelbsucht. Weithin anerkannt ist in der Medizin seine Wirkung gegen Depressionen.

Johanniskrautblüten, am besten in der Nacht vor Johanni gepflückt und an Fenster oder Dachbalken gesteckt, sollten früher vor Blitzschlag, Tollwut und Geistern schützen. In der Eifel warf man einen Kranz aus blühendem Johanniskraut auf das Hausdach.

Johannisbeere und Johannisbrot tragen ihre Namen, weil sie angeblich von dem Heiligen gesegnet und gegessen wurden. Die Schwarze Johannisbeere ist als Hausmittel gegen Gicht bekannt, die man früher oft durch eine Berührung mit ihren Zweigen behandelte. Voraussetzung für ihre Wirksamkeit war allerdings, dass die Zweige von einer nackten Jungfrau gestohlen wurden.

Zahlreiche Krankheiten sollen sich dem Volksglauben nach außerdem heilen lassen, wenn man am Johannistag durch gespaltene Bäume kriecht oder in drei Bächen badet. Gras, das vor Sonnenaufgang gemäht wird, soll ebenfalls vor Krankheit schützen.

Als Johanniskrankheit bezeichnete man ein epileptisches Leiden, das im 14. und 15. Jahrhundert vornehmlich in der Rheingegend verbreitet war und angeblich erst am Johannistag geheilt werden konnte.

Johanniswürmchen

Auch dieses Tierchen verdankt dem Heiligen seinen Namen. Es handelt sich übrigens keineswegs um einen Wurm, sondern um einen Leuchtkäfer, der ungefähr zu Johanni Paarungszeit hat und zum Auffinden eines Geschlechtspartners Lichtsignale aussendet, die lange die Fantasie der Menschen beschäftigten. So glaubte man früher, dass sie nächtlichen Wanderern den rechten Weg weisen oder zu verborgenen Schätzen führen würden, anderswo hielt man sie für Irrlichter.

Der Volks- und Aberglaube kennt noch viele Bräuche, die sich um den Johannistag angesiedelt haben: Die aus der Heiligenlegende bekannte Johannisschüssel stülpte man an Kopfschmerzen leidenden Menschen über, in weniger schweren Fällen setzte man einem aus Holz geschnitzten geweihten Johannishaupt den Hut des Betroffenen auf, sprach ein Gebet und setzte ihn danach wieder auf den Kopf des Kranken. Mit einem »Johannishaupt« soll man sogar Ertrunkene finden können, da es angeblich an der Stelle auf dem Wasser stehen bleibt, wo der Leichnam versunken ist.

An Johanni können noch mehr wundersame Dinge geschehen: Berge tun sich auf und geben ihre Schätze preis, ein in den Schuh gefallener Samen macht seinen Träger unsichtbar, versunkene Glocken läuten, verwunschene Jungfrauen finden Erlösung und die Sprache der Tiere wird für Menschen verständlich. An diesem Tag Geborene sollen alles sehen können, nach einer anderen Überlieferung wachsen sie zu Werwölfen heran.

Aber die Johannisnacht gilt auch als Unglücks- und so genannte Freinacht (siehe S. 102), in der riesige Dämonen- und Geisterscharen umherziehen. Außerdem sind Hexen unterwegs, und wer einer Hexe begegnet, sollte sich sputen und schleunigst einen Kreuzweg aufsuchen, da sie ihm dort nichts anhaben kann. Nach dem Volksglauben veranstalten die Hexen in dieser Nacht Gelage, bei denen übrigens weder Brot noch Salz serviert wird, da beides als antidämonisches Mittel gilt, durch das Hexen ihre Zauberkraft verlieren. Früher versuchte man sowohl Hexen als auch böse Geister durch das Glockengeläut, das die Gläubigen in der Johannisnacht zum Gottesdienst rief, zu bannen.

Wie zu anderen Wendezeiten wurde an Johanni mit vielerlei Wahrsagebräuchen die Zukunft erforscht. So sollen sich Träume der Johannisnacht erfüllen. Wand man beim Abendläuten einen grünen Kranz, den man unter das Kopfkissen legte, erschien einem der Liebste im Traum. Da der Kranz nicht über die Haustürschwelle getragen werden durfte, zog man ihn an einem Faden durch das Fenster.

Mit Johanni sind auch verschiedene Wetterregeln verbunden. »Vor Johanni bitt um Regen, nachher kommt er ungelegen«, was besagen soll, dass bis zu diesem Tag Regen für das Gedeihen der Ackerpflanzen förderlich ist, sie danach aber zum Reifen der Sonne bedürfen.

»Gautschen« der Buchdruckerlehrlinge in Mainz

Da Johannes auch Namenspatron des berühmten Buchdruckers Gutenberg war, sprach man früher an diesem Tag die Lehrlinge der »schwarzen Kunst« frei und gautschte sie, das heißt, sie wurden auf nasse Schwämme oder ganz einfach in einen Kübel mit Wasser gesetzt und erhielten anschließend den so genannten Gautschbrief. Konnten sie diesen bei späterer Anstellung nicht vorweisen, mussten sie oft eine weitere »Taufe« über sich ergehen lassen. Dieser Brauch wurde 1968 anlässlich des 500. Todestages von Johannes Gutenberg in Mainz neu belebt, wo man nach dem Gautschen der Lehrlinge ein großes Volksfest rund um den Dom eröffnet (siehe S. 153).

Tag der Märtyrer Johannes und Paulus – *26. Juni*

Nach einer Legende aus dem 5. Jahrhundert waren Johannes und Paulus zwei frühchristliche Märtyrer und Palastbeamte der Konstantia, der Tochter Kaiser Konstantins, die enthauptet wurden, weil sie sich weigerten, Julian Apostata zu dienen. In Rom werden sie seit dem 6. Jahrhundert verehrt. Neben anderen Orten beherbergt auch die Bodenseeinsel Reichenau Reliquien der beiden Heiligen. Vor allem in Süddeutschland galten sie früher als Wetterpatrone und finden als solche schon 1150 in der »Kaiserchronik« Konrad des Pfaffen Erwähnung. In manchen Gegenden werden an ihrem Gedächtnistag, dem so genannten »Wetterherrentag«, schwarze Wetterkerzen geweiht. Seit dem 16. Jahrhundert sind Bittprozessionen bekannt, bei denen die Gläubigen Bilder der Märtyrer mit sich führen und um gutes Wetter bitten. Es gibt sogar »Wetterglocken«, die ein Bild von Johannes und Paulus tragen.

Siebenschläfer – *27. Juni*

Dieser Tag verdankt seinen Namen nicht etwa dem Nagetier mit dem immensen Schlafbedürfnis, sondern sieben Heiligen, die einer Legende zufolge während der Christenverfolgungen durch Kaiser Decius im Jahre 251 in einer Höhle Zuflucht nahmen, einschliefen und erst zwei Jahrhunderte später wieder erwachten. Nach einer anderen Überlieferung wurden sie in der Höhle eingemauert und fielen in einen hundertjährigen Schlaf. Aufgrund dieser Darstellung wurden die Siebenschläfer früher als Helfer gegen Schlaflosigkeit angerufen. Nach dem Volksglauben lässt sich Schlaflosigkeit beheben, indem man einen Zettel mit den Namen der Siebenschläfer unter das Kopfkissen legt. Schlafsucht, aber auch Kopfweh soll sich durch am Siebenschläfertag gesammeltes Eisenkraut kurieren lassen. Kinder, die am Siebenschläfertag geboren werden, sterben, so heißt es, noch im ersten Jahr.

Bis heute gilt Siebenschläfer als Wetterprophet. Fällt an diesem Tag Regen, ändert sich das Wetter während der nachfolgenden sieben Wochen nicht.

Peter und Paul – *29. Juni*

Petrus und Paulus sind die beiden großen Apostel und Kirchenfürsten des frühen Christentums. Ihre Lebensgeschichten sind eng miteinander verknüpft. Petrus gilt als Führer der Kirche, Paulus als Lehrer der Völker. Der 29. Juni wurde beiden als Gedächtnistag gewidmet, weil einer Legende nach ihre Gebeine am 29. Juni

258 gemeinsam aus ihren Gräbern genommen wurden. Feiern an diesem Tag sind schon im 4. Jahrhundert belegt.

Petrus, der eigentlich Simon hieß, wurde etwa zur gleichen Zeit wie Christus geboren und lebte zunächst als Fischer in Kafarnaum. Er wurde ein Jünger Jesu und dieser soll zu ihm gesagt haben: »Du bist Petrus, der Fels, und auf diesem Felsen will ich meine Kirche bauen.« In seinem späteren Leben vollbrachte Petrus zahlreiche Wunder und unternahm verschiedene Missionsreisen, die ihn schließlich auch nach Rom führten, wo ihn Kaiser Nero, vermutlich 64 n. Chr., verhaften und kreuzigen ließ.

Der fünf bis zehn Jahre ältere Paulus kam in Tarsus in der heutigen Türkei zur Welt und hieß zunächst Saulus. Er war ein Mann von großer Bildung und ein grausamer Christenverfolger, bis ihm eines Tages auf dem Weg nach Damaskus Christus erschien und er erblindet zu Boden stürzte. Nachdem ihm Anasias, ein Jünger Jesu, das Augenlicht zurückgegeben hatte, war Saulus bekehrt und missionierte als Paulus in zahlreichen Ländern, in denen er Christengemeinden gründete, bis er vermutlich 55 oder 56 n. Chr. in Rom, ebenfalls von Nero, zu Tode verurteilt und enthauptet wurde. Die vierzehn Briefe, die Paulus an seine Gemeinden, u. a. nach Korinth sandte, bilden einen wichtigen Teil des Neuen Testaments. Sie haben ihn auch zum Patron der katholischen Presse gemacht.

Zunächst sollen die beiden Apostel auf einem Friedhof bestattet worden sein, über dem eine dem heiligen Sebastian geweihte Kirche errichtet wurde. Kaiser Konstantin ließ über der späteren Ruhestätte des Petrus eine Basilika erbauen, mit deren Erneuerung Mitte des 15. Jahrhunderts begonnen wurde. Im Jahre 1626 fand dann die Einweihung des bis heute erhaltenen Petersdomes statt, in der die Reliquien des Heiligen beim Hochaltar ruhen sollen. Es gibt aber keine haltbaren Belege dafür, dass es sich bei den 1940 geborgenen Gebeinen tatsächlich um die des Petrus handelt. Über dem vermuteten Grab des Paulus wurde ab dem Jahre 386 in langwieriger Arbeit ebenfalls eine gewaltige Basilika errichtet, die 1823 durch ein Feuer zerstört wurde. Papst Leo XII. ersetzte sie durch ein neues, ebenso gewaltiges Gotteshaus, das bis zum heutigen Tag die zweitgrößte Kirche Roms ist.

Die Bedeutung und große Verehrung der beiden Heiligen kommt allein schon in der Zahl der Feste zum Ausdruck, die die Kirche ihnen zugewiesen hat und in den vielen Gotteshäusern, die ihnen geweiht sind.

Petrus ist Patron der Päpste, aber auch der Netzmacher, Fischer, Fischhändler, Schiffer, Schiffbrüchigen, Büßer, Jungfrauen, Metzger, Brückenbauer, Maurer, Steinhauer, Tuchweber, Töpfer, Schreiner, Schmiede, Schlosser, Bleigießer, Glaser und Uhrmacher, zudem Helfer bei Schlangenbissen, Fieber, Tollwut, Besessenheit und Diebstahl. Sein Attribut ist der Schlüssel.

Paulus wurde zum Schutzheiligen der Theologen und Seelsorger, der Weber, Korbmacher, Sattler und Seiler und wird gegen Schlangenbisse, Ohrenleiden, Angst und Krämpfe angerufen, zudem für Regen und die Fruchtbarkeit der Felder.

Im Brauchtum des Gedenktages der beiden Heiligen finden sich noch zahlreiche Sonnwendbräuche. So wurden in Schwaben, im Fichtelgebirge und vor allem entlang des Rheins am Vorabend des Tages Petersfeuer abgebrannt, mit denen sich ähnliche Sitten wie mit anderen Jahresfeuern verbanden.

Der Tag selbst gilt als Unglückstag, da die Heiligen angeblich Menschenopfer fordern, z. B. durch Ertrinken oder Blitzschlag. Dem 29. Juni werden häufige Unwetter zugeschrieben und vor allem im Freien aufgehängte Wäsche soll Blitzschlag anziehen. Fällt an Peter und Paul Regen, werden nach dem Volksglauben die Getreide rostig und die Nüsse taub.

In Küstengegenden zogen die Menschen an Peter und Paul früher zum Meer, das vom Pfarrer von einem Boot aus gesegnet wurde. Dem Boot, in dem sich auch ein Bild des heiligen Petrus befand, folgten die festlich geschmückten Schiffe der Fischer. Der Pfarrer erhielt oft den größten der an diesem Tag beim so genannten Petrizug gefangenen Fische.

Veranstaltungstipps

Annaberger Kät

Nachdem 1519 im sächsischen Annaberg Friedhof und Kirche der heiligen Dreieinigkeit (Trinitatis) geweiht worden waren, unternahmen schon im folgenden Jahr die Bewohner der Stadt und Umgebung an Trinitatis eine Wallfahrt zur Kirche, wo sich in der Folgezeit bald auch Händler und Gaukler einfanden. Mit der Reformation entwickelte sich die Kät dann immer mehr zum Volksfest, dessen Beginn nach dem Zweiten Weltkrieg auf den Samstag nach Trinitatis verlegt wurde. Sie dauert heute neun Tage und endet mit einem großen Feuerwerk. Die Bezeichnung Kät ist übrigens eine mundartliche Verschleifung der Silbe -keit von Dreieinigkeit.

Brunnenfest in Bad Berka

Im Jahr 1888 feierten die Bürger der thüringischen Stadt Bad Berka um den Bereich des heutigen Goethebrunnens das erste offizielle Brunnenfest, ein Trachten- und Bauernfest, an dessen Umzügen seit jeher auch die Kurgäste teilnahmen. Heute findet neben dem Umzug am Sonntagnachmittag während des ganzen zweiten Juniwochenendes ein historischer Markt mit Töpfern, Korbmachern und Spinnerinnen der Region und ein neuzeitlicher Markt statt.

Köpenicker Sommer in Berlin

Zu den wenigen traditionellen Volksfesten Berlins gehört der »Köpenicker Sommer«. Er geht auf den so genannten Grenzenzug von 1451 zurück, mit dem der Besitz von Grund und Boden bestätigt, Eigentumsverletzungen geahndet und neue Bürger mit den Ordnungsgeboten der Stadt vertraut gemacht wurden. Im Anschluss veranstaltete man ein Fest, aus dem im Laufe der Zeit ein Volksfest entstand, das mit Unterbrechungen bis 1874 stattfand. 1961 nahm man die Tradition wieder auf und heute feiert man während drei Tagen am dritten Juniwochenende mit zahlreichen kulturellen Veranstaltungen, einem Handwerkermarkt und traditionellen Schaustellern. Am Samstagvormittag geht ein Festumzug durch die Straßen, dessen prominenteste Figur natürlich der Hauptmann von Köpenick ist.

Bernauer Hussitenfestspiele

Nachdem die Bewohner des brandenburgischen Bernau ihre Stadt 1432 erfolgreich gegen die belagernden Hussiten verteidigt hatten, gelobten sie »in Ewigkeit das heilige Osterfest mit einer feierlichen Prozession« zu begehen. Aus der Osterprozession wurde ein Volksfest im Juni, dessen Höhepunkt ein historischer Umzug am Samstag ist, der Szenen aus der Stadtgeschichte bis ins 20. Jahrhundert zeigt. Anschließend geht es auf der Festwiese bis Sonntagabend mit mittelalterlichen Spielen, Märchenerzählern, einer Hexenverbrennung und Musik weiter.

Vegesacker Hafenfest in Bremen

Seit über zwanzig Jahren findet in Bremens Stadtteil Vegesack, wo man den ersten künstlichen Hafen Deutschlands baute, im Juni für zehn Tage am Monatsanfang ein Hafenfest statt. Zahlreiche Schiffe liegen dann dort vor Anker, die zur Besichtigung und zur Mitfahrt einladen. Auch Vegesacks Traditionswerft, in der bis heute ausschließlich Holzschiffe gebaut werden, ist an der Gestaltung des Festes beteiligt. Außerdem kann man auf einem Markt traditionell arbeitenden Handwerkern zuschauen, die Knüpftechnik von Fischerknoten erlernen,

Shanti-Chören lauschen und neben anderen Fischen vor allem Heringsspezialitäten probieren, da Vegesack einmal die größte deutsche Heringsfangflotte besaß.

Brettener Peter-und-Paul-Fest

Am Wochenende um Peter und Paul (29.6.) feiert die Stadt Bretten bei Stuttgart mit einem Fest die glückliche Errettung der Stadt von der Belagerung durch Herzog Ulrich von Württemberg am Peter-und-Paulstag im Jahre 1504. Daher sind bei dem großen Festumzug neben Trachtenkapellen, Volkstanzgruppen und Spielmannszügen vor allem auch Szenen aus der Geschichte Brettens zu sehen. Daneben findet ein umfangreiches Festprogramm mit einem Volksschauspiel und Vorführungen einzelner Gruppen statt.

Schnadegang und Schützenfest in Brilon

Alle zwei Jahre schreiten die Bewohner der nordrhein-westfälischen Stadt Brilon Ende Juni beim Schnadegang die Grenzen ihrer Gemarkung ab. Dieser Gang geht auf einen Brauch aus dem Jahr 1388 zurück, mit dem man Neubürgern durch das so genannte »Stutzäsen« die Grenzen zeigte. Noch heute finden sich am frühen Morgen auf dem Marktplatz mehrere tausend Männer ein, die in einem langen Zug die Stadtgrenzen abgehen, wobei Neulinge mit ihrem Allerwertesten dreimal gegen jeden Grenzstein gestoßen werden. Zur gleichen Zeit feiert Brilon auch sein Schützenfest, in dessen Rahmen ein Vergnügungspark, ein Umzug und ein Vogelschießen stattfinden.

Dresdner Elbhangfest

Noch jung ist das Dresdner Elbhangfest, das seit 1991 am letzten Juniwochenende gefeiert wird. Seinen Auftakt nimmt es am Samstagmorgen mit Trompetensignalen, Chormusik und einer Festansprache. Anschließend bewegt sich ein Festumzug von Loschwitz nach Pillnitz, an deren Spitze August der Starke mit seinem Hofstaat schreitet. Während des gesamten Wochenendes werden auf der über acht Kilometer langen Feststrecke zahllose Veranstaltungen von musikalischen und folkloristischen Darbietungen bis hin zu Märkten geboten.

Krämerbrückenfest in Erfurt

Seit 1975 feiert die Stadt Erfurt das größte Altstadtfest Thüringens, das schon deshalb einen besonderen Reiz hat, weil es rund um die 1325 erbaute Krämerbrücke über die Gerafurt stattfindet, die die einzige vollständig mit Häusern bebaute Brücke nördlich der Alpen ist. In den umliegenden Gassen und auf zahlreichen Plätzen sind am dritten Wochenende im Juni Straßentheater, musikalische Darbietungen, Kleinkunst, ein Mittelaltermarkt, Gaukler, Spielszenen und seit einigen Jahren ein Drehorgelfestival zu sehen und zu hören. Thüringer Handwerker präsentieren ihre Erzeugnisse und natürlich gibt es jede Menge kulinarischer Köstlichkeiten.

Krämerbrücke in Erfurt. Die längste mit Häusern bebaute Brückenstraße Europas

Lamboyfest in Hanau

Wenn die Hanauer heute ihr Lamboyfest feiern, ist nur noch wenig von dem historischen Anlass dieses Festes zu spüren, das seinen Namen dem Grafen Lamboy verdankt, der während des Dreißigjährigen Krieges die hessische Stadt neun Monate lang belagerte, in denen sie unter Pest und Hunger litt. Nachdem Wilhelm V., Landgraf von Hessen ihn am 13. Juni 1636 vertrieben hatte, wurde an diesem Datum ein Buß- und Bettag eingeführt, der jedoch ab Ende des 18. Jahrhunderts immer mehr den Charakter eines Volksfestes annahm, als das er heute noch gefeiert wird.

Landshuter Fürstenhochzeit

Alle vier Jahre wird die bayrische Stadt Landshut einen ganzen Monat lang in das Jahr 1475 zurückversetzt, in dem Georg, Sohn Herzog Ludwigs des Reichen, in einem der glanzvollsten Feste der Spätgotik die polnische Königstochter Hedwig zur Frau nahm. In seiner heutigen Form entstand das Fest 1903. Den Auftakt macht ein Festspiel im Prunksaal des historischen Rathauses, dem ein Tanzspiel und die Aufführung von Stücken und Tänzen aus der Zeit um 1475 folgen. An allen Sonntagen führt dann der Hochzeitszug durch die Stadt bis zum Turnierplatz, wo anschließend Reiter- und Ritterspiele stattfinden. Außerdem wird an den wöchentlichen Hauptfesttagen (Freitag, Samstag, Sonntag) auf dem Turnierplatz Lagerleben und mittelalterliches Treiben geboten.

Mainzer Johannisnacht

Anlass für die Entstehung des Festes, das um den 24. Juni gefeiert wird, war der 500. Todestag Johannes Gutenbergs im Jahr 1968. Zu seinen festen Bestandteilen gehört das »Gautschen« der Buchdruckerlehrlinge auf dem Gutenbergplatz, wo sie nach Ablegen ihrer Prüfung mit großem Spektakel in riesige Wasserbottiche getaucht werden. Danach wird auf kleinen Plätzen rund um den Dom und an der Rheinpromenade gefeiert. Am Sonntagnachmittag findet ein Fischerstechen auf dem Rhein statt, am Montag klingt das Fest mit einem Feuerwerk am Rheinufer aus.

Mindelheimer Frundsbergfest

Georg von Frundsberg (1473–1528) war unter Maximilian I. und Karl V. Feldhauptmann in der kaiserlichen Armee und »Vater der Landsknechte«. 1853 feierte man im bayrischen Mindelheim erstmals ihm zu Ehren ein Fest, das heute alle drei Jahre Ende Juni/Anfang Juli stattfindet. Die Stadt wird dann eine Woche lang in alte Zeiten zurückversetzt, während der Ritter, Burgfräulein, Handwerker und Gaukler Straßen und Gassen bevölkern. Auf dem Marktplatz wird ein historischer Markt abgehalten, ein Freilichtspiel erzählt die Lebensgeschichte Frundsbergs und an beiden Sonntagen der Veranstaltungswoche gehen große Festumzüge durch die Stadt.

Hussiten-Kirschfest in Naumburg

Am letzten Wochenende im Juni feiert Naumburg in Sachsen-Anhalt sein seit 1526 belegtes Kirschfest. Es soll an die glückliche Rettung der Stadt durch ihre Kinder erinnern, die der Sage nach durch ihre Fürbitte beim feindlichen Anführer verhinderten, dass Naumburg von den Hussiten in Schutt und Asche gelegt wurde. Sie sollen sein Herz sogar dermaßen gerührt haben, dass er sie mit Kirschen beschenkte. Den Höhepunkt des fünftägigen Kirschfestes bildet ein historischer Festumzug durch die Altstadt. Eine weitere Attraktion der Veranstaltung ist das Hussiten-Lager.

Pellkartoffeltafel in Nienburg

Liebhaber des Matjesherings – und nicht nur sie – werden vielleicht Vergnügen an der Pellkartoffeltafel finden, die seit mehr als einem Jahrzehnt an einem

Juniwochenende auf 500 Meter Länge inmitten der geschmückten Altstadt der niedersächsischen Stadt aufgebaut wird und eigentlich auf das über sechshundert Jahre alte Scheibenschießen zurückgeht. Durchschnittlich werden an den fein gedeckten Tischen jedes Jahr 3500 Pfund Pellkartoffeln und 15 000 Matjesfilets serviert. Musikalische Unterhaltung bieten sieben Bühnen.

Störtebeker-Festspiele in Ralswiek

Der Seeräuber Klaus Störtebeker galt als Freund der Armen und überfiel vorzugsweise voll beladene Schiffe der Hanse. Dabei war er so gerissen, dass es 1398 nicht einmal einer Armada aus vierundachtzig Schiffen gelang, den Freibeuter dingfest zu machen. Erst 1401 wurden die Verfolger durch Verrat seiner habhaft und richteten ihn in Hamburg hin. Im Jahre 1958 beschloss man in der damaligen DDR die »Ballade um Klaus Störtebeker« aufzuführen. Heute kommen zwischen Ende Juni und Anfang September viele tausend Menschen zu der gewaltigen Naturbühne von Ralswiek auf Rügen, um die Abenteuer des Klaus Störtebeker mitzuerleben.

Wiesenblütenfest mit Kuhaustrieb in St. Andreasberg

Im Jahr 1914 begann man im niedersächsischen St. Andreasberg den Austrieb der Kühe mit Kaffee, Kuchen und Bier zu feiern. Heute ist daraus ein dreitägiges Volksfest geworden, das von zahlreichen Veranstaltungen umrahmt wird.

»Winnetou« Gojko Mitic, 2000 zum neunten Mal bei den Karl-May-Festspielen

Karl-May-Spiele in Bad Segeberg

Alljährlich von Ende Juni bis Ende August finden in Bad Segeberg die Karl-May-Festspiele statt. Auch wenn Rothäute und Cowboys wenig mit deutschem Brauchtum zu tun haben, ist es doch längst zur Tradition geworden, dass Winnetou während des Sommers über die Prärien Schleswig-Holsteins reitet.

Auszugsfest der Torgauer Geharnischten

Urkundlich belegt ist die geharnischte Bürgerwehr im sächsischen Torgau erstmals 1344. Im 16. Jahrhundert erhielt sie nach einem »Kampf«, der auf Intervention Luthers und des hessischen Landgrafen Philipp allerdings niemals stattfand, das Recht, ein Erinnerungsfest an dieses Ereignis zu feiern. Im Laufe der Jahrhunderte entwickelte es sich zu einem großen Volksfest, das in den Wirren des Zweiten Weltkrieges und in der Folgezeit unterging. Erst 1990 begann man mit der Wende die Tradition des Auszugsfestes neu zu beleben, das heute im zweijährigen Rhythmus gefeiert wird.

Vineta-Festspiele auf Usedom

Der Legende zufolge war Vineta einmal die wohlhabendste und prächtigste Stadt der Welt, ehe den Bewohnern ihr Reichtum zu Kopf stieg und sie hochmütig und gottlos wurden. Und so lebten sie wie in Sodom und Gomorrha, bis Gottes strafende Hand ihnen über Nacht eine schreckliche Sturmflut schickte, die die Stadt mit Mann und Maus verschlang. Jetzt soll sie vor Usedom auf dem Meeresgrund liegen, wo man sie auf der dortigen Freilichtbühne zwischen Juni und September wieder aus den Fluten aufsteigen lässt.

Domweih in Verden an der Aller

Die Domweih im niedersächsischen Verden geht auf die Verleihung der Markt-, Münz- und Zollrechte an den Verdener Bischof Erpo im Jahre 985 zurück, durch die einer der ältesten Märkte Deutschlands entstand. Heute dauert das Domweihfest sechs Tage und beginnt am Samstag vor dem ersten Junimontag mit einem großen Festumzug. Angeführt wird er vom Herold des Königs, der die Marktrechte überbringt. Danach findet sechs Tage lang ein großes Volksfest mit Vergnügungspark statt, das am Donnerstag um Mitternacht mit dem Versenken des Domweihsarges in der Aller endet.

Orgelfest in Waldkirch

Wenn der kleine Ort Waldkirch im Breisgau alle drei Jahre Anfang Juni zum Orgelfest einlädt, ist keine Kirchenmusik zu erwarten. Waldkirch war immer schon Stadt des Drehorgelbaus und neunzig Prozent aller Dreh- und Jahrmarktsorgeln in aller Welt sollen von dort stammen. Noch heute gibt es vier Orgelwerkstätten. Zu dem nostalgischen Riesenfest reisen Drehorgelspieler aus Ländern wie Japan, den USA oder England mit ihren Orgeln an und lassen im Zentrum der Stadt über hundert Instrumente erklingen, unter denen sich auch Großorgeln befinden. Zum sechsten Orgelfest im Jahre 1999 überschwemmten bereits fünfzigtausend Besucher die Stadt, die selbst nur zwanzigtausend Einwohner hat.

Luthers Hochzeit in Wittenberg

Am zweiten Wochenende im Juni erwacht der große Reformator Martin Luther in Wittenberg, Sachsen-Anhalt, wieder zum Leben, um noch einmal wie im Jahre 1525 die ehemalige Nonne Katharina von Bora zu heiraten. Das Volksfest der Wittenberger beginnt am Freitag mit einem Konzert in der Stadtkirche und dem Fassanstich. Am Samstag geht dann der historische Festzug »Luthers Hochzeit« vom Lutherhof über den Markt zum Schlossplatz, wo der Hochzeitsschmaus stattfindet. Rund um das Fest finden noch viele andere Veranstaltungen unterschiedlichster Art statt. Ein weiterer Höhepunkt ist der mittelalterliche Markt im Hof des Wittenberger Schlosses.

Brunnenfest in Wunsiedel

Um Johannis (24.6.) schmücken die Bürger des bayrischen Wunsiedel die beinahe zwanzig Brunnen ihrer Stadt mit prächtigen Blumengebinden. Anschließend ziehen sie zu den mit Kerzen und Lampions erleuchteten Brunnen und singen Volkslieder. Dieser Brauch geht auf eine Legende aus dem Jahr 1766 zurück, nach der während des trockenen, heißen Sommers alle Röhrenbrunnen der Stadt versiegten, am Johannistag aber plötzlich wieder zu sprudeln begannen. Vermutlich steht er jedoch mit der alljährlichen Brunnenreinigung in Zusammenhang. Mit dem Bau öffentlicher Wasserleitungen kam er Mitte des 18. Jahrhunderts zum Erliegen. Im 19. Jahrhundert wurde er wieder aufgenommen.

Juli

Mit der Kalenderreform des Julius Cäsar (siehe S. 16f.) wurde der Juli endgültig zum siebten Monat des Jahres und 45. v. Chr. zu Ehren des großen römischen Staatsmannes Iulius genannt. Vor der Reform war er der fünfte Monat im Jahreslauf und hieß nach dem lateinischen Wort *quintus* einfach der Fünfte, *Quintilis*. Im deutschsprachigen Raum war er auch als Heumonat, Hundsmonat, Bärenmonat oder Honigmonat bekannt. Die Imker nannten ihn außerdem Lindenmonat, weil die dann blühenden Linden den feinsten Honig lieferten.

Die Haupterntezeit der Erdbeeren und Kirschen fällt in den Juli, was in manchen Orten mit Festen verbunden ist. Andere im Juli stattfindende Feste sind häufig Heimat- und Kinderfeste, die zum Teil erst in den letzten Jahrzehnten zur Stärkung des Heimatgefühls entstanden sind, aber auch andere, ganz unterschiedliche Wurzeln haben wie beispielsweise mittelalterliche Schülerfeste. Daneben gibt es eine nicht geringe Anzahl von Fischerfesten, deren Höhepunkt jeweils ein Fischerstechen ist.

Im Juli erscheint der Hundsstern oder Sirius am Himmel und leitet die heißeste Zeit des Jahres ein. Schon in der Antike sprach man von den »Hundstagen«, weil man im alten Griechenland die Schuld an den Folgen der Hitze wie Dürre und Seuchen hundeähnlichen Dämonen gab. Auch bei den Römern wurden diese Tage als gefahrvoll und schädlich für Menschen, Tiere und Felder angesehen. Das Wasser

Fischerstechen

Im Zentrum der Fischerstechen, die hauptsächlich im Juli und August in verschiedenen Städten Deutschlands ausgetragen werden, stehen Wettkampfspiele. Sie gingen aus spätmittelalterlichen Bürger- und Zunftturnieren hervor und fanden häufig zur Fastnachtszeit statt. Später wurden sie in verschiedene andere Feste, wie Kirchweihfeiern, einbezogen. Die alte Tradition bezeugen jedoch noch Relikte, wie etwa die Figur des Narren, der in Ulm das Fischerstechen eröffnet *(siehe S. 174)**.*
Der Wettkampf wird auf einem Fluss oder See ausgefochten, wo jeweils zwei Stecher, die auf Plattformen in ihren Booten stehen, über mehrere Runden hinweg mit langen Lanzen versuchen einander ins Wasser zu stoßen. Umrahmt werden die Stechen oft von historischen Tänzen, Umzügen und anderen Veranstaltungen.

galt als giftig, man sollte es weder trinken noch darin baden, Letzteres vor allem nicht an Maria Magdalena, Jakobi oder Laurentius. Selbst Regenwasser hielt man für gefährlich. Tatsächlich waren diese Sitten kein reiner Aberglaube, sondern hatten einen durchaus realen Hintergrund. Beim Trinkwasser bestand in südlicheren Breiten infolge der hohen Temperaturen akute Verseuchungsgefahr und Badende konnten leicht durch Überhitzung sterben. Steine, die während der Hundstage aus den Flüssen hervortraten, nannte man Hungersteine, denn im Volksmund hieß es: »Wenn du sie siehst, dann kannst du weinen«, denn sie künden Trockenheit, Dürre, eine schlechte Ernte und deshalb Hungersnot an.

Lostage
Als Lostage bezeichnet man insbesondere jene Tage des Jahres, von denen man früher glaubte, anhand von Himmel und Witterung Prognosen für das zukünftige Wetter stellen zu können. Schriftlich niedergelegt wurden sie in der »Bauernpraktik«, die zwischen 1508 und 1854 immer wieder bearbeitet und neu aufgelegt wurde. Lostage galten aber auch als günstig für Zauber und Orakel.

Die Hundstage wurden früher ganz allgemein als Unglückszeit betrachtet und in Rom glaubte man, dass in dieser Zeit Geborene unter einem unseligen Stern standen. Auch eine Heirat während der Hundstage musste unweigerlich zu einer unglücklichen Ehe führen.

Außerdem galten die Hundstage als Lostage für das Wetter. So sagte man: »Hundstage hell und klar, zeigen an ein gutes Jahr«. Trübes, bewölktes Wetter prophezeite nach dem Volksglauben hingegen eine bevorstehende Seuche. Ein weiterer Lostag ist der 10. Juli, die Siebenbrüder. Wenn es an diesem Tag regnet, soll das Wetter sieben Wochen lang schlecht bleiben.

Mariä Heimsuchung – *2. Juli*

Das Fest Mariä Heimsuchung wurde 1263 aufgrund der Fürsprache der Franziskaner in deren Festkalender aufgenommen und schließlich 1570 für die gesamte Kirche als Feiertag eingeführt. Es erinnert an den Tag, an dem Maria sich über das Gebirge aufmachte, um ihre Base Elisabeth zu besuchen, die mit Johannes dem Täufer schwanger war. Im heute gültigen römischen Festkalender wurde der Gedenktag auf den 31. Mai verlegt, die evangelische und die deutsche katholische Kirche hielten jedoch am 2. Juli fest.

Früher begann man oft an diesem Tag mit der Erdbeerernte, denn die Legende erzählt, dass Maria auf ihrem Weg zu Elisabeth durstig wurde, aber nirgendwo einen Bach oder eine Quelle fand. Da beugte sie sich über eine Erdbeerpflanze und bat sie, ihre Früchte schnell reifen zu lassen, was tatsächlich geschah. Diese Legende machte Maria denn wohl auch zur Beschützerin der Gärtner und Obstbauern.

Aus der Begegnung der beiden werdenden Mütter entstand offenbar der

Brauch, dass kinderlose und schwangere Frauen an Mariä Heimsuchung in der Kirche für eine baldige Schwangerschaft und leichte Geburt beteten. Außerdem schnitt man an dem Tag Haselzweige, die man zum Schutz vor Gewittern an die Fenster steckte, denn Maria hatte einmal unter einem Haselstrauch Schutz gesucht. Schon den Germanen galt der Hasel als blitzsicher, und lange wurden seine Zweige als Wünschelruten oder Lebensruten (siehe S. 88) verwendet, die Kraft und Gesundheit spenden sollten. Wanderer sollte der Hasel vor bösen Geistern, Vampiren und Unglück bewahren. Haselnüsse galten als Liebeszeichen und Symbol der Fruchtbarkeit, und wenn die Haselsträucher im Herbst reiche Ernte trugen, bedeutete dies im folgenden Jahr ebenso reichen wie unehelichen Kindersegen. Schlangen, so hieß es, könne man schon durch eine leichte Berührung mit einer Haselgerte töten. An Mariä Heimsuchung sammelte man auch die ersten Kräuter, mit denen man im Winter das Haus ausräucherte, um sich vor Hexen und Kobolden zu schützen.

Rutengänger. Aus Abbé de Vallemont, La physique occulte

Eine von der modernen Meteorologie tatsächlich untermauerte alte Wetterregel lautet: »Mariä Heimsuch' wird's bestellt, wie's Wetter vierzig Tage hält.« Um diese Zeit entscheidet sich, ob der Sommer in Mitteleuropa regenreich wird. Den Imkern verheißt schönes Wetter an »Heimsuchung« ein gutes Honigjahr.

Ulrichstag – *4. Juli*

Ulrich, einmal der größte deutsche Bischof genannt, wurde 890 als Sohn des alemannischen Adelsgeschlechts der Hupaldinger vermutlich in Augsburg geboren, in Sankt Gallen erzogen und 923 dreiunddreißigjährig zum Bischof von Augsburg ernannt. Während der folgenden Jahre war er immer wieder in die Kämpfe mit den einfallenden Ungarn involviert und errichtete von ihnen zerstörte Klöster und Dörfer seines Gebietes neu. Im Jahre 955 soll er dann entscheidenden Anteil am Sieg Ottos des Großen auf dem Lechfeld über die Ungarn gehabt haben. Der Legende zufolge griff er dabei selbst zum Schwert und ein Engel reichte ihm das »crux victorialis«, das Siegeskreuz, das später Ulrichskreuz genannt wurde. Einige Jahre danach wandte sich Ulrich ganz seinen seelsorgerischen Aufgaben zu. Aufgrund seiner Wohltätigkeit und Herzensgüte verehrten die Menschen ihn bereits zu Lebzeiten wie einen Heiligen. Fünfzig Jahre wirkte Ulrich als Bischof, ehe er am 4. Juli 973 starb. Schon zwanzig Jahre später wurde er von Papst Johannes XV. heilig gesprochen.

Ulrich ist Patron der Stadt und des Bistums Augsburg und Schutzheiliger der Fischer, Weber, Winzer, Wanderer, Reisenden und Sterbenden sowie Helfer bei schwerer Geburt, Wassergefahren, Ratten- und Mäuseplagen und auch bei Fieber. Seine Attribute sind Kreuz, Fisch und Engel.

In manchen Gegenden waren mit dem Ulrichstag noch Sonnwendbräuche verbunden und am Vorabend wurden Feuer entzündet. Bekannt sind auch die so genannten Ulrichsbrunnen, die aufgrund der Fürbitte des Heiligen entstanden sein sollen und deren Wasser angeblich heilkräftig ist. Früher war es an seinem Tag an manchen Orten üblich, zur Ulrichsminne (siehe auch Johannesminne, S. 264) zusammenzukommen, die besonders in Schwaben als Mittel gegen vielerlei Übel galt. Erde vom Grab des Bischofs sollte gegen Ratten und Mäuse helfen. Am 4. Juli findet im oberbayrischen Steingaden, dessen Patron der Heilige ist, der Ulrichsritt statt, der auf ein Gelöbnis aus der Pestzeit zurückgeht.

Kilianstag – *8. Juli*

Der heilige Kilian wurde vermutlich um 640 im irischen Mullagh geboren und später von Rom nach Thüringen und in das fränkische Ostreich entsandt, um mit dem Priester Kolonat und dem Diakon Totnan das Christentum zu verbreiten. Sein wichtigster Wirkungskreis scheint im Gebiet um Augsburg gelegen zu haben. Der Legende nach taufte er dort auch Herzog Gozbert. Nachdem er sich jedoch in dessen Eheangelegenheiten eingemischt hatte, ließ ihn Gozberts Frau Gailana im Jahre 689 in Abwesenheit des Herzogs umbringen.

Kilian ist heute Patron der Diözese Würzburg und Frankens und Schutzheiliger der Weißbinder und Tüncher. Zudem wird er bei Rheuma, Gicht und Augenkrankheiten angerufen. Seine Attribute sind Dolch und Palme. Seit 1926 wird in Würzburg um den Gedenktag des Bischofs das Kilianifest gefeiert (siehe S. 176).

Margaretha – *20. Juli*

Um die heilige Margaretha, die Ende des 3. Jahrhunderts in Antiochien lebte, ranken sich verschiedene Legenden. Eine erzählt, dass der damalige Statthalter Olybrius in Liebe zu der schönen Christin entbrannte, als er sie beim Schafe hüten sah. Doch als sie nicht nur seinen Heiratsantrag ablehnte, sondern sich darüber hinaus auch noch weigerte, dem Christenglauben zu entsagen, habe Olybrius sie mit eisernen Kämmen reißen, geißeln, ins Gefängnis werfen und, da ihre Wunden angeblich schon am folgenden Tag wieder geheilt waren, auf einem öffentlichen Platz enthaupten lassen.

Margaretha ist Schutzheilige der Jungfrauen, Mädchen, Ehefrauen und Gebärenden und wird bei Unfruchtbarkeit angerufen. Ihre Attribute sind Drache, Krone, Kreuzstab und Palme. Sie gehört zu den vierzehn Nothelfern (siehe S. 241) und ist neben Barbara und Katharina eine der »Heiligen Drei Jungfrauen«.

Das Patronat Margarethas über Wöchnerinnen und Schwangere kam angeblich durch eine andere Version der Legende zustande, der zufolge ein Drache die Jungfrau verschlang, aber platzte, nachdem sie in seinem Bauch ein Kreuzzeichen gemacht hatte, sodass sie ihm unversehrt entsteigen konnte. Gebärenden wurde früher ein so genannter Margarethengürtel angelegt und bei starken Wehen opferten die Frauen der Heiligen Kerzen, deren Länge ihrem eigenen Leibesumfang entsprach. In manchen Gegenden wurden die Reste der abgetrockneten Nabelschnur sechs Wochen alter Kinder in einer Margarethenkapelle geopfert.

Der 20. Juli war ebenfalls ein wichtiger Lostag. Allgemein galt er zwar als Regentag, herrschte aber gutes Wetter, begann man mit der Ernte. Davon zeugt auch der entsprechende Eintrag im Bauernkalender: »Die erste Birn bringt Margaret, drauf überall die Ernt' angeht«. Auch als »erste Schnitterin« ist Margaretha bekannt. Da sie übrigens an ihrem Festtag die Fliegen freilässt, sollte man seine Fenster und Türen geschlossen halten.

Tag der heiligen Maria Magdalena – *22. Juli*

Maria Magdalena – oder Maria aus dem Dorf Magdala – gehörte der Überlieferung nach zu den Frauen, die Jesus offenbar mit ihrem Vermögen unterstützten und ihm treu ergeben folgten. Über ihr Leben ist wenig bekannt. Einer Legende zufolge ging sie nach dem Tod Christi gemeinsam mit Martha und Lazarus, die fälscherlicherweise oft als ihre Geschwister bezeichnet werden, nach Südfrankreich, um das Evangelium zu verkünden. Nach einer anderen Überlieferung lebte sie dort als Einsiedlerin und soll Mitte des 1. Jahrhunderts gestorben sein. Heute noch wird sie in Südfrankreich am stärksten verehrt. Nachdem man ihr in Lübeck den Sieg in einer Schlacht gegen die Dänen im Jahre 1227 zugeschrieben hatte, genoss sie auch dort eine Zeit lang große Verehrung.

Maria Magdalena ist Patronin der Magdalenerinnen, aller Frauen, Büßerinnen, Verführten, Gärtner, Weinhändler, Winzer und Friseure und gilt als Befreierin von Gefangenen. Sie wird gegen Ungeziefer und Augenleiden angerufen.

Christophorustag – *24. Juli*

Christophorus wurde vermutlich Ende des 2. Jahrhunderts in Kanaan oder Lykien in der heutigen Türkei geboren und 250 als Märtyrer hingerichtet. Seine Legende berichtet, dass er zunächst den Namen Reprobus trug und ein Riese mit schrecklichem Antlitz war, der sich eines Tages auf die Suche nach dem mächtigsten Herrscher der Welt machte, um ihm zu dienen. Nach langen Irrwegen erfuhr er von Jesus und auf der Suche nach ihm begegnete er schließlich einem Einsiedler, der ihn anwies, Menschen über einen Fluss zu tragen. Eines Tages bat ein Kind um seinen Dienst. Reprobus trug es auf seinen Schultern durch das Wasser, doch zu seinem Erstaunen wurde es immer schwerer, sodass der Riese zu ertrinken glaubte. Am anderen Ufer gab sich das Kind als Christus zu erkennen und taufte den Riesen auf den Namen Christophorus, Christus-Träger. Nach einer anderen Version der Legende ging er tatsächlich unter und empfing auf diese Weise die Taufe. Fortan zog Christophorus predigend durch die Lande und kam schließlich nach Lykien, wo er zahlreiche Menschen bekehrte, bis er vom König gefangen genommen, gemartert und enthauptet wurde.

Christophorus, der zu den vierzehn Nothelfern gehört (siehe S. 241) und als solcher vor plötzlichem Tod schützt, ist unter anderem Patron der Kinder, Bergleute, Buchbinder, Gärtner, Hutmacher und Zimmerleute sowie Schutzheiliger des Verkehrs und aller Berufsstände, die im weitesten Sinn mit Verkehr zu tun haben, unter ihnen Flößer und Seeleute, und natürlich der Autofahrer. Davon zeugen noch heute »Christophorusplaketten« in vielen Wagen, die die Fahrer zu christlichem Verhalten auch im Straßenverkehr anhalten sollen. Der Heilige wird gegen Dürre, Unwetter, Feuer- und Wassergefahren, Seuchen, Augenleiden und Zahnschmerzen angerufen. Seine Attribute sind das Jesuskind auf der Schulter und ein Stab.

Ungefähr seit dem 5. Jahrhundert begann sich die Verehrung des Heiligen auszubreiten und erreichte bald nach 600 auch die Länder nördlich der Alpen. Bis zur Kalenderreform war sein Gedenktag der 25. Juli. Der Volksglaube besagt, dass man den ganzen Tag vor dem Tod sicher ist, wenn man morgens ein Bild des Heiligen betrachtet hat. Früher fanden sich daher an Kirchen, Plätzen und Stadttoren oft große Christophorusbilder und Ritter malten ihn auf die Innenseite ihrer Schilde.

Auch dieser Heilige hat einer Pflanze seinen Namen gegeben, dem Christophskraut, das früher als Zaubermittel gegen Geister helfen sollte, aber auch in der modernen Pflanzenheilkunde bei chronischer Polyarthritis und Bauchgeschwüren Anwendung findet.

Jakobus – *25. Juli*

Jakobus der Ältere, Bruder des Evangelisten Johannes und einer der ersten Jünger, verkündete nach der Himmelfahrt Jesu das Evangelium und kam auf seinen Reisen angeblich bis nach Spanien. 44 erlitt er als erster der Jünger den Martertod. Der Legende zufolge brachte man die Gebeine des Heiligen um das Jahr 70 zum Sinai und im 8. Jahrhundert nach Spanien, um sie dem Zugriff der Sarazenen zu entziehen. Dort wurden sie 816 in einer eigens erbauten Kirche beigesetzt. Im 10. Jahrhundert entstand um diese Kirche der heute weltberühmte Wallfahrtsort Santiago (St. Jakob) de Compostela, zu dem später aus allen Gegenden Europas Wallfahrtsstraßen führten. Santiago entwickelte sich neben Rom und Jerusalem zum meist besuchten Wallfahrtsort des Westens. Selbst Kaiser und Könige und der heilige Franz von Assisi pilgerten dorthin. Noch heute werden auch von Deutschland aus zahlreiche Pilgerfahrten nach Santiago organisiert. Dort begeht man den Jakobustag mit einem riesigen Feuerwerk, Messen und einer Prozession.

Die Jakobsmuschel trägt den Namen des Heiligen wegen des alten Brauches, Pilgern nach erfolgreichem Abschluss der beschwerlichen Wallfahrt eine solche Muschel an den Mantel oder Hut zu heften.

Jakobus ist Patron Spaniens, der Pilger, Winzer, Arbeiter, Apotheker und Hutmacher. Er wird gegen Rheumatismus angerufen und gilt als Brunnenheiliger und Wetterpatron. Ist das Wetter an Jakobi schön, wird die Ernte reich, der bevorstehende Winter aber auch kalt. Regen kündet hingegen einen milden Winter an. In vielen Gegenden begann am Jakobitag die Haupterntezeit und oftmals war es sogar verboten, vor diesem Tag Korn zu ernten. Die ersten Kartoffeln wurden auch Jakobskartoffeln, die ersten Äpfel Jakobsäpfel genannt. Kraut, das man an diesem Tag hackt und bespricht, wird angeblich besonders dick. In manchen Orten fand bereits am Jakobitag die Kirchweih oder Kirmes (siehe S. 206) statt.

Tag der heiligen Anna – *26. Juli*

Der Überlieferung nach waren Anna und ihr Mann Joachim die Eltern von Maria. Sie lebten in Jerusalem, wo Joachim ein Priesteramt innehatte. Nach zwanzigjähriger kinderloser Ehe soll den beiden ein Engel erschienen sein, der ihnen die Geburt eines Kindes ankündigte, das die Mutter Jesu werden sollte.

Annaberg-Buchholz mit der weithin sichtbaren St.-Annen-Kirche

Da sich die Annenverehrung in Deutschland zum Mutterkult entwickelte, ist Anna Patronin der Mütter, Hausfrauen, Schwangeren, Witwen, alleinstehenden Frauen ärmerer Stände, aber auch der Zünfte, Handel- und Gewerbetreibenden, Weber, Schneider, Müller und Bergleute. Sie wird als Beistand für eine glückliche Ehe und Kindersegen, aber auch bei Gewittern, zum Wiederfinden verlorener Gegenstände und gegen Fieber, Brust- und Bauchschmerzen sowie gegen Augenleiden angerufen.

Die Verehrung Annas ist seit dem 12. Jahrhundert weit verbreitet. 1481 nahm Papst Sixtus IV. den Annentag in den Kalender auf, und es entstanden viele berühmte Annawallfahrten. Teilweise bis ins 20. Jahrhundert hinein blieben im deutschen Sprachraum an die hundert kleinere und größere Wallfahrtsorte erhalten. Vor allem in silberreichen Gebieten gibt es viele Annenkirchen, was vermutlich darauf zurückzuführen ist, dass Maria oft mit dem Mond und Silber in

Verbindung gebracht wird und Anna deshalb als Mutter des Silbers gilt. Große Verehrung erfuhr Anna zum Beispiel im Rheinland. Ein Zentrum des Annakultes ist heute noch Annaberg, eine Silberbergbaustadt in Sachsen. Bergleute begingen den Festtag in Feiertagstracht mit Prozessionen, Musik und Tanz. Das Brauchtum kennt Annagürtel und Annaglocken, und Schwangere trugen gern so genannte Annenbriefe bei sich, Zettelchen, auf denen Annas Name stand. Gegen Augenleiden, aber auch andere Beschwerden soll das Wasser von Annenbrunnen und Annenquellen helfen. Da der Dienstag der heiligen Anna gewidmet ist, eignet er sich besonders gut für Hochzeiten. In der Landwirtschaft gilt der Annentag wie viele andere Tage des Juli als Lostag.

Tag des heiligen Pantaleon – *27. Juli*

Pantaleon, der seit dem Mittelalter als einer der vierzehn Nothelfer (siehe S. 241) verehrt wird, wurde im 3. Jahrhundert in Nikomedien in der heutigen Türkei geboren und von seiner Mutter im christlichen Glauben erzogen. Nachdem er den Arztberuf ergriffen und außergewöhnliche Fähigkeiten unter Beweis gestellt hatte, wurde er von dem heidnischen Kaiser Maximilian als Leibarzt berufen. Als Christ verraten und angeklagt starb er jedoch 305 den Märtyrertod. Pantaleon ist Schutzheiliger der Ärzte, Hebammen und Krankenpflegenden und wird gegen zahlreiche Krankheiten angerufen. Zudem ist er Patron der Stadt Köln, wo seit 972 Reliquien des Heiligen verehrt werden. In Oberrotweil am Kaiserstuhl findet an einem Sonntag um den 27. Juli eine Pferdeprozession zur Wallfahrtskirche St. Pantaleon statt, in der zahlreiche Heilungen geschehen sein sollen. In Italien traut man dem Heiligen übrigens zu, dass er Gläubigen im Traum zu den richtigen Lottozahlen verhilft.

Veranstaltungstipps

Andernacher Bäckerjungenfest

Dieses Fest im rheinland-pfälzischen Andernach geht auf eine Sage von zwei Bäckerjungen zurück, die ihre schlafende Stadt durch ein Bombardement mit Bienenkörben vor den heranrückenden Linzern retteten. Das mittelalterliche Spektakel wird seit 1950 während fünf Tagen im Juli gefeiert und findet seinen

Höhepunkt in einem historischen Festzug am Sonntagnachmittag, der mit nachgestellten Szenen aus der Geschichte die Entwicklung der Stadt zeigt.

Eulogiusritt nach Aftholderberg

Im Hinterland Überlingens am Bodensee liegt das kleine Dorf Aftholderberg, in dem am zweiten Sonntag im Juli ein ungewöhnliches Patronatsfest, der Eulogiusritt, stattfindet, der auf das 11. Jahrhundert zurückgehen soll. Am Morgen des Festes sammeln sich die Reiter aus der Umgegend mit Standarten und Musikkapellen in dem einige Kilometer entfernten Ort Sohl. Mit schwarzen Röcken, Zylindern und weißen Handschuhen bekleidet ziehen sie dann zum festlich geschmückten Aftholderberg, wo der Pfarrer die Pferde segnet. Anschließend findet in der Kirche ein Festgottesdienst statt.

Heiligblutfest in Bad Wurzach

Der zweite Freitag im Juli ist im baden-württembergischen Bad Wurzach der Blutfreitag, an dem sich Reiter, Musikkapellen und Wallfahrer zur zweitgrößten Reiterprozession des Landes sammeln und auf den Gottesberg ziehen, wo ein Pontifikalamt stattfindet. Im Mittelpunkt des Festes steht eine Reliquie des heiligen Blutes, die Papst Innozenz XII. im Jahre 1693 einem deutschen Rompilger geschenkt haben soll. Nachdem sie 1764 auf den Gottesberg gebracht worden war, setzten Wallfahrten ein. Im Jahre 1928 führte man dann in Anlehnung an den Weingartener Blutritt (siehe S. 135) eine Reiterprozession ein.

Biberacher Schützenfest

In Urkunden wird die Schützengilde im baden-württembergischen Biberach bereits 1481 erwähnt und vermutlich gab es schon damals ein Schützenfest. Seit 1819 werden in der Stadt regelmäßig Märchenspiele von Kindern und Jugendlichen aufgeführt, die heute noch einen wesentlichen Bestandteil des neuntägigen Festes bilden. Nach Eröffnung des Vergnügungsparks am ersten Samstag und dem »Schützensonntag« mit Fahnenumzug und Tanz zieht die Jugend am Montag mit Fantasiekostümen im bunten Zug durch die Stadt. Am Dienstag zeigt der »Hauptfestzug« Bilder aus der historischen Entwicklung der Gegend, wie auch der Festzug am Mittwoch, an dem wiederum Kinder und Jugendliche beteiligt sind. Daneben gibt es ein Rahmenprogramm mit Theateraufführungen und Zunfttänzen.

Dinkelsbühler Kinderzeche

Am dritten Montag im Juli ist im bayrischen Dinkelsbühl das Festspiel »Die Kinderzeche« zu sehen, das angeblich auf den Dreißigjährigen Krieg zurückgeht. Damals retteten der Überlieferung zufolge die Kinder den Ort vor den anrückenden Schweden, indem sie ihnen singend entgegenzogen und um Gnade baten. An dieses Ereignis erinnert auch das Spiel »Die Stadtübergabe«, das auf dem Altrathausmarkt aufgeführt wird. Montagnachmittag zieht ein historischer Festzug durch die Altstadtgassen. Weitere Attraktionen des Festes sind Tänze und ein Schwedenlager.

Dresdner Vogelwiese

Dresdens sommerliches Volksfest ist seit 1459 belegt und geht auf mittelalterliche Wehrübungen der Armbrustschützen zurück. Lange stand ein Vogelschießen in seinem Mittelpunkt, und erst im 18. und 19. Jahrhundert entwickelte es sich langsam zum Jahrmarkt. 1874 bis 1939 fand die Vogelwiese auf den Elbwiesen statt. Als das Fest nach dem Zweiten Weltkrieg wieder aufgenommen wurde, erhielt es einen neuen Standort, kehrte nach der Wende jedoch auf die Elbwiesen zurück.

Annakirmes in Düren

Die Annakirmes im nordrhein-westfälischen Düren verdankt ihre Entstehung einer Begebenheit im Jahre 1501: Ein Steinmetz entdeckte bei Bauarbeiten in der Mainzer Stephanskirche das Haupt der heiligen Anna und brachte es nach Düren. Dort gedachte man dem Ereignis zunächst mit einem Markt, der sich im Laufe der Jahrhunderte aber mehr und mehr zu einem Volksfest entwickelte. Heute beginnt es mit einer kirchlichen Feier, danach wird mit drei Böllerschüssen die neuntägige Kirmes eröffnet, die zu den beliebtesten Festen im weiten Umkreis gehört.

Düsseldorfer Schützenfest

Auf eine lange Geschichte, die bereits im Jahr 1288 beginnt, kann das Düsseldorfer Schützenfest zurückblicken. Bis zur Mitte des 19. Jahrhunderts blieben die Schützen jedoch unter sich. Erst 1846 fand das »erste wahre rheinische Volksfest« statt, als Schützenkompanien im Festzug durch die Stadt zogen und Kirmesbuden in den Straßen aufgebaut wurden. Heute ist das Fest eine Großveranstaltung geworden, zu der am dritten Wochenende im Juli viereinhalb Millionen Besucher aus aller Welt kommen. Der Festumzug geht mittlerweile durch die gesamte Stadt zur Oberkasseler Rheinwiese, wo in einer riesigen Budenstadt die größte Kirmes am Rhein aufgebaut ist.

Historische Bördehochzeit in Eickendorf

Im kleinen Ort Eickendorf in Sachsen-Anhalt wird seit einigen Jahren Ende Juli/Anfang August von örtlichen Vereinen eine historische Bördehochzeit gezeigt. Wenn sich der Hochzeitszug durch den alten Ortskern bewegt, öffnet sich ein Tor nach dem anderen und Bauern reihen sich in den Zug ein. Sie folgen der geschmückten Hochzeitskutsche zur Kirche, wo die Trauung erfolgt. Auch während des anschließenden Hochzeitsschmauses werden alte Bräuche gezeigt und überlieferte Geschichten gespielt. Die Bördehochzeit findet im Wechsel mit der »Historischen Getreideernte« statt.

Johannisfest in Eschwege

Das Johannisfest in hessischen Eschwege ist rund 500 Jahre alt und entstand aus dem »Maiengang«, auf dem Schüler früher die Ruten schnitten, mit denen sie in der Schule bestraft wurden. Zwar ist es bis heute ein Schülerfest geblieben, doch auch die Erwachsenen kommen bei den zahlreichen Veranstaltungen nicht zu kurz, und in manchen Jahren stellen sich mehr als fünfzigtausend Besucher ein. Am Sonntag zieht ein historischer Festzug durch die geschmückten Straßen der Stadt, der von einem Herold und den Johannisfestreitern angeführt wird. Ihnen folgt der Dietemann, das Wahrzeichen der Stadt, mit seinen Biedermeiermädchen. Am Montag klingt das Fest mit einem Feuerwerk und Bootskorso auf der Werra aus.

Historischer Besiedlungszug in Frankenberg

Seit Beginn der neunziger Jahre bricht alljährlich während der sächsischen Schulferien in der Region um Frankenberg ein Zug auf, der die Besiedlung der Gegend beispielsweise durch Franken oder Flandern in den Jahren 1156 bis 1162 darstellt. Möglichst geschichtsnah wollen die hundertfünfzig Teilnehmer agieren, die neun Tage lang mit zwanzig Planwagen und Gespannen bei einem Tagespensum von etwa zwanzig Kilometern über Land ziehen, und authentisches Lagerleben von damals nachempfinden. Die Route wird von Jahr zu Jahr neu festgelegt.

Kutterregatta in Friedrichskoog

Das Nordseebad Friedrichskoog ist dafür bekannt, mit mehr als dreißig Kuttern die größte Krabbenfangflotte der schleswig-holsteinischen Westküste zu besitzen. Alle zwei Jahre, Ende Juli oder Anfang August, schmücken die Fischer ihre Schiffe für die große Kutterregatta und gehen mit zahlreichen Gästen an Bord auf Fahrt rund um die Vogelinsel Trischen. An Land kann man während des Wochenendes einen Fischmarkt und einen Flohmarkt besuchen. Am Sonntagabend geht das kleine Fest mit einem Feuerwerk zu Ende.

Gernsheimer Fischerfest

Mit ihrem Fischerfest, das Ende Juli oder Anfang August stattfindet, wollen die Gernsheimer alte Fischer- und Schiffertraditionen wach halten. Im Jahr 1949 eingeführt, hat es sich zu einem der größten Volksfeste Hessens entwickelt, zu dessen Programm neben einem Vergnügungspark viele sportliche Aktivitäten und ein Festzug auf dem Rhein gehören, der jedes Jahr unter einem anderen Motto steht.

Schützenfest in Hannover

Zehn Tage um das erste Juliwochenende feiert Hannover sein Schützenfest, das auf eine 450-jährige Geschichte zurückblicken kann. Auf den fünf Kilometer langen Festplatzwegen drängen sich jedes Jahr zwei Millionen Besucher, und zweihunderttausend Zuschauer säumen am ersten Festsonntag die Straßen, wenn zehntausend Schützen, Spielmannszüge, Festwagen, Pferdegespanne und Folkloregruppen zum Schützenaufmarsch antreten und durch die Innenstadt in Richtung Schützenplatz ziehen. Zu den Traditionen des Festes gehört auch das Nienburger Scheibenschießen.
Ende Juli beginnt außerdem in Hannover das dreiwöchige Maschseefest, das ebenfalls eine Million Besucher anlockt, für deren Unterhaltung Theater- und Comedyvorführungen, Clowns und Musikgruppen sorgen.

Heider Marktfrieden

Alle zwei Jahre findet im holsteinischen Heide in Erinnerung daran, dass sich vor fünfhundert Jahren die Regenten der freien Bauernrepublik auf dem Marktplatz der Stadt einfanden, um Recht zu sprechen und die Geschicke der Bevölkerung zu lenken, der »Marktfrieden« statt. Eröffnet wird das Fest am Samstagmorgen mit einem Platzkonzert, Turmmusik und dem Verlesen der Marktordnung. Nachmittags formiert sich ein Zug aus Musik- und Trachtengruppen. Am Sonntag wird im Amphitheater ein Spiel über die Geschichte Dithmarschens gezeigt, anschließend zieht der so genannte Hochzeitszug mit historischen Kutschen und Gespannen zur St.-Jürgen-Kirche. Außerdem gibt es einen mittelalterlichen Markt, auf dem Handwerker alte Arbeitsmethoden zeigen. Während des Festes werden zudem nach alten Rezepten zubereitete Speisen angeboten.

»Zissel« – Altstadt- und Wasserfest in Kassel

Ende Juli/Anfang August ist ganz Kassel auf den Beinen, wenn rund um die Fulda und in der Kasseler Innenstadt der Zissel beginnt, ein Heimat-, Altstadt- und Wasserfest. Als Sommerfest der Fuldaanwohner ist der Zissel schon 1926 gefeiert worden, in seiner heutigen Form besteht er seit 1948. Neben dem großen Vergnügungspark auf der Schwanenwiese finden Wettkämpfe, ein Fackelschwimmen, Sportveranstaltungen und ein großes Kinder- und Familienfest statt. Die Höhepunkte bilden ein Landfestzug am Sonntag durch die Innenstadt, ein Wasserfestzug mit zahlreichen geschmückten Booten auf der Fulda und ein großes Feuerwerk.

Kaufbeurener Tänzelfest

Zwei Wochen vor Beginn der Sommerferien feiert Kaufbeuren eines der größten Kinderfeste Bayerns, das 1497 von Kaiser Maximilian gestiftet wurde. Sein Einzug in die Stadt am 25. Mai jenes Jahres steht natürlich im Mittelpunkt des historischen Festumzuges, der am Sonntagnachmittag durch die Straßen geht. Ihm folgt der Trachtenzug der Kinder mit Musikgruppen und Festwagen.

»Hopsa Schwabeliesl« – Tanz der Bürgermädchen und Bürgerbuben beim Tänzelfest in Kaufbeuren

Kiefersfeldener Ritterschauspiele

An mehreren Wochenenden von Ende Juli bis Anfang September ist im bayrischen Kiefersfelden noch echtes Volkstheater zu sehen, das im Jahr 1618 entstand. Damals führte man zunächst Heiligenlegenden auf, denen das Publikum vom Hang bei der Friedhofskirche aus beiwohnte. 1833 endlich wurde die »Commödihütte« gebaut, die heute noch Aufführungsort ist und über die älteste Drehbühne Deutschlands verfügt. Gespielt werden heute genau wie vor hundertsiebzig Jahren vor allem die Ritterstücke des Kohlenbrenners und »Bauernshakespeare« Josef Schmalz.

Ruethenfest in Landsberg am Lech

Vermutlich geht auch dieses im vierjährigen Turnus vor Ferienbeginn stattfindende Fest auf die Sitte früherer Zeiten zurück, dass die Lehrer am Ende des

Schuljahres mit ihren Schülern ins Grüne zogen, wo Ruten geschnitten wurden, die im folgenden Jahr der Züchtigung dienten. Heute ist aus dem einstigen Schülerfest ein Volksfest geworden, das seinen Höhepunkt am Samstag und Sonntag in einem Festzug findet, der Szenen aus der Stadtgeschichte zeigt. Den Rahmen des Festes bilden kulturelle Veranstaltungen und ein Jahrmarktbetrieb.

Fest der Fischer, Jäger und Landwirte in Leipe

Dieses noch kleine, aber sehr interessante Fest wird von den Bewohnern des brandenburgischen Dorfes Leipe seit einigen Jahren am letzten Juliwochenende veranstaltet. Sie zeigen dort in alten Spreewaldtrachten traditionelles Handwerk oder wie beispielsweise früher Wäsche gewaschen wurde. Das Schaufischen der Fischer wird von einem kleinen Kahnkorso aus restaurierten und rekonstruierten Booten begleitet.

Lübecker Volks- und Erinnerungsfest

Das siebzehntägige Fest ging aus dem »Allgemeinen Scheibenschießen« hervor, das erstmals 1848 stattfand, sich jedoch im Laufe der Zeit immer mehr zu einem Volksfest wandelte. Das »Schiebenscheeten« gibt es noch heute, doch mittlerweile wird das Fest mit einem großen Feuerwerk eröffnet und am ersten Sonntag formiert sich ein großer Festzug durch die Innenstadt, an dem Vereine, Spielmannszüge, Handwerkerinnungen und Schützenverbände teilnehmen. Er steht unter einem Leitthema und zeigt häufig Ereignisse aus der Geschichte der Hansestadt. Während aller Festtage herrscht Jahrmarktsbetrieb.

Memminger Fischertag und Wallenstein-Sommer

Am letzten Wochenende vor den Sommerferien wird im bayrischen Memmingen der Fischertag abgehalten, der bereits für das Jahr 1551 belegt ist. Er entstand aus der alljährlichen Reinigung des Stadtbaches, den Zunftgesellen zunächst leer fischen durften. Heute ist das Mitgliedern des »Fischertagvereins« vorbehalten, die die Ach abfischen und denjenigen zum Fischerkönig wählen, der dabei den größten Fang macht. Am Abend zieht der neue Fischerkönig dann mit seinem Gefolge durch die Stadt. Alle vier Jahre wird das Fest um eine Woche verlängert, in der der Wallenstein-Sommer stattfindet. Dann werden die Begebenheiten des Jahres 1630 nachgestellt, in dem der große Feldherr in Memmingen residierte.

Mittelsächsischer Kultursommer

Der Mittelsächsische Kultursommer wurde von einem gemeinnützigen Verein ins Leben gerufen, der die Geschichte Mittelsachsens, bestehend aus den drei Landkreisen Freiberg, Döbeln und Mittweida, aufarbeiten und die Region bekannter machen will. Seit 1994 zeigt er in verschiedenen Städten in Zusammenarbeit mit lokalen Kirchen, Laienspielgruppen, Chören und anderen Institutionen zwischen Anfang Juli und Ende August historische Stücke, die meist Ereignisse aus der Zeit bis zum Barock zum Inhalt haben. Die Vorführungen finden gewöhnlich auf Burgen und Schlössern statt. Daneben werden auch Mittelaltermärkte veranstaltet und Auftritte mittelalterlicher Gruppen geboten.

Germanischer Fünfkampf in Otterndorf

Ein lustiges Spektakel ist Ende Juli im Nordseebad Otterndorf zu sehen, wenn sich dort »Germanenstämme« aus ganz Deutschland zu einem Zug formieren, um zur örtlichen Freizeitanlage zu ziehen, wo sie alte germanische Disziplinen wie Steinstoßen, Keulenzielwurf oder Germanenweitsprung demonstrieren.

Paderborner Liborifest

Im Jahr 836 wurden die Gebeine des heiligen Liborius von Le Mans nach Paderborn überführt. Bereits im 11. Jahrhundert feierte man dann um den 23. Juli ein Fest zu Ehren des Dom- und Stadtpatrons, das spätestens ab dem 14. Jahrhundert mit einer Kirmes verbunden war. Heute beginnen die neuntägigen Festlichkeiten mit der feierlichen Aufstellung des Reliquienschreins. Anschließend werden die weltlichen Veranstaltungen eröffnet, zu denen ein umfangreiches kulturelles Programm, ein Kirmesbetrieb und ein Pottmarkt gehören. Am zweiten Samstag findet ein großer Festumzug statt, ein Feuerwerk beendet das Fest am Sonntag.

Hausherrenfest in Radolfzell und Wasserprozession von Moos

Alljährlich am dritten Sonntag im Juli feiert die Bodenseestadt Radolfzell ihr Hausherrenfest, um die Stadtpatrone Theopont, Senesius und Zeno zu ehren, deren Reliquien in einer feierlichen Prozession durch die festlich geschmückte Stadt getragen werden. Am folgenden Montag fahren die Bewohner der Gemeinde Moos auf der gegenüberliegenden Seite des Sees mit blumengeschmückten Booten nach Radolfzell. Sie lösen damit ein Versprechen ihrer Vorväter ein, die eine jährliche Wasserprozession gelobt hatten, nachdem durch die Fürbitte der Hausherren eine Viehseuche gebannt worden war. Umrahmt werden die Hausherrentage von musikalischen und folkloristischen Vorführungen, Wettkämpfen, Strandfesten mit Gondelkorso, einem Feuerwerk und zahlreichen anderen Veranstaltungen.

Ravensburger Rutenfest

Kurz vor dem Beginn der Sommerferien steigt im oberschwäbischen Ravensburg das alljährliche Rutenfest, eines der ältesten bekannten Schülerfeste, das sich bis ins 15. Jahrhundert zurückverfolgen lässt. Noch heute stehen die Schüler im Mittelpunkt, doch inzwischen ist es ein großes Volksfest geworden, zu dem

Ravensburger aus aller Welt in ihre Heimat zurückkehren. Am Festmontag findet ein großer Umzug in historischen Kostümen statt, an dem vor allem Schüler teilnehmen, der aber auch Darstellungen der Geschichte Ravensburgs zeigt. Zu weiteren Veranstaltungen gehören das Adlerschießen, Theateraufführungen und ein Jahrmarkt.

Rutenfest in Ravensburg. Mädchen in historischem Kostüm

Bergstreittag in Schneeberg

Ein erstes Fest dieser Art wurde im sächsischen Schneeberg am 23. April des Jahres 1477 gefeiert, in dem Herzog Albrecht die Zeche »Sankt Georg« besuchte. Der Maria-Magdalenentag wurde Ende des 15. Jahrhunderts zum Bergstreittag, als die Knappen mit Streiks und Protestmärschen Lohnkürzungen rückgängig machen konnten und den 22. Juli als »Bergfeiertag« durchsetzten. Seitdem gilt der Maria-Magdalenentag allen erzgebirgischen Bergleuten als erstrittener Feiertag. In Schneeberg treffen sie sich an diesem Tag in farbenprächtigen Bergmannstrachten und ziehen im traditionellen »Bergaufzug« zum Gottesdienst in die St. Wolfgangskirche.

Brezelfest in Speyer

Das Speyerer Brezelfest wurde 1910 aus der Taufe gehoben und gilt heute als eines der größten Volksfeste am Oberrhein. Seinen Namen verdankt es dem Wahrzeichen der Stadt, der Brezel, die seit Jahrhunderten ebenso zu Speyer gehört wie der Dom. Das Fest findet am zweiten Juliwochenende statt und beginnt am Freitagabend mit einem Lampionumzug. Den Höhepunkt bildet ein kilometerlanger Festzug entlang des Rheins am Sonntagnachmittag mit anschließendem Feuerwerk.

Stralsunder Wallensteintage

Als während des Dreißigjährigen Krieges General Wallenstein das mecklenburgische Stralsund belagerte, griffen seine Bewohner zu einer List. In der Nacht machten sich die Fischer lautlos an die vor der Stadt ankernden Kriegsschiffe heran und setzten sie in Brand. Mit dem Eingreifen des schwedischen Königs Gustav Adolf wandte sich das Blatt endgültig zu Gunsten der Hansestädter. Wallenstein musste sich aus Norddeutschland zurückziehen und fortan feierten die

Stralsunder alljährlich ihren Sieg. Diese Tradition wurde 1943 unterbrochen und erst 1991 wieder aufgenommen. Seitdem finden ein mittelalterlicher Markt, ein Aufzug, ein Bootskorso und zahlreiche andere Programmpunkte statt, zu denen Historienvereine aus ganz Deutschland anreisen.

Agnes-Bernauer-Festspiele in Straubing

Eine große Liebe steht im Mittelpunkt der Agnes-Bernauer-Festspiele im bayrischen Straubing, die alle vier Jahre als großes Historienspektakel inszeniert werden. Im Jahr 1433 machte Herzog Ernst seinen Sohn Albrecht zu seinem Stellvertreter in Straubing. Der aber brachte seine schöne junge Frau, die Baderstochter Agnes Bernauer mit, die er heimlich geheiratet hatte. Um die unstandesgemäße Ehe zu beenden, ließ Ernst seinen Sohn nach Landshut locken und die Schwiegertochter vor Gericht stellen, von dem sie, der Liebeszauberei und des Hochverrats bezichtigt, zum Tode verurteilt wurde. Die Geschichte wird heute am Originalschauplatz aufgeführt.

Überlinger Schwedenprozession und Schwertertanz

Mit der Schwedenprozession gedenken die Bewohner des Bodenseestädtchens Überlingen im Mai und Juli jeden Jahres der erfolgreichen Abwehr des feindlichen Angriffs der Schweden in den Jahren 1632 und 1634. Sie führt vom Münster durch die Stadt und wieder zurück und macht an vier Stationen Halt, wo an Altären gebetet wird. An die Prozession im Juli schließt sich der Schwertertanz an, der seit 1646 urkundlich belegt ist, früher aber im Rahmen der Fastnacht stattfand. Daran erinnert noch heute die Figur des Narren. Die mit blauen Tuchröcken bekleideten Tänzer zeigen auf dem Marktplatz zu der Musik von Trommlern und Pfeifern im Sechsachteltakt ihren aus genau festgelegten Figuren bestehenden Tanz.

Ulmer Schwörmontag mit Fischerstechen

Der Ulmer Schwörmontag geht auf eine Begebenheit im 14. Jahrhundert zurück, als man sich nach langwierigen Auseinandersetzungen endlich auf eine Stadtverfassung einigte, die 1397 im Schwörbrief festgehalten wurde. Bis zum Jahr 1802 versammelten sich die Bürger alljährlich im Schwörhaus, um den Schwur auf die Verfassung zu erneuern. Im Jahre 1949 griff man diesen Brauch wieder auf. Am Montagnachmittag geht es dann an die Donau zum »Nabada«, einem Wasserfestzug, bei dem die Ulmer mit allen nur denkbaren Wasserfahrzeugen den Fluss hinunterfahren, während zehntausende Zuschauer die Ufer säumen.

Im vierjährigen Turnus findet im Rahmen der Schwörwoche ein Fischerstechen statt, das erstmals 1550 urkundlich erwähnt ist. Es beginnt mit einem historischen Festzug, in dessen Anschluss Fischer ihre Tänze zeigen. Am Nachmittag ziehen sie dann zur Donau hinunter, wo der Wettkampf ausgetragen wird. Im Vier-Jahres-Rhythmus führen auch die Ulmer Küfer ihren Bindertanz aus dem 18. Jahrhundert auf.

Schäferläufe in Wildberg und Bad Urach

Abwechselnd wird um die Zeit des Jakobitages der Schäferlauf einmal in der Stadt Wildberg und einmal im nahe gelegenen Bad Urach abgehalten. Der erste Wildberger Schäferlauf im Jahre 1723 entstand auf Initiative des Herzogs Eberhard Ludwig von Württemberg, der den Schäfern den weiten Weg zum Zunftreffen in Markgröningen ersparen wollte. Die Veranstaltungen in Wildberg und Bad Urach haben ein ähnliches Programm, zu dem neben dem eigentlichen Schäferlauf ein Festzug, ein Leistungshüten, Wettspiele, Volkstänze, ein Markt und ein Volksschauspiel gehören.

Jadefest in Wilhelmshaven

Ein modernes Fest, das auf fünfundzwanzig Jahre Tradition zurückblicken kann, ist das Jadefest in Wilhelmshaven an der Küste Niedersachsens, zu dem jedes Jahr am ersten Wochenende im Juli zwei- bis dreihunderttausend Gäste kommen. Auch die deutsche Marine beteiligt sich an dem Fest. Im Hafen können Windjammer und Großsegler besichtigt werden und ein Jahrmarkt mit Straßentheater lädt zum Besuch ein. Daneben werden noch viele andere Attraktionen geboten, die aber meist von Jahr zu Jahr wechseln.

Jadefest in Wilhelmshaven. Großsegler am Bontekai

»Die Schweden kommen« in Wittstock

Im brandenburgischen Wittstock wurde 1998 ein weiteres Spektakel um den Dreißigjährigen Krieg aus der Taufe gehoben, das nun alle zwei Jahre um den Sommerferienbeginn im Juli wiederholt werden soll und die Schlacht am Scharfenberg lebendig werden lässt. Daneben wird das Lagerleben der damaligen Zeit mit Rittern, Soldaten, Gauklern, Tänzern und dem dazugehörigen Ambiente nachgestellt.

Kiliani-Volksfest in Würzburg

Anfang Juli feiern die Würzburger ihr Kiliani-Fest, bei dem sie mit einer Reliquienprozession und der Zurschaustellung der Schädeldecke des irischen Mönches Kilian, des Schutzpatrons ihrer Stadt gedenken. Daneben hat sich dieser kirchliche Gedenktag aber auch zu einem der bedeutendsten Volksfeste Bayerns entwickelt, das Jahr für Jahr unzählige Besucher nach Würzburg lockt. Es beginnt am Samstag vor Kiliani (8. Juli) mit einem Trachtenfestzug, der Auftakt für den zwölftägigen Vergnügungs- und Jahrmarktbetrieb und zahlreiche kulturelle Veranstaltungen ist.

August

Da der August gewöhnlich der heißeste Monat des Jahres ist, nannte man ihn früher Hitzemonat, und Hitze war gern gesehen, auch wenn sie die Arbeit auf dem Feld beschwerlich machte. Eine alte Wetterregel bestätigt das: »Ein trockener August macht dem Bauern Lust.« Seinen heutigen Namen verdankt der achte Monat des Kalenderjahres Augustus, dem ersten Kaiser des Römischen Reiches. In Deutschland setzte sich die Bezeichnung im 16. Jahrhundert durch.

Vorher wurde er Erntemonat, Ährenmonat oder Sichelmonat genannt, denn obwohl sich die Ernte über einen längeren Zeitraum hinzog, und auch Tage anderer Monate mit entsprechenden Bräuchen verbunden waren wie etwa Jakobus (25. 7.), an dem einmal offiziell die Ernte begonnen wurde, oder Michael (29. 9.), war nun die Haupterntezeit gekommen.

Während heute die Ernte fast überall vollständig mechanisiert ist und riesige Felder in kürzester Zeit abgeerntet werden, bedeutete das Näherrücken des Erntetermins früher, dass zumindest die Bauern auf größeren Höfen und Gütern Schnitter, Binderinnen, Hockensteller, Harkerinnen und andere Erntehelfer anwerben mussten, um die Arbeit bewältigen zu können. Die hatten aber nicht nur einen Rechtsanspruch auf gute Bewirtung, sondern auch auf Unterhaltung. Daher stand die Zeit ganz im Zeichen von Erntefeiern und ersten Wein- und Winzerfesten. Es herrschte festliche Stimmung und eine feierliche Atmosphäre, denn eine gute Ernte wurde als eine Gnade des Himmels angesehen. Bevor man mit der Arbeit begann, knieten oft alle am Feldrand nieder und beteten. In manchen Gegenden kleideten sich die Mädchen neu ein, zumindest trugen sie neue oder frisch gewaschene Blusen und strahlend weiße Kopftücher. Es gab sogar besondere Erntekleider: Hosen aus weißem Leinen und rote Halstücher für die Männer, weiße Schürzen für die Frauen. Auch mit Blumensträußchen und bestickten Bändern schmückte man sich.

Der letzte Garbenwagen wurde häufig in einem festlichen Zug zum Hof gefahren. Noch auf dem Feld wand man aus Laub, Blumen und Feld- und Gartenfrüchten den Erntekranz oder die Erntekrone, die, zu Hause angekommen, ein Mädchen der Besitzerfamilie überreichte. Dieses Gebinde sollte Segen für die Ernte des folgenden Jahres bringen. Eine Schilderung niedersächsischer Erntebräuche ist bei Wilhelm Raabe zu lesen: »Die bebänderte, mit Goldflittern und künstlichen und wirklichen Blumen geschmückte Erntekrone wurde auf der höchsten Garbe des letzten Erntewagens aufgepflanzt. Jetzt wurden die Erntearbeiter fröhlich. Sie schrieen und jauchzten und umtanzten den Wagen, sie jagten einander durch den wehenden Duft. Ein Mädchen wurde als Erntekönigin auf den für sie bereiteten Sitz gehoben, gerade unter der bunten bebänderten Krone. Der Segen des Landes war vor allen bösen Mächten in Sicherheit gebracht und der größte und höchste Jubeltag des Bauern war nach langem Mühen zwischen Furcht und Hoffnung dem Jahre abgewonnen. ›Nun schreit euch alle aus‹, rief eine Stimme, als die Heimfahrt begann, ›und bringt dem guten Jahr ein Vivat; nachher tanzen wir in den Winter hinein.‹ Der Junker schwang sich auf den Sattelgaul, Knechte und Mägde ordneten sich zum Zuge vor und hinter dem Wagen, so fuhr man dem Dorfe zu. Mit hellem Gesang zog man einher. Beim Eingang in den Gutshof stieg die Begeisterung auf ihren Gipfel. Die Erntekönigin sagte der Gutsfrau, die den Wagen im Hof empfangen hatte, den üblichen niedersächsischen Erntespruch her. Diese antwortete ebenfalls in Reimen; dann wurde im Hause weitergefeiert.«

Erntekrone aus der Magdeburger Börde

In anderen Regionen kannte man auch einen »Erntemaien«, eine Art Maibaum, der auf dem Feld aufgestellt oder zum Hof gebracht und bis zum nächsten Jahr aufbewahrt wurde. Ganz ähnlich war der »Harkelmai«, eine Buche, Birke oder Weide, die man in den Acker steckte und mit Ähren schmückte. Dann harkte man die letzten Halme am Boden zusammen, lud diese mit dem Harkelmaien auf den Wagen und fuhr sie nach Hause.

Den letzten Ähren kam eine besondere Bedeutung zu: In Baden nannte man sie Glückshämpfele und steckte sie hinter das Kruzifix in der Wohnstube oder hängte sie als Gebinde an die Decke, ins Dachgebälk oder die Scheune, wo sie Glück und Kindersegen bringen und vor Blitzeinschlag schützen sollten.

Manchmal flocht man aus ihnen einen Kranz oder eine Taube, die den Heiligen Geist symbolisieren sollte. Oft mussten die letzten Ähren von einer Braut, einem unschuldigen Mädchen oder zumindest der jüngsten Schnitterin geerntet werden. Die Körner der Glückshämpfele mischte man unter das Saatgut des folgenden Jahres, um reichen Erntesegen zu gewährleisten, oder verwendete sie für das weihnachtliche Festbrot. Ein anderer Brauch war, die letzten Halme im Herbst auf dem Acker zurückzulassen, damit sie dort Segen spendeten.

Außerdem war es offenbar üblich, aus dem Korn, das beim Garbenbinden herabfiel und später zusammengeharkt wurde, für die Erntearbeiter »Restekuchen« zu backen. Da waren die Binder natürlich gern ein wenig achtlos, um möglichst viel Getreide für sich abzweigen zu können. Oft band man die letzte Garbe zu einer Puppe in Tier- oder Menschengestalt, die den Korngeist verkörpern sollte und der man Namen wie Alter, Roggenmuhme, Habergeiß, Weizensau, Kornbock, Roggenwolf oder Erntehahn gab.

Letzterer war nicht nur Mahner und Wecker nach den kurzen Nächten der schweren Erntezeit, sondern auch seit der Antike Sinnbild der Fruchtbarkeit und Wachstumskraft. Daher stand er im Mittelpunkt von mancherlei Erntebräuchen. So köpfte man etwa bei der Roggenernte einen Hahn, steckte den Kopf auf einen mit Ähren umwundenen Stab und aß das Tier beim anschließenden Erntefest. Anderswo mästete man die Hähne extra fürs Erntefest.

Ein weiterer Brauch war der Hahnentanz. Man errichtete in der Scheune eine Stange, auf die man einen Hahn und einen Becher oder ein Glas mit Wasser setzte. Dann tanzten Paare um die Stange herum und die Mädchen mussten ihre Partner so hoch stemmen, dass sie das Wasserglas umstoßen konnten. Gelang das einem jungen Mann, erhielt das Mädchen zur Belohnung den Hahn. Dieser Brauch wird bis heute von den Schäfern geübt, die sich alljährlich in Markgröningen zum Schäferlauf (siehe S. 188) einfinden. Allerdings stemmen hier die Männer ihre Partnerinnen, die mit dem Kopf einen Wasserbecher umwerfen müssen.

Hahnenschlagen

Das Töten eines Hahns mit Sicheln oder Dreschflegeln zum Abschluss der Ernte symbolisierte auch die Tötung des alten Wachstumsgeistes beim Schneiden der letzten Halme. Damit wollte man verhindern, dass das Siechtum des Alters auf den Acker überging und dem Boden stattdessen neue Fruchtbarkeit schenken. Außerdem besagte der Volksglaube, dass die Lebenskraft des Tieres auf den Tötenden überging und dass auch alle anderen sie in sich aufnehmen konnten, wenn sie später beim Erntefest den Hahn verspeisten. Nach einer anderen Deutung musste der Hahn mit seinem Tod dafür büßen, dass er die Arbeiter nach den kurzen Nächten der harten Erntezeit geweckt hatte.

In späterer Zeit wurde das Hahnenschlagen nicht mehr nur während der Erntezeit praktiziert, sondern als Spiel auch in weitere Feste einbezogen. In einigen Gegenden trat an die Stelle des Hahns auch anderes Geflügel. Bei manchen dieser Spiele wurde einem lebenden Tier der Kopf abgerissen oder abgeschlagen, häufiger verwendete man aber Attrappen aus Holz oder Papier oder einfach nur den Korb, in dem man den Hahn vorher gefangen gehalten hatte. Aus dem Hahnenschlagen entwickelten sich auch Reiterspiele.

Obwohl dies seltener der Fall war, maß man den ersten Halmen, der ersten Garbe oder dem ersten Fuder der Ernte ebenfalls eine besondere Bedeutung zu. Sie wurden unter Sprüchen geschnitten und gebunden und oft feierlich eingefahren. Dabei durfte weder geredet noch gestritten werden, da man glaubte, die Ernte würde sonst von den Mäusen gefressen. Dieses erste Korn schenkte man häufig Bedürftigen, warf es den Hühnern und dem Vieh vor oder befestigte es an der Stalltür, wo es Segen bringen sollte.

Laurentiustag – *10. August*

Laurentius, in Deutschland auch Lorenz genannt, gehört zu den großen Heiligen des Christentums und wird überall auf der Welt verehrt. Viele tausend Kirchen rund um den Erdball tragen seinen Namen.

Seine Lebensgeschichte beruht jedoch ausschließlich auf Legenden. Vermutlich um 230 in Spanien geboren, war Laurentius in Rom Erzdiakon von Papst Sixtus II. Dieser wurde 258 von Kaiser Valerian verhaftet und trug Laurentius auf dem Wege zu seiner Hinrichtung auf, das Kirchenvermögen an Arme zu verteilen. Als der Kaiser nach der Ermordung des Papstes Ansprüche auf dieses Vermögen erhob, erbat sich Laurentius drei Tage Bedenkzeit, in denen er heimlich den Auftrag des Sixtus ausführte. Daraufhin ließ der Kaiser ihn festnehmen, mit Bleiklötzen schlagen, zwischen glühende Platten legen und schließlich auf einem Rost langsam verbrennen.

Laurentius oder die Erfindung der Nouvelle Cuisine. *Illustration von Rotraut Susanne Berner*

Im Jahre 330 wurde über dem Grab des Laurentius eine Kirche errichtet, die in veränderter Form noch heute existiert und zu den sieben Hauptkirchen Roms gehört. In ihrer Krypta ruhen Laurentius' Gebeine neben denen des heiligen Stephanus. Die beiden Heiligen gelten als besonders vorbildliche Märtyrer oder Erzmärtyrer.

Laurentius ist Patron mehrerer deutscher Städte, unter ihnen Nürnberg und Wuppertal. Er gilt als Schutzheiliger der Kohlenbrenner, der Feuerwehr, der Bierbrauer, der Bügler, der Wäscher, der Köche, der Wirte, der Konditoren und der Glaser, aber auch der Bibliothekare, da sich während seiner Zeit als Diakon die liturgischen Kirchenbücher in seiner Obhut befanden. Er wird angerufen gegen Fegefeuerqualen und bei Feuersgefahr, Pest, Hauterkrankungen, Fieber und Hexenschuss. Sein Attribut ist der Feuerrost und ein Kelch mit Goldstücken.

Sein Martyrium auf dem Feuerrost ist der Grund für viele mit seinem Tag verbundene Bräuche, die heute aber weitgehend in Vergessenheit geraten sind. Noch recht weit verbreitet ist der »Laurentiussegen«, mit dem Brandwunden geheilt werden sollen, aber man spricht ihn auch bei Feuer oder brennenden seelischen Qualen. Der Laurentiussegen wird noch in Gau-Algesbeim bei Bingen erteilt, wo er mit einer Wallfahrt verbunden ist, die an dem Sonntag beginnt, der dem 10. August am nächsten liegt. In diesem Fall geht der Brauch auf eine Pestepidemie des 17. Jahrhunderts zurück.

Als Laurenzikräutl gilt die Goldrute, die man früher zur Behandlung verschiedener Krankheiten wie etwa Harnwegsleiden und auch als Wundheilmittel verwendete. Nach dem Volksglauben steht neben der Pflanze ein Beruhigungsengel.

Früher ließen die Bauern am Laurentiustag in der Kirche Brot segnen, das anschließend an Bedürftige verteilt oder dem Vieh ins Futter gegeben wurde. Auch begann man Herbstkulturen wie beispielsweise Raps einzusäen, die, an diesem Tag ausgebracht, angeblich besonders gut gediehen, und in der Laurentiusnacht ging man nackt um die Hirsefelder, um sie vor Spatzen zu schützen.

Im bäuerlichen Brauchtum galt der Tag außerdem als Los- und Wettertag und es hieß: »Laurentius heiter und gut einen schönen Herbst verheißen tut« oder »An Laurentii Sonnenschein bedeutet ein gutes Jahr für Wein«. Regnet es am Laurentiustag, soll das Land im folgenden Jahr von einer Mäuseplage heimgesucht werden.

Ein Augustphänomen sind Sternschnuppenregen, die vor allem um den zehnten Tag des Monats niedergehen und darum Laurentiustränen genannt werden, denn angeblich weinte selbst der Himmel bei Marter und Tod des Heiligen.

Mariä Himmelfahrt – *15. August*

Dieses Fest, mit dem an Tod und Himmelfahrt Marias gedacht wird, wurde willkürlich festgelegt, da das tatsächliche Todesdatum Marias unbekannt ist. Der 15. August ist schon seit dem 5. Jahrhundert als Marienfest bezeugt, aber da dieses Fest zunächst in der Tradition der Märtyrergedenktage stand und der Tod der Märtyrer als ihre Geburt im Himmel betrachtet wurde, feierte man an diesem Termin Marias Geburt zum ewigen Leben. Später trat die leibliche Aufnahme der Gottesmutter in den Himmel in den Vordergrund, die Papst Pius XII. im Jahre 1950 zum Dogma erklärte.

Obwohl über die Mutter Jesu nur wenig bekannt ist und sie in der Bibel selten Erwähnung findet, erfuhr sie im Christentum seit jeher große Verehrung. Unter den zahlreichen Marienfesten des Kirchenjahres ist dies jedoch das höchste und vermutlich auch das älteste. Bayern und Saarländer sind dabei heute bevorzugt, denn dort ist der 15. August ein gesetzlicher Feiertag.

Das Fest steht im Zeichen zahlreicher Prozessionen und Wallfahrten und ist mit besonders reichem Brauchtum verbunden, dessen Kern bis zum heutigen Tag die Kräuterweihe bildet, was auch Namen wie »Unser Frauen Würzweih« und »Büschelfrauentag« für den 15. August erklärt. Die Ursprünge der christlichen Kräuterweihe sind unbekannt, vermutlich aber wurden damit bereits im 9. Jahrhundert germanische Erntebräuche überformt, die sich aus der Jahreszeit heraus ergaben. Außerdem brachte man schon in alter Zeit Kräutern große Verehrung und Ehrfurcht entgegen, da sie Heilkräfte besaßen, aber oft auch Giftstoffe, die Angst und Entsetzen in den Menschen weckten. Nach christlicher Deutung geht die Weihe auf die alte Legende zurück, dass Apostel in Marias Grab nicht etwa ihren Leichnam, sondern wohlriechende Kräuter und Blumen fanden. Im Sachsenspiegel des 13. Jahrhunderts ist die Kräuterweihe erstmals als christlicher Brauch belegt.

Kräuterweihe in Gengenbach

Ungeklärt ist hingegen, ob es schon im Mittelalter üblich war, eine bestimmte Zahl von Kräutern zu verwenden. Später band man den »Würzbüschel«, »Würzwisch«, »Krautbund«, »Krautbusch« oder »Riecher«, der noch viele ähnliche Bezeichnungen hatte, aus sieben- oder neunerlei Pflanzen. Beide galten als zauberkräftige Zahlen, aber man verwendete auch 12, 24, 66, 77 oder sogar 99 verschiedene Arten. Heute sind allgemein neun Kräuter üblich. Verwendung finden vorzugsweise Heilkräuter oder Gewächse, die mit der Mutter Gottes in Verbindung gebracht werden. Bekannte Pflanzen sind Alant, Arnika, Baldrian, Beifuß, Eisenkraut, Enzian, Frauenmantel, Frauenschuh, Holunder, Huflattich, Immergrün, Johanniskraut, Kamille, Klee, Königskerze, Liebstöckel, Maßliebchen, Odermennig, Pfefferminze, Rainfarn, Raute, Schafgarbe, Tausendgüldenkraut, Thymian, Wegwarte, Wermut, Wiesenknopf und auch verschiedene Getreidesorten.

Besondere Bedeutung hatte früher offenbar das Gnadenkraut, das heute aber zu den gefährdeten Pflanzenarten zählt und daher nicht mehr in den Krautbusch gebunden werden soll. Andere Pflanzen dürfen in keinem Krautbund fehlen: das von vielen Legenden umrankte Johanniskraut (siehe auch S. 144); die alte Zauberpflanze Beifuß; ihr Verwandter, der Wermut, der nicht nur Hexen und Dämonen vertreiben soll, sondern früher auch in der Medizin eine große Rolle spielte; die Königskerze, die das Herz kräftigen und auch andere zahlreiche Leiden heilen soll; das Tausendgüldenkraut, das Pfarrer Kneipp gegen alle Leber-, Nieren- und Magenbeschwerden empfahl; das Eisenkraut, das nicht nur viele Krankheiten heilt, sondern angeblich auch Kinder gescheit und Erwachsene reich macht; die Schafgarbe, früher als Mittel gegen die Pest bekannt; und der Rainfarn, mit dem man Hexen bannte.

Die Kräuter wurden vorzugsweise am Donnerstag vor Himmelfahrt eine Stunde vor Sonnenaufgang gesammelt, und man legte sie zur Weihe sogar hin und wieder unter das Altartuch, da sie dann den Segen besonders gut aufnehmen sollten. Diese Sitte wurde aber später verboten und die Kräuter durften nur noch neben den Altar gelegt werden. In Bayern schob man auch etwas ungesalzenes Schweinefleisch in den Würzbüschel, mit dem man im folgenden Frühjahr den Pflug vor dem ersten Einsatz einrieb. Allerdings musste man auf seinen Krautbuschen gut Acht geben, da Hexen und Zauberer versuchten, vor der Weihe böse Dinge hineinzuschmuggeln.

Die geweihten Kräuter stellte man in den Herrgottswinkel oder trocknete sie, um aus ihnen Heiltee zu kochen. Man mischte auch krankem Vieh geweihte Kräuter ins Futter, fügte frischem Saatgut geweihtes Getreide zu oder legte Toten ein Kreuz aus geweihten Kräutern auf den Sarg. Außerdem galten die Kräuter als Schutz vor Gewittern und vor Verhexung – vor allem in besonders gefährlichen Zeiten wie den Raunächten (siehe S. 262f.). Kräuter wurden auch in einer Pfanne mit glühenden Kohlen durch das Haus getragen, um böse Geister zu vertreiben, oder man steckte sie ins Ehebett, wo sie für ehelichen Segen zu sorgen hatten.

Mariä Himmelfahrt gilt als großer Frauentag, mit dem der so genannte Frauendreißiger beginnt, eine der weihevollsten Zeiten des Jahres, während der die Gottesmutter angeblich die Erde segnet und die Natur den Menschen besonders freundlich gesonnen ist. Der Frauendreißiger endet an Mariä Geburt am 8. September. Während dieser Zeit waren früher die Wurzelgräber und Kräuterweiber unterwegs.

Da gewisse Tiere in diesen Tagen als ungiftig und sogar als heilsam galten, wurden ihre Felle oft zur Abwehr von Hexen an Turen und in Ställe genagelt. Besondere Heilkräfte schrieb man dem Fell und dem Fett von Wieseln und dem Fett von Kröten zu. Außerdem ist es ein alter Brauch, an Mariä Himmelfahrt die Kleider zu lüften, um sie so das ganze Jahr vor Mottenfraß zu schützen.

Bartholomäus – *24. August*

Nach der Überlieferung wurde Bartholomäus, dessen eigentlicher Name Nathanael war, vom Apostel Philippus in den Kreis der Jünger Jesu geholt. Nach dessen Auferstehung soll Bartholomäus als Wanderprediger in Armenien, Mesopotamien und Indien unterwegs gewesen sein, wo er Götzenbilder stürzte und Kranke und Besessene heilte, unter ihnen die Tochter des armenischen Königs Polimius. Dessen Bruder aber nahm Bartholomäus schließlich gefangen und ließ ihn schinden – ihm wurde bei lebendigem Leibe die Haut abgezogen – und anschließend kreuzigen oder, nach einer anderen Version der Legende, enthaupten. Die Gebeine des Heiligen sind in der Kirche St. Bartolomeo auf der Tiberinsel in Rom beigesetzt. Seine Hirnschale befindet sich seit 1238 im Dom in Frankfurt am Main, dessen Patron er ist.

Schäferläufe

Aus beinahe allen Gegenden Deutschlands sind Feste bekannt, mit denen das Ende der Weidezeit begangen wird. Neben reichlichem Essen und Trinken gehören zu ihnen Spiele und Wettbewerbe. Schon seit dem 14. Jahrhundert sind Schäferläufe belegt, die gewöhnlich um Bartholomäus zu Beginn der fetten Herbstweide stattfinden. Diese Schäferläufe gehen auf Zunftversammlungen der Schäfer zurück. Im Mittelpunkt der Veranstaltungen stehen Wettrennen der Schäfer und Schäferinnen, die barfuß über ein Stoppelfeld laufen müssen. Die Gewinner werden König und Königin und bekommen einen Hammel beziehungsweise ein Schaf. Im Anschluss finden oft Tänze und Umzüge statt.

Bartholomäus ist Schutzheiliger der Bauern, Bäcker, Winzer, Hirten, Schneider, Sattler, Schuhmacher, Metzger, Bergleute, Buchbinder und Hirten und vor allem der Fischer. Er wird bei Nerven- und Hauterkrankungen angerufen. Seine Attribute sind Buch, Rolle und Messer.

An Bartholomäus finden häufig Erntefeste, Wallfahrten, Jahrmärkte, Kirchweihen und Schulfeste statt. Zu den bekanntesten Bartholomäus-Märkten gehört der Markt in Bad Ems an der Lahn (siehe S. 185), wo unter anderem ein Blumenkorso stattfindet. Typisch sind auch Feste der Hirten wie Schäferläufe oder Fischertage, die darauf zurückgehen sollen, dass früher an Bartholomäus die Schonzeit der Fische in den Binnengewässern endete.

Der Bartholomäustag galt häufig als Herbstbeginn, an dem mit der Schweinemast für den Winter begonnen wurde, die Ernte eingebracht und die Herbstsaat im Boden sein sollte.

Wenn der Hafer noch nicht geschnitten war, so hieß es, würde Bartholomäus höchstpersönlich das Korn knicken, und in manchen Gegenden sagte man, er ritte es mit einem Schimmel nieder. Da die Ernte im Allgemeinen aber eingebracht war, verkürzte sich nun der bäuerliche Tageslauf.

Außerdem sollen an diesem Tag die Störche in Richtung Süden aufbrechen. Im Bauernkalender heißt es: »Bleiben die Störche nach Bartholomä, tut der Winter nicht arg weh«. Butter vom Bartholomäustag wird besondere Heilkraft zugeschrieben und früher bekam das Gesinde oft eine Extraration.

In Frankreich ist der Name des Heiligen mit einem grausamen Ereignis verbunden. Während der berühmten Bartholomäusnacht 1572 ließ Katharina von Medici 5000–10 000 Hugenotten ermorden (die Angaben schwanken beträchtlich).

Veranstaltungstipps

Lavendelfest in Bad Blankenburg

Nachdem der Weinbau zum Erliegen gekommen war, begann man im thüringischen Bad Blankenburg im 18. Jahrhundert gewerbsmäßig Lavendel anzubauen, der in dem milden Klima der sonnigen Berghänge vor allem rund um die Burg Greifenstein gut gedieh. Bis ins 19. Jahrhundert diente der Lavendel den heimischen Bauern als Erwerbsquelle und heute knüpft man an diese Tradition wieder an. Meist am zweiten Wochenende im August feiern die Blankenburger daher seit einigen Jahren das Lavendelfest. Neben Trachtentänzen und Musik werden geführte Kräuterwanderungen auf dem Lavendelweg angeboten.

Blumenkorso in Bad Ems

Der wahrscheinlich größte Blumenkorso Deutschlands ist am letzten Augustsonntag im rheinland-pfälzischen Bad Ems zu sehen, wo sich mittags ein kilometerlanger Zug von etwa fünfzig Wagen mit einer Million Blüten in Bewegung setzt, aus denen zahllose fleißige Hände während der vorangegangenen vierundzwanzig Stunden Schiffe, Tierfiguren und historische Bauwerke gestaltet haben. Begleitet wird der etwa zwei Stunden dauernde Zug von Musikkapellen, Trommlern, Fanfarenbläsern, Tanz- und Majorettengruppen.

Bamberger Sandkerwa

Seit fünfzig Jahren feiern die Bamberger um den Bartholomäustag (24. 8.) in den Straßen und Gassen ihrer Altstadt die »Kerwa am Sand«, ursprünglich eine Feier zur Erinnerung an die Weihe der Kirche St. Elisabeth am Sand, die bereits 1531 urkundlich belegt ist. Höhepunkte des fünftägigen Festes sind ein Fischerstechen am Samstag- und Sonntagnachmittag auf der Regnitz, das in Bamberg schon 1498 bekannt war, und abendliche Illuminationen der alten Fischerhäuser entlang des Flusses. Am Montag findet unter dem Kirmesbaum ein Hahnenschlagen statt, abends endet das Fest mit einem Feuerwerk auf der Regnitz.

Rochusfest in Bingen

Am Sonntag nach dem Rochustag (16.8.) begeht man im rheinland-pfälzische Bingen eine Woche lang das Rochusfest, das schon Goethe 1814 besuchte und in dem Aufsatz »Sanct Rochus-Fest zu Bingen« ausführlich beschrieb. Es ist ein rein kirchliches Fest mit volkstümlichem Charakter, das auf ein Pestgelübde aus dem Jahre 1666 zurückgeht. Hauptfeierlichkeit ist die Rochusprozession am Sonntag, die von der Basilika zu der wunderschön gelegenen Rochuskapelle führt, wo sich die Wallfahrer anschließend in Weinzelten stärken können. Während der gesamten Festwoche, in der täglich Gottesdienste stattfinden, kommen zehn- bis fünfzehntausend Menschen zu der Kapelle.

Lichterfest in Bodenwerder

Eine fünfzigjährige Tradition hat das Lichterfest im niedersächsischen Bodenwerder, das am zweiten Samstag im August direkt an der Weserpromenade stattfindet. Das abwechslungsreiche Programm bietet Tanz, Musik und Vorführungen auf verschiedenen Bühnen, aber auch Karussells und Spielmöglichkeiten für Kinder. Am Abend schließt das Fest mit einem Höhenfeuerwerk, das mit seiner halbstündigen Dauer das größte Feuerwerk an der Weser sein soll.

Heimat- und Trachtenfest in Burg

Am letzten Wochenende im August feiert die brandenburgische Stadt Burg ihr Heimat- und Trachtenfest, auf dem sorbische Folklore und Bräuche gezeigt werden. Neben einem regionaltypischen Handwerkermarkt gibt es am Sonntag einen Heimat- und Trachtenumzug. Mit dem Fest will man die Kultur der Sorben (und Wenden), die im Zuge der Völkerwanderung im 6. Jahrhundert das Gebiet östlich von Elbe und Saale besiedelten und lange unter Unterdrückung und Repressionen litten, bekannt machen und neu beleben.

Harzer Jodlerwettstreit in Clausthal-Zellerfeld

Wer meint, Jodeln sei ausschließlich Sache der Alpenbewohner, der irrt sich gewaltig. Jodeln diente früher in allen Gebirgen als Verständigungsmittel etwa zwischen Köhlern und Holzfuhrleuten. Auch im Harz hat es eine lange Tradition und seit 1935 gibt es dort einen Jodlerwettstreit, der am ersten Augustsonntag im Waldpark von Clausthal-Zellerfeld in Niedersachsen und am ersten Septembersonntag auf der Waldbühne in Altenbrak ausgetragen wird. Insgesamt sind etwa hundertfünfzig Vorträge von Solisten bis zu Sextetten zu hören. Daneben werden aber auch alte oberharzer Bräuche wie Volkstänze oder Peitschenknallen gezeigt.

Further Drachenstich

Further Drachenstich. Der feuerspeiende Drache

Der Drachenstich geht auf eine Legende zurück, nach der das ostbayrische Furth um 1431 von einem Drachen bedroht wurde, dem sich die Burgherrin zur Rettung der Stadt opfern wollte. Aber im letzten Moment wurde sie vom tapferen Ritter Udo gerettet. Heute wankt das feuerspeiende und flügelschlagende Ungeheuer am zweiten und dritten Wochenende im August durch die Straßen der festlich geschmückten Stadt, bis Ritter Udo ihm den Garaus macht. Das Spiel ist aus einem Fronleichnamsbrauch hervorgegangen, bei dem der heilige Georg den Drachen bezwang. Um das Spektakel herum wird heute eines der größten Feste Ostbayerns gefeiert.

Salzsäumerfest in Grafenau

Säumer nannte man im Mittelalter die Fuhrleute, die auf Saumpfaden mit Saumtieren (Eseln und Pferden) Waren transportierten. Das lateinische Wort *sauma* bezeichnet eine Art Packsattel. Grafenau ist der letzte bayrische Ort an der »Gulden Straß«, der alten Handelsroute von und nach Böhmen, auf der man das weiße Gold, wie das Salz genannt wurde, beförderte. 1976 erinnerte man sich in der Stadt wieder seiner Geschichte und seither ziehen die Säumer am ersten Augustsamstag in historischen Trachten von Harschetsreuth über Schlageröd und Schlag in die alte Stadt Grafenau, wo schon seit dem Morgen buntes Markttreiben herrscht und Theatergruppen Schwanke aufführen.

Kamenzer Forstfest

Alljährlich während der Bartholomäuswoche feiert das sächsische Kamenz sein Forstfest, das bereits im 15. Jahrhundert im Zusammenhang mit der städtischen Bedrohung durch die Hussiten entstanden sein soll. Möglicherweise geht es auf Bittgänge der Schulkinder zum Forst des nahen Klosters St. Marienstern zurück. In seiner heutigen Form ist es vor allem eine Blumenschau. Am Montag und Donnerstag der Festwoche ziehen die Schüler in weißer Festkleidung und bunten Schärpen mit Hunderten von blumengeschmückten Fahnen, Kränzen, Körbchen, Füllhörnern und anderen Gebinden durch die mit Schaulustigen gefüllten Straßen der Stadt.

Mainzer Weinmarkt

Während der Weltwirtschaftskrise entstand 1932 der Mainzer Weinmarkt, mit dem man den Absatz des Weins heben wollte. Nach dem Zweiten Weltkrieg wurde er 1946 als erstes Volksfest wieder eröffnet. Auf dem Weinmarkt, der heute Ende August/Anfang September stattfindet und jedes Jahr von vierhunderttausend Menschen besucht wird, werden Weine aus allen Anbaugebieten Deutschlands angeboten. Seinen Höhepunkt bildet ein kilometerlanger Winzerfestzug mit über zweitausend Mitwirkenden, der durch die Stadt zum Volkspark zieht, wo der Weinmarkt seit 1965 seinen Standort hat.

Schäferlauf in Markgröningen. Der Wettlauf übers Stoppelfeld

Markgröninger Schäferlauf

Am Wochenende nach dem Bartholomäustag (24. 8.) ist im baden-württembergischen Markgrönigen der traditionelle Schäferlauf zu sehen, der schon im 15. Jahrhundert den Abschluss eines Zunfttreffens der Schäfer des Umlandes bildete, die in Markgröningen ihr Zunftgericht abhielten und auf dem Wollmarkt ihre Ware verkauften. Auch wenn sich der Schäferlauf heute zu einem großen Volksfest entwickelt hat, stehen die Schäfer noch immer im Mittelpunkt und ziehen am Samstag mit ihren alten Trachten in einem festlich geschmückten Zug zum Stoppelfeld beim Oberen Tor, wo der Wettlauf ausgetragen wird. Auch der im Anschluss stattfindende Hahnentanz hat bei den Schäfern eine lange Tradition.

Bürgerschützenfest in Neuss

Die Stadt Neuss rühmt sich, mit ihrem Bürgerschützenfest das größte »reinrassige rheinische Schützenfest« auszurichten, das während acht Tagen um den Sonntag nach Bartholomäus (24. 8.) stattfindet. Zu den festen Programmpunkten gehören mehrere Festumzüge, ein Schützenkönigsschießen, ein großer Fackelzug am Samstag mit bunt beleuchteten Pappfiguren, eine Kirmes auf der Festwiese mit dem Schützenzelt und eine Menge Unterhaltung und Spiele für Kinder.

Römertag in Borg bei Perl

Vor etwa hundert Jahren entdeckte der Lehrer Johann Schneider in der Nähe des saarländischen Borg Reste einer römischen Siedlung. 1987 begann man sie systematisch zu untersuchen und fand eine imposante gutshofartige Anlage mit einer Gesamtfläche von über 7,5 Hektar, die nun Teil für Teil rekonstruiert wird. Seit einigen Jahren wird um den 15. August in der »Villa Borg« ein Römertag abgehalten, an dem man nicht nur die Villa besichtigen, sondern auch sehen kann, wie die Römer einmal lebten. So wird beispielsweise das Lagerleben römischer Legionäre gezeigt, aber auch die Arbeit römischer Handwerker, die ihre Produkte zum Kauf anbieten. Zur Stärkung gibt es römische Speisen.

Wikingertage in Schleswig

Seit 1986 finden in Schleswig im zweijährigen Turnus die Wikingertage statt. Auf den Königswiesen an der Schlei ist ein Dorf aufgebaut, in dem demonstriert wird, wie die Wikinger vor tausend Jahren in der Siedlung Haithabu vor den Toren Schleswigs lebten, wo sich heute auch ein Wikingermuseum befindet. Die »Wikinger« zeigen ihr Handwerk, feiern, musizieren und tragen Wettkämpfe aus. Daneben können Besucher Drachenschiffe besichtigen oder sich in wikingerzeitlichen Kämpfen und Spielen üben.

Schmalkalder Hirschessen

Auf das Jahr 1379 geht das »Hirschessen« im thüringischen Schmalkalden zurück. Damals erhielten die Bürger der Stadt jedes Jahr vom Landgrafen einen Hirsch zum Geschenk, der Ausdruck landesväterlicher Zuwendung sein sollte. Natürlich wurde bei dem Mahl, bei dem man den Hirsch verspeiste, auch getrunken und getanzt und bald stellten sich Gaukler und fahrendes Volk ein. So entstand ein traditionsreiches Volksfest, das man in Schmalkalden neu belebt hat. Seinen Höhepunkt findet es in dem großen Aufzug mit Hirsch am Samstag. Um die gleiche Zeit, Ende August, findet in Schmalkalden auch der Bartholomäusmarkt statt.

Stoppelmarkt in Vechta

Die älteste Urkunde, die den Stoppelmarkt nennt, stammt aus dem Jahre 1298. Als 1577 im niedersächsischen Vechta die Pest ausbrach und die Stadttore geschlossen wurden, hielt man den Markt vor der Stadt auf dem offenen Feld ab, was vermutlich seinen Namen erklärt. Und noch heute befindet sich der Stoppelmarkt außerhalb der Stadt. Seit dem Krieg hat er sich jedoch immer mehr zu einem Vergnügungspark gewandelt, der jedes Jahr über eine halbe Million Besucher anzieht. Er gilt als das größte und älteste Volksfest des nordwestlichen Niedersachsen und findet in einem Zeitraum von fünf Tagen um den 15. August statt. Zu seinem Programm gehören auch ein festlicher Umzug und ein Feuerwerk.

Vilgertshofener »Stumme Prozession«

Das kleine bayrische Dorf Vilgertshofen besitzt eine große Kirche »Zu Ehren der Schmerzhaften Muttergottes«, die seit Jahrhunderten Wallfahrtsstätte ist. Seit 1730 ist dort ein Umgang mit Passionsbildern bekannt, der auf ein Gelöbnis aus dem Dreißigjährigen Krieg zurückgehen soll. Vor hundert Jahren entwickelte sich die Traditon, lebende Bilder in die Prozession einzubinden. Noch heute versammeln sich am Sonntag nach Mariä Himmelfahrt Gemeindemitglieder zu einer feierlichen Prozession durch den Ort, während der sie Szenen aus dem Alten und Neuen Testament darstellen. Die ortsansässigen Familien betrachten die Teilnahme als Ehre und Kostüme werden innerhalb der Familie vererbt. Den Einheimischen schließen sich jedes Jahr bis zu achttausend Fremde an.

Waldshuter Chilbi

Die Waldshuter Chilbi (alemannisch: Kirchweih) soll der Überlieferung zufolge an den glücklichen Ausgang der Belagerung Waldshuts durch die Schweizer Eidgenossen im Jahr 1468 erinnern. Es heißt, damals hätten die Bewohner ihren letzten Hammel auf die Stadtmauer geführt, um die Belagerer glauben zu machen, Waldshut verfüge noch über genügend Fleisch. Der Trick funktionierte und die Schweizer zogen ab. Daher wird noch heute beim großen Festumzug am Sonntag nach Mariä Himmelfahrt der Chilbibock mitgeführt. Außerdem beteiligen sich an ihm Gruppen aus verschiedenen Schweizer Kantonen und Trachtengruppen der näheren und weiteren Umgebung.

Wormser Backfischfest

Eines der größten Wein- und Volksfeste am Rhein ist das Backfischfest im rheinland-pfälzischen Worms, das während einer Woche um das letzte Augustwochenende stattfindet und bis heute alte Brauchtumselemente aufweist, die gleich bleiben, während das übrige Programm von Jahr zu Jahr wechselt. Die beiden im Mittelpunkt des Festes stehenden traditionellen Veranstaltungen sind der auf 1483 zurückgehende Gesellentanz in historischen Kostümen, der 1926 von der Turngemeinde Worms neu belebt wurde, und der Festzug der Wormser Schiffer- und Fischergilde, dem sich ein Fischerstechen am Floßhafen anschließt.

Wormser Backfischfest. Das Riesenrad bei Nacht

September

Da im September der Herbst Einzug hält, hieß er natürlich Herbstmonat, aber man nannte ihn auch »Fulmonat«, den Speicher- und Kellerfüller, oder Saumonat, da die Wildschweinjagd begann. Sein heutiger Name ist wie die meisten Monatsbezeichnungen dem altrömischen Kalender entlehnt, in dem er der siebte Monat (*septem* = sieben, siehe auch S. 16) war.

Astronomisch gesehen beginnt der Herbst mit der Tagundnachtgleiche am 23. September, wenn die Sonne auf ihrer scheinbaren Bahn den Himmelsäquator wieder schneidet. Der Bauernkalender kannte früher jedoch noch verschiedene andere Herbstanfänge, die beispielsweise auf Laurentius (10. August), Bartholomäus (24. August) oder Mariä Geburt (8. September) fielen.

Herbstzeitlose

Ein typischer Herbstbote ist die Zeitlose, aus deren Blattspitzen sich die Hexen nach der Vorstellung des Volksglaubens schon am 1. Mai Salat bereiten. Die Zwiebel der Pflanze trug man früher als Schutz vor Pest und anderen ansteckenden Krankheiten bei sich, aber auch gegen Zahnweh, Kopfweh und Ruhr; manch einer legte sie gegen Bauchschmerzen unter das Kopfkissen. Mit frischen Pflanzen strich man Warzen ein und aus Herbstzeitlose hergestellte Salbe diente zur Behandlung rauer Hände und Frostbeulen.

Für Hochzeiten galt der Herbst als günstig, da die Ernte eingebracht war und man sich anderen Dingen widmen konnte. Man fürchtete allerdings den nebligen Spätherbst, denn nach dem Volksglauben war er eine Zeit, in der Irrlichter leuchteten, das zweite Gesicht auftrat und das Wilde Heer und andere Geister erneut ihr Unwesen trieben. Der Herbst nahm, so glaubte man, wie das Frühjahr auch, die Kranken mit, und wenn ein Obstbaum austrieb oder gar blühte, betrachtete man dies als böses Vorzeichen für den baldigen Tod eines Hausbewohners. Vermutlich erinnerte das scheinbare Sterben der Natur die Menschen an die eigene Vergänglichkeit.

Der September ist ein Monat der Märkte. In Bayern finden an vielen Orten so genannte Dulten statt wie beispielsweise die Auer Dult in München, die auch im

Frühjahr abgehalten wird. Früher wurden außerdem in zahlreichen Städten Gemüsemärkte abgehalten, auf denen man Wintervorräte einkaufte.

Im September beginnen in den Weinregionen Deutschlands auch die Wein- und Winzerfeste, deren Zahl fast unüberschaubar ist. Die wenigsten aber können auf eine längere Tradition zurückblicken. Viele entstanden in den dreißiger Jahren des 20. Jahrhunderts, als eine durch fortschreitenden Preisverfall herbeigeführte Existenzkrise die Winzer auf die Idee brachte, durch Weinfeste den Absatz zu fördern, andere wurden aus dem selben Grund nach dem Zweiten Weltkrieg ins Leben gerufen. Eine ganz ähnliche Entstehungsgeschichte haben auch viele Bier- oder Hopfenfeste.

In den September fällt meist auch der Almabtrieb, der den bäuerlichen Erntefesten entspricht. Früher feierte man ihn gewöhnlich aber nur dann, wenn die Tiere den Sommer gesund und unbeschadet überstanden hatten, also keine Seuche ausgebrochen und kein Tier abgestürzt war, und es auch im Hause des Almbauern keinen Todesfall oder kein anderes schlimmes Unglück gegeben hatte. Als günstig für den Almabtrieb galten Sonntag, Dienstag und Donnerstag, in manchen Gegenden fand er jedoch an einem bestimmten Tag statt. Bei den mit ihm verbundenen Bräuchen handelt es sich im Ursprung um Übergangsriten, durch die die Tiere vor bösen Geistern geschützt werden sollten. Dazu gehört der Lärmzauber, an den immer noch das Peitschenknallen der Hirten erinnert, oder zahlreiche Abwehrzauber. So gab man dem Vieh geweihtes Salz, besprengte es mit Weihwasser oder schlug es mit der Lebensrute (siehe S. 88).

Bis heute werden die Tiere, insbesondere die Leitkuh, mit Kränzen geschmückt, die aus Tannengrün, Bändern, Blumen, Holzspänen, Rauschgold und Spiegeln bestehen können. Eine Besonderheit des Berchtesgadener Raumes sind die so genannten Fuikln, zwei- bis dreistöckige Kronen aus Fichtenwipfeln, die mit Sternen, Rosetten und bunten Holzbändern verziert sind. Mit dem Herstellen der »Kranzln« darf übrigens erst einen Tag nach Bartholomäus begonnen werden. Außerdem tragen die Tiere beim Almabtrieb je nach

Jahrmärkte, Märkte, Messen, Dulten

In alten Städten entstanden Märkte vielfach im 12. und 13. Jahrhundert, allerdings sind auch weit ältere Märkte bekundet. Das Vergaberecht für die Abhaltung eines Marktes lag beim König oder bei von ihm beauftragten Lehensleuten, Adligen oder kirchlichen Amtsträgern. Dafür wurden zwar Abgaben eingefordert, andererseits war damit aber auch der Schutz der Händler und Kaufleute garantiert.

Viele Märkte fanden im Herbst statt, nachdem die Ernte eingebracht war. In den meisten Fällen wurden sie an kirchlichen Feiertagen, vor allem an Heiligenfesten, abgehalten, an denen das Volk ohnehin in die Städte strömte. Die Märkte waren zunächst Waren- und Krammärkte, aber auch gesellige Treffpunkte, wo man Neuigkeiten austauschte, eine neue Stellung suchte und sogar Brautschau hielt. Daher lag es nahe, dass sich zu diesen Anlässen rasch auch Schausteller, Gaukler, Bänkelsänger, Marionettenspieler und Quacksalber einstellten. Als dann die Märkte ihre Bedeutung als Warenumschlagsplätze langsam verloren, wuchs das Angebot an Unterhaltung, bis viele der alten Jahrmärkte zu reinen Vergnügungsmärkten oder Volksfesten wurden.

Rangordnung größere oder kleinere Glocken, die durch ihr Geläut ebenso böse Geister vertreiben sollen.

Dem Almabtrieb schließt sich oft der Viehscheid an, der auf einer großen Wiese stattfindet, wo man die Tiere sortiert und anschließend ihren Besitzern übergibt. In Oberstdorf, wo der Viehscheid heute zur Touristenattraktion geworden ist, sind gewöhnlich weit über tausend Tiere auf dem Scheidplatz versammelt.

Almabtrieb im Berchtesgadener Land. Die Kühe werden mit aufwändigen Gebinden geschmückt.

Ende September beginnt der Altweibersommer, eine in Mitteleuropa mit großer Regelmäßigkeit auftretende Schönwetterperiode.

Ägidiustag – *1. September*

Ägidius, in Frankreich unter dem Namen Gilles bekannt, war ein vornehmer Athener, der im 7. Jahrhundert lebte und als Pilger nach Südfrankreich ging, wo er in einer Höhle im Wald als Einsiedler hauste und sich der Legende zufolge von der Milch einer Hirschkuh ernährte. Eines Tages erschien der König mit einer Jagdgesellschaft und stellte der Hirschkuh nach. Als sie sich in die Höhle des Einsiedlers flüchtete, wurde Ägidius von einem Pfeil des Königs getroffen. Um seine Schuld wieder gutzumachen, ließ der Herrscher ein Kloster errichten, das Ägidius bis zu seinem Tod um das Jahr 720 leitete. Im Mittelalter entwickelte sich dieses Kloster, bei dem auch die Stadt Saint-Gilles entstand, zu einer berühmten Wallfahrtsstätte, die an einer Pilgerstraße nach Santiago de Compostela lag (siehe S. 163). In Deutschland wurden im 12. Jahrhundert Ägidius zu Ehren Klöster in Nürnberg, Münster, Halberstadt und Braunschweig gegründet. Ortsnamen wie St. Ägyd, St. Ilgen oder Gillersheim zeigen, dass der Heilige auch im deutschen Sprachgebiet große Verehrung erfuhr. Viele von ihnen waren im Mittelalter bekannte Wallfahrtsstätten, und an einigen Orten gibt es auch heute noch Ägidius-Wallfahrten, an denen vor allem Bauern und Jäger teilnehmen.

Ägidius ist Schutzheiliger der Städte Osnabrück und Nürnberg und Patron der Bogenschützen, Hirten, Jäger, Bettler und Aussätzigen. Er wird zur Ablegung einer guten Beichte und gegen Trockenheit, Feuer, Sturm, Unfruchtbarkeit und Geisteskrankheit angerufen. Er ist einer der vierzehn Nothelfer (siehe S. 241).

Maria oder Mariä Geburt – *8. September*

Dieser Festtag, auch kleiner Frauentag genannt, ist neben Weihnachten und Johanni der einzige Geburtstag, den die Kirche feiert.

Der Überlieferung nach war Maria die Tochter des hochbetagten Ehepaares Joachim und Anna (siehe S. 164). Nach einer behüteten Jugend verlobte sie sich mit Josef von Nazareth, doch noch bevor die Hochzeit stattfand, wurde die jungfräuliche Maria mit Jesus schwanger. Nach seiner Geburt mussten Maria und Josef nach Ägypten fliehen, um dem Kindermord des Herodes zu entgehen. In Überlieferungen des späteren Lebens Jesu findet Maria nur noch gelegentlich Erwähnung.

Nachdem Maria 431 auf dem Konzil von Ephesus, wo sie zuletzt gelebt haben soll, der Titel der »Gottesgebärerin« verliehen worden war, wurde sie zur größten Heiligen der Kirche, und es entstand ein ausgeprägter Marienkult mit vielen Kultstätten, deren Entstehung oft auf das Wunder einer Madonnenerscheinung zurückgehen. Auch kamen im Laufe der Zeit Marienpfennige, Marienmedaillen, Marientaler, Marienbildchen und andere Devotionalien auf. In den Kirchenkalender wurden zahlreiche Marienfeste wie das Hochfest der Gottesmutter Maria (1. Januar), Mariä Lichtmess (2. Februar), Mariä Verkündigung (25. März), Mariä Heimsuchung (2. Juli), Mariä Himmelfahrt (15. August), Mariä Namen (12. September) oder Die Unbefleckte Empfängnis Marias (8. Dezember) aufgenommen. Das Fest Mariä Geburt bürgerte sich in Rom im Laufe des 7. Jahrhunderts ein. In Deutschland wurde es ab dem 10. Jahrhundert mit Prozessionen begangen, die sich zum Teil bis heute erhalten haben. Im 9. Jahrhundert entstand offenbar der Brauch, Maria den Samstag zu weihen und ihr an diesem Tag eine Messe zu lesen.

Der Marienkäfer

Der kleine Marienkäfer ist mit vielerlei Aberglauben verbunden. So galt er als Seelentier und Bote aus dem Jenseits. Wer einen Marienkäfer tötete, dem zürnte die Gottesmutter nach dem Volksglauben neun Tage, wenn er für seine Tat nicht sogar mit Tod und Hölle bestraft wurde. Noch heute wird der Marienkäfer als Glücksbringer betrachtet, und bei Bauern und Gärtnern ist er schon deshalb gern gesehen, weil er mit großem Appetit Blattläuse vertilgt.

Marienkäfer zerdrückte man auch und nahm sie gegen Zahnschmerzen und Keuchhusten oder als Aphrodisiakum ein.

Maria wurde Patronin von Städten und Ländern wie Polen und Bayern, der Bistümer Aachen und Speyer und zahlloser Kirchen. Sie gilt als Beschützerin der Mütter, der Ungeborenen, der Kranken, der Reisenden zu Wasser und zu Lande, der Krieger und der kämpfenden Heere, der Töpfer, Schiffer, Köche, Gastwirte und Kürschner und wird in allen Nöten und Gefahren, vor allem gegen Gewitter und alle erdenklichen Krankheiten, angerufen. Kinder werden ihrem Schutz anvertraut und auf ihren Namen getauft, weshalb auch Jungen

als zweiten Namen durchaus Maria erhalten. Bäume, Quellen und Brunnen tragen Marias Namen, ebenso Pflanzen und Tiere wie Mariendistel oder Marienkäfer.

An Mariä Geburt sollen die Schwalben, die als Muttergottesvögel gelten und zu Mariä Verkündigung aus ihrem Winterquartier zurückkamen, wieder fortziehen. Ein Stein aus dem Magen einer Schwalbe, die man an diesem Tag fängt, soll ein wirksames Mittel gegen die Fallsucht sein. Für Frauen galten an Mariä Geburt häufig Arbeitsverbote, aber der Tag war auch ein wichtiger Termin für Almabtriebe und Viehmärkte.

Hildegard von Bingen. Nach einer Buchmalerei aus dem 15. Jahrhundert

Tag der heiligen Hildegard von Bingen – *17. September*

Hildegard von Bingen, eine der größten deutschen Mystikerinnen und »erste Ärztin«, wurde um 1098 als Tochter adliger Eltern geboren und ab dem achten Lebensjahr von ihrer Verwandten Jutta von Sponheim erzogen, die das Kloster Disibodenberg leitete, dessen Führung Hildegard 1136 übernahm. Zehn Jahre später gründete sie auf dem Rupertsberg bei Bingen ein neues Kloster, dem sie drei Jahrzehnte vorstand. Viele der Großen und Mächtigen ihrer Zeit, unter ihnen auch Friedrich Barbarossa, suchten bei der Äbtissin Rat. Hildegard starb über achtzigjährig, und schon bald nach ihrem Tod wurde sie wie eine Heilige verehrt. Ihre Gebeine befinden sich heute in der Pfarrkirche von Eibingen. Die heilige Hildegard verfasste Dichtungen und Werke zu Gesundheits- und Ernährungsthemen, die sich gerade in den letzten Jahren wieder eines großen Interesses erfreuen.

Tag des heiligen Lambertus – *18. September*

Früher fiel auf den 17. September auch der Gedächtnistag des heiligen Lambertus, der im Zuge der Kalenderreform auf den 18. September verlegt wurde. Lambertus wird vor allem von den Franken verehrt, aber auch in Westfalen und insbesondere in Münster, wo dem Heiligen eine großartige Kirche geweiht ist. Im

Mittelalter fanden in Münster Prozessionen statt, später feierte man am Lambertustag ein großes Volksfest, das seit 1791 belegt ist. Heute sind es vor allem die Kinder, die an diesem Tag Pyramiden aus »Lammejönkes« – traditionell ausgehöhlte und mit buntem Papier beklebte Rüben, die mittlerweile aber meist durch papierne Lampions ersetzt wurden – aufstellen, um die sie tanzen und Lambertuslieder singen.

Lambertus war der Sohn vornehmer Eltern und wurde im Jahre 640 in Maastricht geboren, 672 zum Bischof der Stadt geweiht und 706 im Streit um die Kirchenrechte von Adligen ermordet. Er ist unter anderem Patron der Städte Oldenburg, Lambrecht in der Pfalz und Freiburg im Breisgau, wo seit dem 12. Jahrhundert im Münster eine Kopfreliquie des Heiligen aufbewahrt wird. Außerdem ist er Schutzheiliger der Holzschnitzer, Maurer, Bauern, Chirurgen und Zahnärzte und wird gegen Augenleiden, Epilepsie, Krämpfe und Viehseuchen angerufen.

Ebenfalls am 18. September wird sein Namensvetter Lambert oder Lantpert verehrt, der im 10. Jahrhundert Bischof von Freising war und der Legende zufolge den dortigen Dom vor der Zerstörung durch die einfallenden Ungarn bewahrte. Das Bauwerk wurde durch seine Gebete tagelang von dichtem Nebel verhüllt.

Matthäus – *21. September*

Der Apostel Matthäus hieß eigentlich Levi und war von Beruf Zöllner. Das erste der Evangelien ist ihm zugeschrieben. Später soll er Palästina verlassen haben und nach Ägypten und Äthiopien gezogen sein. Die Legende schreibt ihm zahlreiche Wunder zu. Möglicherweise starb er als Märtyrer, doch gibt es keine gesicherten Erkenntnisse über seinen Tod.

Matthäus ist Patron der Finanzbeamten, Zöllner, Buchhalter und Trinker und wird gegen Trunksucht angerufen.

Früher praktizierten Mädchen am Matthäustag Liebesorakel und ließen Papierschnitzel im Wasser treiben, um aufgrund ihrer Bewegungen herauszufinden, wann und wen sie heiraten würden. Anderswo flochten zwei Mädchen gemeinsam Kränze, einen aus Stroh und einen aus Blumen, legten sie um Mitternacht in einen mit Wasser gefüllten Bottich, tanzten um diesen herum und griffen dann blind hinein. Diejenige, die den Blumenkranz fasste, sollte im folgenden Jahr heiraten, der Strohkranz bedeutete Krankheit und Unglück. Ein Bad in einem Fluss oder See vor Sonnenaufgang am Morgen des Matthäustages schützt nach altem Glauben vor Krankheiten.

Als Lostag gilt Matthäus vor allem bei den Winzern. Herrscht an Matthäus schönes Wetter, bleibt es vier Wochen schön, friert es aber in der Matthäusnacht, wird es auch in den folgenden zweiundvierzig Nächten Frost geben.

Kosmas und Damian – *26. September*

Kosmas und Damian waren christliche Zwillingsbrüder, die im 3. Jahrhundert vermutlich in Syrien geboren wurden und dort um das Jahr 303 den Martertod starben. Die Legende berichtet, dass beide den Arztberuf wählten und unentgeltlich Kranke behandelten, Lahme und Blinde heilten und Tote erweckten, von denen sich viele zum christlichen Glauben bekehrten. In Deutschland werden in der Michaeliskirche in München, in Hildesheim und Essen Reliquien der Heiligen aufbewahrt. Kosmas und Damian genossen im Rheinland, in Schwaben, in den Hansestädten und im alemannischen Raum große Verehrung. Seit der Kalenderreform ist ihr Gedenktag statt des 27. der 26. September.

Die beiden Brüder wurden aus nahe liegenden Gründen Patrone der Ärzte, Chirurgen, Zahnärzte, Apotheker und medizinischer Fakultäten, aber auch Schutzheilige der Friseure, Krämer und Zuckerbäcker. Zu ihren Attributen zählen Uringlas und Salbengefäß.

Im Volksglauben kennt man die Kosmas-Damian-Salbe, die vor allem gegen die Pest, aber auch gegen jede andere Krankheit eingesetzt wurde.

Michaelstag – *29. September*

In Legenden und Darstellungen ist der heilige Michael ein äußerst streitbarer Engel, der Luzifer aus dem Himmel stürzte und Adam und Eva aus dem Paradies vertrieb. Seine Aufgaben sind vielfältig. Er gilt als Himmelsfürst, Vertrauter Gottes, Kämpfer gegen den Drachen, Verwahrer des Himmelsschlüssels, Führer der himmlischen Heerscharen, Beistand der Sterbenden, Begleiter der Seelen Verstorbener und Überbringer der Gebete der Menschen an Gott. Außerdem soll er mit seiner Posaune am Tag des Jüngsten Gerichts die Toten wecken und als Seelenwäger fungieren. Der 29. September wurde auf der Synode von Mainz 813 zum Gedächtnistag des Erzengels Michael bestimmt. Der 29. 9. ist als der Weihetag der Kirche St. Michele in Rom belegt. Ein anderer Grund mag gewesen sein, dass die Kirche mit der Festlegung dieses Datums den Wodankult verdrängen wollte, denn am 29. September hielten die Germanen ihr Thing oder Ding ab, eine Volksversammlung, auf der sie Opfer brachten, zu Gericht saßen, Recht sprachen und Gesetze erließen. Das Wort Ding, mit dem man heute eine Sache bezeichnet, bedeutete ursprünglich »Streit, Rechtshandlung« und liegt auch dem Wort »dingen« zugrunde, unter dem man früher »Gericht halten, Vertrag schließen« verstand.

Michael gilt als Schutzheiliger der armen Seelen, Sterbenden, Soldaten, Ritter, Schneider, Bäcker, Maler, Kaufleute, Glaser und Apotheker und wird gegen Blitz und Unwetter angerufen.

Außerdem ist er ein Patron der deutschen katholischen Kirche, was vermutlich den Begriff des »deutschen Michels« hervorgebracht hat. Erstmals findet er sich 1541 bei dem Geistlichen und Schriftsteller Sebastian Franck. Clemens Brentano und Achim von Arnim sollen dem Michel dann seine berühmte Schlafmütze aufgesetzt haben.

Im Volksbrauch galt Michaeli als Ende der Weidezeit, Zins- und Lostag und war mit Abgaben, Arbeitsverboten, Umzügen, Jahrmärkten und Erntebräuchen verbunden. Noch heute finden um den Michaelitag an vielen Orten Märkte statt (siehe auch S. 193) wie der Dürkheimer Michaelimarkt, besser bekannt als Wurstmarkt. Man hielt an Michaeli auch die so genannten Schlenklmärkte ab, auf denen sich das Gesinde einfand, um eine neue Anstellung zu finden. Außerdem galt der Tag als der Termin, ab dem man wieder bei künstlichem Licht zu arbeiten begann, und der Bauer oder Meister lud zum Festessen ein, bei dem eine »Lichtgans« oder ein »Lichtbraten« aufgetischt wurde. Die am Abend vor Michaeli entzündeten Feuer sollten ebenfalls symbolisieren, dass man nun zum Arbeiten Licht brauchte.

In der Landwirtschaft markierte Michaeli oft das Ende des Sommers und den Beginn der Wintersaat, obwohl man am Tag selbst nicht auf dem Feld arbeiten und auch nicht dreschen sollte, da angeblich Seelen durch die Luft flogen, die man hätte verletzen können.

Michael zählt zu den großen Wetterherrn und so lautet eine bäuerliche Vorhersage: »Wenn der Erzengel seine Flügel badet, regnet es bis Weihnachten.« Kommt hingegen »Michael heiter und schön, wird's noch vier Wochen so gehen.«

Die katholische Kirche hat 1969 im Zuge der Kalenderreform die Feste der drei namentlich in der Bibel erwähnten Engel Michael, Gabriel und Rafael zusammengelegt und begeht sie nun gemeinsam am 29. September.

Veranstaltungstipps

Wurstmarkt in Bad Dürkheim

Der Vorläufer des »größten Weinfestes der Welt«, der Michaelimarkt, ist im rheinland-pfälzischen Bad Dürkheim als Kirchweihmarkt bereits 1417 beurkundet. Im 16. Jahrhundert verlegte man ihn auf die Brühlwiesen, zu denen die Bevölkerung damals mit Wein, Wurst und selbst gebackenem Brot zog. Die Bezeichnung Wurstmarkt dürfte um 1750 aufgekommen sein. Heute beginnt der Markt am Samstagnachmittag mit einem Zug zum Festgelände, wo sich neben einem Vergnügungspark zahlreiche Stände befinden, an denen man Pfälzer Wurstspezialitäten und hundertvierzig Weinsorten probieren kann, die allerdings nur in Halblitergläsern ausgeschenkt werden.

Bietigheimer Pferdemarkt

Am 4. Februar 1792 erhielt die baden-württembergische Stadt Bietigheim von Herzog Carl Eugen das Recht, einen Ross- und Viehmarkt abzuhalten, der Mitte des 19. Jahrhunderts seine Blütezeit erlebte. Anfang des 20. Jahrhunderts wurde er eingestellt, doch nach dem Zweiten Weltkrieg knüpfte man an die Tradition wieder an, und obwohl heute zum Markt auch ein Vergnügungspark, ein Fischerstechen und ein Festzug gehören, stehen Pferde immer noch im Mittelpunkt. Neben dem Pferdemarkt am Montag finden während aller Festtage Turniere, Prämierungen und Schauen statt.

Billigheimer Purzelmarkt

Im Jahr 1450 wurde der freien Reichsstadt Billigheim das Recht zur Abhaltung eines Jahrmarktes verliehen, aus dem sich das älteste Volksfest von Rheinland-Pfalz entwickelte. Schon 1770 geht aus einer Urkunde hervor, dass dort neben Musikanten und Tambouren auch Läufer und Purzler zu sehen waren. Heute zieht am zweiten Septembersonntag ein historischer Zug mit Musikkapellen, Reitern, Festwagen und Trachtengruppen durch die Stadt, bei dem auch Jungen und Mädchen mitlaufen, die anschließend an volkstümlichen Wettkämpfen auf den Reitwiesen teilnehmen. Zu diesen Wettkämpfen gehört unter anderem das Purzeln an der Wurstwalze, das dem Markt seinen Namen gegeben hat. Der festliche Zug geht danach in den Ort zurück, wo sich buntes Jahrmarkttreiben abspielt.

Blankenburger Garnisonsfest

Alljährlich Anfang September lädt die Nordharzer Altertumsgesellschaft auf die wildromantisch gelegene Festungsruine Regenstein bei Blankenburg in Sachsen-Anhalt zum Garnisonsfest ein. Traditionsvereine aus ganz Deutschland zeigen dort die Befreiung der Burg durch die Preußen im Jahre 1758 zur Zeit des Siebenjährigen Krieges. Zu sehen sind unter anderem Waffeninspektionen, Salvenschießen, Lagerleben, Wachablösungen und natürlich die Erstürmung der Festung durch die Franzosen und die Rückeroberung durch preußische Truppen.

Bonner Pützchens Markt

Der Legende zufolge soll die heilige Adelheid während einer Hungersnot um das Jahr 1000 ihren Äbtissinnenstab in die Erde gestoßen und so eine Quelle zum Sprudeln gebracht haben, die *puteus* (lat. »Brunnen«) genannt wurde, was die Rheinländer bald in »Pützchen« umwandelten. Bald stellten sich Scharen von Wallfahrern bei einer an dieser Stelle erbauten Wallfahrtskirche ein, die wiederum Händler und Schankwirte anlockten. So entstand ein Markt, aus dem sich eines der größten rheinischen Volksfeste entwickelte, das heute mehr als eine Million Besucher hat. Besondere Attraktionen sind der »Plutenmarkt«, ein Kleidermarkt mit langer Tradition, und Feuerwerke am Eröffnungs- und Abschlussabend.

Cannstatter Wasen

Zu den traditionsreichsten Volksfesten Deutschlands gehört der Cannstatter Wasen, den König Wilhelm I. im Jahr 1818 nach Vorbild des Münchner Oktoberfestes als Landwirtschafts- und Erntedankfest einführte. Wahrzeichen des Festes war daher auch eine fünfzehn Meter hohe Fruchtsäule, die in kleinerer Form noch heute aufgestellt wird. Der Wasen in Stuttgart-Cannstatt beginnt Ende September und soll das zweitgrößte Volksfest der Welt sein. Sechzehn Tage lang zieht er mit seinen Fahrgeschäften, Schießbuden, Festzeltbetrieben und Feuerwerken fünf Millionen Besucher aus dem In- und Ausland an.

Der Cannstatter Wasen, 1818 erstmals als Erntedankfest gefeiert

Fränkisches Volksfest in Crailsheim

Im Jahre 1841 stiftete der württembergische König Wilhelm I. anlässlich seines sechzigsten Geburtstages auch in Crailsheim ein Fest zur Förderung der Landwirtschaft, aus dem sich das größte Heimat- und Volksfest Frankens entwickelte. Da es im Laufe der Zeit seinen Charakter als »Landwirtschaftliches Bezirksfest« aber mehr und mehr verlor, erhielt es 1901 seinen heutigen Namen. Neben dem Vergnügungspark gehören zu seinem Programm auch ein Festzug und sportliche Veranstaltungen.

Fest der Moorgeister in Graal-Müritz

Ein kleines und noch sehr junges Fest findet an einem der Septemberwochenenden im Ostseebad Graal-Müritz statt, wo man nach Einbruch der Dunkelheit auf geführten Wanderungen durch das Moor die Bekanntschaft der ortsansässigen Geister, Hexen und Werwölfe machen kann. Sollte man unbeschadet und unverhext den Strand erreichen, kann man sich dort einem Fackelzug anschließen und danach Knüppelkuchen backen – Brötchen aus Hefeteig, die an geschälten Holzstöcken in einem Lagerfeuer gegart werden.

Lübecker Altstadtfest

Aus der Idee, dass Lübecker Bürger ein Fest für Bürger organisieren, entstand 1975 in der Innenstadt eine Meile aus zahllosen Verkaufsständen, Spielbuden, Basaren, Flohmärkten und Musikveranstaltungen, die schon in den ersten Jahren zahlreiche Besucher anzog. Bis heute ist das Altstadtfest ein Fest der unbegrenzten Möglichkeiten, das Bürgersinn und Stadtbewusstsein erhalten und fördern soll und dessen Erlös für die Sanierung oder Restaurierung eines der denkmalgeschützen Häuser Lübecks verwendet wird.

Alte Handwerkerstraße in Lüneburg

Seit 1982 veranstaltet der »Arbeitskreis Lüneburger Altstadt« einen Handwerkermarkt, durch den er auf die Schönheit der verfallenden Altstadt aufmerksam machen möchte. Auch hier dient der Erlös der Veranstaltung der Restaurierung alter Gebäude. In Buden im Stil des 16. Jahrhunderts, in dem die niedersächsische Stadt Lüneburg ihre Blütezeit erlebte, arbeiten Handwerker ohne Gas und Strom an Gegenständen aus der damaligen Zeit und bieten ihre Produkte zum Verkauf an. Daneben sieht man Gaukler, Musikanten, eine Schulklasse beim Lateinunterricht, einen Prediger mit seinen Scholaren und Bettelkinder, während Stadtknechte für Ruhe und Ordnung sorgen.

Münchner Oktoberfest

Am dritten Samstag im September beginnt in der bayrischen Landeshauptstadt die Wies'n, wie das größte Volksfest der Welt im Volksmund genannt wird. Oktoberfest heißt es, da es früher einmal im Oktober gefeiert wurde. Es entstand aus einem Pferderennen, das aus Anlass der Hochzeit des Kronprinzen Ludwig von Bayern mit Prinzessin Therese von Sachsen-Hildburghausen am 12. Oktober 1810 stattgefunden hatte. Schon bald entwickelte es sich zu einer regelmäßigen Veranstaltung mit Viehmarkt, Wettkämpfen und Bierzelten. Heute beginnt das Fest mit dem Einzug der Wiesenwirte, die am Samstag mit prächtigen Gespannen und Musikkapellen durch die Stadt zur Theresienwiese ziehen, wo unter Böllerschüssen der Oberbürgermeister das erste Fass Wiesnbier ansticht. Danach locken während zwei Wochen gut tausend Vergnügungsbetriebe, Fahr- und Schaugeschäfte, Bier- und Weinzelte Besucher an. Einen weiteren Höhepunkt des Festes bildet der Trachten- und Schützenzug am ersten Festsonntag.

Oldenburger Kramermarkt

Entstehungsjahr des Marktes, der damals noch Michaelimarkt hieß, ist das Jahr 1608. Damals sollte er nach Ende der Ernte Händler in die Stadt holen. Seine heutige Form erhielt er im 19. Jahrhundert, als sich der Verkaufsmarkt mehr und mehr zu einem Vergnügungsmarkt entwickelte, der heute zu den beliebtesten und größten Volksfesten Norddeutschlands zählt und während neun Tagen Ende September/Anfang Oktober abgehalten wird. Seinen Auftakt nimmt er mit einem Festzug am Freitagnachmittag.

Rothenburger Reichsstadt-Festtage

An einem Wochenende im September erinnert sich Rothenburg seiner Stadtgeschichte und der Verleihung der Reichsfreiheit durch König Rudolf von Habsburg im Jahre 1274. Das Fest beginnt mit einem Fackelzug aller Mitwirkenden am Freitagabend, am Samstag und Sonntag werden auf den Straßen und Plätzen der Stadt historische Szenen aus sieben Jahrhunderten nachgespielt. Im Rahmen des Festes werden außerdem das Festspiel »Der Meistertrunk«, der historische Schäfertanz, Hans-Sachs-Schwänke und ein Großfeuerwerk geboten.

Historisches Sehusafest in Seesen

Jedes Jahr Anfang September verwandelt sich die alte Sehusaburg im niedersächsischen Seesen für ein Wochenende in ein Heerlager, in dem Hunderte von Edelleuten, Rittern, Landsknechten, Bürgern und Bauern in farbenprächtige Gewänder gekleidet die Geschichte der Stadt vom Mittelalter bis zum Rokoko zeigen. Da gibt es dramatische Spiele aus der Raubritterzeit, Schießwettbewerbe mit Muskete oder Pfeil und Bogen, eine Freilichtaufführung, buntes Markttreiben, Zigeuner- und Landsknechtlager, Tänze der Renaissance und eine Seesener Hochzeit aus dem Jahr 1592.

Weidscher Kuchenmarkt

Die thüringische Stadt Weida, auch heute noch unter dem Namen »Kuchenweide« bekannt, ist seit Jahrhunderten für ihre Backwaren berühmt. Einen besonderen Beitrag dazu leistete die so genannte Brotbank, eine gemeinsame Verkaufsstätte der Bäckermeister, die an der alten Handelsstraße nach Böhmen lag und daher viele Reisende mit Brot und Kuchen versorgte. 1994 ließ man diese alte Tradition wieder aufleben. Seitdem wird dort jedes Jahr am ersten Septemberwochenende der »Weidsche Kuchenmarkt« veranstaltet, auf dem neben zahllosen heimischen Backwaren all die für die Hausbäckerei notwendigen Dinge verkauft werden.

Oktober

Im Oktober färbt sich das Laub der Bäume. Früher benutzte man dafür das Wort »gilben« und nannte den Monat Gilbhart. Andere alte Namen wie Mostmonat, Sämonat oder Schlachtmonat gaben darüber Auskunft, welche Arbeiten im Oktober getan werden mussten. Im 8. Jahrhundert taucht die Bezeichnung Windumemonat (Weintraubenmonat) auf und unter Jägern galt er als Dachsmonat. Im 16. Jahrhundert setzte sich die am altrömischen Kalender orientierte Benennung durch (siehe auch S. 16).

Seit dem Mittelalter ist der Oktober der Rosenkranzmonat. Der Rosenkranz entwickelte sich spätestens im 12. Jahrhundert aus alten Mariengebeten. Die heute noch übliche Form des Rosenkranzgebetes mit fünfzehn Gebetsreihen, zu denen jeweils ein Vaterunser, zehn Ave Maria und ein »Ehre-sei-dem-Vater«, gehören, hat sich seit dem 16. Jahrhundert erhalten. Nach dem Sieg über die türkische Flotte bei Lepanto am 7. Oktober 1571, den man Rosenkranzgebeten zu verdanken glaubte, führte Papst Pius V. für diesen Tag das Rosenkranzfest ein. 1573 setzte Papst Gregor XIII. es auf den ersten Sonntag im Oktober fest, Pius X. verlegte es zu Beginn des 20. Jahrhunderts jedoch wieder auf den ursprünglichen Termin.

Schon im Mittelalter rankten sich viele Legenden um den Rosenkranz. Im Volksbrauch wurde er zu einem Talisman, mit dem man Zauber und Hexenwerk bannte. Er vertrieb böse Geister, und man legte ihn Kindern in die Windeln oder hängte ihn an Waschtagen ins Freie, da er angeblich gutes Wetter machte und so die Wäsche schneller trocknen ließ. Ein Rosenkranz aus einem Grab galt als wirksames Mittel gegen Kopfschmerzen.

Später als die meisten weltlichen Erntefeste wird das kirchliche Erntedankfest im Oktober gefeiert. Zu einer festen Institution entwickelte es sich erst ab dem 16. Jahrhundert, obwohl schon Papst Leo I. (440–461) seine so genannten Quatemberpredigten im Herbst mit einem Erntedank verband. Ein frühes Zeugnis für diesen Festtag aus dem deutschen Sprachraum datiert aus der Zeit Pippins des Jüngeren im 8. Jahrhundert. Im Mittelalter hielt man Votivmessen und Dankpredigten zum Abschluss der Ernte – bei schlechten Ernteergebnissen wurde zur Buße gerufen. Die Termine waren zunächst jedoch von der örtlichen Landwirtschaft abhängig.

In der evangelischen Kirche, in der die Feier stärker betont wird, begeht man das Erntedankfest heute am ersten Sonntag im Oktober. Die katholische Kirche feiert es entweder ebenfalls an diesem oder am letzten Sonntag im September. Dann werden die Altäre in den Kirchen kunstvoll mit Ähren, Garben, Fruchtkörben und Blumen geschmückt und ein festlicher Gottesdienst zur Segnung der Früchte gefeiert.

Am dritten Sonntag im Oktober findet heute in vielen Orten das Kirchweihfest statt. Der Brauch, den Jahrestag der Einweihung eines sakralen Gebäudes zu feiern, ist bereits in der Bibel belegt. In Rom sind Kirchweihfeste seit dem 4. Jahrhundert nachzuweisen. Ursprünglich handelte es sich also um ein Erinnerungsfest an die Kircheneinweihung; da es häufig mit dem Gedächtnistag des Kirchenpatrons verbunden war, konnte es ebenso an dessen Tag und daher praktisch zu jeder Jahreszeit gefeiert werden. Doch wurde der kirchliche Charakter des Festes, je nach Region auch Kirchmesse, Kirmes, Kerb, Kirta, Kirwe oder Kilbe genannt, immer mehr durch üppige Gelage und weltliche Lustbarkeiten wie Tanz, Wettreiten, Ringkämpfe, Karussells und Schaubuden verdrängt und die Kirchweih entwickelte sich zum beliebtesten Volksfest. Natürlich arteten die Feierlichkeiten aus und so hieß es unter anderem in Württemberg, was den Katholiken die Fastnacht, sei den Protestanten die Kirchweih. Noch 1913 vertrat der Kirchengeschichtler Christian Kolb die Meinung, dass die Kirchweih in den Bereich der Volksunsitten gehöre.

Der Ablauf einer Kirchweihfeier ist im »Journal von und für Franken« aus dem Jahr 1790 lebendig und mit viel Ironie geschildert: »Wenn nun der Kirchweihtag angebrochen ist, so scheint es, als wollte man diesen Tag mit der tiefsten Ehrfurcht gegen Gott begehen. Man gibt, wie an anderen Festtagen, mit allen Glocken das erste Zeichen zum Gottesdienst. Der Schulmeister läßt von der Orgel eine Vokal- und Instrumentalmusik erschallen, sollte sie auch noch so er-

Quatemberwochen und Votivmessen

Seit dem 3. Jahrhundert sind in der römischen Kirche die Quatemberwochen oder Quatembertage nachweisbar, die ungefähr mit dem jeweiligen Beginn der vier Jahreszeiten zusammenfallen. Das verdeutlicht sich in ihrer Bezeichnung: quattuor tempora *sind die vier (Jahres-)Zeiten. Papst Gregor VII. (1073–1085) legte sie in die erste Woche der Fastenzeit, die Pfingstwoche, die dritte Woche im September und in den Advent (nach dem Fest der heiligen Luzia). Seit 1972 gelten leicht veränderte Termine. Heute ist es die erste Adventswoche, die erste Fastenwoche, die Woche vor Pfingsten und die erste Oktoberwoche. An diesen Tagen soll man fasten, beten und Gutes tun.*
Als Votivmessen werden Gottesdienste bezeichnet, die für ein besonderes Anliegen gefeiert werden.

Kirchweihfest. *Radierung von J. Lorenz Rugendas*

bärmlich lauten. Der Pfarrer handelt in seiner Predigt meistens von den geistlichen Wohltaten, die der liebe Gott den Menschen durch die Offenbarung der seligmachenden Religion erwiesen hat, und durch die Erhaltung seines Wortes noch erzeigt. Er ermahnet zur Dankbarkeit. Er warnet wider Ausgelassenheit und sündliche Üppigkeit … Während der Prediger um ein heiliges und gottseliges Leben eifert, denken die Zuhörer an nichts, als wie sie diese Tage ihrer Bestimmung gemäß im Wohlleben zubringen wollen. Nach dem Gottesdienst findet der Hausvater seine Stube meist mit benachbarten Freunden und Verwandten angefüllet. Nun setzt man sich so gut und so eng man kann, und speiset – mit der größten Ungemächlichkeit; denn das ganze Dorf ist mit Bettelleuten überschwemmet, welche abzufertigen zwei Personen kaum vermögend sind.

In den Dörfern mit katholischer Herrschaft kommt der Beamte mit seinem Gefolge, und beordert den Schulzen nebst den zum Tanz bereiten jungen Leuten in das Wirtshaus, von dort geht der Zug … unter dem Gedudel der Spielleute auf die Linde zu … Nunmehr geht der Tanz munter und frisch um die Linde herum … Nach einigen Stunden geht der Zug wieder ins Wirtshaus zurück, wo mit Tanzen und Singen die ganze Nacht hindurch geschwärmet wird. Dieser Auftritt wird aber in den Orten mit lutherischen Herrschaften bis auf den Mon-

Die Linde
Im Volksglauben der germanischen Völker hat die Linde stets einen besonderen Platz unter den Bäumen eingenommen. Davon zeugen noch heute viele Ortsnamen und »heilige« Linden. Häufig war unter der Linde der Platz, an dem man sich zu Festlichkeiten traf oder Gericht abhielt. Sie galt als Schutzbaum des Dorfes oder Hofes und genoss entsprechende Verehrung.
So ist es nicht verwunderlich, dass der Linde Zauber- und Heilkräfte zugeschrieben wurden. Man betrachtete sie sogar oftmals als Hexenbaum. Lindenasche war nach dem Volksglauben ein wirksames Mittel gegen Kopfschmerzen und Ungeziefer, ihre Samen wurden gegen Ruhr eingenommen. Altersschwachen und Lungenkranken wurde geraten, sich unter blühenden Linden aufzuhalten, da sie angeblich gesunde Luft machten.

tag verschoben, daher es an solchen Orten am Sonntag aus Mangel der Musik ganz säuberlich zugehet. Der Montag wird mit Essen und Trinken angefangen und vollendet. Man frühstücket mit warmem Essen, man speiset zu Mittag, und käme nicht das Tanzen dazwischen, so würde das Mittagessen mit dem Abendessen verbunden.«

Da das Volk natürlich dergleichen Vergnügungen niemals abgeneigt war, nutzte es die verschiedenen Kirchweihtermine und feierte bald hier und bald dort. Dies hatte schließlich zur Folge, dass man im 18. Jahrhundert von staatlicher Seite als allgemeinen Kirchweihtag den dritten Sonntag im Oktober einführte. Die Patronatsfeste wurden abgekoppelt und durch die Verbindung mit Schützenfesten, Erntefesten oder anderen Festen ersetzt, deren Bräuche auf die Kirchweih übergingen.

Mit dem Oktober sind zahlreiche Wetterregeln verbunden: Oktoberwetterleuchten kündigt Regen und Sturm an, Gewitter bedeuten einen unbeständigen Winter, viele Nebel einen schneereichen und ein warmer Oktober einen kalten Winter. Außerdem hieß es: »Ein kalter Oktober ist ungesund, aber Mäuse und Raupen gehen zugrund«.

Franziskus von Assisi – *4. Oktober*

Kaum ein anderer Mann der Kirche hat die Menschen des Abendlandes so beeinflusst wie Franz von Assisi. An der Wende der Jahre 1181/82 wurde er als Sohn des Tuchhändlers Pietro Bernardone in Assisi geboren und auf den Namen Giovanni getauft, aber aufgrund der französischen Herkunft seines Vaters Francesco, Franzose, gerufen. Nach dem Besuch der Pfarrschule war der junge Franziskus offenbar ein Freund weltlicher Freuden und wollte Ritter werden. Doch nachdem er 1202 mit in den Krieg gegen Perugia gezogen und in Gefangenschaft geraten war, brachte eine schwere Krankheit eine tief greifende Wandlung seines Lebens. Nach seiner Befreiung 1203 pilgerte er nach Rom und führte anschließend das Leben eines Einsiedlers. 1205 erhielt er der Überlieferung zufolge von Christus den Auftrag, die verfallene Kapelle von San Damiano zu renovieren. Um den Auftrag ausführen zu können, verkaufte Franziskus heimlich Stoffe aus dem Lager seines Vaters. Der enterbte ihn erbost. Franziskus entledigte sich in aller Öffentlichkeit seiner vornehmen Kleider und trug seitdem nur noch eine braune Kutte. Er lebte unter Armen und Aussätzigen und zog predigend durch das Land. Bald schlossen sich ihm Gleichgesinnte an und 1209/10 entstand aus dieser Gemeinschaft der Orden der Minoriten. 1212 gründete Franzikus' Weggefährtin Klara von Assisi einen Bettelorden für Frauen, die Klarissen. 1221 stiftete Franziskus für Laien und Verheiratete, die im christlichen Glauben leben wollten, einen dritten Orden, die Terziaren. Auch jenseits der Alpen entstanden bereits zu seinen Lebzeiten zahlreiche Klöster, die sich vor allem der Armenpflege und Seelsorge widmeten.

Der Hl. Franziskus. *Illustration von Ernst Kahl*

Wie viele seiner Glaubensbrüder unternahm Franziskus als Wanderprediger Reisen in andere Länder, um seine Lehre zu verbreiten. 1222 zog er sich dann in die Einsamkeit eines Klosters zurück. 1223 stellte er in Greccio das Geschehen von Bethlehem in einer Krippe nach (siehe S. 238). 1224 empfing er während einer Ekstase die Wundmale Christi. 1226 starb er nach langem schwerem Leiden und wurde in Assisi bestattet, wo man nach seiner Heiligsprechung im Jahre 1228 die Kirche San Francesco über seinem Grab errichtete. Da die Gebeine des Heiligen aus Furcht vor Reliquienräubern 1230 heimlich in einer unterirdischen Krypta beigesetzt wurden, entdeckte man sie erst wieder nach langer Suche im Jahre 1818. Franziskus' Grabmal zieht heute noch jedes Jahr hunderttausende von Pilgern an.

Franziskus ist Patron Italiens, der Franziskaner und Franziskanerinnen. Er amtiert als Schutzheiliger der Armen, Blinden, Gefangenen, Lahmen, Schiffbrüchigen, Tuchhändler, Kaufleute, Schneider, Weber. In neuerer Zeit haben ihn auch die Sozialarbeiter und Umweltschützer für sich reklamiert. Er wird gegen Kopfschmerzen angerufen.

Da der Heilige eine große Zuneigung zur Natur und zu Tieren empfand, die er seine »Brüder und Schwestern« nannte – was besonders in seinem *cantico delle creature* zum Ausdruck kommt –, wird an seinem Gedenktag der Welttierschutztag begangen.

Die nach dem (naturwissenschaftlich sehr bewanderten) Heiligen benannten Franziskaner galten früher im Volk als zauberkundige Helfer, die sich auf die weiße Magie verstanden. Man sagte ihnen nach, sie könnten verfluchte Geister bannen und von Hexen gebraute Gewitter vertreiben.

Gallus – *16. Oktober*

Der heilige Gallus wurde 550 in Irland geboren und von seinen frommen adligen Eltern zur Erziehung in ein Kloster gegeben. Um 590 kam er als Begleiter des heiligen Kolumban zunächst nach Gallien. Von dort aus gelangten die beiden Missionare über Metz und Zürich nach Bregenz. Nach drei weiteren Jahren der Missionstätigkeit im Bodenseeraum blieb Gallus 612 fieberkrank zurück, während Kolumban nach Italien weiterzog. Gallus gründete eine Einsiedelei am so genannten Mühletobel und in den folgenden Jahren suchten Kirchenmänner als auch einfache Menschen aus dem Volk seinen Rat. Diese Klause entwickelte sich zur einflussreichen Abtei St. Gallen. 640 starb Gallus neunzigjährig in Arbon.

Der heilige Gallus ist Patron verschiedener schwäbischer Orte, der Stadt St. Gallen, der Fieberkranken und sogar der Hühner und Hähne, da *gallus* das lateinische Wort für Hahn ist.

Zeitlich bedingt war sein Gedächtnistag früher mit Herbst- und Winterbräuchen verbunden und ein wichtiger Termin für die Landwirtschaft. Er wurde als Beginn des Altweibersommers, aber auch des Winters betrachtet. Deshalb mussten das Vieh eingetrieben und Kraut und Äpfel geerntet sein. Für den Gallustag galten zahlreiche Verbote, die wohl durch die Sinnverbindung von Gallus und gallig entstanden. Man durfte kein Schwein schlachten, weil sonst der Speck gallig wurde, und der Wein dieses Datums sollte bitter werden. Am Gallustag geborene Jungen werden übrigens nach dem Volksglauben mindestens Nachtwandler, wenn nicht Werwölfe, Mädchen reitende Hexen, die man auch Walriderske nannte.

Der 16. Oktober ist auch der Gedenktag des in England geborenen Lullus, der im 8. Jahrhundert mit Bonifatius nach Germanien kam und später Erzbischof des Bistums Mainz wurde. Ab 769 betrieb er die Gründung eines Klosters in Bad Hersfeld, wo um den 16. Oktober noch heute das Lullusfest (siehe S. 215f.) gefeiert wird, das vermutlich auf das Jahr 853 zurückgeht. Zunächst war es ein rein kirchliches Fest, das sich jedoch im Zuge der Säkularisation zu einem Jahrmarkt entwickelte.

Lukas – *18. Oktober*

Einer Legende zufolge war Lukas, Evangelist und Schüler des Paulus, von Beruf Maler und malte das erste Bild der Gottesmutter. Tatsächlich soll er Arzt gewesen sein. Der Überlieferung nach erblickte Lukas schon vor Christi Geburt in Antiochien das Licht der Welt und begleitete Paulus später auf dessen zweiter und dritter Reise nach Rom, wo er den Martertod erlitten haben soll. Die «Legenda aurea« berichtet hingegen, dass er, nachdem er Evangelium und Apostelgeschichte niedergeschrieben habe, vierundachtzigjährig eines natürlichen Todes starb. Seine Gebeine wurden zunächst in Konstantinopel beigesetzt, später überführte man sie nach Padua.

Lukas ist Patron von Reutlingen und Schutzheiliger der Ärzte, Maler, Bildhauer, Buchbinder und Goldarbeiter. Da sein Attribut der Stier ist, gilt Lukas als Patron der Metzger, aber auch der Stiere und Ochsen, die früher an seinem Gedenktag im Stall bleiben durften.

Sein Name erschien häufig in Besprechungsformeln, die – auf Zettel geschrieben – Kranken aufgelegt wurden und angeblich selbst in Fällen halfen, die von den Ärzten schon aufgegeben worden waren. Außerdem wurden Segenssprüche mit seinem Namen auf Zettel geschrieben, die man am Lukastag segnen ließ und unter anderem dem Vieh ins Futter gab, um es vor Seuchen und Unheil zu bewahren. Wenn man die Zettel unter die Zunge schob, schützten sie angeblich sogar vor Vampiren. Übrigens gilt der 18. Oktober im Volksglauben als Hexentag, an dem man keine fremden Frauen ins Haus lassen sollte.

In den Bauernkalender wurde Lukas als Wetterlostag aufgenommen. Die letzten schönen Herbsttage nennt man in England *St. Luke's little summer.*

Wendelin – *20. Oktober*

Wendelin, ein schottischer Königssohn, wurde um das Jahr 550 geboren. Er verzichtete auf den Thron und lebte zunächst als Einsiedler, Missionar und Hirte im so genannten Waldgebirge in der Gegend von Trier, bevor man ihn zum Abt des Benediktinerklosters Tholey berief, in dem er vermutlich 617 starb. Seine letzte Ruhe fand er im saarländischen St. Wendel, das um seine Begräbnisstätte entstand und einmal ein berühmter Wallfahrtsort war, der auch heute noch von vielen Gläubigen besucht wird.

Wendelin wird hauptsächlich in Süd- und Westdeutschland verehrt und ist Patron der Landleute, Bauern, Tagelöhner, Hirten und Schäfer. Er wird zum Schutz von Flur und Vieh und gegen Viehseuchen angerufen.

Vor allem in Süddeutschland haben Umritte und Pferdesegnungen zu seinem

Gedenken Tradition, wie der Wendelinsritt auf den Kinberg. Reiter der Orte Niederstaufen und Scheidegg und umliegender Gemeinden ziehen an diesem Tag mit ihren geschmückten Pferden in einer Prozession zur Wendelinskapelle auf dem nahen Kinberg, wo ein Gottesdienst mit einer Pferdesegnung abgehalten wird.

Ursula und Gefährtinnen – *21. Oktober*

Was wir vom Leben der heiligen Ursula im 3. Jahrhundert wissen, beruht weitgehend auf Legenden, die sie als Tochter eines englischen Königs ausweisen, der sie trotz ihres Gelübdes der ewigen Jungfräulichkeit mit einem jungen Prinzen namens Aetherius verlobte.

Als Ursula mit ihren »11 000 Gefährtinnen« – diese Zahlenangabe beruht vermutlich auf einem Lesefehler, tatsächlich dürften es elf gewesen sein – zu ihrem Verlobten in die Bretagne aufbrach, kam ihr Schiff in einen Sturm und wurde zur Rheinmündung verschlagen. Eine Engelsvision veranlasste Ursula flussaufwärts zu segeln und weiter nach Rom zu reisen, wo sie vom Papst empfangen wurde. Auf dem Rückweg fiel sie jedoch bei Köln in die Hände der Hunnen, die sie und ihre Begleiterinnen töteten. Als 1106 bei Köln ein Massengrab entdeckte wurde, glaubte man die Gebeine der Märtyrerinnen gefunden zu haben und setzte sie in einer der Heiligen geweihten Kirche bei.

Seit dem 10. Jahrhundert ist der Ursulakult weit verbreitet. Später entstanden an vielen Orten ursulanische Bruderschaften, so genannte Ursula-Schiffchen, und 1535 wurde in Brescia der Orden der Ursulinen gegründet.

Ursula ist Schutzheilige der Stadt Köln und verschiedener Universitäten, unter anderem der Sorbonne in Paris. Sie gilt als Patronin der Lehrerinnen und Erzieherinnen, der Sterbenden, der Jugend und der kranken Kinder und wird für eine gute Heirat und Ehe und einen sanften Tod angerufen.

Simon und Judas – *28. Oktober*

Der Apostel Simon Zelotes, der zunächst den Zeloten, einer radikalen römerfeindlichen Gruppierung angehörte, wurde etwa zur gleichen Zeit wie Christus geboren und starb vermutlich zusammen mit Judas Thaddäus an einem 28. Oktober. Die Legende berichtet, dass er mit Judas Thaddäus unter anderem als Missionar in Persien tätig war, wo er nach einigen Überlieferungen enthauptet, nach anderen mit einem Knüppel oder einer Säge umgebracht wurde.

Simon ist gemeinsam mit Judas Schutzherr von Goslar, Patron der Färber, Gerber, Weber, Maurer und Holzarbeiter und, man höre und staune, der Pantoffelhelden! Simon und Judas war der Tag, an dem Männer ihren Frauen nicht widersprechen durften. In manchen Gegenden bezeichnete der Tag das Ende der Weidezeit oder den Winterbeginn: »Mit Simon Jude kommt Schnee in die Bude.« Eine Simonwallfahrt gab es lange in Pötzmes im Bistum Regensburg, wo angeblich im Jahre 1590 ein Bauer eine Holzkapelle zu seinen Ehren errichtete, nachdem er an einer Straße ein hölzernes Bild des Simon gefunden hatte. Jahre später versprach der örtliche Zimmermann dem Apostel eine neue Kapelle, nachdem sein Sohn von einem Baum gestürzt war und sich tödlich verletzt hatte. Tatsächlich soll der Junge daraufhin wieder zum Leben erwacht sein. Diese Kapelle wurde zum Wallfahrtsort und im 17. Jahrhundert wiederum durch eine neue Kirche ersetzt.

Das Martyrium des Simon Zelotes.
Stich aus dem 16. Jahrhundert

Da Judas Thaddäus früher häufig mit dem Verräter Judas verwechselt wurde, begann seine Verehrung erst ab dem 18. Jahrhundert. Er wird vor allem in schwierigen oder ausweglosen Situationen angerufen.

Reformationstag – *31. Oktober*

Zunächst wurde der Reformationstag je nach Region an unterschiedlichen Tagen begangen, etwa an Luthers Geburtstag (10. November) oder Todestag (18. Februar). 1667 führte dann Kurfürst Georg II. von Sachsen als allgemeinen Gedenktag den 31. Oktober ein. Damit wählte er den Tag, an dem nach der Überlieferung Luther im Jahre 1517 seine Thesen, mit denen er eine Reformation der Kirche forderte, an der Tür der Schlosskirche in Wittenberg angeschlagen haben soll. Dieser Termin setzte sich im 18. Jahrhundert allgemein durch. Heute ist der 31. Oktober nur in einigen Bundesländern gesetzlicher Feiertag; das Reformationsfest wird in den evangelischen Kirchen am nachfolgenden Sonntag begangen.

Der 31. Oktober ist auch Todes- und Gedenktag des Wolfgang von Regensburg, der um 924 im baden-württembergischen Pfullingen geboren und im Kloster auf der Bodenseeinsel Reichenau erzogen wurde. Nachdem er von Bischof Ulrich von Augsburg zum Priester geweiht worden war, missionierte er zunächst im Gebiet des heutigen Österreich. 972 wurde er zum Bischof von Regensburg ernannt, amtierte dort zweiundzwanzig Jahre und wurde bereits zu Lebzeiten als Heiliger verehrt. 994 starb er während eines Aufenthaltes in Österreich und wurde im Kloster St. Emmeram in Regensburg beigesetzt. Seit dem 14. Jahrhundert bezeugen viele Darstellungen, dass er einmal zu den meist verehrten Heiligen Deutschlands gehörte.

Auch in Deutschland wird Ende Oktober immer häufiger »Jack-o'-lantern« gesichtet.

Er ist Patron Bayerns, der Diözese und der Stadt Regensburg und Schutzheiliger der Zimmerleute, Schiffer, Köhler, Hirten und Holzfäller. Er wird gegen Gicht, Bauchweh, Lähmungen, Schlaganfall, Missgeburten, Unfruchtbarkeit, Fußleiden und Augenkrankheiten angerufen und zählt in manchen Gegenden zu den vierzehn Nothelfern. Seine bekannteste Kultstätte befindet sich heute im österreichischen St. Wolfgang am Wolfgangsee, bei uns eher durch die Operette und die Urlaube eines Altbundeskanzlers bekannt.

Immer größerer Beliebtheit erfreut sich heute das Halloween-Fest, das von den Britischen Inseln und aus den USA zu uns importiert wurde und am Abend vor Allerheiligen, also am 31. Oktober gefeiert wird. Ursprünglich handelte es sich um ein keltisch-angelsächsisches Fest, mit dem man den Winter einläutete und das mit Feuern, Opfern und Maskeraden begangen wurde, mit denen man Hexen, Geister und Dämonen zu vertreiben suchte. Ein amerikanisches Symbol des Halloween ist der »Jack-o'-lantern«, ein ausgehöhlter Kürbis mit Fratzengesicht, der erleuchtet wird und mittlerweile auch bei uns ein vertrauter Anblick ist.

Veranstaltungstipps

Zwiebelmarkt in Apolda

Der Zwiebelmarkt im thüringischen Apolda ist erstmals 1886 urkundlich belegt, soll aber weit älter sein. Früher deckte sich die Bevölkerung auf dem Markt mit Zwiebelvorräten für den Winter ein und noch heute steht die Zwiebel ganz im Zentrum des Festes, das am ersten Oktoberwochenende stattfindet. Da werden am Freitag neben normalen Zwiebeln zu kunstvollen Zöpfen und Gestecken gebundene Zwiebeln ebenso angeboten wie leckerer Zwiebelkuchen. Am Samstag und Sonntag herrscht Jahrmarktbetrieb.

Bremer Freimarkt

Im Jahr 965 verlieh Kaiser Otto I. dem bremischen Erzbischof Bezelin das Recht, zweimal im Jahr Markt abzuhalten. Besonders beliebt war der Herbstmarkt, zu dem nach der Ernte die Bauern in die Stadt kamen, damit die Bürger Wintervorräte einkaufen konnten. Während des Marktes ruhten die Rechte der heimischen Zünfte und es durfte »frei« verkauft werden. Schon bald stellten sich auch Gaukler, Quacksalber, Spielleute und Possenreißer zum Markt ein. Anfang des 19. Jahrhunderts entwickelte er sich immer mehr zum Vergnügungsfest. Heute dauert er sechzehn Tage und findet nicht nur auf der Bürgerweide, wo er 1934 hinverlegt wurde, sondern auch an mehreren Plätzen der Stadt statt. Einer seiner Höhepunkte ist der Freimarktsumzug am zweiten Festsamstag.

Wittgensteiner Brotmarkt in Bad Berleburg

Knapp zwei Jahrzehnte alt ist der Brotmarkt, der an einem Sonntag um das Erntedankwochenende im nordrhein-westfälischen Bad Berleburg abgehalten wird, wo Backhausgemeinschaften unterschiedlichste Brote anbieten, aber auch sonst für das leibliche Wohl gesorgt ist. Daneben findet ein Kleinkunsthandwerkermarkt statt und es werden Handwerkstraditionen gezeigt. Den Höhepunkt der Veranstaltung bildet ein kleiner Festumzug.

Lullusfest in Bad Hersfeld

Das Lullusfest, das vermutlich älteste Volksfest Deutschlands, erinnert an den Todestag des Mainzer Erzbischofs Lullus und Gründer der Reichsabtei Bad Hersfeld. Es ging aus seinem Patronatsfest hervor, das angeblich bereits 852 gefeiert wurde. Seine heutige Form erhielt das Fest 1926. Es beginnt am Sonntag vor dem Gedenktag des Heiligen (16.10.) mit einem Lampion- und Fackelzug der Kinder.

Lullusfest in Bad Hersfeld. Das Lullusfeuer darf während des Festes nicht ausgehen, da der Ort sonst sein Recht auf das Fest verwirkt.

Am Montag wird auf dem Marktplatz das Lullusfeuer, das erstmals Ende des 16. Jahrhunderts belegt ist, entzündet, dann setzt sich ein historischer Festzug mit kostümierten Gruppen-, Motivwagen und Musikkapellen in Bewegung. Begleitet wird das Fest von einem Vergnügungspark und einem umfangreichen Rahmenprogramm.

Michaeliskirchweih in Fürth

Am Wochenende nach Michaeli beginnt mit Böllerschüssen und Posaunenklängen im bayrischen Fürth die Michaeliskirchweih, oder »Färther Kirchweih«, für die sogar elf Tage lang die Bundesstraße gesperrt wird. Sie entwickelte sich aus einem Fest zur Erinnerung an die Weihe der Michaeliskirche im 12./13. Jahrhundert und gilt als die »Königin der fränkischen Kirchweihen«. Am zweiten Kirchweihsonntag zieht der fränkische Erntedankfestzug durch die Straßen, der mit dreitausend Mitwirkenden die größte Trachtenveranstaltung nach dem Oktoberfest ist und jedes Jahr hunderttausend Besucher anzieht.

Völkerschlacht 1813 bei Leipzig

Geschichte wird wieder lebendig, wenn Historienvereine aus Deutschland und ganz Europa die schwerste Schlacht der napoleonischen Epoche auf dem »Südlichen Schlachtfeld« bei Wachau vor den Toren Leipzigs nachstellen, die am

19. Oktober 1813 endete. Die Veranstalter betonen jedoch, dass nicht der militärische Aspekt der Völkerschlacht im Vordergrund stehe, sondern das Gedenken an die Opfer der blutigen Ereignisse von 1813. Zu den zahlreichen Programmpunkten der Festtage gehören unter anderem authentische Gefechtsdarstellungen, Kavallerie- und Infanteriezüge und Biwakbesichtigungen, aber auch Konzerte und Podiumsdiskussionen.

Müder Krieger bei der (nachgestellten) Völkerschlacht in Leipzig

Simon-Juda-Markt in Werne

Der Simon-Juda-Markt, im Volksmund SIM-JÜ genannt, ist schon 1362 belegt und soll damit der älteste noch bestehende Freimarkt Westfalens sein, zu dem sich im 20. Jahrhundert ein Viehmarkt hinzugesellte. An die alten Zeiten des Freimarktes erinnert bis heute das Hissen der weißen Freifahne, mit dem alljährlich eines der größten Volksfeste der Gegend eingeleitet wird, das während vier Tagen zu Ende Oktober Hunderttausende von Besuchern nach Werne lockt. Der Montag schließt mit einem riesigen Brillantfeuerwerk, am Dienstag findet neben dem Viehmarkt auch ein traditioneller Krammarkt statt.

Wittenberger Reformationsfest

Den Reformationstag, der in Sachsen-Anhalt gesetzlicher Feiertag ist, begeht die Lutherstadt Wittenberg natürlich besonders feierlich. Nachdem er mit Festgottesdiensten eröffnet wurde, wird auf dem Platz vor dem Renaissance-Rathaus ein Mittelaltermarkt mit Händlern, Musikanten, Wirten und Gauklern abgehalten. Die Cranach-Höfe am Markt bieten an diesem Tag Unterhaltung und Kurzweil. Neben zahlreichen anderen kulturellen Veranstaltungen am Reformationstag selbst wird am Vorabend traditionell Kabarett geboten.

November

Auch der Name November ist auf den altrömischen Kalender zurückzuführen, wo er der neunte Monat des Jahres war. Früher bezeichnete man ihn bei uns auch als Schlacht- oder Jagdmonat; Karl der Große nannte ihn Windmonat. Andere sprechende Namen wie Kot- oder Nebelmonat lassen bei aller Klimadiskussion darauf schließen, dass das Wetter im November wohl nie besser war als heute. Der Volksmund kennt in diesem Zusammenhang noch andere Bezeichnungen für einzelne Tage wie »beschissene Liese«, womit der Elisabethtag gemeint ist.

Der Altweibersommer ist in der Regel vorbei, Regen durchnässt den Boden, Stürme zerren an Bäumen und Sträuchern, der Wind pfeift durch Dächer und Ritzen der Häuser und die ganze Natur scheint zu sterben. Kaum verwunderlich also, dass man irgendwann Totengedenktage in den November legte und ihn zum Totenmonat erklärte. Die Tage vom 30. Oktober bis zum 8. November kennt man insgesamt als »Seelenwoche«. Aber während dieser Zeit wird nicht nur der Toten gedacht, sondern auch des Sterbens der Lebenden.

Am vorletzten Sonntag vor der Adventszeit wird der Volkstrauertag begangen, der 1925 auf Anregung des Bundes für Kriegsgräberfürsorge eingeführt wurde. Zunächst fiel er auf den zweiten Fastensonntag und man gedachte mit ihm der Sinnlosigkeit des Krieges und seiner Opfer. 1934 wurde er durch den Heldengedenktag ersetzt, der deutsches Heldentum und deutsche Stärke verherrlichen sollte. Nach dem Krieg

Bräuche und Aberglaube um den Tod

Mit Sterben und Tod verbundene Bräuche sind so alt wie die Menschheit selbst, denn natürlich war der Tod zu allen Zeiten und in allen Kulturen ein zentrales Thema. Man versuchte sich auf vielerlei Weise vor ihm zu schützen, etwa durch Opfergaben oder Gebete, und aus zahlreichen Phänomenen sein Kommen zu deuten. Als Todesomen galt der Ruf eines Käuzchens, das Klopfen eines Holzwurms, was man als »Ticken der Totenuhr« deutete, das Krähen einer Henne, oder wenn im Herbst eine letzte Rose erblühte, ein Baum plötzlich dürr wurde, eine Pendeluhr stehen blieb. Auch mit Orakeln wollte man den bevorstehenden Tod ergründen. Wenn ein Mensch im Sterben lag, klingelte man mit Schellen, um böse Geister zu vertreiben, kehrte man zum ursprünglichen Anliegen des Feiertages zurück und verlegte ihn in den November.

Auf den vorletzten Mittwoch des Kirchenjahres fällt der Buß- und Bettag. Sühnetage und Bußrituale gab es bereits bei den Israeliten und auch in vielen anderen alten Religionen. Im frühen Christentum galten jeder Mittwoch und jeder Freitag als Bußtag. Im Mittelalter wurden dann in Notzeiten besondere Bußtage angeordnet, die man zum Teil auf die Quatembertage (siehe S. 206) legte. Andere Sühnetage fanden nicht an festen, jährlich wiederkehrenden Terminen statt, sondern wurden bei Bedarf angesetzt. Die Reformatoren übernahmen die Sitte der Bußtage als Mittel zur kollektiven Besinnung. Im Laufe der Jahrhunderte entwickelten sich jedoch so viele verschiedene Buß- und Bettage, dass man im 19. Jahrhundert in Eisenach als festen Termin den Mittwoch vor dem Ewigkeitssonntag wählte. Dieses Datum setzte sich in ganz Deutschland durch und war bis vor wenigen Jahren ein offizieller Feiertag, den man erst 1995 zur Mitfinanzierung der Pflegeversicherung abgeschafft hat.

Der letzte Sonntag im Kirchenjahr (also der letzte Sonntag vor dem ersten Advent) schließlich ist der Totensonntag oder Ewigkeitssonntag. Mit ihm ersetzten die Protestanten das katholische Fest Allerseelen, dessen Seelenkult die Reformatoren ablehnten. Sein Thema ist nicht die Fürbitte für die Seelen im Fegefeuer, sondern das ehrende Andenken an die Toten. Er entstand zu Beginn des 19. Jahrhunderts in Preußen, als Friedrich Wilhelm III. nach den Befreiungskriegen einen Gedenktag für die Gefallenen festsetzte, der jedoch bald zu Ehren aller Verstorbenen begangen und später von anderen Landeskirchen übernommen wurde.

oder öffnete das Fenster, damit die Seele ungehindert davonschweben konnte. Sobald der Tod eingetreten war, läutete man die Totenglocke, hielt die Uhren an, verhängte Spiegel und Fenster, entzündete Kerzen neben der Leiche und stellte Wasser, Seife und Handtuch für ein »Seelenbad« bereit, auf dass die Seele sauber vor Gott treten konnte. Wenn auf dem Land der Bauer gestorben war, teilte man dies dem Vieh, den Bienen, den Pflanzen und selbst Gegenständen in Haus und Hof mit, damit sie ihm nicht ins Jenseits folgten. Verwandte, Bekannte und Nachbarn wurden benachrichtigt, meist verbunden mit der Aufforderung zur Teilnahme am Begräbnis. Nachdem der Verstorbene mit den Füßen voran aus dem Haus getragen worden war, kehrte man das Zimmer und brachte den Kehricht auf den Friedhof, räucherte das Haus aus und legte gekreuzte Besen auf die Türschwelle, um zu verhindern, dass der Tote zurückkehrte. Vielen solcher Bräuche lag die Annahme zugrunde, dass Menschen unmittelbar nach dem Tod noch gewisse Lebensfunktionen besitzen und andere mit sich ziehen können. Deshalb versuchte man die Toten auch auf vielfältige Weise zu beschwichtigen, wie durch Grabbeigaben, bei denen es sich häufig um persönliche Dinge handelte.

Bei Leichenzug und Begräbnis mussten ebenfalls besondere Regeln eingehalten werden, um eine Rückkehr des Verstorbenen auszuschließen. Dem Begräbnis folgte gewöhnlich das Totenmahl. Manchmal war es Sitte, den Toten beim Leichenschmaus einen Stuhl und Speisen hinzustellen, um sie gnädig zu stimmen.

Der November war wie der Dezember die Zeit des großen Schlachtens. Daher nannte man beide Schlachtmonate. Das Schlachten sollte die Zahl der Tiere reduzieren, die durch den Winter gefüttert werden mussten, und natürlich legte man Vorräte an, um selbst über den Winter zu kommen. Die Schlachtung eines Schweines war oft ein großes Fest, zu dem sich das ganze Dorf versammelte. Jeder half mit und wenn die Arbeit getan war, feierte man mit einem gemeinsamen Essen. Kinder bekamen am Schlachttag häufig schulfrei und zogen zu dem Haus, in dem geschlachtet worden war, um mit dem Singen von Liedern Würste zu erbetteln. Junge Männer schoben mitunter eine lange angespitzte Stange zum Küchenfenster hinein, auf die die Hausfrau eine dicke Wurst steckte.

Der November ist wieder mit zahlreichen Wetterregeln verbunden. So künden Gewitter im November eine reiche Kornernte für das kommende Jahr an und Morgenrot langen Regen. Früher Laubfall verspricht einen milden Winter, später Laubfall große Kälte. Wenn die Sterne hell funkeln, kommt der Winter rasch, aber es heißt auch: »November hell und klar, ist übel fürs nächste Jahr.« Als Beginn der Winter- und Schneezeit galt früher vor allem der Martinstag. Daher sagte man, Sankt Martin ritte auf einem Schimmel. Andere Wetterregeln für diesen Tag lauteten: »Wenn die Martinsgans auf dem Eise steht, das Christkindchen im Drecke geht« oder »Hat Sankt Martin einen weißen Bart, wird der Winter streng und hart.« Aber es gibt auch den so genannten Martinssommer, der die letzte milde Periode im Jahr bezeichnet.

Allerheiligen – *1. November*

Allerheiligen gehört wie Buß- und Bettag, Ewigkeitssonntag und Allerseelen zu den Besinnungsfesten der Voradventszeit und geht auf eine Gedenkfeier zu Ehren aller heiligen Märtyrer im 4. Jahrhundert zurück, die zunächst in Antiochien am Sonntag nach Pfingsten begangen wurde. In der westlichen Kirche hat der Tag eine weitere Wurzel in der Umwandlung des Pantheons, des Tempels für alle Götter, in die christliche Kirche Sancta Maria ad martyres (Heilige Maria zu den Märtyrern), deren Gedenktag am 13. Mai gefeiert wurde. In der ersten Hälfte des 8. Jahrhunderts wurde die Feier dann auf alle Heiligen ausgedehnt. Von Irland, wo der 1. November als Winterbeginn und Jahresanfang galt, kam dann ein neuer Festtermin auf, den Gregor IV. im Jahre 835 als einheitlichen Tag der Allerheiligenfeier festsetzte. In Deutschland wurde er unter Ludwig dem Frommen verbindlich eingeführt.

Allerheiligen ist bei uns heute hauptsächlich die Vorbereitung auf Allerseelen. Gräbergänge am Nachmittag des Allerheiligenfestes sind seit dem 16. Jahrhundert belegt, haben aber wahrscheinlich eine noch ältere Tradition. Die Gräber werden geschmückt und man stellt ein so genanntes Seelenlicht auf, das Sinnbild des ewigen Lebens, das den Verstorbenen leuchten soll. Früher kamen

Engelsstatue auf einem Münchner Friedhof

die Menschen an Allerheiligen und Allerseelen in ihre Heimatdörfer zurück, um das Grab ihrer Eltern zu besuchen. Wer sich allerdings in der Nacht zwischen den beiden Tagen auf dem Friedhof aufhielt, musste damit rechnen, von den empörten Geistern getötet zu werden. Wer die Nacht dann überlebte, konnte angeblich alle Toten des nachfolgenden Jahres sehen.

Allerseelen – *2. November*

Im Christentum lassen sich Gebete für Verstorbene bis ins 2. Jahrhundert zurückdatieren, seit dem 7. Jahrhundert wurden in vielen Klöstern besondere Gedenkfeiern begangen. 998 ordnete Abt Odilo von Cluny den 2. 11. als Gedächtnistag für seinen Klosterverbund an, und von dort verbreitete sich der Termin rasch. Das Fest Allerseelen wurde 1006 von Papst Johannes XVIII. allgemein eingeführt, um aller Toten oder Seelen zu gedenken. Das Thema des Tages ist die Auseinandersetzung mit dem Tod naher Angehöriger, die Fürbitte für die Verstorbenen und der Arme-Seelen-Kult. Der Wunsch, den »armen Seelen« zu helfen, war lange eng mit dem Feiertag verbunden. So werden noch bis in die heutige Zeit Gottesdienste und Prozessionen abgehalten und die Gräber mit Weihwasser besprengt, um die Fegefeuerqualen der Toten zu verkürzen.

Da man glaubte, die armen Seelen würden um Allerheiligen und Allerseelen zu ihren Körpern oder Wohnungen zurückkehren, stellte man ihnen nicht nur im Haus, sondern oft auch auf die Gräber Wein und Speisen. Außerdem backte man Gebildbrote: Armeseelenbrot, Seelstücke, Seelenwecken oder das Totenbrot, das die Form menschlicher Knochen hatte. Man heizte für die frierenden Seelen die Stube ein und hielt mit Fett gefüllte Schalen zur Behandlung ihrer im Fegefeuer erlittenen Brandwunden bereit. Da die Toten nach dem Volksglauben überall unterwegs waren, durfte man nirgendwo Gegenstände herumliegen lassen, an denen sie sich hätten verletzen können. Man nahm an, dass sie sich zu Geistermessen versammelten und mitunter als Lichter oder als Frösche und Kröten umherwanderten. Der Dichter Peter Rosegger berichtete von solchem Brauchtum aus seiner Heimat:

»Da wird in der Steiermark an diesem Tag keine Tür und kein Tor etwa gewaltsam zugeschlagen, aus Furcht, eine arme Seele zu zerquetschen. Da wird kein Messer auf dem Rücken, kein Rechen mit den Zinken nach oben liegengelassen, aus Vorsicht, daß nicht irgendeine arme Seele darüber stolpere, sich ritze oder schneide. Auch darf an diesem Tag keine leere Pfanne über dem Feuer stehen, damit sich nicht unversehens eine arme Seele hineinsetze und elend verbrenne. Ferner ist es unstatthaft, einem Frosch oder einer Kröte etwas zuleid zu tun, da man nicht wisse, ob nicht eine arme Seele in Gestalt dieser Tiere an ihrem Tage sichtbar werde.«

Die Gebildbrote waren ursprünglich Opfergaben für die Toten, und der Volksglaube erlaubte nicht, dass man davon nahm. Entweder würde man auf der Stelle von den erbosten Seelengeistern zerfetzt oder müsse binnen eines Jahres sterben. In manchen Gegenden sammelte man auch während einer ganzen Woche die Krümel vom Tisch als Nahrung für die Seelengeister oder warf beim Backen eine Handvoll Mehl hinter sich. Das so genannte Vorback – ein kleines Stück Teig, das man mit den anderen Broten backte – galt ebenfalls als Speise für die Seelen. Aufgrund seiner geringen Größe war es viel rascher gar, durfte aber weder angeschnitten noch auf den Tisch gelegt werden, ehe die übrigen Brote aus dem Ofen kamen, da sich die Seelen sonst rächten. Was die Toten von ihren Gaben stehen ließen, konnte am nächsten Tag gegessen werden und galt als Glück bringend. Man verzehrte es entweder selber oder verschenkte es. Diese Gaben erhielten oft Arme, Kranke und Kinder und in manchen Gegenden sind sie heute noch üblich. Schließlich wurden die Brote aber an Arm und Reich, Alt und Jung gleichermaßen verschenkt, allerdings offenbar mit der Auflage für die Toten zu beten. Aus dieser Sitte entwickelten sich oft Heischegänge (siehe S. 18), bei denen Brot erbettelt wurde. Und niemand konnte sich einer Spende entziehen, da man glaubte, mit jedem verzehrten Seelengebäck eine arme Seele aus dem Fegefeuer zu erlösen.

Hubertustag – *3. November*

Der heilige Hubertus von Lüttich wurde vermutlich um 655 in Aquitanien geboren und war, wenn man der Legende glaubt, als Oberhofmeister am Hof Pippins, wo er die Tochter des Grafen von Löwen heiratete. Nach dem frühen Tod seiner Frau zog er sich zunächst für einige Jahre als Einsiedler in die Ardennen zurück, ehe er um das Jahr 700 zum Bischof von Tongern-Maastricht gewählt wurde. Später verlegte er seinen Sitz nach Lüttich. Bis zu seinem Tod 727 trug er wesentlich zur Christianisierung des Ardennengebietes bei.

Eine der berühmtesten Hubertuslegenden erzählt, dass er an einem Karfreitag auf die Jagd ging und plötzlich einen Hirsch mit einem Kreuz zwischen den Geweihstangen vor sich sah. Dieses Erlebnis bewirkte eine tief greifende Wandlung in seinem Leben und wenig später ließ er sich zum Priester weihen.

Diese Geschichte, die allerdings wohl erst im 15. Jahrhundert entstand, als die Hubertusverehrung mit der Gründung von Hubertus-Ritterorden und Hubertus-Bruderschaften starken Aufschwung nahm, machte Hubertus zum Patron der Jäger, Schützen und der Jagdhunde. Außerdem ist er Schutzheiliger der Stadt Augsburg, der Förster, Metzger, Kürschner, Drechsler, Optiker und Metallarbeiter. Er wird gegen Besessenheit, Hunde- und Schlangenbisse und gegen Tollwut angerufen. Mit der Tollwut verbindet sich wiederum eine Legende, nach der Hubertus vom heiligen Petrus einen Schlüssel zur Heilung der Krankheit erhielt, der selbst nach seinem Tod heilkräftig blieb und von den Mönchen in St.-Hubert-en-Ardennes aufbewahrt wurde. Dorthin überführte man 825 auch Hubertus' Leichnam und lange gehörte der Ort zu den berühmtesten Wallfahrtsstätten.

Der so genannte Hubertusschlüssel galt aber auch später weiterhin als Heilmittel gegen Tollwut und noch im 19. Jahrhundert wird von ihm berichtet. Man brannte mit einem glühenden Schlüssel Bisswunden aus oder prägte mit ihm gebissenen Menschen ein Mal auf die Stirn, in die man Fädchen der Stola des Heiligen legte. Jagdhunden brannte man einen Hubertusschlüssel auf die Stirn, um ihnen die Scheu vor Wasser zu nehmen. Außerdem behandelte man mit den Schlüsseln Krämpfe, Mondsucht und Viehkrankheiten. Gegen Kopfschmerzen trug man einen Hubertusring. Vorbeugend gegen Hundebisse heftete man sich so genannte Hubertusriemchen an oder nahm am Hubertustag geweihtes Brot, Salz und Wasser zu sich. Hubertusbrot und Hubertuswasser dienten auch als Schutz gegen Ratten. Brot aus St.-Hubert bewahrte angeblich Haustiere vor aller Art von Unheil.

Zum Patron der Jäger wurde Hubertus offenbar im 10./11. Jahrhundert. Noch heute ist unter Jägern ein Hubertusgottesdienst üblich, zu dem sie häufig auch Jagdhunde und abgerichtete Greifvögel mitbringen.

Leonharditag – 6. *November*

Leonhard wurde – so die Legende – etwa um 500 während der Regierungszeit des Merowingerkönigs Chlodwig I. als Sohn einer fränkischen Adelsfamilie geboren. Später lebte er, nachdem er ein Hofamt abgelehnt hatte, als Einsiedler in der Gegend des heutigen Limoges in Frankreich, wo er eine Klosterzelle gründete, predigte und Behinderte und Kranke heilte. Aus Leonhards Zelle entstand später das Kloster Noblac. Er starb vermutlich 559.

Leonhard gilt als Patron der Bauern, Bergleute, Böttcher, Fuhrleute, Schmiede, Lastträger, Stallknechte, Obsthändler, Schlosser, Gefangenen und Wöchnerinnen und als Beschützer des Viehs, der Pferde und der Landwirtschaft allgemein. Daher wurden ihm früher Feldfrüchte und Tiere geopfert und an Stalltüren und Alpenwegen brachte man Bilder des Heiligen an, die Segen bringen sollten. Außerdem wird Leonhard gegen Kopfschmerzen und Geisteskrankheiten und für eine leichte Geburt angerufen.

Leonharditritt in Nußdorf/Oberbayern

Eine besondere Rolle im Brauchtum spielt sein Patronat über Gefangene, derer er sich mit großem Engagement annahm; in vielen Fällen erreichte er beim König ihre Freilassung. Der Überlieferung zufolge unterhielt Leonhard gute Beziehungen zum Herrscher, weil die Königin, die eines Tages während einer Jagd unvorhergesehen in die Wehen gekommen war, nach Gebeten des Heiligen den lang ersehnten Stammhalter zur Welt gebracht hatte.

Leonhard bemühte sich um die Wiedereingliederung von ehemaligen Gefangenen in die Gesellschaft und sorgte für ihre Ausbildung in Ackerbau und Viehzucht. So wollte er ihnen ermöglichen, ihren Lebensunterhalt zu verdienen und Familien zu gründen. Dies Engagement begründete auch Leonhards Ruf als »Kettenheiliger«, obwohl die Ketten später in Viehketten oder allgemein in Ketten der Sünde und Schuld umgedeutet wurden, sowie den Brauch, an Leonhards Wallfahrtsorten Metallketten zu stiften und Wallfahrtskirchen mit Ketten zu umspannen.

In Bayern entwickelte sich Leonhard im Laufe der Jahrhunderte zu einem der beliebtesten und volkstümlichsten Heiligen. Die erste Leonhardskirche wurde Ende des 12. Jahrhunderts in Kreuth erbaut, ihr folgten hunderte anderer.

Schließlich avancierte Leonhard sogar zum »bayrischen Herrgott« und sein Fest erhielt den gleichen Rang wie die großen Jahresfeste. Seit langem gilt er in Bayern als Vieh- und vor allem als Pferdepatron. Daher fanden und finden noch heute um seinen Gedenktag in zahlreichen Orten Umritte und Pferdesegnungen, auch Leonardifahrten genannt, statt, die sich im Laufe der Zeit vielfach zu Volksfesten entwickelten. Sehr bekannt ist der Leonardiritt von Bad Tölz (siehe S. 233). Weniger bekannt ist hingegen, dass schon im 12. Jahrhundert eine Leonhardiwallfahrt nach Inchenhofen in der Diözese Augsburg entstand, die zur berühmtesten ganz Europas wurde und den Ort zu manchen Zeiten neben Jerusalem, Rom und Santiago de Compostela (siehe S. 163) zur viertgrößten Wallfahrtsstätte der Christenheit machte.

Der Volksbrauch kennt eiserne Leonhardigaben in Form von Hufeisen oder Kröten und anderen Tierfiguren, die dem Heiligen geweiht werden und als Glücksbringer gelten, und Beschwörungen oder »Briefe« zur Erleichterung der Geburt. Da Leonhard auch bei Krankheit hilft, gab es früher Rumpffiguren aus Eisen, die man Leonhardiklötze nannte. All diese Dinge trugen dem Heiligen den Beinamen »Eisenherr« ein.

Kröten

Die Rolle der Kröte im Brauchtum ist vielfältig. Als Votiv- oder Opfertier geht sie auf die bereits in der Antike bekannte Vorstellung zurück, die Gebärmutter habe Krötengestalt und sei ein lebendiges Wesen, das umherwandern und beißen könne. Daher opferte man Kröten bei Frauenkrankheiten, Unfruchtbarkeit und gegen Missgeburt.

In der Volksmedizin setzte man Kröten getrocknet und pulverisiert als Mittel gegen Warzen, Krebs, Rheumatismus, Gicht, Blutungen und sogar gegen die Pest ein. Aber auch Fett, Blut, Haut, Leber, Laich und Knochen von Kröten wurden als Arznei verwendet.

Einerseits galt die Kröte als Hausgeist, der man Milch fütterte und nichts zu Leide tun durfte, um kein Unheil auf sich zu ziehen, andererseits betrachtete man sie als Tier der Hexen und glaubte, dass sie mit den Tieren Krankheiten in Menschen hineinzaubern konnten. Außerdem vergruben Hexen angeblich Kröten unter Türschwellen, um anderen Frauen ihre Männer abspenstig zu machen.

Martinstag – *11. November*

Martin wurde 316 als Sohn eines römischen Offiziers in Pannonien im heutigen Ungarn geboren und im italienischen Pavia erzogen. Mit fünfzehn Jahren ging er, wie es damals für Söhne von Berufssoldaten üblich war, zur Armee, wo er vermutlich unter Kaiser Konstantin I., der Überlieferung zufolge jedoch unter den Kaisern Constantinus II. und Julianus Apostata, diente und bald Offizier wurde. Schon während der gesamten Armeezeit war Martins Leben von Hilfsbereitschaft und Mildtätigkeit geprägt. In diese Zeit fällt die berühmte Legende von der Mantelteilung, nach der Martin mitten im Winter vor den Toren Amiens, wo er stationiert war, einem hungernden und frierenden Bettler begegnete. Da er sonst nichts bei sich trug, was er dem Mann hätte geben können, teilte er seinen weiten Mantel mit dem Schwert und schenkte dem Bettler die eine Hälfte. Diese Begebenheit sollte Martin zum Vorbild der tätigen Barmherzigkeit machen. In der darauf folgenden Nacht erschien ihm der Bettler im Traum und gab sich als Jesus Christus zu erkennen.

Das Erlebnis veranlasste Martin, sich taufen zu lassen. Nach seinem Abschied aus dem Militärdienst einige Jahre später ging er nach Poitiers zu Bischof Hilarius, der sein Lehrer wurde. Danach zog Martin sich als Einsiedler auf eine Insel zurück, ehe er um 360 zu seinem alten Lehrer Hilarius zurückkehrte und in der Nähe von Poitiers eine Einsiedelei errichtete, aus der das erste Kloster Galliens entstand.

Der Heilige Martin. *Hinterglasbild*

Binnen kurzer Zeit wurde Martin so beliebt, dass man ihn 371 auf Drängen der Bevölkerung zum Bischof von Tours wählte. Trotzdem lebte er in der gleichen Bescheidenheit wie zuvor. Er blieb beinahe dreißig Jahre im Amt, in denen er unermüdlich missionierte und zahlreiche Wundertaten und Heilungen vollbracht haben soll. 397 starb er etwa achtzigjährig während einer Reise. Seine Beisetzung fand unter großer Anteilnahme der Bevölkerung statt.

Schon im folgenden Jahrhundert wurde Martin als Heiliger angerufen und war damit einer der ersten Nichtmärtyrer, die mit offiziellem Kult verehrt wurden. Zahllose Legenden verklärten seine Tugenden und Taten. Chlodwig (482–511) erhob ihn zum Schutzherrn des christianisierten Frankenreiches und der merowingisch-fränkischen Könige, die Martins Mantel danach in jeder Schlacht voraustragen ließen. Den Aufbewahrungsort der Reliquie nannte man *capella* (lat. *cap(p)ella* = kleiner Mantel), woraus sich später der allgemeine Begriff Kapelle entwickelte. Martins Grabstätte galt während des Mittelalters als fränkisches Nationalheiligtum, und am Ende der Epoche soll es im Frankenreich beinahe viertausend Martinskirchen gegeben haben. Vom Frankenreich breitete sich sein Kult vor allem in die nordwestlichen deutschsprachigen Länder aus. Besondere Verehrung erfuhr er in der Gegend von Trier und Köln, wo sein Kult auch heute noch sehr lebendig ist.

Martin ist Patron der Diözesen Eisenstatt, Rottenburg, Hildesheim und Mainz, der Stadt Aschaffenburg und unzähliger Kirchen. Er gilt als Schutzheiliger der Bettler, Soldaten, Kavalleristen und Winzer, Böttcher, Reiter, Huf- und Waffenschmiede, Weber, Schneider, Bürstenbinder, Gefangenen, Gerber, Hirten, Hutmacher, Reisenden und Müller wie auch der Haustiere und vor allem der Gänse. Er wird gegen Ausschlag und Schlangenbisse angerufen.

Martin ist außerdem Patron der Trinker und Zecher, da er selbst kein Verächter des Weines gewesen sein soll. Vielleicht ist das auch der Grund, weshalb die Kirche dem Heiligen den jungen Wein weihte. Vielleicht wollte sie aber auch auf diese Weise alte Bräuche verdrängen, denn die Römer feierten um die Zeit von Martini das Fest des neuen Weins, das mit Ausdehnung des Weinbaus nach Germanien gekommen war. So gehörte früher zum Brauchtum des Martinstages die Martinsminne. Man erhob das Glas zu Ehren des Heiligen und die Winzer tranken diesen Märteswein für eine gute Ernte im neuen Jahr. Darüber hinaus sollte die Martinsminne schön und stark machen.

Schon früh werden in Quellen Wein und Gänsebraten zusammen genannt. Die Sitte, an Martini Gänse zu essen, soll auf die bekannte Legende zurückgehen, der zufolge Martin sich vor dem Volk, das ihn zum Bischof machen wollte, in einem Gänsestall versteckte, da er sich des Amtes nicht würdig fühlte. Aber die Gänse verrieten ihn durch ihr Geschnatter und zur Strafe ließ Martin sie später braten. Tatsächlich hat der Brauch wohl andere Wurzeln und steht vor allem in Zusammenhang mit dem bäuerlichen Jahreslauf. Um Martini wurde das Vieh von der Weide geholt und man schlachtete die ersten Tiere, insbesondere Mastgänse, die man entweder selber aß oder aber als Naturalie an Grundherren abführte, da an diesem Tag Zins- und Pachtzahlungen fällig wurden. Daraus entwickelte sich der Spruch: »Sankt Martin ist ein harter Mann für den, der nicht bezahlen kann.«

Martini galt auch als Winterbeginn und als Abschluss des Wirtschaftsjahres. Häufig wurde an diesem Tag das erste Feuer im Kamin entzündet, und die Arbeit auf dem Feld musste beendet sein. Knechte und Mägde konnten, wie auch an Lichtmess (siehe S. 32), die Stellung wechseln oder nach Hause entlassen werden. Da zahlreiche Kirchen dem heiligen Martin geweiht waren, fanden oft Kirchweihfeste (siehe auch S. 206) statt, die mit Märkten einhergingen. Um für das leibliche Wohl zu sorgen, bereitete man neben Gänsen auch Märtesküchle, Märteslaibe und Martinshörner zu. Außerdem kamen Speisen wie Siedfleisch, Speck, Wür-

Die Gans

Vermutlich wurde die Gans schon in germanischer Zeit als Haustier gehalten und um die Zeit des heutigen Martinstages geschlachtet. Das Blut opferte man, das Fleisch wurde gegessen. In der Volksmedizin verwendete man das Blut von Gänsen auch als Mittel gegen Fieber, ihr Fett gegen Gicht. Mit einer Feder des linken Flügels, die man verbrannte und mit Wein vermischte, behandelte man Epilepsie. Gänse galten aber auch als Weissagevögel, und aus der Farbe ihres Brustbeins deutete man die Witterung des kommenden Winters. Ein alter Brauch ist es, dass zwei Leute das gegabelte Brustbein einer Gans auseinander ziehen. Wer dabei das größere Stück in der Hand behält, hat einen Wunsch frei.

ste jeglicher Art, Schweinepfeffer oder Metzelsuppe auf den Tisch. Man ließ es sich noch einmal richtig gut gehen, denn danach begann die lange sechswöchige Adventszeit, in der viele Lebensmittel tabu waren und wie im Falle der vorösterlichen Fastenzeit (siehe S. 69f.) aufgebraucht werden mussten, um nicht zu verderben. Diese Schlemmereien machten den Martinstag schließlich zum »Speckmärten« und Martin zum Patron der Gastwirte.

Von dem neuen Wein, der angestochen wurde, musste man reichlich trinken, denn wenn man an Martini einen kräftigen Rausch bekam, war man das ganze folgende Jahr vor Kopf- und Magenschmerzen geschützt. Wer allerdings an diesem Tag Rüben aß, der wurde Bettnässer. Eine weitere Sitte des Martinstags war übrigens, dass man ungestraft alles stehlen durfte, was einem gerade in die Hände fiel.

An Martini begann auch die Zeit des Spinnens, die gewöhnlich bis Lichtmess dauerte. Da die Arbeit auf dem Feld getan war, arbeitete man im Haus. Es lag nahe, sich zusammenzutun, denn so konnte man eine Licht- und Wärmequelle gemeinsam nutzen und außerdem war es geselliger. Während am Nachmittag vor allem die Frauen in der Spinnstube spannen oder strickten, stellten sich abends auch die Männer ein, und man spielte, sang, tanzte, tauschte Neuigkeiten aus und erzählte Geschichten. Natürlich waren die Spinnstuben auch ein geeignter Ort, um sich besser kennen zu lernen und einen Lebenspartner zu suchen.

In manchen Gegenden wurden am Vorabend von Martini oder am Tag selbst Martinsfeuer entzündet, die ihre Wurzeln in der Legende vom frierenden Bettler von Amiens haben sollen. Nach anderer Deutung handelte es sich ursprünglich um Opferfeuer, mit denen man für die Herbsternte dankte. Das Brennmaterial sammelte man schon mehrere Wochen vor Martini auf Heischegängen ein. Nachdem die Holzstöße angesteckt und heruntergebrannt waren, entzündeten Kinder an der Glut Fackeln aus Stroh und Papier oder »Trullichter«, ausgehöhlte Rüben und Kürbisse mit Fratzengesichtern, und zogen durch den Ort, um Obst und Gebäck zu erbetteln. Mitunter fanden die

Der Wacholder

Neben Hasel (siehe S. 159) und Holunder (siehe S. 143) gehört der Wacholder zu den wichtigsten Pflanzen im Brauchtum. Er gilt als ein Symbol des Lebens. Aus seinem Holz wurden Wanderstäbe für Handwerker geschnitzt, seine Zweige verwendete man als Gewürz und Heilmittel. Zerkaute Wacholderbeeren dienten zur Magenstärkung und als Schutz vor Gelbsucht und Augenkrankheiten. Mit Tee oder Saft aus Zweigen behandelte man Blasenleiden und Wassersucht. Außerdem verabreichte man Wacholder für eine bessere Verdauung, zur Blutreinigung und zum Appetitanregen. Manche dieser Anwendungsweisen sind noch heute bekannt. Auf den Strauch selbst konnten nach dem Volksglauben Zahnschmerzen und andere Krankheiten übertragen werden. Mit Wacholder räucherte man Viehställe gegen Seuchen aus oder verbrannte ihn auf glühenden Kohlen gegen die Pest. Außerdem vertrieb man auf diese Weise Dämonen und andere unheilvolle Einflüsse oder reinigte Haus und Hof nach Krankheiten oder Todesfällen. Zu Pfingsten entzündete Wacholderfeuer dienten zur Reinigung von Herden und Feldern. Noch heute gehören Wacholderzweige zum Palmbuschen (siehe S. 72f.).

Feuer in früherer Zeit im Rahmen eines Kampfes zwischen Sommer und Winter statt und sollten wie andere Jahresfeuer den Feldern Segen bringen. Der lange in Vergessenheit geratene Brauch des Martinsfeuers wurde im 20. Jahrhundert neu belebt. Oft gründeten sich sogar Martinsvereine, die heute vor allem in Gegenden an Mittel- und Niederrhein Scheiterhaufen entzünden.

An vielen Orten gibt es zwar keine Feuer, aber Martinsumzüge, bei denen die Kinder mit Laternen oder Fackeln durch die Straßen ziehen und Martinslieder singen, die Leben und Wirken des Heiligen zum Thema haben. Einige dieser Lieder lassen sich bis ins Spätmittelalter zurückverfolgen. Einer Deutung nach soll sich der Umzugsbrauch aus dem Kult am Grab des Heiligen entwickelt haben, zu dem Lichterprozessionen gehörten. Heute reitet bei den Umzügen oft der Heilige mit, und die Legende von der Mantelteilung wird nachgespielt. Auch andere Laternenumzüge im November, die mittlerweile in ganz Deutschland verbreitet sind, entwickelten sich aus dieser Tradition.

Laterne, Laterne. *Illustration zu dem bekannten Kinderlied von Reinhard Michl*

In protestantischen Gegenden deutete man das Martinsfest im Laufe der Zeit auf Martin Luther um und verlegte es auf seinen Geburtstag, den 10. November. Vor allem im protestantischen Brauchtum wurde Martin zum Gabenbringer, dem die Kinder Martinslieder vorsangen, um anschließend eine Belohnung zu erhalten. In Süddeutschland trat der Pelzmärte oder Nußmärte, eine vermummte, lärmende Gestalt, die brave Kinder mit Nüssen und Martinswecken beschenkte, an die Stelle des Heiligen, der damit in die Nähe der Figuren des Wilden Heeres geriet (siehe S. 229f.).

Da Martin auch Patron der Hirten war, zogen diese im Harz und in Süddeutschland an Martini mit Martinsgerten aus Wacholder-, Birken- und Eichenzweigen von Haus zu Haus und sammelten Gaben. Die Zweige der Martinsgerten brachte man zum Schutz von Menschen und Tieren unter dem Dach des Hauses oder Stalles an oder benutzte sie zum ersten Austrieb des Viehs im folgenden Jahr. An manchen Orten wurden mit den Gerten Frauen und Mädchen geschlagen, um Segen und Fruchtbarkeit auf sie zu übertragen (siehe S. 88).

Wie an anderen Schwellenterminen geht nach dem Volksglauben an Martini das Wilde Heer um. Tatsächlich hat man den heiligen Martin schon mit Wodan, dem höchsten Gott der Germanen und dem Führer des Wilden Heeres, in Zusammenhang gebracht, da beide häufig als Schimmelreiter dargestellt werden. Ob die beiden verwandt oder gar identisch sind, mag dahingestellt bleiben. Jedenfalls gingen in manchen Gegenden junge Männer maskiert und lärmend durch den Ort, um böse Geister und Dämonen zu vertreiben. Im alpenländischen Raum war es Brauch, dass sie unter Schellengeläut und Peitschenknallen umherzogen. Sie stellten Geister dar, die Namen wie Alperer, Ochsner oder Kasmandl trugen und im Winter auf die Almen gingen, um in den verlassenen Hütten der Sennen zu hausen.

An Martini, beziehungsweise dem 11. 11., beginnt die Fastnacht, was darauf zurückzuführen ist, dass man spätestens am Ende des Mittelalters die Elf als Zahl der Sünde betrachtete und mit dem Narren in Verbindung brachte (siehe S. 45f.).

Elisabeth – *19. November*

Elisabeth wurde 1207 als Tochter des ungarischen Königs Andreas II. geboren und bereits im Alter von vier Jahren mit dem Landgrafen Ludwig IV. von Thüringen verlobt, den sie 1221 vierzehnjährig heiratete. Das Paar bekam in rascher Folge drei Kinder, doch schon sechs Jahre nach der Eheschließung starb Ludwig auf einem Kreuzzug. Bereits während ihrer Ehe war Elisabeths Leben offenbar von Frömmigkeit, Wohltätigkeit und Nächstenliebe geprägt. Sie ging in die Armenviertel, pflegte Kranke und setzte sich für die Rechte der Bauern ein. Im Hungerjahr 1225/26 versuchte sie mit Staatsgeldern die größte Not unter der Bevölkerung zu lindern. Während ihr tief gläubiger Mann ihre Mildtätigkeit unterstützte, übten andere scharfe Kritik. So verwundert es nicht, dass nach dem Tod Ludwigs sein Bruder Heinrich Raspe die Schwägerin mit ihren Kindern von der Wartburg vertrieb und in bittere Armut stürzte.

Unter dem Schutz des Bischofs von Bamberg und Papst Gregors IX. ging Elisabeth schließlich nach Marburg, wo sie als Terziarin in den Franziskanerorden eintrat, ein Spital gründete und ihr Leben vollkommen den Armen und Kranken widmete. Am 17. November 1231 starb sie mit vierundzwanzig Jahren. Bereits vier Jahre später wurde sie heilig gesprochen. Ihre letzte Ruhe fand sie in der für sie erbauten Elisabethenkirche in Marburg. Dort gibt es bis heute die Wallfahrt zur heiligen Elisabeth.

Elisabeth ist Patronin Hessens und Thüringens, der Dominikaner und Zisterzienser, des Deutschordens und der Caritas. Sie gilt als Beschützerin der Witwen, Waisen, Kranken, Notleidenden und Bettler. Ihr Gedächtnistag wurde später zum Anlass genommen, Arme und Bedürftige mit Wintervorräten zu beschenken.

Katharinentag – *25. November*

Katharina lebte zu Beginn des 3. Jahrhunderts in Alexandrien und soll eine Königstochter gewesen sein. Die Legende berichtet, dass sie in Überfluss und Reichtum aufwuchs und schön und gebildet, aber ungemein stolz war. Lange wies sie alle Freier zurück, da ihr kein Mann gut genug war, bis sie eines Tages einem Einsiedler begegnete, von dem sie hörte, dass Christus der beste Bräutigam sei. Daraufhin ließ Katharina sich taufen. Wenig später legte sie sich bei einem heidnischen Opferfest mit Kaiser Maxentius an. Sie erklärte seine Götter zu Abgöttern, woraufhin der Herrscher fünfzig Philosophen kommen ließ, um Katharina zu widerlegen. Stattdessen bekehrte sie die Männer. Katharina wurde in den Kerker geworfen und viele Wochen lang misshandelt. Da die Folterungen ihr nichts anhaben konnten, enthauptete man sie schließlich. Ihr Leichnam soll von Engeln auf den Berg Sinai getragen worden sein, wo sie die letzte Ruhe fand.

Katharinenkloster am Fuß des Berg Sinai. Nach der Legende wurde der Leichnam der Katharina von Alexandria von Engeln hierher getragen.

Katharina ist Patronin von Bibliotheken, Universitäten und Spitälern. Sie gilt als Beschützerin der jungfräulichen Reinheit, der Nonnen, Mädchen, Mägde, Arbeiterinnen, Schüler, Lehrer, Philosophen, Redner, Anwälte, Notare, Buchdrucker, Töpfer, Scherenschleifer, Chirurgen, Barbiere, Müller, Bäcker, Schiffer, Friseure, Schuster und Modistinnen der Pariser Haute Couture, die »Catherinettes« genannt werden; sie wird bei Kopf- und Zungenleiden und zum Auffinden von Ertrunkenen angerufen. Außerdem gehört sie zu den vierzehn Nothelfern (siehe S. 241) und ist neben Margaretha und Barbara eine der »drei heiligen Jungfrauen«.

Katharina wird vor allem auf dem Land verehrt und wie anderswo an Martini endete früher in manchen Gegenden mit dem Kathreintag die Weidezeit, Bienenstöcke wurden eingesammelt, die Schafschur und das Spinnen begannen. Knechte und Mägde erhielten ihren Lohn und konnten die Stellung wechseln. Am Abend des 25. fand der so genannte Kathreintanz statt, der einen Höhepunkt des Bauernjahres bildete und die letzte Möglichkeit zu üppigem Essen und Feiern vor dem Advent bot, nachdem dieser auf vier Wochen verkürzt worden war.

Andreastag – *30. November*

Andreas stammte aus Bethsaida in Galiäa. Er war der ältere Bruder von Petrus und wie dieser Fischer, wurde aber bereits vor ihm zum Apostel berufen. Er missionierte in Griechenland und in der Gegend des Schwarzen Meeres und soll sogar bis Kurdistan und Georgien gekommen sein. Um das Jahr 60 starb er im griechischen Patras den Märtyrertod. Man spannte ihn mit ausgebreiteten Armen und Beinen auf ein schräges Kreuz, das heute noch als Andreaskreuz bekannt und zum Verkehrszeichen an unbeschrankten Bahnübergängen geworden ist.

Andreas ist Patron mehrerer Länder und Städte, unter ihnen Spanien, Griechenland, Neapel, Ravenna und Bordeaux; er gilt als Schutzheiliger der Fischer, Fischhändler, Metzger und Seiler. Er wird gegen Gicht, Halsprobleme – hustenkranke Kinder umarmten früher am Andreastag eine Statue des Heiligen – und Unfruchtbarkeit angerufen und ist Helfer in Kriegen und Kämpfen.

Da der Andreastag am Ende des Kirchenjahres steht (genau natürlich nur, wenn der 1. Advent auf den 1. Dezember fällt), war er einmal dem heutigen Silvester vergleichbar und mit Jahresendbrauchtum verbunden. Deshalb galt er als großer Orakeltag, an dem vor allem Liebesorakel praktiziert wurden. Mädchen knieten an ihrem Bett nieder und baten, im Traum ihren Zukünftigen zu sehen, schüttelten zum gleichen Zweck ihre Bettdecke oder den Gartenzaun oder legten Zettel mit Sprüchen unter ihr Kopfkissen. Im Harz tranken sie vor dem Schlafengehen zwei Becher Wein, was vielleicht die wirksamste Methode zum Träumen war. Anderswo aßen sie einen Apfel oder fegten zwischen elf und zwölf im Schein einer Kerze oder Lampe die Stube aus. Man schälte auch die Schale eines Apfels in einem Stück ab und warf sie hinter sich. Wenn dann aus ihr ein Buchstabe zu lesen war, las man ihn als Anfangsbuchstaben des Namens des Zukünftigen. In Sachsen zogen die Mädchen um Mitternacht schweigend einen Scheit aus einem großen Holzstoß. War er krumm, bekamen sie einen krummen Alten zum Mann. Der Volksglaube behauptete, dass viele dieser Orakel am besten funktionierten, wenn die Mädchen sie nackt praktizierten. Man horchte auch an den Fenstern der Nachbarn und hörte man sie über ein Begräbnis reden, stand ein Todesfall ins Haus.

Wie am Barbaratag wurden auch an Andreas Zweige geschnitten, am besten am Andreasabend um sechs, neun oder zwölf Uhr, und ins Wasser gestellt. Im Idealfall stammten sie von sieben oder neun verschiedenen Sträuchern. Um drei Zweige schlangen Mädchen bunte Bänder und wenn diese bis Weihnachten aufgeblüht waren, hatten sie drei Wünsche frei.

Die Andreasnacht – so der Volksglaube – war immer voller Spuk und Zauber, und daher versuchte man auch in ihr mit Umzügen maskierter, lärmender Gestalten die bösen Mächte zu vertreiben. Wer sich aber zu einem Kreuzweg wagte, dem brachte der Teufel Schätze.

Veranstaltungstipps

Leonhardifahrt in Bad Tölz

Die größte Leonhardifahrt Oberbayerns findet am 6. November in Bad Tölz statt. Sie wird seit 1855 durchgeführt und steht im Zeichen des Erntedanks und der Bitte um Schutz für Hof und Stall. Der Zug geht durch die malerische Altstadt hinauf zu der 1718 entstandenen Leonhardikapelle auf dem Kalvarienberg. Angeführt wird er von den Bürgerlichen Reitern mit der alten Leonhardifahne. Ihnen schließen sich Geistlichkeit und Stadtrat an, dann folgen die Wallfahrtsvierspänner und die geschmückten und bemalten Leiterwagen mit Frauen und Kindern in Tracht. Dazwischen befinden sich Figuren des Heiligen, Festwagen mit religiösen Motiven, Musikkapellen und Reitergruppen. Wenn die Beteiligten die Kapelle erreicht haben, wird dort eine heilige Messe abgehalten und der Leonhardisegen erteilt. Dann kehrt der Zug in den Ort zurück, wo das Fest in den Wirtshäusern seinen Ausklang nimmt.

Leonhardifahrt in Bad Tölz. Die Abbildung zeigt die Wallfahrts-Vierspänner und Leiterwagen.

Große Bergparade der Bergbrüderschaften in Chemnitz und Annaberg-Buchholz

Bereits im 15. Jahrhundert ordnete der König in Sachsen Paraden der Bergleute zur Eröffnung der weihnachtlichen Märkte an und noch heute marschieren sie um die Weihnachtszeit in historischen Trachten durch erzgebirgische Städte, wo sie bergmännisches Brauchtum zelebrieren. Ihren Auftakt nehmen die Paraden in Chemnitz, die Jahresabschlussparade mit mehr als tausend Teilnehmern findet in Annaberg-Buchholz statt, wo bergmännische Traditionsvereine aus allen Bergbauregionen der Bundesrepublik unter den Augen tausender Zuschauer mit Standarten, Standesabzeichen und Paradewerkzeugen durch die Straßen ziehen. Anschließend sammeln sich zweihundertfünfzig Bergmusiker zu einem großen Bergkonzert.

Mühlenritt der Narrenakademie Dülken

Gründungstag der Narrenakademie Dülken soll der 21. Februar 1554 gewesen sein. Nach einer wechselvollen Geschichte wurde sie 1830 aufgelöst und erst 1937 wieder ins Leben gerufen. Heute sieht die Narrenakademie ihren Zweck in der Erhaltung närrischen Brauchtums. Zu ihren Aufgaben gehört die Organisation des Dülkener Rosenmontagszuges und die Betreuung des städtischen Narrenmuseums. Während im übrigen Rheinland der 11. 11. gewöhnlich mit Büttenreden und Prinzenkürungen begangen wird, ruft die Akademie an diesem Tag zum Steckenpferdritt aller »Jecke« zu Dülkens historischer Windmühle auf, die der Sitz der Narrenakademie und des Narrenmuseums ist. Die Spitze dieses Zuges bildet die städtische Prominenz.

Ökumenisches Martinsfest in Erfurt

Martini hat für Erfurt eine besondere Bedeutung, denn an diesem Tag gedenkt man dort sowohl des Schutzpatrons der Stadt, des heiligen Martin von Tour, als auch des Reformators Martin Luther. Aus diesem Grund begehen die Kirchen beider Konfessionen ihn gemeinsam mit einem ökumenischen Fest, zu dem sich am Vorabend des Martinitages bei Einbruch der Dunkelheit auf dem Domplatz zwanzig- bis dreißigtausend Menschen versammeln, von denen viele brennende Laternen tragen. Im Mittelpunkt des Festes steht ein Gottesdienst und ein Spiel auf den Domstufen vor der Kirche. Es behandelt stets ein aktuelles Thema, bei dem es jedoch immer um das Teilen geht.

Der Eingang zum Hamburger Dom in der Abenddämmerung

Hamburger Dom

Der Hamburger Dom begann einmal als Weihnachtsmarkt und verdankt seinen Namen der Tatsache, dass er während der ersten Jahrhunderte im Mariendom abgehalten wurde. Nach dem Abriss der Kirche 1804 wechselte er mehrmals den Standort, bis er 1893 auf dem Heiliggeistfeld in St. Pauli eine neue Heimat erhielt. Heute ist er der größte Rummelplatz des deutschen Nordens, der Jahr für Jahr Millionen Besucher anzieht. Der eigentliche Hamburger Weihnachtsmarkt, der an die ursprüngliche Domtradition anknüpft, findet um die Hauptkirche St. Petri statt.

Dezember

Früher trug der letzte Monat des Kalenderjahres so sprechende Namen wie Hartmonat, Düstermonat, Schlachtmonat, Wintermonat, Heiligmonat oder Christmonat. Erst im 16. Jahrhundert wurde er in Dezember umbenannt, eine Bezeichnung, die man dem altrömischen Kalender entlehnte und die sich vom Lateinischen *decem* = zehn ableitet. Bis das konsularsiche Jahr eingeführt wurde, begann im Römischen Reich das Jahr mit dem März und endete mit dem Februar, sodass der Dezember der zehnte Monat war. Ungeachtet der endgültigen Neuregelung durch die julianische Kalenderreform des Jahresbeginns behielt man den Namen bei.

Adventszeit

Dem Wort Advent liegt das lateinische *adventus* = Ankunft zugrunde. Die Adventswochen sind die kirchliche Vorbereitungszeit auf die Ankunft Christi auf Erden. Im heidnischen Glauben waren die Mittwintertage von Dämonen und Totengeistern bevölkert, von denen sich entsprechende Bräuche ableiteten. Die Kirche versuchte den Dezember in eine positive Zeit der Erwartung umzudeuten, was ihr auch weitgehend gelang, obwohl vorchristliche Bräuche daneben weiter existierten oder sich mit den christlichen Vorstellungen vermischten.

In der katholischen Kirche war der Advent früher eine Zeit des Fastens, der Buße, der Gebete und der guten Werke, in der außerdem strenge Vorschriften wie Heirats- oder Tanzverbote herrschten. Nach ihrer Einführung im 5. Jahrhundert erstreckte sie sich, analog zur vorösterlichen Fastenzeit, über einen Zeitraum von vierzig Tagen, den die Westkirche später verkürzte, sodass der Advent am vierten Sonntag vor Weihnachten begann. Dieser Sonntag ist seit der

Vereinheitlichung des Festkalenders durch verschiedene Synoden im karolingischen Reich (so zum Beispiel die Synode in Mainz 813) auch der Beginn des Kirchenjahres. 1570 wurde die Adventszeit von Pius V. als Bestandteil des Kirchenjahres vorgeschrieben.

Viele Bräuche, die wir heute mit dem weihnachtlichen Festkreis verbinden, entwickelten sich in ihrer jetzigen Form erst spät. Die Weihnachtszeit war schon immer eine Wendezeit und mit zahlreichen Festen verbunden, an denen man Zauber und Orakel praktizierte. Da es nicht immer gelang, die vermutlich häufig zugrunde liegenden heidnischen Bräuche zu unterbinden, wurden sie im christlichen Sinne uminterpretiert.

Adventskranz

Eines der ganz alten, mit zahlreichen Bräuchen verbundenen Symbole ist der Kranz. Er war Sinnbild des magischen Zauberkreises und man glaubte, dass grüne Kränze oder Kränze aus geflochtenem Stroh Segen bringen und vor Unheil schützen.

Daran dachte der Hamburger Johann Hinrich Wichern, Vater der Inneren Mission, aber wohl kaum, als er Mitte des 19. Jahrhunderts in seinem »Rauhen Haus«, einer Erziehungsanstalt, zunächst eine Adventsandacht einführte, die er »Kerzenandacht« nannte, und dann eine Idee hatte, über die er in seinem Jahresbericht von 1843 schrieb: »Auf dem Kronleuchter des Betsaals sind so viele

Adventskranz mit dicken Kerzen für die Adventssonntage und kleineren Kerzen für die Werktage

Lichter aufgestellt, als es in dem Jahr Adventstage gibt und mit jeder solchen kurzen Adventsandacht wird ein Licht mehr angezündet.« Als er später in einem Berliner Waisenhaus tätig war, schmückte er zur Adventszeit einen Kranz aus Tannengrün mit Kerzen. Für jeden Sonntag steckte er eine große Kerze, für jeden Wochentag eine kleine darauf. Diese Adventslichter sollten in Anlehnung an den biblischen Vergleich Christi mit dem großen Licht die andächtige Erwartung seines Erscheinens fördern. Aber erst in den zwanziger Jahren dieses Jahrhunderts fand der Adventskranz weitere Verbreitung. Vor allem von den Katholiken wurde er nur zögernd angenommen.

Adventskalender

Der Ursprung des heute allgegenwärtigen Adventskalenders ist nicht ganz so eindeutig. Vermutlich entstand er erst Anfang des 20. Jahrhunderts, als 1903 der Münchner Verleger Gerhard Lang einen »Weihnachtskalender« auf den Markt brachte, der aus einem Bogen mit 24 Feldern und einem weiteren Bogen mit 24 Bildern bestand. Die Kinder schnitten jeden Tag ein Bildchen aus und klebten es in eines der Felder. Den Kalender mit 24 Türchen soll dann ein evangelischer Pfarrer erfunden haben, der hinter den geschlossenen Türen Motive aus biblischen Geschichten verbarg. Anders als der Adventskranz fand der Adventskalender schnell allgemeinen Anklang und war schon 1920 auf der ganzen Welt verbreitet.

Singzeit

Die Adventswochen werden gelegentlich auch als Singzeit bezeichnet und noch heute erfreut sich das Adventssingen großer Beliebtheit. In manchen Gegenden findet das so genannte Adventsblasen statt, das in Norddeutschland bereits im 17. Jahrhundert gepflegt wurde. Am Morgen der Adventssonntage ziehen Posaunenchöre durch den Ort und spielen Choräle oder geben auf Plätzen Konzerte. Früher wurde im Advent zur Abendstunde auch mit Hörnern und Flinten das nahende Weihnachtsfest angekündigt. Am Heiligen Abend hörte man sie zum letzten Mal, wenn sie die Gläubigen zur Christmette riefen.

Frautragen

Auch das Frautragen ist ein Brauch der Adventszeit, der jedoch nicht überall auf die gleiche Weise praktiziert wird. In einigen Gegenden ziehen in den Abendstunden Kinder, in anderen verheiratete Frauen oder junge Männer mit einer Marienfigur oder Wandermuttergottes von Haus zu Haus. In jedem Haus bleibt die Statue eine Nacht lang im Herrgottswinkel und wird am folgenden Abend weitergetragen, bis sie Heiligabend in die Kirche zurückkehrt. Manchmal wird Maria von der heiligen Familie, Engeln und Hirten »begleitet«. In anderen

Gegenden kennt man das Joseftragen. Mit den unterschiedlichen Formen dieses Brauches wird immer die Herbergssuche dargestellt.

Krippe

Heute noch ist es durchaus üblich, während der Adventswochen die Krippe Stück für Stück aufzustellen. Nachdem man zuerst den Stall mit Moos und Bäumen aufgebaut hat, kommt ein Tier nach dem anderen hinzu, danach die Hirten, Maria und Josef und schließlich am Heiligen Abend Ochs und Esel, das Christkind und der Engel. In katholischen Gegenden werden die Heiligen Drei Könige erst am 6. Januar zur Krippe gestellt.

Wo liegen die Wurzeln dieses Brauchs? In der griechischen Version des Lukasevangeliums legt Maria ihren Sohn in *he phatne*, vermutlich eine Mulde im Höhlen- oder Stallboden, in dem sich damals das Futter der Tiere befand. Das deutsche Wort Krippe ist aus einem indogermanischen Wort entstanden, das mit »geflochtener Futtertrog« oder »Korb« übersetzt werden kann. Zunächst setzte man es allerdings nicht mit der Weihnachtskrippe gleich, unter der man später die Darstellungen der Ereignisse in Bethlehem verstand.

Ihr Kinderlein kommet *Illustration von Axel Scheffler*

Erste bildliche Wiedergaben von Christi Geburt finden sich in Katakombenmalereien aus dem 4. Jahrhundert. 386 soll der heilige Hieronymus in einer von ihm erbauten Kirche die Weihnachtsgeschichte nachgestellt haben. Vor allem aber trugen einfache szenische Darstellungen der Weihnachtsgeschichte, wie sie ab dem Mittelalter in Klöstern und Kirchen bekannt waren, zur Entstehung der Weihnachtskrippe bei. 1223 griff der heilige Franz von Assisi diese Idee auf und legte in einer Höhle beim Dorf Greccio eine lebensgroße Wachsfigur Jesu in eine echte Futterkrippe. Ein reicher Grundbesitzer brachte Ochs und Esel, Bauern bedeckten den nackten Boden mit Stroh. Nachts wurde die Szene von Kerzen erleuchtet, und die Bewohner der Gegend pilgerten zu der Krippe, wie einst die Hirten von Bethlehem zum Christuskind. Die erste figürliche Darstellung entstand im Jahre 1289 in der Kirche Santa Maria Maggiore in Rom, wo Arnolfo di Cambio Marmorfiguren von Maria, Josef, dem Christuskind und Ochs und Esel aufstellte.

Vor allem in Italien wurde der Krippenbau bereits im 16. Jahrhundert zu einer besonderen Kunst, die im 17. und 18. Jahrhundert ihre Hochzeit erlebte. Man schnitzte, drechselte und meißelte kunstvolle Figuren und beschränkte sich nicht mehr allein auf die Darstellung des Stalles von Bethlehem, sondern schuf beeindruckende Landschaften und verlagerte das biblische Geschehen ins eigene Land. So entstanden Krippenberge, Krippenhöhlen und Monumentalkrippen, die die Lebenswelt der Gläubigen einbezogen. In Deutschland wurden besonders das Erzgebirge, aber auch Oberbayern für ihre kunstvollen Krippen bekannt.

Im Zusammenhang mit der Krippe entwickelten sich auch neue Bräuche, wie das so genannte Kindleinwiegen, das vor allem in Nonnenklöstern weite Verbreitung fand. Ein aus Schleswig-Holstein überlieferter Bericht erzählt davon: »Im Benediktinerinnen-Kloster zu Preetz befand sich eine Krippe mit einem Christkind, dem alljährlich in der Christnacht ein neues Kleid angezogen wurde. Geschah das nicht, begann, wie die Sage erzählt, das Kind zu weinen. Dann wurde es von den Nonnen in den Schlaf gewiegt.« Die Geistlichkeit betrachtete solche Sitten mit Missfallen und versuchte sie zu unterbinden, doch hat sich das Kindleinwiegen in manchen Gegenden bis in die heutige Zeit gehalten.

Im Zuge der Aufklärung wurde das Aufstellen von Krippen weitgehend verboten und als »schändliche Kinderbelustigung« verurteilt, was zur Folge hatte, dass die Krippe nur noch im häuslichen Bereich aufgestellt wurde. Ein für Bayern geltendes Verbot von 1802/03 ermöglichte es dem Münchner Kommerzienrat Schmederer eine Sammlung überflüssig gewordener Krippen anzulegen, die 1892 zum Grundstock für die weltberühmte Sammlung des Bayerischen Nationalmuseums wurde.

Klöpfelnächte

In die Adventszeit fallen auch die so genannten Klöpfel-, Glöckner- oder Boselnächte. So werden die drei letzten Donnerstage vor Weihnachten genannt, an denen vor allem im Süden Deutschlands Kinder und junge Leute, manchmal furchterregend vermummt und lärmend, durch den Ort ziehen. Mit Hämmerchen und Ruten klopfen sie gegen Fenster und Türen oder werfen Erbsen, Sand und Kiesel dagegen und treiben allerlei Schabernack. Da sie dabei oft Lieder singen, wird das Klöpfelgehen auch Klöcklsingen (*klocken* = anklopfen) genannt. Diese Umzüge haben ursprünglich wohl Geisterhorden dargestellt und sollten die Winterdämonen vertreiben, wofür auch das Klopfen, die Sprache der Geister, spricht. Nach einer anderen Deutung steht dieser Brauch in Zusammenhang mit der Verehrung des Gottes Donar, dem der Donnerstag früher geweiht war. Die Auslegung, das Klöpfeln solle die Ankunft Christi ankündigen, ist dagegen vermutlich ebenso falsch wie die Annahme, es handle sich ursprünglich um geheime Verständigungsrituale zwischen den ersten Christen, die sich auf diese Weise zu ihren Gottesdiensten verabredeten. Unwahrscheinlich ist auch die Vermutung, der Brauch stamme aus der Pestzeit, in der man angeblich Erbsen und Steine gegen die Fenster warf, um festzustellen, ob die Bewohner des Hauses noch lebten. Eher handelt es sich um spätere Umdeutungen eines viel älteren Brauches. Als Fruchtbarkeitszauber wird das Werfen von Samen interpretiert, denn die Anklöpfler waren bei Bauern gern gesehen, weil sie Fruchtbarkeit für den Hof versprachen. Man ließ sie aufs Feld springen, um das Gedeihen des Korns zu fördern.

Je nach Auslegung gelten diese Donnerstage als Segens- oder Unglückstage. Im 15. und 16. Jahrhundert entwickelte sich das Anklöpfeln zu einem Heischebrauch, und die Anklöpfler erhielten Äpfel, Nüsse und andere kleine Gaben. Im Süden Deutschlands bewirtete man sie mit Knöpfle (Teigwaren), und aus diesem Brauch entstand der Begriff der Knöpflenächte.

In Schwaben zog in den Klöpfelnächten der Pelzmärte umher. Er erschreckte zunächst die Kinder, beschenkte sie aber dann mit Äpfeln und Nüssen. In Bayern ging die Bercht durch die Dörfer und strafte die Kinder, die nicht brav gesponnen hatten, mit der Rute, den fleißigen schenkte sie Hutzelbrot und Nüsse.

Die Reformatoren verboten das Klöpfeln als »papistischen« Brauch, doch Klöster und Prediger verteidigten die Tradition auch über die Zeit der Aufklärung hinweg.

Wollte früher ein Junge ein Mädchen heiraten, schenkte er ihm an einem der drei Donnerstage ein in einer Klöpflesnacht gebautes Häuschen. Nahm das Mädchen das Geschenk an, stimmte es dem Heiratsantrag zu.

Gefahrentag – *1. Dezember*

Wie der 1. April und der 1. August gehört der 1. Dezember zu den Tagen des Jahres, die im Aberglauben als gefährlich gelten. So sollen die Städte Sodom und Gomorrha an einem 1. Dezember zerstört worden sein.

Während die im Dezember Geborenen eigentlich als Glückskinder gelten, stehen die Geburtstagskinder des Gefahrentages unter einem schlechten Stern. Vorsichtshalber sollte man an diesem Tag auf der Hut sein. Schlimmes haben vor allem diejenigen zu erwarten, die Begonnenes nicht zu Ende führen, unachtsam sind oder Fehler machen.

Barbaratag – *4. Dezember*

Die heilige Barbara lebte im 3. Jahrhundert und war nach der Legende die Tochter eines reichen Kaufmannes aus Nikomedien, der Barbara ihrer Schönheit wegen in einen Turm einsperrte. Dort bekehrte sie ein als Arzt getarnter Priester zum Christentum. Als Barbara sich ihrem Vater offenbarte, brachte er sie um. Weil daraufhin Feuer vom Himmel fiel und den Vater tötete, wird Barbara als Schutzheilige gegen Blitz und Donner angerufen. Sie ist außerdem Patronin der Glöckner, Bauleute, Waffenschmiede, Artilleristen und vor allem der Bergleute, die früher an ihrem Gedenktag den Berggeistern Essen und Trinken hinstellten und ein Licht im Stollen brennen ließen, mit dem sie um einen natürlichen Tod baten. Im Berchtesgadener Land bekamen die Knappen der Salzbergwerke an diesem Tag stets ein »Barbarabrot«. Da die heilige Barbara außerdem als Helferin in Todesnöten und bei Feuergefahr verehrt wird, trugen früher viele Feuerglocken ihren Namen. Diese Barbaraglocken läuteten schon im Mittelalter auch bei drohendem Gewitter. Barbara gehört zu den vierzehn Nothelfern und ist Beistand der Sterbenden.

Es ist ein alter Brauch, am 4. Dezember Zweige von Kirsch-, Pflaumen- und Mandelbäumen oder Haselnusssträuchern zu schneiden und sie bis Weihnachten zur Blüte zu bringen. Früher geschah dies vor Sonnenaufgang oder beim Vesperläuten. Die Zweige legt man über Nacht in lauwarmes Wasser und stellt sie dann in eine Vase. In der Wärme des Hauses beginnen die Knospen aufzubrechen und wenn sie sich am Weihnachtstag öffnen, verspricht dies Glück und Fruchtbarkeit für das folgende Jahr. Nach der Legende entstand dieser Brauch, weil Barbara auf dem Weg in ihr Gefängnis mit dem Kleid an einem Kirschzweig hängen blieb. Sie stellte ihn in einen Krug mit Wasser und als er am Tag ihrer Hinrichtung erblühte, gab ihr dies neue Hoffnung. Aber der Brauch hat wohl ältere Wurzeln. Man schnitt die Zweige schon im Spätherbst, wenn das Vieh in den Stall gebracht wurde. Aus der Zahl ihrer Blüten schloss man auf die Fruchtbarkeit des bevorstehenden Jahres. In manchen Gegenden gaben die Mädchen jedem Zweig den Namen

Vierzehn Nothelfer

Die »heiligen Vierzehn« wurden bereits im 9. Jahrhundert verehrt, auch wenn sich ihre Zuständigkeiten erst später richtig klärten. Neben Barbara gehören zu ihnen Margaretha von Antiochia (Patronin der Gebärenden), Katharina von Alexandria (Zungenleiden); die Bischöfe Dionysius von Paris (Kopfschmerzen), Erasmus (Leibschmerzen) und Blasius von Sebaste (Halsleiden); der Arzt Pantaleon (Patron der Ärzte), der Mönch Ägidius (Ablegung einer guten Beichte), Cyriacus von Rom (Anfechtung in der Todesstunde), der Knabe Vitus (Epilepsie), Christophorus (plötzlicher Tod), Georg (Viehseuchen), Achatius (Todesangst und Zweifel) und Eustachius (schwierige Lebenslagen). In manchen Gegenden sind jedoch auch die Namen anderer Heiliger unter den Nothelfern zu finden.
Noch heute ist die Wallfahrtskirche »Vierzehnheiligen« in Oberfranken Ziel von Gläubigen, die die vierzehn Nothelfer verehren

eines Verehrers und der zukünftige Bräutigam war der, an dessen Zweig die Knospen zuerst erblühten.

Außerdem wurde immergrünen Pflanzen, die der Winterkälte trotzten, wie auch zeitig knospenden Gewächsen besondere Lebenskraft zugeschrieben. Man glaubte, dass sich durch ihr Aufstellen in Haus oder Stall – oder durch eine Berührung mit ihnen – diese Lebenskraft übertrug, und die Zweige so vor Unheil schützten, vor allem vor Feuergefahr. Mit der heiligen Barbara soll der Brauch im 15. oder 16. Jahrhundert verbunden worden sein, weil die Zeitspanne zwischen dem Barbaratag und Weihnachten ungefähr der Zeit entsprach, die die Zweige damals in den zunehmend beheizten Häusern zum Erblühen benötigten. Im Christentum erhielten die erblühenden Zweige eine neue Deutung: Sie sollten an den Spross der Wurzel Jesse erinnern, die »mitten im kalten Winter ein Blümlein bracht«.

Am Barbaratag legte man auch Weizenkörner in eine Schale, in deren Mitte man eine Kerze stellte. Die gekeimte »Tellersaat« diente als Weihnachtsschmuck. Überdies galt der Tag weithin als Lostag, um das Wetter des kommenden Jahres vorauszusagen.

Bischof Nikolaus. *Holzplastik von Tilman Riemenschneider*

Nikolaustag – 6. *Dezember*

Der heilige Nikolaus war Bischof von Myra in der heutigen Türkei und ist zweifellos der volkstümlichste Heilige der Weihnachtszeit. Er wird wegen seiner Frömmigkeit und Mildtätigkeit verehrt.

Über sein wirkliches Leben ist wenig bekannt, doch ranken sich umso mehr Legenden um ihn, in denen er mit seinem ebenfalls mildtätigen Namensvetter Nikolaus Archimandrid verschmilzt, der im 6. Jahrhundert Abt zu Sion und später Bischof von Pinara war. Historisch belegt ist lediglich, dass der Heilige um 270 in der Hafenstadt Patara in Lykien zur Welt kam, um 300 das Bischofsamt übernahm, im Zuge der Christenverfolgungen in Gefangenschaft geriet und misshandelt wurde und zwischen 345 und 351, vermutlich an einem 6. Dezember, starb.

Die mit seinem Tag verbundenen Volksbräuche sind bis in die heutige Zeit weit verbreitet und lebendig geblieben. Obwohl der Nikolauskult in Rom schon im 8. Jahrhundert erwähnt wird, kannte man ihn bis zum 11. Jahrhundert vornehmlich in der Ostkirche, wo er bereits zwischen dem 6. und 9. Jahrhundert einen Höhepunkt erreichte.

Im Jahre 1087 raubten dann italienische Kaufleute die Gebeine des Heiligen aus dem Sarkophag in der Grabkirche von Myra, wohl in der Hoffnung, dadurch seinen Segen auf ihre eigenen Handelsrouten zu ziehen. Sie brachten die Reliquien ins süditalienische Bari, wo Papst Urban II. schon 1089 die Krypta einer neu erbauten Nikolauskirche einweihte. Von Bari breitete sich die Verehrung des Nikolaus rasch über das Abendland aus. Am Ende des Mittelalters gab es allein in Nord- und Mitteleuropa mehr als 2000 Nikolauskirchen und -kapellen. In Deutschland entwickelten sich Köln und Trier zu Zentren der Nikolausverehrung. Im 13. Jahrhundert wurde der 6. Dezember zu einem der höchsten Feiertage erklärt. Etwa um diese Zeit entstanden neben den auf griechischen Ursprüngen basierenden Erzählungen ähnliche abendländische Legenden über Wunder des Heiligen, die aber stets dem festgeschriebenen Tugendkatalog folgten und der Bevölkerung den Heiligen als Vorbild nahe bringen sollten.

Bischöfliches Gebäck

Der Spekulatius stellt häufig den Nikolaus dar, und tatsächlich leitet sich der Name offenbar von speculator *ab, ein früherer Beiname des Heiligen, der »Aufseher«, aber auch »Bischof« bedeutet. Der Spekulatius gehört zu den Modelgebäcken, für die Teig in geschnitzte Holzformen gedrückt wird, sodass die Motive auch beim Backen exakt erhalten bleiben. Die Formenstecher, die solche Model herstellten, mussten früher eigens eine Meisterprüfung für ihre Kunst ablegen.*

Speziell für den Nikolaustag gebackene Figuren gibt es in allen Landschaften Deutschlands. Sie stellen aber neben dem Nikolaus auch andere Gestalten dar und tragen je nach Region unterschiedliche Namen.

Im Laufe der Zeit entwickelte sich Nikolaus zu einem wahrlich viel beschäftigten Heiligen. Er wurde zum Fürsprecher der Armen, zum Schutzheiligen der Seefahrt, zum Beschützer der Pilger und Reisenden, der Schiffer und Flößer und zum Patron der Fischer, Bäcker, Apotheker, Tuchmacher, Brückenbauer, Kaufleute und Händler, aber auch der Diebe und Verbrecher.

Als Wohltäter und Freund der Kinder weist ihn vor allem eine Legende aus: Drei Schüler suchten bei einem Gastwirt Herberge, der sie aus Habgier erschlug. Um die Spuren seines Verbrechens zu beseitigen, zerstückelte er sie und pökelte sie mit Schweinefleisch in einem Fass. Doch wie es der Zufall wollte, kehrte Nikolaus wenig später in derselben Herberge ein und bekam von dem Wirt das Pökelfleisch serviert. Der Heilige erkannte sofort, was geschehen war, und erweckte die drei Jungen durch Gebete wieder zum Leben.

Eine andere bekannte Nikolaus-Legende ist die von den drei Jungfrauen, deren Vater zu arm war, um ihnen eine Aussteuer mitzugeben und der seine Töchter deshalb zur Prostitution schicken wollte. Der Heilige erfuhr davon und warf dem Vater drei Goldklumpen in die Stube; den Mädchen blieb das schreckliche

Schicksal erspart und sie konnten in Ehren heiraten. Eine andere Variante der Legende berichtet von drei goldenen Äpfeln. Der Apfel galt bereits in der Antike als Fruchtbarkeitssymbol und war anders als die meisten Obstsorten in Mitteleuropa vermutlich schon seit der Steinzeit bekannt. Als Fruchtbarkeitssymbol spielte er denn auch in vielen Hochzeitsbräuchen eine Rolle. So ist es durchaus stimmig und passt mit der Legende zusammen, dass der heilige Nikolaus das Patronat über die Heiratswilligen übernahm und dass zu seinen Attributen drei goldene Äpfel gehören.

Seine etwas seltsam anmutende Funktion als Schutzherr der Diebe und Verbrecher mag sich aus einer Legende erklären, nach der Diebe das Haus eines Mannes ausraubten, der als Schutz vor Diebstahl ein Bild des Heiligen aufgestellt hatte. In seinem Zorn peitschte der Mann das Bild, worauf Nikolaus den Dieben mit blutigen Striemen erschien und ihnen mit der Rache Gottes drohte, falls sie ihre Beute nicht zurückbrächten. Von diesem Wunder zutiefst beeindruckt, gaben sie dem Bestohlenen seinen Besitz zurück.

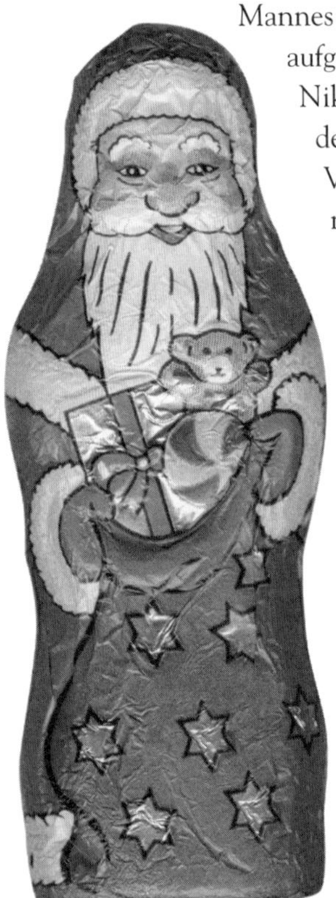

Nikolaus aus Schokolade – der Gabenbringer wird zur Gabe

Aus dem Patronat des Nikolaus über die Kinder entstanden vielfältige Bräuche. So wurde schon während des Mittelalters in vielen Teilen Europas am 6. Dezember ein Kinderbischof gewählt, der feierlich in bischöflichem Ornat zu Pferde, manchmal auch wie Jesus auf einem Esel mit seinem Gefolge durch die Stadt zog. Die Wahl eines Jungen zum Bischof sollte daran erinnern, dass Gott die Mächtigen von ihrem Thron abgesetzt und die Geringen erhoben hat. Die Sitte diente vermutlich auch dazu, die offiziellen Würdenträger vor Amtsmissbrauch und Selbstherrlichkeit zu warnen. Aus dem Brauch entwickelte sich aber vor allem ein Kinderfest. Auswüchse führten zu Verboten, später wurde es wieder geduldet. Aus dem Kinderbischofsfest erklärt sich wahrscheinlich, dass der Nikolaus früher die Schüler examinierte. Die Kirche nutzte die Adventszeit zur Unterrichtung der Kinder und Nikolaus wurde die Aufgabe zuteil, die Kleinen besonders in Glaubensfragen zu prüfen und sie ihren Kenntnissen entsprechend zu belohnen oder zu strafen. Als Gabenbringer ist der Heilige spätestens seit 1555 belegt. Als man die weihnachtliche Bescherung noch nicht kannte, war der Tag des heiligen Nikolaus der Tag, an dem die Kinder Geschenke erhielten, womit Nikolaus den heiligen Martin verdrängte, der als erster volkstümlicher Heiliger Europas den Kindern Geschenke brachte. Doch mit der Ausbreitung des Nikolauskultes wurden zunächst hauptsächlich die Jungen bedacht. Mädchen erhielten häufig am Tag der heiligen Luzia Geschenke. Die Vorformen dieses Brauches reichen bis ins Hochmittelalter zurück. Zu ihrer typischen Ausprägung gelangten sie jedoch erst während der Gegenreformation, gewissermaßen als Antwort auf das evangelische Adventsspiel mit dem weiblichen Christkind. Die Reformatoren lehnten den Nikolausbrauch ab, da sie Heiligen keine Mittlerfunktion zwischen Gott und den Menschen zugestanden.

In Begleitung des gabenbringenden Nikolaus befinden sich vielfach wilde Gestalten, deren Auftauchen historisch nicht genau festgelegt werden kann. Sie sind so zahlreich, dass eine vollständige Aufzählung unmöglich ist. Vermutlich entstanden sie aus dem alten heidnischen Glauben an die Dämonen und Totengeister des Wilden Heeres der germanischen Mythologie, die in den Zwölften (siehe S. 262 f.) ihr Unwesen treiben. In Süddeutschland trifft man häufig den Krampus, in anderen Gegenden Deutschlands Knecht Ruprecht, Pelzmärte, Klaubauf, Hans Muff, Bullerklas oder Sünnerklas. In Berchtesgaden toben am 6. Dezember die Buttnmandln durch die Straßen, in Stroh und Laub gehüllte Gestalten mit Masken, Kuhglocken und Peitschen. In manchen Gegenden finden sich auch weibliche Nikolausfiguren wie das hessische Fraachen oder die bayrische Butzenbercht, die in schwarze Lumpen gehüllt mit einem Topf voller Mehl umherzieht und damit Leute beschmiert. Doch sind dies nur wenige Beispiele für die zahllosen Schreckensgestalten, die vor allem in früherer Zeit am Nikolaustag umherzogen. Es gibt auch eine Deutung, nach der diese dämonischen Begleiter des Heiligen echte Dämonen täuschen und sie glauben machen sollten, ihr Werk sei bereits von anderen vollbracht.

Die bekannteste dieser Gestalten ist Knecht Ruprecht, der häufig ein zottiges Gewand trägt und daher auch Pelz-Precht oder Pelz-Percht genannt wird. Letztere Bezeichnung stellt eine Verbindung zur Bercht her, die in verschiedenen Nächten der Weihnachtszeit Kinder und Mägde schreckt, aber auch Gaben bringt. Nach neueren Sprachforschungen leitet sich ihr Name von *pergan* = hüllen, begraben ab, was sie ins Reich der Toten-

Das Marzipan

Eine der beliebtesten Süßigkeiten der Weihnachtszeit ist das Marzipan.
Dieses Naschwerk kam aus Venedig in die Länder nördlich der Alpen. Man leitete deshalb lange seinen Namen von Markus, dem Schutzheiligen der Stadt ab und nannte es marci panis *oder Markusbrot. Eigentlich kam es wohl aus dem Orient, wo die Grundzutaten Mandeln und Zucker seit alter Zeit bekannt sind. Vor tausend Jahren befanden sich im Mittelmeerraum byzantinische Münzen im Umlauf, die einen thronenden Christus zeigten. Sie wurden* mautaban *genannt, was so viel wie »sitzender König« bedeutet. In Italien wurde daraus* mat(t)apan, *ein Wert, der bald als Maßeinheit – eine Kiste mit einem Inhalt von 1/10 Scheffel – verwendet wurde. Dieses Maß übertrug man auf die Verpackungen, in denen die Süßigkeiten vermutlich aus dem Orient nach Venedig gebracht wurden. Bald wurde der Name der Schachteln mit ihrem Inhalt gleichgesetzt und aus* mat(t)apan *entstand ital.* marzapane, *und später das entlehnte dt. Marzipan. Auf dem Seeweg gelangte es in europäische Städte, z. B. in die Ostseestädte Königsberg und Lübeck.*

dämonen und des Totenkultes verweist. Tatsächlich galt in manchen Gegenden der 6. Dezember als Tag der Verstorbenen, die als Geister umgingen.

In Nikolaus und Knecht Ruprecht vereinen sich demnach die guten und die bösen Mächte. Ihr gemeinsames Auftreten ist seit dem 16. Jahrhundert belegt. Der Nikolaus oder sein Begleiter tragen eine Rute, mit der böse Kinder bestraft werden – häufig aber hat sich eine Rollenteilung ergeben. Der Nikolaus bringt Gaben, sein Begleiter straft. In seiner ursprünglichen Bedeutung war der Streich mit der Rute allerdings nicht Strafe, sondern Segen, denn die Rute ist das lebendige Reis, dessen Berührung Fruchtbarkeit verspricht. Erst später wurde aus ihr ein Erziehungsinstrument, mit dem man vermeintlich ungezogene Kinder einschüchterte.

Vielerorts begleiten den Nikolaus auch Tiere. So reitet er im ehemaligen Ostpreußen und Pommern auf einem Schimmel, in Baden auf einem Esel. In Niederbayern folgt ihm die Habergeiß, als gleichzeitige Verkörperung von mythischer Gestalt und Kinderschreck.

Aus dem Südwesten Deutschlands ist der Brauch des Klausenholzes bekannt, auch Betholz oder Vaterunserhölzle genannt, in das für die guten und schlechten Taten der Kinder Kerben geschnitzt wurden. Anhand dieses Klausenholzes bemaß der Nikolaus seine Geschenke. Ein anderer Name für das Klausenholz ist das heute eher bekannte Kerbholz. Anfang des 20. Jahrhunderts kamen auch Klausenbücher auf, in denen beispielsweise Gottesdienstbesuche oder Gebete verzeichnet wurden.

Zunächst bestanden die Gaben des Nikolaus aus Dörrobst, Nüssen und Klötzenbrot, schon bald kamen praktische Geschenke wie Hosen, Schuhe und Gürtel hinzu. Und es wurden auch nicht mehr nur die Kinder beschenkt. 1640 verzeichnet die Augustinernonne Klara Steiger in den Klosterbüchern: »Am Niklastag habe ich jeder Schwester ein halbes Pfund Seife, eine Semmel und Äpfel gegeben. Dem Gesinde gab ich, was in meinem Vermögen stand. Auch den Altarbuben ein Büchlein und Kreuzer und den Kindern im Dorf jeweils ein Bildlein, eine Semmel und eine Hutzel.«

Mariä Empfängnis – *8. Dezember*

Mit dem Fest der Unbefleckten Empfängnis wird nicht, wie irrtümlich oft angenommen, die jungfräuliche Mutterschaft Marias gefeiert, sondern dass Maria ohne den Makel der Erbsünde im Schoß ihrer Mutter Anna empfangen wurde.

Mit diesem Tag verbindet sich wenig Brauchtum, doch sollen früher die Hausfrauen mit dem Backen des Kleingebäcks und der Früchtebrote begonnen haben. Die Backzeit dauerte bis zur letzten Woche vor Weihnachten.

Seit Jahrhunderten gehört die Herstellung von Gebäck zum Brauchtum der Weihnachtszeit. Es hat sich im Laufe der Zeit in einer solchen Vielfalt entwickelt, dass seine Formen sich gar nicht alle aufzählen lassen. Zu den berühmtesten gehören die Lebkuchen, auch Lebzelten genannt. Das Wort *leb* soll sich vom Lateinischen *libum* = Fladen herleiten bzw. von *lain* = in der Pfanne gebackenes Brot. Nach einer anderen Deutung stammt es aus dem Althochdeutschen und bedeutet Heil- oder Arzneimittel. Ursprünglich wurde der Lebkuchen wie auch der mit ihm verwandte Pfefferkuchen (stark gewürzter Lebkuchen) in den Bäckereien und Apotheken der mittelalterlichen Klöster gebacken, wo man bei der Kerzenherstellung aus den Bienenwaben Wachs und Honig gewann. Durch ihre Beziehungen in den Mittelmeerraum hatten Mönche und Nonnen außerdem Zugang zu den notwendigen orientalischen Gewürzen. Bei der Zubereitung des Gebäcks spielten zahlenmystische Vorstellungen eine Rolle: Man verwendete damals wie heute siebenerlei oder neunerlei Gewürz.

Die erwerbsmäßige Herstellung von Lebkuchen begann erst im 14./15. Jahrhundert, wobei die Nürnberger scheinbar begünstigt waren, da sie den Reichswald, »des Heiligen Römischen Reiches Bienengarten«, in der Nähe hatten und durch ihren Handel mit Venedig die notwendigen Gewürze leichter bekommen konnten. Die Lebkuchen waren so begehrt, dass sich eigene Lebzelter-Zünfte bildeten, die sich gegen das Bäcker- und Zuckerbäckerhandwerk abgrenzten.

Eine Variante des Lebkuchens sind die Printen, deren Name dem niederländischen Wort *prent* entlehnt ist, was so viel wie »Aufdruck, Abdruck« bedeutet und vermutlich daher rührt, dass dem Gebäck einmal figürliche Darstellungen aufgeprägt waren. Printenbilder waren also »gebackene Illustrierte«, die wichtige Ereignisse ihrer Zeit im Bild dokumentierten. Die ältesten Printenformen sind aus hartem Graphit hergestellte Steinmodeln. Tatsächlich sollen Printen aber ursprünglich ein heidnisches Neujahrsgebäck gewesen sein. Ihre Herstellung war sehr mühsam, denn der Printenteig musste lange Zeit ausreifen. Bis zu einem Jahr lagerte er vor seiner Verwendung im kühlen Keller. Dann war er allerdings so hart geworden, dass

Gebildbrote

Bei den so genannten Gebildbroten handelt es sich im Gegensatz zu den Modelgebäcken um freihändig aus Teig geformte Figuren, die später die Zeiten und Feste des Kirchenjahres widerspiegelten und nebenbei das Volk mit der Festsymbolik vertraut machen sollten. Im Mittelalter hatten sie überwiegend Tiergestalt – vermutlich ein Relikt aus germanischer Zeit, denn die Germanen opferten beim Mittwinterfest zu Tieren geformte Brote, wohl als Ersatz für Tieropfer. Außerdem glaubten sie, durch den Verzehr solcher Brote, die vielfach Fruchtbarkeitssymbole trugen, das Wesen des Dargestellten in sich aufnehmen zu können. Die Gebildbrote dienten aber auch der Abwehr von Dämonen und wurden aus diesem Grund im Haus ausgelegt oder zum eigenen Schutz gegessen. Oft waren schon mit der Zubereitung kuriose Bräuche verbunden. So sollen Frauen den Teig gewisser Gebildbrote, die dem Liebeszauber dienten, mit ihrem Allerwertesten geknetet haben, da dies angeblich die Liebe desjenigen, der sie aß, entfachte.

man ihn mit speziellen Eisenschaufeln auseinander brechen musste. Für diese Schwerarbeit stellte man oft im Winter arbeitslose Handwerker ein, wie zum Beispiel Maurer oder Pflasterer.

Als Napoleons Kontinentalsperre 1806 die Einfuhr von Rohrzucker unterband, aus dem der Sirup für die Printen hergestellt wurde, mischte man ersatzweise Rübenzucker unter den Teig. Dadurch verlor er aber seine Geschmeidigkeit und behielt beim Backen auch die Form nicht mehr, und so kam es zu den gröberen Formen, die heute noch weitgehend verbreitet sind: aus Teigplatten gestanzte oder geschnittene Herzen, Sterne oder Reiter. Neben diesen einfachen Bildprinten gibt es vor allem gänzlich bildlose Schnittprinten.

Morgenländische Gewürze wurden damals oft allgemein als Pfeffer bezeichnet, was den Namen Pfefferkuchen erklären könnte. Kaufleute, die mit Gewürzen handelten, nannte man spöttisch Pfeffersäcke. Eine andere Deutung des Namens ergibt sich aus dem Brauchtum am Tag der Unschuldigen Kindlein (siehe S. 265), an dem es Sitte war, andere mit der Fruchtbarkeit bringenden Rute zu schlagen, was als »pfeffern« bezeichnet wurde. Im Gegenzug erhielt der Schlagende Gebäck zum Geschenk.

Um den Lebkuchen rankte sich bald allerlei Aberglaube. So hieß es, dass die Bäuerin noch im selben Jahr sterben würde, falls ihr der Lebkuchen misslänge. Offenbar gab der Teig früher recht seltsame Töne von sich, denn wer ihn beim Backen weinen und beten hörte, der starb, während den, der Singen und Pfeifen vernahm, Gesundheit und Glück erwartete. Die Volksmedizin empfahl bei Fieber Lebkuchen, den man mit bestimmten Buchstaben beschriftete und dann in dreimal drei Stücke schnitt. Gegen Durchfall und Brechreiz sollten mit Nelken und Hefebranntwein gekochte braune Lebkuchen helfen. Man strich den Teig auf ein Leder und legte es auf den Magen.

Ebenfalls fest zum kulinarischen Brauchtum der Weihnachtszeit gehört der Christstollen, auch Striezel genannt, dessen Heimat Sachsen und das Erzgebirge sind. Angeblich soll die Form des Stollens an das in Windeln gewickelte Christkind beziehungsweise die Krippe erinnern. Seine Herstellung ist erstmals im 15. Jahrhundert belegt. Damals wurde er vom Koch des Schlosses Hartenstein bei Thorgau bereitet.

Früher backte die Hausfrau Zettel mit Wünschen für das kommende Jahr in den Stollen ein. Man glaubte, dass er Menschen und Vieh vor Verzauberung und Krankheit schützen würde. Unglück bedeutete es aber, wenn der Stollen zu schimmeln begann.

Luzientag – *13. Dezember*

Luzia, die Leuchtende, wurde 286 im sizilianischen Syrakus als Tochter einer begüterten Familie geboren. Mit ihrer kranken Mutter wallfahrtete Luzia ans Grab der heiligen Agatha nach Catania. Als Dank für die Heilung ihrer Mutter wollte Luzia ihr Vermögen den Armen opfern und ihren Verlobten abweisen. Als der davon erfuhr, sorgte er dafür, dass Luzia dem Präfekten überstellt wurde, der die Diokletianische Christenverfolgung leitete. Er wollte Luzia ins Freudenhaus bringen lassen, aber ein Ochsengespann und tausend Mann waren nicht in der Lage, sie von der Stelle zu bewegen. Eine andere Legende berichtet, dass Luzia sich ihre schönen Augen ausriss und sie in einer Schale ihrem Verlobten schickte. Luzias Attribut ist denn auch eine Schale mit zwei Augen geblieben, und vor allem in Italien wird sie noch heute bei Augenleiden angerufen.

Da sich der Name Luzia von *lux* = Licht ableitet, verbinden sich mit ihrem Tag verschiedene Lichterbräuche. Bis zur gregorianischen Kalenderreform 1582 galt der 13. Dezember als kürzester Tag des Jahres und Wintersonnenwende. Dadurch war er mit dem Neujahrsabend gleichzusetzen und man pflegte an ihm zahlreiche Orakel- und Losbräuche.

Die Kirche wies Luzia also nicht ohne Grund den 13. Dezember zu, denn sie beabsichtigte, damit heidnische Kulte abzulösen. Nach christlicher Vorstellung sollte Luzia Licht in das Dunkel der längsten Nacht bringen.

Die Lichtgestalt hatte jedoch eine heidnische Gegenspielerin, die dunkle Luzia, die in vielen Zügen der Bercht oder Perchta der Alpenländer ähnelt und mit ihr verschmolzen ist. Diese Luzia, auch Lutzelfrau, Butzenlutz, Pudlfrau oder Pudelmutter genannt, ging am Vorabend und in der Nacht des Luzientages mit ihrem dämonischen Gefolge um. In Anlehnung an die heilige Luzia führten die Schreckensgestalten oft Tieraugen oder glühende Kohlen mit sich. Ähnlich dem Nikolaus examinierte die schwarze Luzia die Kinder. Brave wurden von ihr mit Gebäck belohnt, Ungehorsamen drohte sie, die Augen auszukratzen oder die Zunge abzuschneiden. In manchen Gegenden tobte sie als Kinderschreck durch die Dörfer und jagte die Faulen. Vor der Luziennacht mussten deshalb die Mägde das Haus aufräumen und putzen. Um die dunkle Luzia freundlich zu stimmen, stellte man ihr früher Speisen und Getränke aufs Dach.

Unter dem Einfluss der Reformation wurde die lichte Luzia zur Gabenbringerin. Heute finden sich mit ihr verbundene Bräuche nahezu ausschließlich in Schweden. Dort wird an ihrem Tag ein Mädchen zur »Luzia« gewählt, das einen Kranz mit brennenden Kerzen auf dem Kopf trägt und die Menschen beschenkt.

Mit dem Luzientag verbinden sich auch einige der vom Barbaratag bekannten Bräuche wie das Schneiden von Kirschzweigen oder das Heranziehen von Tellersaat.

Perchtenlauf. *Illustration von Oscar Gräf*

Am Luzientag versuchten sich Bauersfrauen in allerlei Zauber, mit dem sie die Zukunft beschworen. Sie durften nach dem Volksglauben weder spinnen noch backen oder nähen und schon gar nicht die Schweine aus dem Stall treiben, da diese andernfalls Läuse bekamen.

Am 13. Dezember beginnen auch die zwölf Sperr- oder Dunkelnächte. Früher wurden während dieser Zeit Dörfer und Gehöfte tatsächlich mit Seilen abgesperrt, damit sich Räuber und anderes Gesindel nicht im Schutze der Dunkelheit einschleichen konnten. Junge Männer hielten Wache und taten dabei mit knallenden Peitschen ihre Gegenwart kund.

Heute bieten diese langen Abende vielleicht Gelegenheit, Weihnachtskarten zu schreiben. Die Ursprünge dieses schönen Brauchs sind knapp 200 Jahre alt. Damals wurde es üblich, dass Kinder sich bei ihren Eltern, Paten und anderen Verwandten mit selbst gemalten Bildchen und Versen für ihre Geschenke bedankten. Die erste Weihnachtskarte soll 1841 ein Buchhändler in Schottland in sein Fenster gestellt haben. Zwei Jahre später wurden die ersten gedruckten Weihnachtskarten versandt, die ein Londoner Geschäftsmann von einem der bekanntesten Maler seiner Zeit, J. C. Horsley, hatte entwerfen lassen. Diese Karte zeigte allerdings noch kein weihnachtliches Motiv, sondern eine fröhliche Familie, die dem Betrachter zuprostete. Größere Verbreitung fanden Weihnachtskarten aber erst als das Drucken preiswerter wurde.

Thomas – *21. Dezember*

Die Kirche wies dem heiligen Thomas ganz bewusst einen der dunkelsten Tage des Jahres zu – nach der gregorianischen Kalenderreform fiel die längste Nacht endgültig auf dieses Datum –, da er am längsten an der Auferstehung Jesu zweifelte und erst an sie glaubte, als er die Hand in Christi Wunden legen konnte. Thomas wurde nach dessen Himmelfahrt ein eifriger Missionar und reiste, so die Legende, bis nach Indien, wo er den Heiligen Drei Königen begegnete und sie taufte. Thomas ist Patron der Architekten, Zimmerleute, Steinhauer und Theologen, die ihn in eigenen Glaubenszweifeln anrufen. 1969 verlegte die Kirche seinen Gedenktag wegen der Nähe zum Weihnachtsfest auf den 3. Juli.

Für Christen war der Thomastag früher ein wichtiges Fest, an dem man vielen Bräuchen begegnet, die man auch in der Silvesternacht oder zu einstigen Jahresanfängen findet. So schaute man an diesem Tag gern in die Zukunft. Vor allem für Liebes- und Eheorakel galt er als günstig. Heiratslustige Mädchen blieben bis Mitternacht auf und sahen ins Wasser oder in einen Spiegel, wo sie das Gesicht ihres Zukünftigen zu erblicken hofften. Den sahen sie dem Volksglauben nach auch im Traum, wenn sie abends von der falschen Seite ins Bett stiegen und mit dem Kopf zum Fussende hin schliefen. Mägde setzten sich, den Rücken der Tür zugewandt, in die Stube und schleuderten mit der Fußspitze einen Schuh hinter sich. Wies er zur Tür, verhieß dies Heirat oder eine neue Dienststelle. Mädchen stellten am Abend des Thomastages auch Krüge mit Wasser vor die Haustür. Wusch man sich am folgenden Morgen das Gesicht damit, wurde man angeblich schön. Die zahlreichen Orakelbräuche des Thomastages wurden wohl hauptsächlich vom Gesinde, vor allem von den Mägden praktiziert.

Lange galt der Thomastag als wichtiges Datum der Weihnachtsbäckerei. Man backte die letzten Klötzen- und Früchtebrote, die zu den ältesten Backwaren der Weihnachtszeit zählen und früher ganz ohne Zusatz von Honig oder Zucker hergestellt wurden. Ihre Süße erhielten sie allein durch Klötzen oder Kletzen (in der Schale getrocknete Birnen) oder Hutzeln (vor dem Trocknen geschälte Dörrbirnen). Die Frau, die sie backte, ging mit Teig an den Händen in den Garten und umarmte die Obstbäume, damit sie im folgenden Jahr reichlich Früchte trugen. Das Kletzenbrot durfte man erst am Heiligen Abend oder am Stephanstag anschneiden, und wer sich nicht an diese Regel hielt, bekam nach altem Volksglauben Eselsohren.

Früher schenkten Mädchen ihrem Liebsten das Endstück des Brotes, den so genannten Klötzchenschörz, den sie unter keinen Umständen selber essen durften, wollten sie nicht Zwillinge bekommen. In anderen Gegenden galt Klötzenbrot als unfehlbares Mittel gegen Hexenzauber. Man wickelte es zusammen mit Raute, Salz und Eichenkohle in ein Tuch, steckte alles in ein Loch in der Türe und verstopfte es mit einem Rechenzinken, um die Geister und Hexen gnädig zu stimmen, die als Gewürm in Schwellenholz hausten.

Wintersonnenwende – *21. Dezember*

Astronomisch gesehen ist der 21./22. Dezember der Winterbeginn und das Datum der Wintersonnenwende. Die Sonne scheint auf ihrer Bahn stehen zu bleiben, um dann ihre Position zum Himmelsäquator zu verändern, sich zu »wenden«, und die Tage wieder länger werden zu lassen.

Da man früher glaubte, dass mit der Sonnenwende das Zeitenrad zum Stillstand komme und sich erst nach den zwölf heiligen Nächten (siehe S. 262) wieder in Bewegung setze, mussten alle Geräte mit Rädern still stehen und auch das Spinnen unterbleiben. An anderen Orten hingegen galt die Thomasnacht als »Durchspinnnacht«, man spann sogar mehrere Nächte lang, um sich Geld für Weihnachten zu verdienen.

Weihnachten – *24./25. Dezember*

Das Wort Weihnacht entstand durch die Zusammensetzung des untergegangenen Wortes *wihen* = heilig mit dem Substantiv Nacht, die Form Weihnachten aus dem alten Dativ *ze wihen nahten*, »in den heiligen Nächten«. Mit diesen waren ursprünglich die schon in germanischer Zeit als heilig geltenden Mittwinternächte gemeint, doch noch heute spricht man vom Heiligen Abend oder der Heiligen Nacht. Die Germanen feierten am 25. Dezember mit dem Julfest vermutlich die Wintersonnenwende. Sie glaubten, in der Julnacht würden die Toten wiederkehren, und versuchten sie durch Opfergaben freundlich zu stimmen. Die Feierlichkeiten dauerten bis zum 6. Januar. Aber die dazwischen liegenden Tage waren auch eine recht gefürchtete Zeit, da nun nach dem Volksglauben Hexen und Dämonen ihr Unwesen trieben. Diese Inhalte blieben selbst nach Einführung des christlichen Weihnachtsfestes in den Volksbräuchen sichtbar. Dem christlichen Weihnachtstag geht der Heilige Abend voran, der schon zum Christfest gerechnet wird, da Festtage in der Liturgie am Abend des Vortages beginnen.

Von Christi Geburt, die wohl zwischen 7 und 4 vor unserer Zeitrechnung stattfand, ist weder das genaue Jahr noch das Datum bekannt. Da es in Judäa kaum möglich war, während des Winters die Nacht im Freien zu verbringen, errechnete man zunächst eine Reihe von Terminen, die aber alle zwischen Frühjahr und Herbst lagen. Dann legte man das Fest von Jesu Geburt auf den Tag seiner Taufe, den 6. Januar. Doch war man in den Anfängen der Kirche gar nicht sonderlich interessiert daran, Jesu Geburt zu feiern, weil man Geburtsfeste mit heidnischen Kulten verband. So herrschte bis ins 4. Jahrhundert Uneinigkeit darüber, wann und auf welche Art des Geburtstages gedacht werden sollte.

Bei der endgültigen Wahl des 25. Dezembers als Geburtsdatum Christi spielten dann verschiedene Faktoren eine Rolle: In Ägypten wollten die ersten Christen mit dieser Datierung eine Gegenfeier zu dem Isis-Osiris-Fest schaffen, das an diesem Tag begann und mit dem die Geburt des Horus, des Sohnes der beiden Gottheiten, gefeiert wurde. Im 3. Jahrhundert mehrten sich in der christlichen Kirche weitere Stimmen zugunsten des 25. Dezember, als Kaiser Aurelian diesen Tag zum Geburtstag des Sol Invictus, des unbesiegbaren Sonnengottes, erklärte, dessen Kult im 1. Jahrhundert nach Christus in Rom begonnen und sich stark ausgebreitet hatte. Gleichzeitig hoffte man durch diese Datierung die vom 17. bis 24. Dezember dauernden römischen Saturnalien zu verdrängen, ausschweifende Feierlichkeiten zu Ehren des Saturnus, der nach der Legende Latinum in ein goldenes Zeitalter geführt hatte. Hinzu kam, dass nach dem damaligen Kalender der 25. März als Frühlings-Tagundnachtgleiche galt, der mit dem Schöpfungstag beziehungsweise Christi Empfängnis gleichgesetzt wurde. Folgerichtig musste seine Geburt neun Monate später stattgefunden haben.

Doch erst als dem Sieg des christenfreundlichen Kaisers Konstantin über seine Gegenspieler die Anerkennung des Christentums folgte, konnte man um 336 das Geburtsfest Christi endgültig auf den 25. Dezember legen.

Nicht nur im Mittelmeerraum sollten mit dem neuen Fest heidnische Kulte unterbunden werden. Auch im nördlichen Europa gab es Mittwinterkulte, die durch diese Datierung von Christi Geburt verdrängt werden konnten. Es handelte sich also auch um eine religionspolitische Entscheidung, durch die die Kirche heidnische Glaubensvorstellungen ablösen wollte.

Im heutigen deutschen Sprachraum wurde Weihnachten erst im 9. Jahrhundert mit der Vereinheitlichung des Festkalenders im karolingischen Reich zum allgemeinen kirchlichen Feiertag erklärt.

Krippenspiele

In den folgenden Jahrhunderten trugen nicht zuletzt Krippenspiele zur Popularisierung des Weihnachtsfestes bei. Ihre Wurzeln sind zum Teil in den kirchlichen Wechselgesängen zwischen Priester und Chor zu suchen, inhaltlich fußen sie auf den Evangelientexten. Ihre Hauptelemente sind Herbergssuche, Verkündigung bei den Hirten, Auffinden des Gotteskindes, der Kindermord zu Bethlehem und die Anbetung der Könige. Zunächst wurden die Weihnachtsspiele in der Kirche aufgeführt und waren in lateinischer Sprache verfasst. Im 14./15. Jahrhundert setzte sich langsam die deutsche Sprache durch und im

Laufe der Zeit kamen immer neue Themen hinzu. So wurden sogar vorweihnachtliche Umzugsbräuche eingeflochten, und es verselbstständigten sich Bestandteile zu Einzelspielen. Zu diesem Zeitpunkt hatten die Spiele den Kirchenraum schon verlassen.

Im Barock waren die Krippenspiele besonders beliebt. Während der Aufklärung gingen sie beinahe unter, aber danach lebte der Brauch erneut auf und ist bis heute erhalten geblieben.

Weihnachtslieder

Die älteste nichtbiblische Weihnachtshymne soll Ambrosius von Mailand (339–397) geschrieben haben. Aus dem Mittelalter sind Weihnachtslieder mit lateinischen oder halblateinischen Texten erhalten, Wechselgesänge zwischen Priester und Gemeinde oder Chor, die in den frühen Morgenstunden des Weihnachtstages gesungen wurden. Hinzu kamen dann die Krippenspiele begleitenden Hirten- und Krippenlieder, die bis in die heutige Zeit zu den beliebtesten Weihnachtsliedern zählen.

Während der Reformationszeit entstanden zahlreiche neue Weihnachtslieder. Bei einigen handelte es sich um aus dem Lateinischen übertragene Lieder, andere wurden neu verfasst. So schrieb Martin Luther deutsche Texte für Weihnachtschoräle und beteiligte die Gläubigen am Gesang. Aus seiner Feder stammt unter anderem »Vom Himmel hoch, da komm ich her.« Nach der Reformation hielten die Lieder Einzug in die Familien und wurden auf den Straßen gesungen. Noch heute machen Sänger am Heiligen Abend ihre Runde und erhalten zum Dank Geschenke, Gebäck, Äpfel und Nüsse oder Geld.

Eine lange Tradition im evangelischen Weihnachtsbrauchtum hat das Quempassingen. Dieser Name leitet sich von den ersten beiden Worten der lateinischen Weihnachtshymne »Quem pastores laudavere« (Den die Hirten lobten [sehre]) ab. Im 15. Jahrhundert setzte es sich vor allem in der Mitte und im Osten Deutschlands durch, das Weihnachtsgeschehen in der Kirche durch einen Rund- und Wechselgesang darzustellen. In den vier Ecken des Kirchenraumes standen Chöre, die im Wechsel Weihnachtsbotschaften sangen. Später fand das Quempassingen auch auf Straßen und Plätzen statt. Die Liederbücher waren von Hand geschrieben und kunstvoll verziert. In einigen Orten hat sich das Quempassingen bis ins 20. Jahrhundert erhalten.

Eng verwandt sind das so genannte Kurrendesingen und das Kurrendeblasen, die vor allem während der Reformation ausgeübt wurden. Gruppen schwarz gekleideter armer Schüler oder Studenten zogen zur Adventszeit nachmittags durch die Straßen und sangen bis in die Nacht hinein in mehrstimmigen Chören geistliche Lieder, um für ihren Lebensunterhalt zu sammeln. Selbst Martin Luther soll in Eisenach unter den Kurrendesängern gewesen sein. Auch das

Kurrendesingen und -blasen sind noch heute üblich. Ein ähnlicher Brauch ist das Gloriablasen, bei dem am Heiligen Abend Bläserchöre von Kirchen- und Rathaustürmen spielen.

Der Weihnachtsbaum

Die Ursprünge des Weihnachtsbaumes sind nicht eindeutig geklärt. Der heutige Brauch ist recht jung, aber schon den Germanen waren Bäume heilig und sie schrieben vor allem immergrünen Arten besondere Kräfte zu. So glaubte man früher, durch Tannengrün sein Haus vor Dämonen, Hexen, Krankheit und Blitz schützen zu können. Immergrüne Pflanzen im Haus sollten im Winter freundlichen Waldgeistern Zuflucht bieten. Spezielle Zauberkraft besaßen nach altem Glauben Fichte, Tanne, Wacholder, Kiefer, Eibe, Buchsbaum, Stechpalme und Efeu. Grün ist aber auch heute noch Symbol für ewiges Leben, Gesundheit und neues Werden.

Im Mittelalter schmückte man sein Haus vor allem zur winterlichen Sonnwendfeier während der Zwölften (siehe S. 262) mit Tannengrün oder anderen immergrünen Zweigen, die als Schutz und Zaubermittel dienten. Selbst in mittelalterlichen Klöstern und Kirchen fand sich Tannengrün. Später wurde diese Sitte als heidnisch verdammt. 1508 wetterte Geiler von Kaysersberg, bedeutender Kanzelredner des Spätmittelalters, in Straßburg gegen heidnische Weihnachtsbräuche und die »Danreiß« in den Stuben, mit denen die Heiden zu Neujahr ihren Gott Jenner (Janus) geehrt hätten. Bald entstanden Beschränkungen und Verbote für das Schneiden von Tannengrün.

Ein früher Bericht über die Aufstellung eines Tannenbaumes stammt von 1419. In jenem Jahr stellten Bäckergesellen in Freiburg einen mit Äpfeln, Birnen, Nüssen, Gebäck, Flittergold und Papier behängten Baum auf. Aus dem 16. Jahrhundert sind zunehmend Berichte über solche »Weihnachtsmaien«, wie sie genannt wurden, erhalten. Dieser Name weist den Weih-

Die Mistel

Eine typische immergrüne Pflanze der Weihnachtszeit ist die Mistel, die im Brauchtum alter Zeit bei uns unbekannt war. Sie ist gewissermaßen ein »Import« aus England, wo bereits die Druiden, die Priester der Kelten, die Mistel als heilig verehrten.

Die Mistel ist ein kleiner Strauch, der früher vermutlich die Fantasie der Menschen schon deshalb beflügelte, weil er nicht wie andere Pflanzen auf dem Boden, sondern auf Bäumen wächst. Ganz besondere Zauberkräfte wurden Misteln zugeschrieben, die auf Eichen wuchsen. Sie galten als Allheilmittel und wurden im Winter von den Priestern in feierlichen Zeremonien mit goldenen Sicheln geschnitten – das erinnert sicher manchen an Miraculix, der höchst ungehalten ist, wenn man ihn bei dieser Beschäftigung stört.

Die Menschen hängten die Mistel in ihren Häusern und Ställen auf, um sich und das Vieh vor Verhexung und bösen Geistern zu schützen. In Holstein etwa nannte man die Pflanze »Alfranken«, oder Elfenranken, auch trug sie so sinnträchtige Namen wie Hexenbesen, Marentacken (Marienzweig) oder Gutheil. Letzterer verweist wiederum auf die Heilkraft der Mistel, die bis zum heutigen Tag in der alternativen Medizin Anwendung findet. Doch war die Mistel auch mit dem Bösen verbunden. In der germanischen Sage tötete der böse Loki den Lichtgott Baldur mit einem Mistelzweig.

nachtsbaum gewissermaßen als Verwandten von Maibaum und Birkenbäumen aus, die als Pfingstschmuck verwendet werden.

1597 schmückten die Baseler Schneidergesellen vor ihrer Herberge einen Weihnachtsbaum mit Äpfeln und Käse. Um 1600 stellte die Schlettstadter Stubengesellschaft einen mit Äpfeln und Oblaten dekorierten Baum auf, den Kinder am Dreikönigstag plündern durften. Aus der ersten Hälfte des 17. Jahrhunderts wird aus Straßburg von einem »Dannenbaum« berichtet, an dem »roßen [Rosen] aus vielfarbigem papier geschnitten«, Äpfel, Oblaten, Zischgold und Zucker hingen.

War der Weihnachtsbaum als Gemeinschaftsbaum zunächst in Zunftstuben und an ähnlichen Orten zu Hause, gelangte er mit der Entwicklung des protestantischen Weihnachtsfestes in den häuslichen Bereich. Obwohl die Theologen dies nicht gern sahen, breitete sich der Brauch – zunächst in den Städten – immer weiter aus. Anfangs war der Weihnachtsbaumschmuck eher bescheiden. Er bestand aus Äpfeln und Oblaten; Nüsse, getrocknetes Obst, Lebkuchen und andere Süßigkeiten kamen später dazu. Der Schmuck hatte durchaus eine tiefere Bedeutung. Der Apfel etwa ist ein altes Fruchtbarkeitssymbol und Papierrosen ließen die Bäume erblühen, in Anlehnung an die Christwunderlegenden, nach denen mitten im tiefsten Winter Bäume Blüten getragen haben sollen.

Kerzen waren ihres hohen Preises wegen zunächst den Reichen vorbehalten. 1611 stellte Dorothea Sibylla, Herzogin von Schleswig, in einem Saal grüne Tannen auf, auf denen »viel hundert Wachslichtlein brannten.« Erst mit der Erfindung von Stearin 1818 und Paraffin 1830 fanden die Christbaumlichter weitere Verbreitung. Im fortschreitenden 17. und im 18. Jahrhundert waren die Kerzen ein Problem, da sie in den Städten mit ihren engen Gassen und Holzbauten eine erhebliche Gefahrenquelle bedeuteten. Kurfürst Friedrich III. von Brandenburg verbot durch einen Erlass, Bäume mit »Lichter-Cronen« aufzustellen.

Weihnachtsgestelle

Vor allem im Erzgebirge hat sich bis in die heutige Zeit neben dem Tannenbaum auch die Weihnachtspyramide erhalten, eines der so genannten Weihnachtsgestelle, die eine längere Tradition als der Lichterbaum haben und von Anbeginn als Licht-, Schmuck- und Gabenträger gedacht waren.

Ursprünglich bestanden diese Weihnachtsgestelle aus drei oder vier oben zusammenlaufenden Holzstäben, die man mit grünen Zweigen und später mit Lichtern und oft auch Äpfeln und Nüssen schmückte. Nach und nach entwickelte sich eine enorme Formenfülle. Am Niederrhein gab es die Klausenbäume, in Bayern die Paradeisl, in Thüringen die Reifenbäume, in Berlin, wo sich dieser Schmuck ganz besonderer Beliebtheit erfreute, die »Perchamiden«, von denen im Jahr 1827 mehrere tausend Stück verkauft worden sein sollen. Im Erzgebirge entstand eine Variante mit einem Flügelrad auf der Spitze, das durch die aufsteigende Wärme der darunter befindlichen Kerzen in Bewegung gesetzt wird. Mit den Flügeln drehen sich, durch eine dünne Stange verbunden, bis zu sechs übereinander angeordnete Holzplattformen, auf denen sich die Figuren der Krippe, aber auch andere Gestalten befinden.

Aber auch generelle Verbote wurden gegen den Tannenbaum ausgesprochen. Eine Anordnung zu Beginn des 19. Jahrhunderts lautete: »Das Abhauen junger Tannen, Fichten und Kiefern zur Weihnachts- oder anderer Zeit wird schlechterdings untersagt«, vermutlich weil vor Weihnachten in den Wäldern zahllose Nadelbäume abgeholzt oder ihrer Spitzen beraubt wurden. Teilweise unterlag der Verkauf von Bäumen einer strengen Kontrolle. Die Verkäufer mussten die Herkunft nachweisen und erhielten dann für jeden Baum ein amtliches Siegel.

Dennoch verbreitete sich der Weihnachtsbaum im 19. Jahrhundert weiter und war häufig schon reich geschmückt. Noch größere Popularität erreichte er gegen Ende des Jahrhunderts durch den Deutsch-Französischen Krieg. Am Heiligabend jenes Kriegswinters wurden in deutschen Lazaretten und Quartieren Weihnachtsbäume entzündet, und die heimkehrenden Sieger brachten den Widerschein dieses Lichterglanzes in ihre Heimat mit. Der Tannenbaum wurde zum Sinnbild der deutschen Weihnacht und im Laufe der Zeit zum Weihnachtssymbol beider Konfessionen, obwohl die katholische Kirche ihn lange als heidnische Sitte ablehnte.

Christmette

Am späten Abend des 24. Dezember, seit geraumer Zeit auch früher, findet in den Kirchen die Christmette statt. Die Bezeichnung Mette kommt nicht etwa von Messe, sondern ist eine Eindeutschung des lateinischen Begriffs *matutina* oder *mattina*, was »frühmorgendlicher« Gottesdienst bedeutet. Dieser Gottesdienst gehörte ursprünglich zu den klösterlichen Stundengebeten, doch wurde der Name später für Frühmessen in den Morgenstunden der Hauptfesttage von Weihnachten, Ostern und Pfingsten gebraucht.

Weihnachtliche Speisen

Da das Essen, das früher am Heiligen Abend vor der Christmette eingenommen wurde, noch in die vorweihnachtliche Fastenzeit fiel, war es eine einfache Mahlzeit. Erst nach dem Gottesdienst war das Fasten vorbei.

Schon von den Germanen ist bekannt, dass sie zur Wintersonnenwende Gelage abhielten und auch in christlicher Zeit scheint man während des Weihnachtsfestes bereits früh sehr ausgiebig getafelt zu haben. In Schleswig-Holstein heißt der Weihnachtsabend im Volksmund denn auch »Vollbuuksabend« (Voller-Bauch-Abend). Mit reichlichem Verzehr Gedeihen spendender Nahrungsmittel wollte man sicherstellen, dass das bevorstehende Jahr üppig wurde. Es wurden Eier, Fische, Erbsen und Kraut serviert. Beliebte Gerichte waren die so genannte Mettensuppe, Fischsuppen, Heringssalate, Bratwurst und Brei. In Schlesien aß man Hirse, in vielen Gegenden wurde von der Erntezeit an ein Weihnachtsschwein gemästet. In Bayern nannte man dieses Schwein »Weihnachter«, in Franken »Mettensau«.

Auf den weihnachtlichen Speisezettel gehörte immer schon auch der Karpfen. Fische sind ein uraltes Symbol für Leben und Fruchtbarkeit, und in Sachen Fruchtbarkeit schlägt der Karpfen (fast) alle Artgenossen, denn Karpfenweibchen entwickeln Millionen Eier. Man bevorzugte denn auch einen so genannten »Rogner«, der Reichtum verhieß, und oft bekam der Vater als *amuse-gueule* einen Löffel Karpfenrogen. Auch rogenreicher Hering wurde gerne gegessen. Im Norden Deutschlands aß man Grüngemüse, besonders Grünkohl, wohl aus ähnlichen Gründen, aus denen man in der Weihnachtszeit grüne Zweige ins Haus holte. Viele dieser Gerichte kommen noch heute an den Weihnachtstagen auf den Tisch.

Neueren Datums und ein Importartikel aus England soll die Gans sein. Die erste Weihnachtsgans wurde Elisabeth I. angeblich am Heiligen Abend des Jahres 1588 als Festmahl serviert, nachdem man ihr die Nachricht vom Sieg über die spanische Armada überbracht hatte. In Deutschland werden seit langem Gänse gemästet. Man begann mit der Mast am 24. August, dem Bartholomäustag, und im November und Dezember wurden sie geschlachtet und verspeist. Im Christentum ist die Gans ein Attribut des heiligen Martin, und an seinem Gedächtnistag (11.11.) kommt bei uns der Gänsebraten auf den Tisch.

Weihnachtsgeschenke

Erst spät wurde der Heilige Abend zu einem Fest des Schenkens und des Konsums. Nach christlicher Deutung haben Weihnachtsgeschenke ihre Wurzel in dem Bibelwort »Also hat Gott die Welt geliebt«, in seinem Erlösungsgeschenk in Gestalt seines Sohnes, aber sie sind auch Erinnerung an die Gaben, die die Heiligen Drei Könige dem Jesuskind brachten.

Das Schenken hat noch einen zweiten, nichtchristlichen Ursprung: Der Weihnachtstermin deckt sich mit den Saturnalien, den einstigen römischen Feiern zu Ehren Saturns. Mit ihnen beging man den Jahresanfang, an dem römische Beamte und Sklaven reich beschenkt wurden. Diese Sitte mag noch heute in den Geldgeschenken am 1. Januar an Müllmänner, Zeitungsausträger und andere freundliche Dienstleister fortleben.

Um 1400 sind Weihnachtsgeschenke für das Gesinde belegt, die zunächst bescheiden ausfielen. Später wuchsen allerdings die Ansprüche. So findet sich in »Spemanns goldenem Buch der Sitte« aus dem Jahr 1913 die Feststellung, dass die Zeiten, in denen der Dienstbote an Martini ein Hemd, ein Paar Schuhe und einen Taler erhalten habe, aus und vorbei seien und vielfach ein Weihnachtsgeschenk »ausbedungen« werde.

Als echtes Gabenfest entwickelte sich Weihnachten aber erst nach der Reformation. Die Kinderbescherung war vor allem die Idee Martin Luthers und anderer Reformatoren. Sie wollten Weihnachten ebenso von heidnischen Weihnachtsbräuchen befreien wie von katholischen Zeremonien. 1535 erhielten die Kinder in Luthers Haus zwar noch Nikolausgeschenke, doch kamen die Gaben heimlich in der Nacht, denn Luther wandte sich vehement gegen einen personifizierten Nikolaus, der mit wilden Begleitern umherzog. Schließlich wollte er den Gabenbringer ganz von der Figur des Nikolaus lösen. So schafften die Reformatoren den Heiligen regelrecht ab, ersetzten ihn durch den frommen Christus und legten die Bescherung der Kinder auf den 25. Dezember. Allerdings wurde aus Luthers frommem Christ bald das wiederum personifizierte Christkind, das aber nichts mit dem Jesuskind zu tun hat. Vielmehr entwickelte es sich aus engelhaften Gestalten, die bei Umzügen Maria, Josef und das Jesuskind begleiteten. Waren die Geschenke für die Kinder anfangs noch einfach, wurden sie im 19. Jahrhundert zumindest in wohlhabenderen Haushalten zunehmend üppiger und führten zu einer Blüte der Spielzeugindustrie.

Weihnachtsbaum von Julian Jusim

Der Weihnachtsmann als Geschenkebringer ist eine Erscheinung des 19. Jahrhunderts. Er ist eine Kombination aus Nikolaus, Knecht Ruprecht und Großvater, so streng und strafend, wie es dem Erziehungsideal dieser Zeit entsprach.

Weihnachtsmärkte

Geschenke kaufte man auf den Weihnachts- und Christkindelsmärkten, die häufig den Charakter von Volksfesten hatten. Zunächst fanden sie nur in großen Handelsstädten statt. Besondere Berühmtheit erlangten die Märkte in Nürnberg, Frankfurt, Hamburg, Berlin, Leipzig, Köln und Magdeburg. Ort des Geschehens war der Platz vor einer großen Kirche, wo die Gläubigen nach dem weihnachtlichen Kirchgang über den Markt schlenderten. Gebrauchswaren, aber auch Nippes und Spielzeug für die Kinder wurden angeboten. Im 19. Jahrhundert trat das Spielzeug immer mehr in den Vordergrund, dessen wichtigste Produktionsstätten in Berchtesgaden, im Thüringer Wald und im Erzgebirge lagen. Nach dem Ersten Weltkrieg verloren die Weihnachtsmärkte an Beliebtheit, da Kaufhäuser ihre Funktion übernahmen, doch versuchten die Städte die Märkte durch attraktive »Rahmenprogramme« neu aufzuwerten. Sie sind beliebte Ausflugsziele von Einheimischen und Touristen, aber sie haben nicht mehr viel von der Faszination ihrer Vorgänger. Ein wenig von der Stimmung, die einmal auf den Märkten herrschte, können vielleicht Schilderungen zeitgenössischer Schriftsteller von drei berühmten Weihnachtsmärkten vermitteln.

Über den Weihnachtsmarkt in Berlin schrieb Ludwig Tieck 1835: »Als ich ein Kind war ... war der Markt und die Ausstellung, wo die Eltern für die Kinder und sonst Angehörigen Spielzeug, Näschereien und Geschenke zum Weihnachtsfeste kauften, eine Anstalt, derer ich mich immer noch in meinem Alter mit großer Freude erinnere. Vierzehn Tage vor dem Feste begann der Aufbau, mit dem Neujahrstage war der Markt geschlossen, und die Woche vor der Weihnacht war eigentlich die Zeit, in welcher es auf diesem beschränkten Raum der Stadt am lebhaftesten herging und das Gedränge am größten war ... Um die Mittagsstunde wandelten dann wohl die vornehmern Stände behaglich auf und ab, schauten und kauften, luden den Bedienten, welche ihnen folgten, die Gaben auf, oder kamen auch nur wie in einem Saal zusammen, um sich zu besprechen und Neuigkeiten mitzuteilen. Am glänzendsten aber sind die Abendstunden, in welchen diese breite Straße von vielen tausend Lichtern aus den Buden erleuchtet wird, daß fast eine Taghelle sich verbreitet, die nur hier und da durch das Gedränge der Menschen sich scheinbar verdunkelt. Alle Stände wogen fröhlich und laut schwatzend durcheinander. Hier trägt ein bejahrter Bürgersmann sein Kind auf dem Arm und zeigt und erklärt dem laut jubelnden Knaben alle Herrlichkeiten. Eine Mutter erhebt dort die kleine Tochter, daß sie sich in der Nähe die leuchtenden Puppen, deren Hände und Gesicht von Wachs die Natur anmutig nachahmen, näher betrachten könne ... So wandeln denn Tausende scherzend mit Plänen zu kaufen, erzählend, lachend, schreiend an den süß duftenden mannigfaltigen Zucker- und Marzipangebäcken vorüber, wo Früchte in reizender Nachahmung, Figuren aller Art, Tiere und Menschen, alles in hellen Farben strahlend, die Lüsternen anlacht: hier ist es eine Ausstellung wahrhaft täuschenden Obstes, Aprikosen, Pfirsichen, Kirschen, Birnen und Äpfeln, alles aus Wachs künstlich geformt; dort klappert, läutet und schellt in einer großen Bude tausendfaches Spielzeug aus Holz, in allen Größen gebildet, Männer und Frauen, Hanswürste und Priester, Könige und Bettler, Schlitten und Kutschen, Mädchen, Frauen, Nonnen, Pferde mit Klingeln, ganzer Hausrat, oder Jäger mit Hirschen und Hunden, was der Gedanke nur spielend ersinnt, ist hier ausgestellt, und die Kinder, Wärterinnen und Eltern werden angerufen, zu wählen und zu kaufen.«

Der Schriftsteller Wilhelm von Kügelgen berichtet 1870 in den *Jugenderinnerungen eines alten Mannes* über den Dresdner Striezelmarkt von 1809: »Acht Tage vor dem Feste pflegte sich der Dresdner Altmarkt mit einem ganzen Gewimmel höchst interessanter Buden zu bedecken, die abends erleuchtet waren und große Augenlust gewährten. Das Glitzern der mit Rauschgold, mit bunten Papierschnitzeln und goldenen Früchten dekorierten Weihnachtsbäume, die hell erleuchteten kleinen Krippen mit dem Christkinde, die gespenstischen Knecht Ruprechte, die Schornsteinfeger aus gebackenen Pflaumen, die eigentümlich weihnachtlichen Wachsstockpyramiden in allen Größen ... Hier drängten auch wir uns des Abends gar zu gerne umher, schwelgend in dem ahnungsreichen Dufte der Tannen, der Wachsstöcke, Pfefferkuchen und Striezeln, die in einer den Wickelkindern entlehnten Gestalt, reichlich mit Zucker bestreut, vor allen zahlreichen Bäckerbuden auslagen und Löwenappetit erregten.«

Dresdner Striezelmarkt

Und eine Beschreibung des Nürnberger Christkindlesmarktes gibt Christoph Wagenseil bereits 1697: »Einige Tage vor dem Feste, an dem die protestantischen Kirchen fromm die Menschwerdung des Herrn Christus feiern, wird auf dem hiesigen Marktplatz ein Markt gehalten, der ›des Kindleins Markt‹ oder vollständiger ›des Christkindleins Markt‹ gewöhnlich genannt wird.

Da ist beinahe der ganze Platz mit Holzbuden bedeckt, die auf kurze Zeit errichtet sind, in denen aller Art Waren, die zum Nutzen und zur Ergötzung der Kinder, auch der Erwachsenen, vom Herzen ersehnt und von der Phantasie ausgedacht wurden, zum Verkauf ausgestellt werden. Um sich diesen Markt anzuschauen, strömen nicht nur aus den benachbarten Städten die Leute niederen Standes, sondern dann und wann auch fürstliche Personen dort zusammen. Die kleinen Kinder sind überzeugt, das Christkind kaufe hier die Sachen, die es nachher in der Nacht zum Weihnachtsabend unter sie austeilen wolle.«

Aberglaube

Natürlich rankt sich um Weihnachten auch vielfältiger Aberglaube. Bei den Frauen drehte er sich meistens um das andere Geschlecht. Heiratswillige Mädchen wischten um Mitternacht nackt die Stube oder legten einen Apfel unter ihr Kopfkissen, um von ihrem Zukünftigen zu träumen. Andere fegten am Weihnachtsabend das Zimmer und warteten auf dem Kehrricht sitzend auf den ersten Hahnenschrei, der angeblich aus der Richtung ertönte, aus der irgendwann der Mann der Träume kam. Dieser Brauch entstand vermutlich aus der Vorstellung, dass auf dem Boden und in den Zimmerecken Geister hockten, von denen man die Zukunft erfahren konnte. Auch dem Hahn wurden prophetische Gaben nachgesagt. Das ist auch der Grund, warum Mädchen in den Hühnerstall gingen, um die Hühner zu belauschen. Gackerte zuerst der Hahn, bekamen sie einen Mann. Man schlich sich auch in der Christnacht zu fremden Häusern und horchte, einen Wunsch im Sinn, an den Fenstern. Hörte man zuerst ein »Ja« von drinnen, ging der Wunsch in Erfüllung.

Um das Haus im kommenden Jahr vor Mäusen zu schützen, lief man trommelnd durch die Räume. Durch Schießen in den Gärten und auf den Feldern »weckte« man die Saaten. In Bayern fand nach der Mitternachtsmette das so genannte Baumwecken statt. Bauer, Bäuerin und Gesinde gingen zu jedem Obstbaum, klopften an den Stamm und sagten einen von Generation zu Generation überlieferten Vers auf, damit der Baum im kommenden Jahr reiche Frucht trage.

Selbst dem Vieh schenkte man in der Heiligen Nacht besondere Aufmerksamkeit. Scharfe Gegenstände wie Messer, die man in die Futtertröge legte, sollten es vor Verhexung bewahren. In manchen Gegenden stellte man den Tieren eine Kerze an den Trog und verwöhnte sie mit besonderen Leckerbissen. Und nicht nur Mensch und Vieh erhielten gutes Essen, auch den Obstbäumen gab man Reste von Festtagstisch und hängte Kuchen und Äpfel an ihre Zweige.

Nach alter Sitte legte man am Heiligen Abend oder am Christfest einen geweihten Holzklotz ins Feuer, der Unheil abwehren und Segen bringen sollte. Dieser Brauch findet schon im 6. Jahrhundert Erwähnung und geht auf vorchristliche Zeiten zurück, wurde aber nach anfänglichen Verboten offenbar in das christliche Brauchtum übernommen. Dieser Weihnachtsklotz oder Christblock stammte von einem fruchttragenden Baum oder einer Eiche. Bisweilen brannte er mehrere Tage und nach einigen Überlieferungen sogar bis Dreikönig.

An manchen Orten verbrannte man ihn nicht vollkommen, denn verbleibende Reste galten als heilkräftig. Die Asche des Klotzes gab man den Haustieren ins Futter und streute sie in den Hühnerstall oder auf die Felder.

Zwölfnächte

Der Heilige Abend gilt vielfach als die erste der Zwölfnächte, auch Zwölften oder in Bayern Raunächte (Rauchnächte) genannt. Der Beginn dieser Nächte ist von Region zu Region verschieden, gewöhnlich liegen sie jedoch zwischen Thomas- und Dreikönigstag.

Diese Tage sind eine Zeit der Andacht und Arbeitsruhe, aber auch eine Zeit, in der die bösen Geister ganz besonders wild ihr Unwesen treiben. Während sich nach einer Deutung der Begriff Raunacht von Räuchern ableitet, ist er nach einer anderen auf *rauch* = haarig zurückzuführen, denn nach dem Volksglauben geht während dieser Nächte das Wilde Heer mit seinen fürchterlichen haarigen Gestalten um. Sie müssen mit allerlei Abwehrzauber und vor allem Lärmbräuchen bekämpft werden, von denen sich in Oberbayern bis heute das so genannte Weihnachtsschießen erhalten hat. Wer der wilden Meute begegnet, muss sich zu Boden werfen und warten, bis sie vorübergezogen ist. Im Norden und in der Mitte Deutschlands ist Frau Holle, im Süden wiederum die Bercht oder Perchta mit Geisterscharen unterwegs. Den wiederkehrenden Seelen aus dem Totenreich stellt man Speisen vor die Tür, um sie milde zu stimmen. Während der Raunächte im Freien zu essen, empfiehlt sich nicht, da Dämonen in den Mund schlüpfen können, die einen das ganze Jahr hindurch hungrig machen. In der Alpengegend gingen früher die Bauern an Heiligabend und auch während der weiteren elf Tage bei Einbruch der Dunkelheit in den Stall, um die bösen Geister mit Weihrauch und Weihwasser zu vertreiben.

Während der gesamten zwölf Tage war jedes Haus besonders gastfreundlich. Jedem stand die Tür offen, jeder tischte auf, was die Küche hergab, es wurde gesungen, gespielt, musiziert und getanzt. Häufig befragte man während dieser Tage das Orakel. Verliebte Mädchen warfen in den Raunächten ihren Pantoffel zwölfmal auf den Birnbaum. Blieb er einmal hängen, bekamen sie ihren Liebsten. Oder sie blickten in einen Spiegel oder Brunnen, in dem sie angeblich das Gesicht ihres künftigen Mannes sahen.

Stephanstag – *26. Dezember*

Stephanus, Erzmärtyrer und Archidiakon war ein herausragender Prediger. Im Jahre 40 wurde er wegen angeblicher Gotteslästerung zum Tode verurteilt und gesteinigt. Er ist Patron der Pferde, Kutscher, Steinhauer, Maurer, Schneider, Weber und Böttcher und wird bei Steinleiden und Kopfschmerzen angerufen.

In der Westkirche ist sein Fest spätestens seit dem 5. Jahrhundert bekannt. Da er vor allem als Schutzheiliger der Pferde gilt, wurde der Stephanstag früher an vielen Orten mit Umritten begangen. Die Bauern schmückten ihre Pferde mit Girlanden und Kränzen und zogen in einer Prozession zu einem Gotteshaus, oft einer Stephanskirche. Dort wurden die Pferde gesegnet. Dieser Brauch hat sich in manchen Gegenden, wie in Bayern, bis heute erhalten. Stephaniritte finden unter anderem noch in Erharting bei Mühldorf statt. In protestantischen Gegenden entwickelten sich aus diesen Umritten später auch Reiterspiele.

Besonders die Maurer, deren Zunftherr der heilige Stephan ist, sprachen dem so genannten Sankt-Stephans-Wein, einem am Stephanstag geweihten Wein, gern und reichlich zu, sodass hier und da bald ausgelassene Feste gefeiert wurden.

Man brachte am Stephanstag auch Salz und Wasser in Krügen zum Gottesdienst mit, um sie weihen zu lassen. Das Stephani- oder Steffeswasser verwendete man unter anderem zum Besprengen von Pferden oder zur Segnung von Haus und Hof, um böse Geister in die Flucht zu schlagen. Dem Vieh gab man mit Steffeswasser befeuchtetes Brot ins Futter. Aus Salz und Wasser wurden Salzsteine hergestellt, die das Vieh beim Almauf- und -abtrieb erhielt, und die es vor bösen Geistern schützen sollten. Am Stephanstag geweihten Hafer verfütterte man im Laufe des Jahres an die Pferde.

In Erinnerung an die Steinigung des Heiligen sollen früher an seinem Gedenktag »steinförmige« Gebäcke verzehrt worden sein, die man heute als Dominosteine oder Pfeffernüsse kennt.

Johannestag – *27. Dezember*

Johannes, Lieblingsjünger Jesu, war wie Petrus zunächst Fischer. Über seinen Geburtsort gibt es keine sichere Erkenntnis. Nach dem Tod Jesu gründete er zahlreiche Kirchen. Er ist der einzige Apostel, der eines natürlichen Todes starb, obwohl er als Christ verfolgt wurde und nach der Legende vielfachen Martern ausgesetzt war. Der Heilige gilt als Patron der Theologen, Beamten, Notare, Winzer, Metzger, Sattler, Glaser und aller Berufe, die in irgendeiner Weise mit Papier zu tun haben. Er hilft bei Vergiftungen, Verbrennungen und Fußerkrankungen.

Am Johannestag ließ und lässt man noch heute in der Kirche Wein weihen, dem Wunderwirkung zugeschrieben wird, da nach der Legende der Apostel unbeschadet einen Giftbecher aus der Hand eines Heiden leerte. Nach anderer, vermutlich zutreffenderer Deutung, soll der Brauch seine Wurzeln in germanischer Zeit haben und auf die Götterminne (ahd. *minna* = Erinnerung, Gedächtnis), heidnische Trankopfer, zurückgehen. Wann die Johannesminne aufkam, ist ungewiss, doch war sie im Volk weit verbreitet. Man trank sie zu Hochzeiten und reichte sie Rittern vor dem Kampf.

Die kirchliche Johannesminne, auch Johannessegen oder Minnetrunk genannt, ist erst im 12. Jahrhundert belegt. Der geweihte Wein wurde bei der Kommunion ausgeteilt, die Gläubigen brachten auch eigene Krüge mit Wein zur Weihe in die Kirche. Johanneswein wurde zur Abwehr von Gift und Zauber getrunken, für die Gesundheit von Menschen und Vieh und als Vorbereitung auf den Tod.

Früher soll man in Erinnerung daran, dass Johannes angeblich in einen Kessel mit siedendem Öl geworfen wurde, an seinem Gedächtnistag in Fett gebackene Pfannkuchen gegessen haben.

Ein alter Brauch am Johannestag ist das Weibergedingete. Der Mann führt seine Frau zu einem großen Essen aus, um sie für das kommende Jahr zu »dingen«. Wenn die Frau den Wein bezahlt, schlägt sie damit in den Handel ein und verpflichtet sich für zwölf weitere Monate.

Tag der Unschuldigen Kindlein – *28. Dezember*

An diesem Tag wird des von König Herodes befohlenen Kindermordes gedacht, aller Kinder, die für Christus gestorben sind und der Schmerzen der Mütter, deren Kinder durch Krieg oder Krankheit ums Leben kamen. In der katholischen Kirche kennt man auch Kindersegnungen. Dieses Brauchtum reicht bis ins 5. Jahrhundert zurück.

Im Mittelalter wurde der Tag der Unschuldigen Kindlein zum Fest der Ministranten und Chorschüler umgedeutet. Hatten sie sonst den Priestern zu gehorchen, übernahmen sie nun für kurze Zeit selbst das Regiment. In diesem Zusammenhang ist wohl auch die aus dem Brauchtum anderer Tage bekannte Sitte zu sehen, aus dem Kreis der Schüler einen Knabenbischof zu wählen, der für einen Tag in die Rolle des Bischofs oder Abts schlüpfte.

Ein weiterer Brauch, der ebenfalls anlässlich anderer Gedenktage gepflegt wurde, ist das so genannte Frisch- und Gsundschlagen, auch Pfeffern, Fitzeln oder Aufkindeln genannt, das seine Wurzeln vermutlich in dem Streich mit der lebensspendenden Rute hat. Kinder zogen durch Dorf und Stadt und schlugen alle Erwachsenen, die ihnen begegneten, unter dem Ruf »Frisch und gsund« mit den Pfeffergerten. Anderswo gingen junge Männer in die Häuser wohlhabender Bürger, um sie zu pfeffern und dafür eine Belohnung zu kassieren. Besonders gerne wurden natürlich junge Mädchen gepfeffert.

Silvester – *31. Dezember*

Der heilige Silvester, Namenspatron des letzten Tages im Jahr, war in der Zeit nach dem Toleranzedikt von Konstantin dem Großen und seinen Mitregenten von 313, das allen Christen Religionsfreiheit gewährte, von 314 bis 335 Papst. Er führte die Kirche unter diesem ersten christlichen Kaiser in eine Zeit des Friedens. Wie die Legende berichtet, bekehrte sich Konstantin, nachdem Silvester ihn auf wundersame Weise vom Aussatz geheilt hatte.

Silvester wird oft mit einem Schlüssel in der Hand dargestellt, der vermutlich das Schließen des alten Jahres und das Öffnen des neuen symbolisiert. Möglicherweise versuchte die Kirche, durch Silvester den römischen Gott Janus (siehe S. 16) zu verdrängen, dessen Attribut ebenfalls ein Schlüssel war.

Seit 354 wird der 31. Dezember als Silvesters Todestag begangen, die Kirche nahm das Fest, das seinen Namen trägt, aber erst mit der Vereinheitlichung des Festkalenders im 9. Jahrhundert in ihren Kalender auf. In Deutschland wurde 1582 mit der Einführung des gregorianischen Kalenders der Jahresanfang des bürgerlichen Kalenders am tropischen Jahresbeginn bemessen; so wurde der 31. Dezember zum letzten Tag des Jahres. In der evangelischen Kirche wird Silvester seit 1776 offiziell als letzter Tag des Jahres begangen, obwohl Luther diese Feier eigentlich ablehnte.

In katholischen Gegenden finden an Silvester zuweilen Umritte oder Pferdeumzüge statt, etwa in dem oberbayrischen Türkenfeld. Größere Bedeutung hat das evangelische Silvestersingen, ein Äquivalent zum katholischen Dreikönigssingen, bei dem christliche Dank- und Loblieder gesungen werden. In wenigen katholischen Gegenden kennt man heute noch das Sternsingen, ursprünglich ein Neujahrsbrauch, der sich später auf den 6. Januar verlagerte.

Silvesteressen

Ein opulentes Silvestermahl sollte früher sicherstellen, dass der Tisch im bevorstehenden Jahr stets reich gedeckt sein würde. Üppige Gelage waren schon zu Zeiten der römischen Kaiser üblich, und man darf vermuten, dass dieser Brauch sehr alt ist. Oft nahm man das Mahl mit der Familie oder guten Freunden ein, die einen geschlossenen magischen Kreis um den Tisch bildeten, in den einzudringen bösen Geistern in dieser Nacht unmöglich war. Vom Silvesteressen musste man Reste für den Neujahrstag übrig lassen, um ganz sicher zu gehen, dass im folgenden Jahr kein Mangel am Tisch herrschte.

Am Silvesterabend wird noch heute oft Karpfen gegessen, von dem man sich eine Schuppe in die Geldbörse steckte, damit sie das ganze Jahr gefüllt bleibe.

Aberglaube

Der Silvesterabend gilt ebenso wie der Weihnachtsabend als heilige Nacht. Früher räucherten die Bauern zur Abwehr böser Geister die Stube aus. Vor allem aber versuchte man, diese Geister, wie in anderen dunklen Winternächten und an Tagen, die einmal als Jahresende gegolten hatten, auch durch Lärm zu vertreiben: durch Glockengeläut, Knallerei, geräuschvolle Umzüge vermummter Gestalten und später durch Feuerwerk. Aus Oberschlesien ist ein besonderer Brauch, das so genannte Peitschenknallen, bekannt. Knechte und Hirten verwendeten dafür Peitschen unterschiedlicher Länge, die verschiedene Töne erzeugten. Diese ließen sie mal zusammen, mal einzeln in einem bestimmten Takt ertönen, sodass eine Art Melodie entstand. In Hessen warf man beim so genannten Neujahrswerfen seinen Nachbarn alte Töpfe und Teller gegen die Tür. Vornehmlich aus den Alpen ist das Neujahrsschießen bekannt.

Schon seit langer Zeit versuchte man, an Silvester durch vielerlei Orakel in die Zukunft zu blicken. So wird bis heute an diesem Abend das Schicksal durch Bleigießen befragt. Früher galt es als besonders wirksam, das Blei durch einen Schlüssel – das Attribut Silvesters – zu gießen. Eine ungewöhnlichere Variante ist das Eiweißgießen. In beiden Fällen wird versucht, aus der entstandenen Form die Zukunft zu deuten, wobei man am besten mit Hilfe einer Kerze ihren Schatten an die Wand wirft. Fromme Menschen stachen früher eine Nadel oder ein Messer in Bibel oder Gesangbuch und deuteten dann das getroffene Wort oder den angestochenen Vers. Beim Lichtorakel setzte man Kerzenstümpfe in zwei Nussschalen und ließ sie in einer Schüssel mit Wasser schwimmen. Gelangten sie von einem Schüsselrand zum anderen ohne zu kentern oder zu erlöschen, versprach das neue Jahr Gutes. Praktiziert wurde auch das Glücksgreifen mit Orakelfiguren. Man legte in eine Schüssel verschiedene Figuren aus Teig, von denen man im Dunkeln oder mit verbundenen Augen eine herausgriff. Anhand der Figur wurde das kommende Jahr gedeutet. Im ehemaligen Ostpreußen, wo das Glücksgreifen besonders beliebt war, stellten die Bäcker solche Figuren her. Ein alter bäuerlicher Brauch ist das Zwiebelorakel. Mit ihm wurde das Wetter vorhergesagt, das auf dem Lande natürlich von großer Bedeutung war. Man teilte eine Zwiebel in zwölf Teile, einen für jeden Monat, und bestreute sie mit Salz. Teile, die viel Wasser ausschwitzten, kündeten regenreiche Monate an. An man-

Bleigießen

chen Orten sagte man aufgrund des Windes das Wetter des kommenden Jahres voraus. Blies er aus Osten, war das Zeichen für ein gutes Obstjahr, kam er aus Süden, sprach das für eine reiche Getreideernte, Westwind versprach Milch und Fische in Hülle und Fülle, wohingegen Nordwind Sturm und Kälte ankündigte.

Veranstaltungstipps

Augsburger Christkindlesmarkt

Am Donnerstag vor dem ersten Advent wird der Augsburger Christkindlesmarkt feierlich eröffnet. Auf dem Rathausplatz erhebt sich dann eine große Budenstadt, in deren Mittelpunkt eine wertvolle Weihnachtskrippe steht, und das Rathaus verwandelt sich in einen großen Adventskalender, in dem die »Musizierenden Augsburger Weihnachtsengel«, die den Altarengeln von Hans Holbein d. Ä. nachgebildet sind, erscheinen. Am dritten Advent und am Heiligen Abend blasen die Turmbläser vom Perlachturm.

Berchtesgadener Weihnachtsschießen

Eine zweite große Brauchtumsveranstaltung im Berchtesgadener Land ist das Weihnachtsschießen, das seit 1666 belegt, vermutlich aber erheblich älter ist. Schon früh sollen dabei bis zu fünfundzwanzig Zentner Böllerpulver verschossen worden sein. Nicht zuletzt weil es häufig zu Unglücken kam, wurde der Brauch im 19. Jahrhundert in den Städten verboten, 1925 durch den »Verein der Weihnachtsschützen« jedoch neu belebt. Am 17. Dezember wird das Christkind »angeschossen« und so geht es täglich bis Heiligabend weiter, an dem zur Christmette tausend Schützen ihre Waffen krachen lassen. Schlag zwölf ertönen die letzten Salven. An Silvester wiederholt sich das ganze Spektakel noch einmal, um das alte Jahr »auszuschießen«.

Berchtesgadener Buttnmandllaufen

Während der Adventszeit und am Heiligen Abend kann man im Berchtesgadener Land bei Einbruch der Dämmerung die Buttnmandln laufen sehen, gruselige Gestalten mit selbst gefertigten Masken aus Holz, Fell oder Sackleinen, die dick mit Stroh umhüllt sind. Während sie sich in rhythmischen Schritten fortbewegen, läuten schwere Kuhglocken, die sie um ihren Körper gehängt

Buttnmandllaufen am Abend des 1. Advent

haben. In Loipl bei Bischofswiesen werden sie vom heiligen Nikolaus und dem Nikolausweibl, einem Mann in Berchtesgadener Frauentracht, begleitet. Außerdem befinden sich in ihrem Gefolge die »Gangerl«, wüst aussehende kettenrasselnde Teufel. Nachdem die wilden Gestalten ein Gebet gesprochen haben, ziehen sie laut lärmend los. Zuschauer am Straßenrand sollten sich vor ihnen in Acht nehmen, wenn sie nicht mit Ruten geschlagen oder mit Schnee eingerieben werden wollen.

Dresdner Striezelmarkt

Erstmals erwähnt wird ein Markt »am Tage vor dem Heiligen Christabend«, der schon damals auf Dresdens heutigem Altmarkt stattfand, im Jahr 1434. Bald wurde er zeitlich verlängert und in ganz Sachsen bekannt, sodass sich auch immer mehr Händler aus der ferneren Umgebung einfanden – Töpfer aus Meißen, Leineweber aus der Lausitz, Spielzeugmacher aus dem Erzgebirge, Glasbläser aus Böhmen. Viele der Produkte dieser Gegenden bestimmen noch heute das unverwechselbare Gesicht des Marktes, ebenso wie der berühmte Dresdner Christstollen, der auch im Mittelpunkt des Stollenfestes am Samstag vor dem zweiten Advent steht, für das die Bäcker der Stadt einen drei Tonnen schweren Riesenstollen backen.

Lichterschwemmen in Fürstenfeldbruck

Einen ungewöhnlichen Lichterbrauch kann man am Luzientag im bayrischen Fürstenfeldbruck erleben. Einer Stadtchronik zufolge soll er auf ein Gelöbnis im Jahre 1785 zurückgehen, in dem die Stadt von Hochwasser bedroht wurde. Vermutlich ist er jedoch älter. Nachdem er im 19. Jahrhundert zum Erliegen gekommen war, belebte man ihn nach dem Zweiten Weltkrieg neu. Heute bauen die Schüler vor dem Luzientag in den Schulen Häuschen aus farbigem Transparentpapier, mit denen sie am Nachmittag des 13. Dezember zur Pfarrkirche St. Magdalena ziehen. Dort werden die erleuchteten kleinen Bauwerke gesegnet, dann geht es weiter zum Fluss, wo sie auf das Wasser gesetzt und von ihm an der Stadt vorbeigetragen werden.

Gengenbacher Adventskalender

Seit 1996 verwandelt sich das Rathaus im Herzen der denkmalgeschützten Altstadt des kleinen Ortes Gengenbach im Kinzigtal zur Adventszeit in einen riesigen, von Künstlern gestalteten Adventskalender, der seit seiner Entstehung jedes Jahr Tausende Besucher anlockt. Abend für Abend wird in einer feierlichen Zeremonie ein »Türchen« geöffnet, dann erzählt ein Theaterstück die Geschichte, die sich dahinter verbirgt. Nach dem Öffnen des letzten Türchens ist der Kalender noch bis zum Dreikönigstag zu sehen. Umrahmt wird er von kulturellen Veranstaltungen und einem kleinen stimmungsvollen Weihnachtsmarkt.

Gengenbacher Adventskalender

Märchenweihnachtsmarkt in Kassel

Da die hessische Stadt Kassel im Zentrum der deutschen Märchenstraße liegt und zu ihren Bürgern einst die Gebrüder Grimm gehörten, hat man dort einen Märchenweihnachtsmarkt geschaffen, auf dem die Besucher vielen der Grimm'schen Märchengestalten begegnen. Daneben bieten Kunsthandwerker nicht nur ihre Waren an, sondern demonstrieren in ihren Ständen ihr Handwerk und laden Kinder zur Mitarbeit ein. Auch Kunsthandwerk und kulinarische Spezialitäten aus Kassels Partnerstädten Florenz, Jaroslawl (Russland), Rovaniemi (Finnland) und Västeras (Schweden) sind auf dem Markt zu finden. Außerdem entsenden die Städte zu den Adventssonntagen ihre weihnachtlichen Symbolfiguren La Befana, Väterchen Frost, Santa Claus und Lucia. Ein besonderes Wahrzeichen des Marktes ist ein fünf Meter hoher frei stehender Adventskalender.

Kirchseeoner Perchtenlaufen

An den Wochenenden im Advent und alle fünf Jahre im Januar findet in Kirchseeon im Osten Münchens ein Perchtenlauf statt, ein noch recht junger, aber schon sehr bekannter Brauch, der auf einem weit älteren Klaubauflaufen fußt und Anleihen an salzburgischen Traditionen genommen hat. Am Kirchseeoner Perchtenlaufen beteiligen sich etwa vierzig Masken, unter ihnen Frau Bercht und die Habergoaßen, die in schaurige Gewänder gehüllt bei Einbruch der Dämmerung mit Lärminstrumenten durch den Ort ziehen und im Schein von Fackeln tanzen und singen.

Lauschaer Kugelmarkt

Ein Weihnachtsmarkt besonderer Art findet in der kleinen Glasbläserstadt Lauscha im südlichen Thüringer Wald statt, wo während zwei Wochenenden im Advent der Kugelmarkt abgehalten wird, auf dem örtliche Produktionsstätten Christbaumschmuck und kunsthandwerkliche Glaswaren anbieten. Im Kulturhaus der Stadt wird während des Marktes eine alte Christbaumschmuckwerkstatt errichtet, in der die filigranen Kostbarkeiten fast wie vor hundert Jahren von Hand hergestellt werden. Dort kann man Handwerksmeistern über die Schulter schauen und sich selbst in alten Techniken versuchen. Auch in der Farbglashütte Lauscha können Besucher Glasmacher bei ihrer Arbeit beobachten. Das Museum für Glaskunst zeigt während der Zeit in einer Ausstellung historischen Christbaumschmuck und altes Spielzeug.

Historischer Weihnachtsmarkt in Lüneburg

Der historische Weihnachtsmarkt im niedersächsischen Lüneburg wird ebenso wie die »Handwerkerstraße« im September (siehe S. 202) vom »Arbeitskreis Lüneburger Altstadt« organisiert, der mit dem Erlös die Restaurierung verfallener

Altstadthäuser finanziert. Wiederum wird die Zeit der Reformation lebendig, wenn Händler in Lüneburger Kleidung der damaligen Epoche vor allem Waren zum Verkauf anbieten, die die Menschen des 16. Jahrhunderts während des Winters benötigten.

Burgweihnacht auf Burg Satzvey in Mechernich-Satzvey

An den letzten drei Adventswochenenden findet im Park der nordrhein-westfälischen Burg Satzvey die Burgweihnacht statt. Im Mittelpunkt steht ein Krippenspiel, das auf mittelalterlichen Spielanweisungen des 12. und 13. Jahrhunderts beruht. Das Glockengeläut eines »Proclamators« erweckt zu Bildern arrangierte Szenen. Die aus der Bibel bekannten Begebenheiten werden in lateinischer Sprache vorgetragen und vom Proclamator übersetzt. Kleine Gäste erhalten am Eingang Möhren, die sie an die mitwirkenden Tiere verfüttern dürfen. Außerdem gibt es einen historischen Weihnachtsmarkt und zahlreiche offene Feuerstellen, an denen sich die Besucher wärmen können.

Münchner Christkindlmarkt

Schon 1310 ist für München ein »Nickolausmarkt« belegt, der wohl zu den ersten Weihnachtsmärkten Deutschlands gehörte und damals auf dem Haberfeld stattfand. 1806 wurde er durch den Christkindlmarkt abgelöst, der nach wechselnden Standorten 1972 auf dem Marienplatz seine endgültige Heimat fand, wo heute unter den dreitausend Lichtern eines gewaltigen Christbaums über vier Wochen lang bayrisches Handwerk und vor allem geschnitzte Krippenfiguren angeboten werden.

Nürnberger Christkindlesmarkt

Erstmals erwähnt wird der Nürnberger »Christkindleinsmarckt« 1697 in der Stadtgeschichte des Universitätsprofessors Christoph Wagenseil. 1737 waren auf ihm bereits alle Handwerke vertreten. Vermutlich entstand er, nachdem im Zuge der Reformation Weihnachten zum Bescherfest der Kinder geworden war. Fortan bot man in der Vorweihnachtszeit im Anschluss an den üblichen Markt Geschenkartikel für Kinder an. Nach zwei Verlegungen findet der Markt heute wieder an seinem ursprünglichen Platz am Hauptmarkt statt und wird am Freitag vor dem ersten Advent eröffnet. Im der Mitte steht eine große Weihnachtskrippe. An den Buden werden vor allem Christbaumschmuck, Zwetschenmänner, Lebkuchen, Spielwaren und Rauschgoldengel angeboten.

Lichterfest in Pößneck

Alljährlich wird im thüringischen Pößneck am Heiligen Abend das Lichterfest begangen, dessen Wurzeln bis ins Mittelalter zurückreichen, wenngleich über

Nürnberger Christkindlesmarkt

seine Entstehung und Entwicklung wenig bekannt ist. Aber es scheint viele Jahrhunderte lang Sitte gewesen zu sein, grüne Lichter zur Christmette zu tragen. Später entzündete man die Kerzen im Anschluss an die Messe und feierte gemeinsam auf dem Markt das Lichterfest. So ist es bis heute geblieben. Nach Ende des Gottesdienstes in der Stadtkirche beginnt das Fest im Schein des Lichtermeeres mit einem Turmblasen vom Rathaus und weihnachtlichen Chören. Anschließend wird ein kleines Theaterstück aufgeführt und der Weihnachtsmann verteilt Süßigkeiten an die Kinder. Zum Abschluss wird noch einmal gemeinsam gesungen.

Historischer Silvesterzug in Schiltach

Seit mindestens zweihundert Jahren findet im baden-württembergischen Schiltach ein Silvesterzug statt, der vielleicht sogar auf ein Gelöbnis aus der Pestzeit zurückgeht, das urkundlich jedoch nicht belegt ist. Am Silvesterabend um etwa 20.30 Uhr versammeln sich die Bürger auf dem Marktplatz, wo sie zunächst Lieder singen. Dann ziehen sie nach Erlöschen der Straßenbeleuchtung nur im Schein aufgestellter Pechpfannen und Laternen durch den Ort und kehren schließlich wieder zum Marktplatz zurück, wo der Umzug mit Musik ausklingt.

Veranstaltungskalender

Der Kalender enthält traditionelle und mit Brauchtum verbundene Feste. Er wurde aufgrund von Angaben der Mitglieder des Deutschen Tourismusverbandes, anderen Veranstaltungskalendern, Internet-Recherchen und telefonischen Anfragen bei den aufgeführten Städten und Gemeinden erstellt. Aus Platzgründen war es nicht möglich, alle Veranstaltungen, insbesondere Jahrmärkte, Schützenfeste, Heimatfeste oder Fastnachtsveranstaltungen, aufzunehmen. Näheres über die genannten Feste erfahren Sie direkt bei den Veranstaltern oder unter deren Internet-Adressen. Die Zahl der Städte und Gemeinden mit eigener Homepage im Internet wächst stetig. Neue Internet-Adressen finden Sie beispielsweise unter: www.meinestadt.de, www.yahoo.de (Städte und Länder), www.web.de (Regional) oder www.lycos.de (Länder und Städte).

Der Kalender gliedert sich nach Bundesländern, die Termine nach Monaten. Veranstaltungen an beweglichen Feiertagen wurden getrennt gestellt, da sie von Jahr zu Jahr in zwei verschiedene Monate fallen können.

Für die Angaben kann keine Gewähr übernommen werden, da sich Daten stets ändern können.

Baden-Württemberg

Januar

1.–6. Januar		
Trad. Dreikönigssingen	77716 Haslach	Tourist Information 0 78 32/80 80
Montag nach Dreikönig		
Kalter Markt (s. S. 27)	73479 Ellwangen	Tourist Information 0 79 61/8 43 03 www.ellwangen.de

Februar

2. Februar (Lichtmess)		
Trad. Lichtmessreiten	75038 Oberderdingen	Bürgermeisteramt 07045/43207 www.oberderdingen.de
2. Dienstag und vorangehendes Wochenende		
Leonberger Pferdemarkt (mit Schaureiten, Krämermarkt)	71229 Leonberg	Stadtverwaltung 07152/9901412 www.leonberg.de
22. Februar		
Storchentag (trad. Kinderumzug)	77716 Haslach	Tourist Information 07832/8080
Ende Februar		
Trad. Pferdemarkt (mit Krämermarkt, Vergnügungspark u.m.)	74072 Heilbronn	Marketing GmbH 07131/562270 www.heilbronn.de

Fastnacht

Donnerstag und Sonntag vor Fastnacht (alle 5 Jahre)		
Narrengericht	72415 Grosselfingen	Bürgermeisteramt 07476/94400 www.grosselfingen.de
Mittwoch bis Dienstag		
Schwäbisch-alemannische Fastnacht (Umzug Dienstag)	88499 Riedlingen	Bürgermeisteramt 07371/18331 www.riedlingen.de
Donnerstag und Montag		
Narrensprung	88333 Bad Waldsee	Kurverwaltung 07524/941342 www.bad-waldsee.de
Donnerstag		
Trad. Fastnachtsumzug	79725 Laufenburg	Kulturamt 07763/80651 www.laufenburg-baden.de
Narrengericht (s. S. 57)	78333 Stockach	Verkehrsbüro 07771/920240 www.stockach.de
Donnerstag bis Dienstag		
Hist. Fastnacht	78050 Villingen-Schwenningen	Tourist Service 07721/822340 www.villingen-schwenningen.de
Donnerstag; Sonntag		
Hexentanz; Fastnachtsumzug	73765 Neuhausen	Bürgermeisteramt 07158/170030
Samstag		
Urzelnlauf (Brauchtum d. Siebenbürger Sachsen)	74343 Sachsenheim	Stadtverwaltung 07147/28107
Hänselejuck	88662 Überlingen	Kurverwaltung 07551/991122 www.ueberlingen.de
Wochenende		
Fastnachtsumzug	79379 Müllheim	Tourist Information 07631/4070 www.muellheim.de
Sonntag und Dienstag		
Breisacher Gauklertage (Darbietungen der Narrenzunft)	79206 Breisach	Breisach-Touristik 07667/940155 www.breisach.de
Sonntag		
Fastnachtsumzug mit Brunnenspringen	89597 Munderkingen	Stadtverwaltung 07393/5980 www.munderkingen.de
Fastnachtsumzug	72108 Rottenburg	Kulturamt 07472/165343 www.rottenburg.de
Fastnachtsumzug (Thema Römerzeit)	79359 Riegel	Rathaus 07642/904416 www.europapark.com/riegel
Fastnachtsumzug	78549 Spaichingen	Touristen-Information 07424/9571101 www.spaichingen.de

Sonntag bis Dienstag		
Schuddiglaufen (s. S. 53)	79215 Elzach	Tourismus-Information 07682/7990 www.zweitaelerland.de
Montag		
Rosenmontagszug	79098 Freiburg	Freiburg-Information 0761/3388189 www.freiburg.de
Bach-Na-Fahrt (»Umzug« mit Zubern zu Wasser)	78713 Schramberg	Stadtinformation 07422/29215 www.schramberg.de
Montag und Dienstag		
Narrensprung (s. S. 56)	78628 Rottweil	Tourist Information 0741/494280 www.rottweil.de
Wolfacher Wohlauf	77709 Wolfach	Tourist Info 07834/835353 www.wolfach.de
Dienstag		
Faschingsumzug und Pferdemarkt mit Krämermarkt	74582 Gerabronn	Stadtverwaltung 07952/60445 www.gerabronn.de
Bräuteln	72488 Sigmaringen	Verkehrsamt 07571/106223 www.sigmaringen.de
Aschermittwoch		
Geldbeutelwäsche	97941 Tauberbischofsheim	Tourist Information 09341/80313 www.tauberbischofsheim.de
Freitag bis Sonntag nach Fastnacht		
Alte Fastnacht (Umzug, Scheibenfeuer)	79295 Sulzberg	Tourist Info 07634/560040 www.sulzberg.de
Montag nach deutscher Fastnacht		
Morgenstraich (Basler Fastnacht) (s. S. 52)	CH-4001 Basel	Verkehrsbüro 004161/686868 www.baseltourismus.ch
Funkensonntag (Sonntag nach Fastnacht)		
Scheibenschlagen	79244 Münstertal	Tourist Info 07636/70730 www.muenstertal.de
Scheibenschlagen (s. S. 53)	79256 Buchenbach	Verkehrsbüro 07661/396540 www.dreisamtal.de
Fastnachtsfeuer	79539 Lörrach	Tourist Information 07621/9408912 www.burghof.com
Scheibenfeuer und Scheibenschlagen	79641 Schopfheim	Tourist Information 07622/396145 www.schopfheim.de
Scheibenfeuer	79379 Müllheim und Region	Tourist Information 07631/4070 www.muellheim.de
Funkenfeuer	78549 Spaichingen	Touristen-Information 7424/9571101 www.spaichingen.de

März

1. Montag und vorangehende 3 Tage		
Märzenmarkt (Volksfest, Kramer- und Jahrmarkt)	73230 Kirchheim Teck	Verkehrsamt 07021/3027 www.kirchheim-teck.de
Sonntag nach Fridolin (6. März)		
Fridolinsfest (s. S. 89)	79702 Bad Säckingen	Kurverwaltung 07761/56830 www.bad-saeckingen.de
1. bis 2. Wochenende		
Mathaisemarkt (Volksfest mit Umzug u.m.)	69198 Schriesheim	Stadtverwaltung 06203/6020 www.schriesheim.de

Ostern

3. Sonntag vor Ostern		
Scheibenschlagen und Feuerradlauf	77716 Haslach	Tourist Information 07832/8080

Sommertagszug	68526 Ladenburg	Stadtinformation 06203/70104 www.ladenburg.de
3 Wochen vor Ostern		
Sommertagszug (s. S. 91)	69048 Heidelberg	Verkehrsverein 06221/19433 www.cvb-heidelberg.de
3. Sonntag vor Ostern		
Sommertagszug	69469 Weinheim	Verkehrsverein 06201/99110 www.weinheim.de
Palmsonntag		
Palmprozession (mit über 100 Palmen)	88499 Riedlingen	Bürgermeisteramt 07371/18331 www.riedlingen.de
Palmprozession	88348 Bad Saulgau	Kur- und Gästehaus 07581/483938 www.stadt-saulgau.de
Brezgenmarkt im Hungerbrunnental	89547 Gerstetten	Bürgermeisteramt 07323/8445 www.gerstetten.de

April

25. April		
Markusfest (s. S. 104)	78479 Insel Reichenau	Verkehrsbüro 07534/92070 www.reichenau.de
letzter Freitag		
Trad. Müllheimer Weinmarkt	79379 Müllheim	Tourist Information 07631/4070 www.muellheim.de
30. April		
Maibaumstellen	97941 Tauberbischofs-heim	Tourist Information 09341/80313 www.tauberbischofsheim.de
Ende April/Anfang Mai		
Dachsenfranzfest (Brauchtum der Jahrhundertwende)	74939 Zuzenhausen	Bürgermeisteramt 06226/92250 www.zuzenhausen.de
Maimarkt	68161 Mannheim	Tourist Information 0621/2937020 www.mannheim.de

Mai

Mai		
Mittelaltermarkt	89143 Blaubeuren	Stadtverwaltung 07344/96690 www.blaubeuren.de
Sommertagszug	76646 Bruchsal	Stadtinformation 07251/72771 www.bruchsal.de
Anfang Mai		
Ausrücktage (Festzug hist. Bürgerwehren u.m.)	97980 Bad Mergentheim	Kulturamt 07931/57131 www.bad-mergentheim.de
1. Sonntag		
Sankt-Georgsritt	88416 Ochsenhausen	Verkehrsamt 07352/922026 www.ochsenhausen.de
Muttertag		
Burgfest auf Burg Wildenstein	88637 Leibertingen	Jugendherberge 07466/411
10. Mai		
Hebelfest (Festumzug, Peter-Hebel-Preisverleihung)	79688 Hausen	Bürgermeisteramt 07622/687310 www.ghshauseniw.de
Montag nach dem 11. Mai		
Gangolfritt	74861 Neudenau	Heimatverein 06264/6133
16. Mai		
Hist. Schwedenprozession (s. S. 174)	88662 Überlingen	Kurverwaltung 07551/991122 www.ueberlingen.de

Mitte Mai		
Pferdemarkt (Festwiese, Kunsthandwerkermarkt, Umzug)	71638 Ludwigsburg	Tourist Information 07141/91102252 www.ludwigsburg.de
3. oder 4. Samstag		
Maientag (s. S. 131)	72609 Nürtingen	Infothek 07022/75351 www.nuertingen.de
Ende Mai/Anfang Juni		
Maientag ((s. S. 127)	73033 Göppingen	Tourist Information 07161/650292 www.goeppingen.de

Himmelfahrt

Mittwoch vor Himmelfahrt bis Sonntag		
Blumen- und Lichterfest	74731 Walldürn	Tourist Information 06282/67107 www.wallduern.de
Gutedeltag (Teil der bad. Weinstraße wird für das Fest gesperrt)	Orte entlang der badischen Weinstraße	Tourist Information Müllheim 07631/4070 www.muellheim.de
Tag nach Himmelfahrt		
Blutritt (s. S. 135)	88250 Weingarten	Kulturamt 0751/405125 www.weingarten-online.de

Pfingsten

Maienfest (Heimatfest mit Umzug)	74363 Güglingen	Verkehrsamt 07135/10824 www.zabernet.de/gueglingen
Pfingstmarkt	88239 Wangen	Gästeamt 07522/74211 www.wangen.de
Pfingstmarkt	73257 Köngen	Bürgermeisteramt 07024/800724 www.koengen.de
Nebelhöhlenfest (s. S. 130)	72805 Lichtenstein	Bürgermeisteramt 07129/69611 www.rz-as.de/landkrei/gemeinde/lichtenstein
Pfingstritt *(alle 2 Jahre: 2001; 2003; . . .)*	72108 Wurmlingen	Rathaus 07472/919950
Trad. Schellenmarkt a. d. Fohrenbühl (Trachten- und Handwerkermarkt)	78730 Lauterbach	Kurverwaltung 07422/949730 www.lauterbach-schwarzwald.de
Maientag (Heimatfest mit Umzug, Flößertanz)	71665 Vaihingen	Kulturamt 07042/18254 www.vaihingen.de
Kuchen- und Brunnenfest (trad. Fest der Salzsieder)	74523 Schwäbisch-Hall	Touristik-Information 0791/751246 www.schwaebischhall.de
Pfingstmarkt (Volksfest mit Feuerwerk)	74918 Angelbachtal	Gemeindeverwaltung 07265/912017 www.angelbachtal.de
ab Pfingstsonntag (4 Wochen)		
Heiligblutwallfahrt *Donnerstag nach Fronleichnam* *Blutprozession* (s. S.135)	74731 Walldürn	Tourist Information 06282/67107 www.wallduern.de
Pfingstmontag		
Blutritt	73491 Neuler	Bürgermeisteramt 07961/90440 www.neuler.de
Wolfgangsritt	97941 Tauberbischofsheim	Tourist Information 09341/80313 www.tauberbischofsheim.de

Fronleichnam

Prozession mit Blumenteppichen	72145 Hirrlingen	Bürgermeisteramt 07478/93110 www.hirrlingen.de

ca. alle 3 Jahre		
Prozession mit Blumenteppichen (s. S. 129)	78183 Hüfingen	Informations- und Kulturamt 0771/60090 www.huefingen.de
Prozession mit Blumenteppichen	77796 Mühlenbach	Bürgermeisteramt 07832/91180
Prozession mit Blumenteppichen	73765 Neuhausen	Bürgermeisteramt 07158/170030
Prozession mit Blumenteppichen	72108 Rottenburg	Tourismus GmbH 07472/165375 www.rottenburg.de
Prozession mit Blumenteppichen	72589 Westerheim	Fremdenverkehrsbüro 07333/96612 www.westerheim.de
Montag nach Dreifaltigkeitssonntag		
Heilig-Blut-Fest (s. S. 132)	78479 Insel Reichenau	Verkehrsbüro 07534/92070 www.reichenau.de

Juni

Anfang Juni (alle 3 Jahre: 2002; 2005; . . .)		
Jahrmarkts- und Drehorgelfest (s. S. 155)	79183 Waldkirch	Tourist Information 07681/19433 www.zweitaelerland.de
Anfang Juni		
Mittelalterliche Winzertage	76530 Baden-Baden	Marketing 07221/275221 www.baden-baden.de
2. Wochenende		
Rosenfest mit Umzug	79809 Weilheim Rosendorf	Info-Büro 07755/1553 www.weilheim-baden.de
Mitte Juni		
Stocherkahnrennen	72072 Tübingen	Verkehrsverein 07071/91360 www.tuebingen-info.de
3. Wochenende		
Maximilian Ritterspiele (mit Festzug und Markttreiben)	72160 Horb	Stadtinformation 0 74 51/90 12 24 www.horb.de
Schweizer Feiertag (Heimatfest)	78333 Stockach	Verkehrsbüro 07771/920240 www.stockach.de
24. Juni		
Jahresfest der Bürgerwache und Stadtgarde	88348 Bad Saulgau	Kur- und Gästehaus 07581/483938 www.stadt-saulgau.de
Johannisfeuer	97941 Tauberbischofsheim	Tourist Information 09341/80313 www.tauberbischofsheim.de
letztes Wochenende		
Patrozinium (Prozession, Dorffest)	79271 St. Peter	Tourist Information 07660/910224
Neckarfest (Darbietungen auf dem Neckar, Feuerwerk)	72108 Rottenburg	Kulturamt 07472/165343 www.rottenburg.de
Ende Juni (alle 2 Jahre: 2002; 2004; . . .)		
Schäferlauf	89522 Heidenheim	Tourist Information 07321/327340 www.heidenheim.de
Klosterfest (Markttreiben und Vorführungen im mittelalterl. Ambiente)	75433 Maulbronn	Stadtverwaltung 07043/10310 www.maulbronn.de
Ende Juni		
Patronatsfest »Peter und Paul« (Umzug, Trachtenprozession u.m.)	77740 Bad-Peterstal-Griesbach	Kurverwaltung 07806/7930 www.bad-peterstal-griesbach.de
Ende Juni (alle 2 Jahre: 2002; 2004; . .)		
Adelindis Kinder- und Heimatfest (mit hist. Umzug, Feuerwerk)	88422 Bad Buchau	Kur- und Verkehrsamt 07582/93360 www.bad-buchau.de
Ende Juni (alle 3 Jahre: 2003; 2006; . . .)		
Neckarfest	74072 Heilbronn	Marketing GmbH 07131/562270 www.heilbronn.de

um 29. Juni (Donnerstag bis Dienstag)		
Talmarkt	74206 Bad Wimpfen	Gästezentrum 07063/97200 www.bad-wimpfen.de
Ende Juni/Anfang Juli		
Schwyzertag (hist. Fest mit Umzug)	79761 Tiengen	Tourist Information 07751/833199 www.waldshut-tiengen.de
Wochenende nach 29. Juni		
Peter-und-Paul-Fest (s. S. 151)	75015 Bretten	Stadtinformation 07252/957620 www.bretten.de
Ende Juni/Anfang Juli		
Sommerfest (Vergnügungspark, Feuerwerk)	72072 Tübingen	Verkehrsverein 07071/91360 www.tuebingen-info.de

Juli

Juli (alle 3 Jahre: 2002; 2005; ...)		
Talhubenflößerfest	75399 Unterreichenbach	Gemeindeverwaltung 07235/93330 www.unterreichenbach.de
Anfang Juli		
Schützenfest (s. S.166)	88400 Biberach	Tourist Information 07351/51483 www.biberach-riss.de
1. Wochenende		
Weinbrunnenfest (mit hist. Kostümen)	74541 Vellberg	Stadtverwaltung 07907/8770 www.vellberg.de
Montfortfest (mit hist. Umzug)	88069 Tettnang	Tourist InfoBüro (TIB) 07542/953839 www.tettnang.de
2. Freitag		
Heiligblutritt (s. S. 166)	88410 Bad Wurzach	Kurverwaltung 07564/302150 www.bad-wurzach.de
2. Sonntag		
Eulogiusritt (s. S. 166)	88634 Aftholderberg	Gemeindeverwaltungen 07557/92000 www.herdwangen-schoenach.regiotip.de
um den 2.Sonntag (4 Tage)		
Kinderfest mit hist. Umzug	88316 Isny	Kurverwaltung 07562/984110 www.isny.de
2. Sonntag		
Schwedenprozession und Schwertertanz (s. S. 174)	88662 Überlingen	Kurverwaltung 07551/991122 www.ueberlingen.de
Mitte Juli		
Bächtlefest (Heimatfest mit hist. Umzug und Markt, Adlerschießen)	88348 Bad Saulgau	Kur- und Gästehaus 07581/483938 www.stadt-saulgau.de
3. Wochenende (alle 2 Jahre: 2002; 2004; ...)		
Schäferlauf (s. S. 175)	72218 Wildberg	Verkehrsamt 07054/2010 www.wildberg.de
3. Sonntag und Montag		
Hausherrenfest Radolfzell und Mooser Wasserprozession (s. S.172)	78315 Radolfzell	Tourismus-Information 07732/81500 www.radolfzell.de
vorletzter Montag und vorangehende Woche		
Schwörwoche mit Umzug (Fischerstechen nur alle 4 Jahre)	89073 Ulm	Tourismuszentrale 0731/1612800 www.tourismus.ulm.de
anderthalb Wochen vor Ferienbeginn		
Hist. Kinderfest mit Umzug	88299 Leutkirch	Gästehaus 07561/87154 www.leutkirch.de

letzte Woche vor Ferienbeginn		
Kinder- und Heimatfest (mit Feuerwerk)	88239 Wangen	Gästeamt 07522/74211 www.wangen.de
Freitag bis Dienstag vor Ferienbeginn		
Schüler- und Heimatfest mit großem Festumzug	88250 Weingarten	Kulturamt 0751/405125 www.weingarten-online.de
letztes Wochenende vor Ferienbeginn		
Hist. Marktfest (Lager, Handwerkermarkt u.m.)	72280 Dornstetten	Verkehrsamt 07443/962030 www.dornstetten.de
Kinderfest mit Umzug	72379 Hechingen	Kultur- und Verkehrsamt 07471/940114 www.hechingen.de
letztes Wochenende vor Ferienbeginn, Montag, Dienstag		
Rutenfest (s. S. 172)	88212 Ravensburg	Amt für Touristik 0751/82324 www.stadt-ravensburg.de
um Ferienbeginn		
Seehasenfest (Umzug, Fischerstechen, Vergnügungspark)	88045 Friedrichshafen	Tourist Information 07541/30010 www.friedrichshafen.de
Sonntag um den 27. Juli (Pantaleon)		
Pferdeprozession	79235 Oberrotweil	Ortsverwaltung 07662/80130 www.vogtsburg.de
letztes Wochenende		
Altstadtfest	97877 Wertheim	Stadtinfo 09342/3010 www.wertheim.de
Ende Juli (alle 2 Jahre: 2001; 2003; . . .)		
Schäferlauf (s. S. 175)	72574 Bad Urach	Kurverwaltung 07125/94320 www.bad-urach.de
Juli/August		
Int. Trachten- und Folklorefest	76137 Karlsruhe	Verkehrsverein 0721/35530 www.karlsruhe.de
Ende Juli/Anfang August		
Unterländer Volksfest (größtes Volksfest der Region Franken)	Heilbronn	Amt für Marketing GmbH 07131/562268 www.heilbronn.de

August

1. Ferienwochenende		
Altstadt- und Seenachtsfest	88333 Bad Waldsee	Kurverwaltung 07524/941342 www.bad-waldsee.de
1. Wochenende		
Seenachtsfest	78462 Konstanz	Tourist Information 07531/133030 www.konstanz.de/tourismus
1. Wochenende (alle 2 Jahre: 2002; 2004; . .)		
Germanenfest	79669 Mambach	Ortsverwaltung 07625/212 www.germane-mambach.de
1. Wochenende		
Kerwe (»urigste« Kirchweih an der Bergstraße)	69502 Hemsbach	Information 06201/70726 www.hemsbach.de
1. Sonntag		
Großsaasemer Gänsekerwe (Kirchweih)	69493 Hirschberg	Bürgermeisteramt 06201/59826
10. August sofern kein Sonntag, sonst Samstag oder Montag		
Laurentiusfest (trad. Fest der Hirten auf den Hütten des Feldberggebiets)	79868 Altglashütten	Tourist Information 07676/250 www.feldberg-schwarzwald.de

2. Wochenende		
Ritterturnier und mittelalterliches Markttreiben	74918 Angelbachtal	Gemeindeverwaltung 07265/912017 www.angelbachtal.de
15. August (Mariä Himmelfahrt)		
Kräuterbüschelweihe	77723 Gengenbach	Tourist Information 07803/930143 www.badenpage.de
Inselfeiertag mit Parade und Prozession	78479 Insel Reichenau	Verkehrsbüro 07534/92070 www.reichenau.de
2. Augusthälfte		
Sommernachtsfest (Lichterfest)	74523 Schwäbisch-Hall	Touristik-Information 0791/751246 www.schwaebischhall.de
2. oder 3. Wochenende		
Lichterfest	79682 Todtmoos	Tourist Information 07674/90600 www.todtmoos.de
3. Wochenende		
Waldshuter Chilbi (s. S. 190)	79761 Waldshut-Tiengen	Tourist Information 07751/833199 www.waldshut-tiengen.de
letztes Wochenende		
Vinzenzifest (Heimat- und Brauchtumsfest)	73240 Wendlingen	Stadtverwaltung 07024/943231 www.ladenburg.de
Straßen- und Lichterfest mit Hahnentanz	75385 Bad Teinach-Zavelstein	Verkehrsamt 07053/8444 www.bad-teinach-zavelstein.de
Wochenende nach 24. August		
Schäferlauf (s. S. 188)	71706 Markgröningen	Stadtverwaltung 07145/130 www.markgroeningen.de
letztes Wochenende		
Kuckucksmarkt	69412 Eberbach	Tourist Information 06271/4899 www.eberbach.de
Mittelalterl. Heerlager, hist. Handwerkermarkt	72637 Burg Hohen-Neuffen	Burg Hohen-Neuffen 07025/2206 www.hohenneuffen.de
letzter Sonntag im August oder erster Sonntag im September		
Hopfenfest	97941 Tauberbischofsheim	Tourist Information 09341/80313 www.tauberbischofsheim.de
Ende August		
Zunftmarkt (trad. Handwerk, Vorführungen)	74206 Bad Wimpfen	Gästezentrum 07063/97200 www.bad-wimpfen.de
Ende August (alle 2 Jahre: 2002; 2004; ...)		
Mittelalterliches Lager der Spiel- und Handwerksleut	72379 Burg Hohenzollern	Burg Hohenzollern 07471/2428 www.burghohenzollern.de
Ende August/Anfang September		
Stuttgarter Weindorf	70173 Stuttgart	Stuttgart Marketing 0711/2228222 www.stuttgart-tourist.de

September

September (alle 2 Jahre: 2001; 2003; ...)		
Römertag (hist. Markt)	73257 Köngen	Bürgermeisteramt 07024/800724 www.koengen.de
Anfang September		
»**Käsritt**« (Pferderennen, Festumzug u.m.)	74211 Leingarten	Heimatverein 07131/406132 www.leingarten.de
»**Kärwe**« (Kirchweih mit hist. Festzug, Feuerwerk, Vergnügungspark)	97990 Weikersheim	Kulturamt 07934/10260 www.weikersheim.de

1. Freitag bis Montag		
Bietigheimer Pferdemarkt (s. S. 200)	74321 Bietigheim-Bissingen	Stadtinformation 07142/74227 www.bietigheim-bissingen.de
1. Samstag		
Altstadtfest (mit Handwerkermarkt, Vorführungen)	78315 Radolfzell	Tourismus-Information 07732/81500 www.radolfzell.de
1. Wochenende		
Straßen- und Kirchweihfest	69198 Schriesheim	Stadtverwaltung 06203/6020 www.schriesheim.de
2. Wochenende		
Zwetschgenfest (Weindorf, Festumzug, Vergnügungspark)	77815 Bühl	Tourist Information 07223/935332 www.buehl.de
Altstadtfest	68526 Ladenburg	Stadtverwaltung 06203/700 www.ladenburg.de
2. Wochenende (alle 2 Jahre: 2001; 2003; ...)		
Venezianische Messe (venez. Karneval)	71638 Ludwigsburg	Tourist Information 07141/9102252 www.ludwigsburg.de
2. Sonntag		
Bähnlefest (Stadtfest)	88069 Tettnang	Tourist InfoBüro 07542/953839 www.tettnang.de
3. Wochenende		
Fränkisches Volksfest (s. S. 202)	74564 Crailsheim	Fremdenverkehrsamt 07951/403125
3. Sonntag		
Wendelinsritt	88424 Gutenzell-Hürbel	Gemeindeverwaltung 07352/92350 www.ochsenhausen.de
Wildensteiner Mittelaltermarkt	88637 Leibertingen	Bürgermeisteramt 07466/92820
Wochenende um den 21. September		
Zwetschenmarkt (Trad. Handwerk, Krämermarkt)	73272 Neidlingen	Rathaus 07023/900230 www.gemeinde-neidlingen.de
letztes Wochenende		
»Heidelberger Herbst« (Altstadtfest, Mittelaltermarkt)	69048 Heidelberg	Verkehrsverein 06221/19433 www.cvb-heidelberg.de
Liobafest	97941 Tauberbischofsheim	Tourist Information 09341/80313 www.tauberbischofsheim.de
Ende September		
Ortenauer Weinfest	77652 Offenburg	Bürgerbüro 0781/822248 www.offenburg.de
Erntedankfest (mit Umzug)	79777 Ühlingen-Birkendorf	Tourismus-Information 07743/380 www.uehlingen-birkendorf.de
Ende September/Anfang Oktober		
Michaelis-Messe	97877 Wertheim	Stadtinfo 09342/3010 www.wertheim.de
letzte Septemberwoche/Oktober		
Cannstatter Volksfest (s. S. 201)	70173 Stuttgart	Stuttgart Marketing 0711/2228222 www.stuttgart-tourist.de

Oktober

um Tag der deutschen Einheit (3. Oktober)		
Alemannische Woche (Brauchtum und Viehabtrieb)	79254 Oberried	Verkehrsbüro 07661/930566 www.dreisamtal.de
3. Oktober		
Fuhrmannstag (Treffen hist. Kutschen und Gespanne mit Umzug)	88427 Bad Schussenried	Kurverwaltung 07583/940171 www.bad-schussenried.de

1. Wochenende		
Weideabtrieb	79244 Münstertal	Tourist Info 07636/70730 www.muenstertal.de
2. Sonntag		
Wendelinusritt	76547 Sinzheim	Bürgermeisteramt 07221/80626 www.sinzheim.de
2. Wochenende		
Kurpfälzisches Erntefest	74821 Mosbach	Tourist Information 06261/82236 www.mosbach.de
Mitte Oktober		
Trad. Hammeltanz	74564 Crailsheim	Fremdenverkehrsamt 07951/403125
3. Wochenende (alle 2 Jahre: 2002; 2004; ...)		
Herbstfest mit Bockrennen	74245 Löwenstein	Stadtverwaltung 07130/220 www.stadt-loewenstein.de
3. Sonntag		
»**Apfeltag**« (Stadtfest rund um den Apfel)	69412 Eberbach	Tourist Information 06271/4899 www.eberbach.de
letztes Wochenende		
Schätzlemarkt (großes Volksfest)	78250 Tengen	Verkehrsamt 07736/923310 www.tengen.de
letzter Sonntag		
Herbstmarkt mit Hammeltanz	97941 Tauberbischofsheim	Tourist Information 09341/80313 www.tauberbischofsheim.de
Ende Oktober		
Sankt-Wendelinus-Ritt	77704 Oberkirch	Tourist Information 07802/82241 www.oberkirch.de

November

1. Montag und 3 vorangehende Tage		
Gallusmarkt (Volksfest, Kramer- und Jahrmarkt)	73230 Kirchheim Teck	Verkehrsamt 07021/3027 www.kirchheim-teck.de
Anfang November		
Martinsumzug	69048 Heidelberg	Verkehrsverein 06221/19433 www.cvb-heidelberg.de
1. Woche		
Bohrer- und Katharinenmarkt	69151 Neckargemünd	Touristik-Information 06223/3553 www.neckargemuend.de
Samstag vor dem / oder am 11. November		
Martinimarkt	79733 Görwihl	Gemeindeverwaltung 07754/70823 www.goerwihl.de
um den 11. November		
Martinimarkt	88239 Wangen im Allgäu	Gästeamt 07522/74211
Montag nach dem 11. November		
Trad. Martinimarkt	77716 Haslach	Tourist Information 07832/8080
um den 12. November		
Leonhardusritt	77886 Lauf	Verkehrsamt 07841/20062 3 www.sasbachwalden.de
Ende November bis 22. Dezember		
Weihnachtsmarkt	79098 Freiburg	Freiburg-Information 0761/3881889 www.freiburg.de
Ende November bis Weihnachten		
Weihnachtsmarkt	69048 Heidelberg	Verkehrsverein 06221/19433 www.cvb-heidelberg.de

Weihnachtsmarkt	70173 Stuttgart	Stuttgart Marketing 0711/2228222 www.stuttgart-tourist.de

Dezember

gesamte Adventszeit		
Weihnachtsmarkt mit Advents-kalender am Rathaus (s. S. 270)	77723 Gengenbach	Tourist Information 07803/930143 www.badenpage.de
Weihnachtsmarkt	74072 Heilbronn	Marketing GmbH 07131/562270 www.heilbronn.de
während 4 Wochen vor Weihnachten		
Barockweihnachtsmarkt	71638 Ludwigsburg	Tourist Information 07141/9102252 www.ludwigsburg.de
1. Adventswoche		
Weihnachtsmarkt mit Handwerkervorführungen	74523 Schwäbisch-Hall	Touristik-Information 0791/751246 www.schwaebischhall.de
1. Adventswochenende		
Romantischer Weihnachtsmarkt	72379 Burg Hohenzollern	Burg Hohenzollern 07471/2428 www.burghohenzollern.de
Anfang Dezember		
Umgang der »Klausenbigger«	77790 Steinach	Bürgermeisteramt 07832/919811
2. Adventswochenende		
Weihnachtsmarkt im Klosterhof	75433 Maulbronn	Stadtverwaltung 07043/10310 www.maulbronn.de
24. Dezember		
Kuhreienblasen	78050 Villingen-Schwenningen	Tourist Service 07721/822340 www.villingen-schwenningen.de
31. Dezember		
Silvesterblasen von den Bergen	75337 Enzklösterle	Kurverwaltung 07085/7516 www.enzkloesterle.de
Nachtwächterzug zur Bergfeste	69151 Neckargemünd	Touristik-Information 06223/3553 www.neckargemuend.de
Hist. Silvesterzug (s. S. 273)	77761 Schiltach	Tourist Information 07836/5850 www.schiltach.de

Bayern

Januar

Januar (alle 7 Jahre: 2006; . . .)		
Schäfflertanz	82418 Murnau	Tourist Information 08841/61410 www.murnau.de
Januar		
Bäuerliches Pferdeschlittenrennen	83700 Rottach-Egern	Kuramt 08022/671341 www.rottach-egern.de
5. Januar		
Rauhnacht	91065 Waldkirchen	Tourismusbüro 08581/20250 www.waldkirchen.de
Rauhnacht	84264 Bad Birnbach	Kulturverwaltung 08563/963040 www.badbirnbach.de

6. Januar		
Beschluss der Ewigen Anbetung mit Lichterfest (über 1000 Bergfeuer)	91278 Pottenstein	Verkehrsbüro 09243/70841 www.pottenstein.de
6. Januar bis Faschingsdienstag (alle 7 Jahre: 2005; . . .)		
Schäfflertanz (s. S. 28)	80331 München	Tourist Information 089/23330211 www.muenchen-tourist.de
3. Sonntag		
Schnabler-Rennen (s. S. 27)	83674 Gaißach	Schnabler- und Schlittenverein 08042/98776 www.gaissach.de

Februar

Maria Lichtmess (2. Februar)		
Lichtmessmarkt	96260 Weismain	Stadtverwaltung 09575/921329 www.weismain.de
1. Mittwoch		
Rossmarkt	92334 Berching	Verkehrsamt 08462/20513 www.berching.de
Ende Februar		
Winterfest	87497 Wertach	Tourist Information 08365/266 www.wertach.de

Fasching

Fasching		
Faschingshochzeit, Faschingsbegräbnis und Faschingsrauhnacht	94078 Freyung	Stadtverwaltung 08551/57122 www.bayerwald-info.de
Donnerstag		
Chinesenfasching	92345 Dietfurt	Touristbüro 08464/640019 www.dietfurt.de
Schellenrühren (s. S. 53)	82467 Garmisch-Partenkirchen	Kurverwaltung 08821/1800 www.garmisch-partenkirchen.de
Schellenrühren (s. S.53)	82481 Mittenwald	Kurverwaltung 08823/330 www.mittenwald.de
Samstag		
Faschingszug	83278 Traunstein	Verkehrsamt 0861/986952 3 www.traunstein.de
Sonntag		
Faschingszug in wechselnden Orten der Tegernseer Tal-Gemeinschaft	83684 Tegernsee	Tal-Gemeinschaft 08022/180149 www.tegernsee.de
Narrentreiben (Winteraustreiben, Bärentreiben, Tanz der Hexen)	95346 Stadtsteinach	Tourist Information 09225/957824 www.btl.de/stadtsteinach
Mühldorfer Gaudiwurm (Faschingsumzug)	84453 Mühldorf am Inn	Fremdenverkehrsamt 08631/612228 www.muehldorf.de
Sonntag (alle 2 Jahre: 2001; 2003; . . .)		
Faschingszug (größter der Region)	83126 Flintsbach am Inn	Verkehrsamt 08034/306620 www.flintsbach.de
Sonntag und Dienstag		
Faschingsumzug	87497 Wertach	Tourist Information 08365/266 www.wertach.de
Montag		
Geisteraustreibung	97851 Rothenfels	Stadtverwaltung 09393/409 oder 429 www.rothenfels.de

Dienstag		
Faschingsgillamoos	93326 Abensberg	Stadtverwaltung 09443/910317 www.abensberg.de
Tanz der Marktweiber auf dem Viktualienmarkt (s. S. 56)	80331 München	Tourist Information 089/23330211 www.muenchen-tourist.de
Sonntag nach Fasching		
Funkenfeuer	87538 Obermaiselstein	Verkehrsbüro 08326/277 www.obermaiselstein.de
Sonntag nach Fasching		
Funkenfeuer	87487 Wiggensbach	Infozentrum 08370/8435
Funkenfeuer	87724 Ottobeuren	Touristikamt 08332/921951 www.ottobeuren.de
Funkenfeuer	87484 Nesselwang	Tourist Information 08361/933040 www.nesselwang.de
Sonntag nach Fasching (alle 3 Jahre: 2003; . . .)		
Egga-Spiel (Brauchtumsfest)	87527 Sonthofen www.sonthofen.de	Gästeamt 08321/615291
2. Sonntag nach Fasching		
Fastenmarkt	84529 Tittmoning	Verkehrsamt 08683/700710 www.tittmoning.de
Fastenmarkt	84048 Mainburg	Fremdenverkehrsamt 08751/70423 www.mainburg.de
alle Donnerstage (außer Gründonnerstag)		
Ölbergspiele	92345 Dietfurt	Touristbüro 08464/640019 www.dietfurt.de

März

Sonntag vor oder nach 3. März		
Kunigundenfest	Diözese Bamberg	Erzbischöfliches Ordinariat 0951/5020 www.bamberg.de
März		
Frühjahrsmarkt	86720 Nördlingen	Verkehrsamt 09081/4380 oder 84116 www.noerdlingen.de

Ostern

Donnerstag vor Palmsonntag		
Osterbrunnenschmücken	95615 Marktredwitz	Tourist Information 09231/501128 www.fichtelgebirge.org/user/stadt.marktredwitz
Palmsonntag		
Palmeselprozession (s. S. 91)	94149 Kößlarn	Gemeindeverwaltung 08536/96170
1 Woche vor Ostern		
Frühlingsfeier	96465 Neustadt bei Coburg	Stadtverwaltung 09568/810 www.neustadt-bei-coburg.de
ab Karfreitag bis ca. 2 Wochen nach Ostern		
Osterbrunnen (s. S. 83)	in vielen Orten der Fränkischen Schweiz, im oberen Maintal u.a.	Tourismusverband Franken e.V. 0911/264202 oder 264204 www.btl.de/franken.de
Ostern		
Osterbrunnen- und Osterkronenschmücken	91344 Waischenfeld	Tourist Information 09202/960117 www.waischenfeld.de

Ritterkämpfe aus der Zeit der Gotik und der Renaissance	91344 Waischenfeld	Tourist Information 09202/960117 Burg Rabeneck www.waischenfeld.de
Osterbrunnenschmücken	95460 Bad Berneck	Kurverwaltung 09273/574374/75 www.badberneck.de
Osterplärrer/Osterdult	86150 Augsburg	Tourist Information 0821/502070 www.regio-augsburg.de
Oberstdorfer Osterspiele	87561 Oberstdorf	Kulturamt 08322/7000 www.oberstdorf.de
Eierbecken	94078 Freyung	Stadtverwaltung 08551/57122 www.bayerwald-info.de
Samstag		
Traditionelles Eierwalchen	95119 Naila	Kulturamt 09282/6829 www.naila.de
Karfreitag		
Osterbrunnenschmücken	91346 Wiesenthal	Verkehrsamt 09196/19433 www.wiesenthal.de
ab Samstag (14 Tage)		
Frühlingsfest am Dutzendteich	90400 Nürnberg	Tourismuszentrale 0911/23360 www.nuernberg.de
Montag		
Emmausgang zum Petersberg	83126 Flintsbach am Inn	Verkehrsamt 08034/306620 www.flintsbach.de
Georgiritt	91090 Effeltrich	Tourismusverband Franken e.V. 0911/264202 www.effeltrich.de
Georgiritt und Schwertertanz (s. S. 94)	83278 Traunstein	Verkehrsamt 0861/9869523 www.traunstein.de
Leonhardiritt	93437 Furth i. Wald	Tourist Information 09973/50980 www.furth.de
Osterritt mit Pferdesegnung	94209 Regen	Tourist Information 09921/2929 www.regen.de
Sonntag nach Ostern		
Frühjahrsmarkt	84264 Bad Birnbach	Kulturverwaltung 08563/963040 www.badbirnbach.de
4. Sonntag nach Ostern		
Eisenmarkt	84048 Mainburg	Fremdenverkehrsamt 08751/70423 www.mainburg.de
Cantate-Markt (trad. Heiratsmarkt)	97656 Oberelsbach	Fremdenverkehrsbüro 09774/9240 www.oberelsbach.de

April

Markus (25. April)		
Markusbittgang nach Fischbach	83126 Flintsbach am Inn	Verkehrsamt 08034/306620 www.flintsbach.de
letzter Sonntag		
Georgimarkt	82467 Garmisch-Partenkirchen	Kurverwaltung 08821/1800 www.garmisch-partenkirchen.de
Georgiritt	84529 Tittmoning	Verkehrsamt 08683/700710 www.tittmoning.de
Georgimarkt	83224 Grassau	Verkehrsbüro 08641/2340 www.grassau.de
letzte Woche		
Prügelmarkt	92224 Amberg	Tourist Information 09621/10239 www.amberg.de

30. April

Maibaumaufstellen	96271 Grub am Forst	Verwaltungsgemeinschaft 09560/92200
Walpurgisnacht	91344 Waischenfeld Burg Rabeneck	Tourist Information 09202/960117 www.waischenfeld.de
Maibaumaufstellen	87724 Ottobeuren	Touristikamt 08332/921951 www.ottobeuren.de

Ende April

Frühlingsfest	95440 Bayreuth	Tourismuszentrale 0921/88588 www.bayreuth.de

Ende April bis Anfang Mai

Mai-Dult	80331 München	Tourist Information 089/23330211 www.muenchen-tourist.de

Ende April/Mai

Straubinger Frühling und HIPPO (Pferdeausstellung und Markt)	94315 Straubing	Tourist Information 09421/944351 www.straubing.de

Mai

Mai

Maidult	93047 Regensburg	Tourist Information 0941/5074410 www.regensburg.de

Mai bis Oktober (alle 10 Jahre: 2010)

Oberammergauer Passionsspiele (s. S. 71)	82487 Oberammergau	Verkehrsbüro 08822/92310 www.oberammergau.de

1. Maiwoche bis 1. Juniwoche (2002; ...)

Rieser Kulturtage (ca. 150 Veranstaltungen)	86720 Nördlingen	Verkehrsamt 09081/4380 oder 84116 www.noerdlingen.de

Anfang Mai

Maidult	94032 Passau	Tourist Information 0851/955980 www.passau.de

meist Anfang Mai

Burgfest	91183 Abenberg	Stadtverwaltung 09178/98800 www.abenberg.de

1. Mai

Maibaumaufstellen	83708 Kreuth	Kurverwaltung 08029/1819 www.kreuth.de
Maibaumfest und Frühjahrsmarkt	87497 Wertach	Tourist Information 08365/266 www.wertach.de
Maibaumaufstellen	96479 Weitramsdorf	Gemeindeverwaltung 09561/83520 www.weitramsdorf.de
Maifeier im Bärental	96260 Weismain	Stadtverwaltung 09575/921329 www.weismain.de
Backofenfest	96274 Itzgrund OT Kaltenbrunn	Gemeindeverwaltung 09533/92260

1. Wochenende

Maimarkt	96250 Ebensfeld	Gemeindeverwaltung 09573/96080 www.ebensfeld.de
Fischerfest mit Hege- und Königsfischen	84137 Vilsbiburg	Gemeindeverwaltung 08741/3050 www.vilsbiburg.de

1. Sonntag

Walberlafest (Frühlingsfest)	91356 Kirchehrenbach	Verwaltung 09191/79890 www.kirchehrenbach.de

2. Sonntag		
Gangolfritt (s. S. 131)	63913 Amorbach	Verkehrsamt 09373/20940 www.amorbach.de
Mitte Mai		
Stabenfest (trad. Frühlingsfest)	86720 Nördlingen	Verkehrsamt 09081/4380 oder 84116 www.noerdlingen.de
Mitte Mai		
Frühlingsfest	91522 Ansbach	Amt für Kultur und Touristik 0981/51243 www.ansbach.de
Ende Mai		
Bittgang nach Sankt Margarethen	83126 Flintsbach am Inn	Verkehrsamt 08034/306620 www.flintsbach.de
meist Ende Mai		
Altstadtfest	91522 Ansbach	Amt für Kultur und Touristik 0981/51243 www.ansbach.de
Ende Mai bis Ende September		
Wilde-Mändle-Tanz	87561 Oberstdorf	Kulturamt 08322/7000 www.oberstdorf.de

Himmelfahrt

um Himmelfahrt		
Fischerfest	93309 Kelheim	Verkehrsamt 09441/701234 www.landkreis-kelheim.de
Woche um Himmelfahrt		
Frühlingsfest	92237 Sulzbach-Rosenberg	Tourist Information 09661/510110 www.sulzbach-rosenberg.de
Traditionelles Blütenfest	95460 Bad Berneck	Kurverwaltung 09273/574374/75 www.badberneck.de
Samstag vor Himmelfahrt		
Garnsamstag (trad. Markt)	94568 St. Oswald	Verkehrsamt 85552/961138
Himmelfahrt		
Kellerfest	96224 Burgkunstadt OT Ebneth	Fremdenverkehrsamt 09572/38834 www.burgkunstadt.de
Trachtenwallfahrt des Chiemgau-Alpenverbandes	83246 Unterwössen	Gästeinformation 08641/8205 www.unterwoessen.de
Küpser Lindenfest	96250 Ebensfeld	Gemeindeverwaltung 09573/96080 www.ebensfeld.de

Pfingsten

ab Donnerstag vor Pfingsten (11 Tage)		
Bergkirchweih	91052 Erlangen	Verkehrsverein 09131/89510 www.erlangen.de
Freitag bis Montag		
Hechendorfer Pfingstfest (Volksfest)	82229 Seefeld	Gemeindeverwaltung 08152/79140
Freitag bis Dienstag		
Pfingstfest mit Markt	84359 Simbach am Inn	Stadtverwaltung 08571/6060
Pfingsten		
Burgfest	95199 Thierstein	Gemeindeverwaltung 09235/232
Pfingstdult	92224 Amberg	Tourist Information 09621/10239 www.amberg.de
Samstag/Sonntag		
Kerzenwallfahrt zum Bogenberg (s. S. 128)	94327 Bogen	Verkehrsamt 09422/505109 www.bogen.de

Sonntag		
Hist. Wagnertanz	91438 Bad Windsheim	Tourist Information 09841/4020 www.bad-windsheim.de
Hist. Festspiel »Der Meistertrunk« und Schäfertanz (s. S.133)	91541 Rothenburg	Verkehrsamt 09861/40492 www.rothenburg.de
Montag		
Bergknappenfest (s. S. 126)	83471 Berchtesgaden	Kurdirektion 08652/9670 www.berchtesgadenerland.de
»Englmari-Suchen« (s. S. 134)	94379 Sankt Englmar	Tourist Information 09965/840320 www.sankt-englmar.de
Traditionelles Maibaumfest mit Maibaumsteigen	84332 Hebertsfelden OT Rottenstuben	Gemeindeverwaltung 08721/96360
Zuckerhutfest (Waldfest)	95659 Arzberg	Stadtverwaltung 09233/4040 www.arzberg.de
Pfingstritt (s. S. 129)	93444 Kötzting	Kurverwaltung 09941/602150 www.koetzting.de
Dienstag nach Pfingsten		
Bürgerauszug	97486 Königsberg	Verkehrsamt 09525/922211 www.koenigsberg.de
1 Woche nach Pfingsten		
Burgfest mit Ritterspielen	95691 Hohenberg a.d. Eger	Verwaltungsgemeinschaft 09233/1541 www.stadt-hohenberg.de
Wochenende nach Pfingsten		
Großes Kappelfest	95652 Waldsassen	Tourist Information 09632/88160 www.waldsassen.de
Trinitatis		
Dreifaltigkeitsmarkt	84076 Pfeffenhausen	Gemeindeverwaltung 08782/96000
Montag nach Trinitatis		
Schlappentag	95028 Hof	Tourist Information 09281/815666
2. Samstag nach Pfingsten (14 Tage)		
Pfingstmesse	86720 Nördlingen	Verkehrsamt 09081/4380 oder 84116 www.noerdlingen.de

Fronleichnam

Prozession in zahlreichen Orten Oberbayerns; z.B.	82481 Mittenwald	Kurverwaltung 08823/330 www.mittenwald.de
Prozession auf dem Staffelsee	82418 Murnau	Tourist Information 08841/61410 www.murnau.de
Prozession auf dem Staffelsee (s. S. 134)	82418 Seehausen	Verkehrsamt 08841/3550 www.gaponline.de/seehausen
Donnerstag nach Fronleichnam		
Blutsfest	96154 Burgwindheim	Gemeindeverwaltung 09551/273 www.burgwindheim.de
Sonntag nach Fronleichnam		
Schwedenprozession (s. S. 130)	96317 Kronach	Tourist Information 09261/97236 www.kronach.de
Freitag bis Sonntag nach Schwedenprozession **Historisches Stadtspektakel**		

Juni

Juni (10 Tage)		
Volksfest	83703 Gmund am Tegernsee	Verkehrsamt 08022/750527 www.gmund.de

Juni (nicht jährlich)		
Hist. Bürgerfest	86150 Augsburg	Tourist Information 0821/502070 www.regio-augsburg.de
Juni		
Volksfest	87527 Sonthofen	Gästeamt 08321/615291 www.sonthofen.de
Juni (alle 4 Jahre: 2003; 2007; . . .)		
»Auf Heller und Barde« (Mittelalterfest)	94424 Arnstorf	Tourismusbüro 08723/96100 www.arnstorf.de
Juni		
Arzberger Vogelschießen (Heimatfest)	95659 Arzberg	Stadtverwaltung 09233/4040 www.arzberg.de
2. oder 3. Samstag		
Stadtfest	87700 Memmingen	Stadtinformation 08331/850172 www.memmingen.de
um Benno (16. Juni)		
St.Benno-Volksfest mit Prozession	94249 Bodenmais	Kurverwaltung 09924/778135 www.bodenmais.de
Mitte Juni		
Brunnenfest (s. S. 156)	95632 Wunsiedel	Verkehrsamt 09232/602162 www.wunsiedel.de
Altstadtfest	91555 Feuchtwangen	Kulturamt 09852/90444 www.feuchtwangen.de
Mitte/Ende Juni		
Altstadtfest	92237 Sulzbach-Rosenberg	Tourist Information 09661/510110 www.sulzbach-rosenberg.de
Mitte Juni bis Ende Juli (alle 3 Jahre: 2003; . . .)		
Burgspiele Kemnat	87600 Kaufbeuren	Verkehrsverein 08341/40405 www.kaufbeuren.de/tourismus
Mitte Juni bis Mitte August		
Kreuzgangspiele	91555 Feuchtwangen	Kulturamt 09852/90444 www.feuchtwangen.de
Mitte Juni bis Ende August (alle 4 Jahre: 2002; . . .)		
»Allgäuer Freilichtspiele«	87452 Altusried	Verkehrsamt 08373/7051 www.allgaeu.org
3. Wochenende		
Altstadtfest	92318 Neumarkt/Oberpfalz	Kulturamt 09181/255125 www.stadt.neumarkt.de
Mittelalterlicher Markt	89168 Stetten	Rittergut Stetten 07325/4799
Samstag um Sonnenwende (21. Juni)		
Hist. Sonnwendfeier	84489 Burghausen	Verkehrsamt 08677/2435 www.burghausen.de
23. Juni		
Johannifeuer am See	82435 Bad Bayersoien	Gemeindeverwaltung 08845/1890 www.bad-bayersoien.de
Johannibergfeuer	82490 Farchant	Gemeindeverwaltung 08821/961696 www.farchant.de
Johannifeuer	in den meisten Gemeinden des Fichtelgebirges	Tourist Information Fichtelgebirge 09272/6255 www.fichtelgebirge.de
23. und 24. Juni		
Johannisfeuer	93339 Riedenburg	Fremdenverkehrsamt 09442/905000 www.riedenburg.de
24. Juni		
Johannifeuer	82347 Bernried	Gemeindeverwaltung 08158/993900 www.bernried.de

Johannifeuer	83708 Kreuth	Kurverwaltung 08029/1819 www.kreuth.de
Johannifeuer	in allen Ortschaften der Region Pottenstein	Verkehrsbüro 09243/70841 www.pottenstein.de
Johannifeuer	87484 Nesselwang	Tourist Information 08361/923040 www.nesselwang.de
Johannifeuer	91344 Waischenfeld	Tourist Information 09202/960117 www.waischenfeld.de
von Johanni bis Siebenschläfer (27. Juni)		
Nördlinger Messe (trad. Jahrmarkt)	86720 Nördlingen	Verkehrsamt 09081/4380 oder 84116 www.noerdlingen.de
meist letzter Samstag		
Stadtfest (Bürgerfest)	84359 Simbach am Inn	Stadtverwaltung 08571/6060
letzter Samstag		
Altstadtfest	84453 Mühldorf am Inn	Fremdenverkehrsamt 08631/612228 www.muehldorf.de
Stadtfest	87527 Sonthofen	Gästeamt 08321/615291 www.sonthofen.de
letztes Wochenende		
Schlossgartenfest und Fischerstechen	82211 Herrsching	Verkehrsamt 08152/5227 www.starnberger-fuenf-seen-land.de
um Peter und Paul (29. Juni)		
Peter-und-Paul-Markt	84529 Tittmoning	Verkehrsamt 08683/700710 www.tittmoning.de
Ende Juni		
Schweinauer Kirchweih	91183 Abenberg	Stadtverwaltung 09178/98800 www.abenberg.de
letzte Juniwoche/1. Juliwoche (alle 3 Jahre: 2003; 2006; ...)		
Frundsbergfest (s. S. 153)	87719 Mindelheim	Verkehrsbüro 08261/991569 www.mindelheim.de
Juni/Juli (alle 2 Jahre: 2001; 2003; ...)		
Bürgerfest	93047 Regensburg	Tourist Information 0941/5074410 www.regensburg.de
Schlossfestspiele	86633 Neuburg a.d. Donau	Tourist Information 08431/57217 www.neuburg.de
Juni/Juli (alle 4 Jahre: 2001; 2005; ...)		
»Landshuter Fürstenhochzeit von 1475« (s. S. 152)	84028 Landshut	Verkehrsverein 0871/922050 www.landshut.de
Ende Juni bis Ende Juli		
Schlossspiele	92318 Neumarkt/Oberpfalz	Kulturamt 09181/255125 www.stadt.neumarkt.de
Ende Juni und Anfang August		
Burghofspiele	93167 Falkenstein	Tourismusbüro 09462/244 www.markt-falkenstein.de

Juli

Juli		
Hist. Schäfertanz	91541 Rothenburg	Verkehrsamt 09861/40492 www.rothenburg.de
Juli (alle 4 Jahre: 2003; 2007; ...)		
Agnes-Bernauer-Festspiele (s. S. 174)	94315 Straubing	Tourist Information 09421/944351 www.straubing.de

an 3 Wochenenden (Freitag und Samstag)		
Florian-Geyer-Festspiele	97232 Schlossruine Giebelstadt	Verwaltungsgem. 09334/8080 www.giebelstadt.de
Anfang Juli		
Bürgerfest und historischer Markt	95440 Bayreuth	Tourismuszentrale 0921/88588 www.bayreuth.de
Anfang Juli		
Bürgerfest	93326 Abensberg	Stadtverwaltung 09443/910317 www.abensberg.de
Burgfest	94163 Saldenburg	Tourist Information 08551/57122 www.bayerwald-info.de
Jahresfest der Steinhauer- und Maurerbrüderschaft	95028 Hof	Tourist Information 09281/815666
Anfang Juli, Dienstag		
Gregoriusfest	95349 Thurnau	Tourist Information 09228/9510 www.thurnau.de
Anfang bis Ende Juli		
Aidenbacher Bauernschlacht	94501 Aidenbach	Gemeindeverwaltung 08543/96030 www.aidenbach.de
Anfang Juli bis Anfang August (Wochenenden)		
»**Vom Hussenkrieg**« (Freilichtfestspiel)	92431 Neunburg vorm Wald	Touristikamt 09672/920821 www.neunburg.de
4. Juli		
Ulrichsritt	86989 Steingaden/Obb.	Verkehrsamt 08862/200 www.steingaden.de
1. Woche		
Altstadtfest	92224 Amberg	Tourist Information 09621/10239 www.amberg.de
1. Wochenende		
Marktrichtertage mit Festzug	94065 Waldkirchen	Tourismusbüro 08581/20250 www.waldkirchen.de
Altstadtfest	95326 Kulmbach	Touristservice 09221/958841 www.stadt-kulmbach.de
1. oder 2. Wochenende (alle 4 Jahre: 2004; ...)		
Hist. Kinderfest	89257 Illertissen	Stadtverwaltung 07303/17211 www.illertissen.de
1. oder 2. Wochenende		
Hist. Burgfest (mit Festzug)	84489 Burghausen	Verkehrsamt 08677/2435 www.burghausen.de
erste 3 Wochenenden		
Kaltenberger Ritterturnier	82269 Geltendorf Schloss Kaltenberg	Schlossinformation 08193/933100 www.ritterturnier.de
1. Sonntag		
Schwäbischwerder Kindertag	86609 Donauwörth	Verkehrsamt 0906/789145 www.donauwoerth.de
1. Samstag		
Stadtfest	87435 Kempten	Tourist Information 0831/2525482 www.kempten.de
1. Sonntag		
Birnbaumfest	96271 Grub am Forst	Verwaltungsgem. 09560/92200
um 1. Sonntag		
Kunigundenfest	91207 Lauf	Verkehrsamt 09123/184113 www.lauf.de
1. Sonntag bis folgenden Mittwoch		
Rokoko-Festspiele	91522 Ansbach	Amt für Kultur und Touristik

im Anschluss an Rokokospiele (s.o.)		0981/51243
Kirchweih		www.ansbach.de
Kirchweihsonntag (alle 4 Jahre: 2004; ...)		
Großer Heimatfestzug		
ab Samstag vor Kiliani (8. Juli), 12 Tage		
Kiliani-Volksfest (s. S.176)	97070 Würzburg	Tourist Information 0931/372660 www.wuerzburg.de
2. Sonntag		
Kiliani-Kirchweih	91362 Pretzfeld	Gemeindeverwaltung 09194/73470 www.pretzfeld.de
Hopfenfest und Kirschmarkt	84048 Mainburg	Fremdenverkehrsamt 08751/70423 www.mainburg.de
2. Wochenende		
Kiliani-Marktfest	97656 Oberelsbach	Fremdenverkehrsbüro 09774/9240 www.oberelsbach.de
Trachtenkirchweih mit Plantanz	96359 Steinbach am Wald	Verkehrsamt 09263/525 www.steinbach-am-wald.de
Traditionelles Seefest	95367 Trebgast	Ordnungsamt 09227/93712
Heimat- und Wiesenfest	95213 Münchberg	Tourist Information 09251/8740 www.muenchberg.de
Heimat- und Wiesenfest	95100 Selb	Tourist Information 09287/8830 www.selb.de
2. oder 3. Wochenende		
Fischerstechen	82402 Seeshaupt	Gemeindeverwaltung 08801/907112 www.pfaffenwinkel.de/ kommunen/seeshaupt
2. Juliwochenende bis 2. Augustwochenende		
Festspiele »Trenck der Pandur vor Waldmünchen«	93449 Waldmünchen	Verkehrsamt 09972/30724 www.waldmuenchen.de
2. Sonntag und Montag		
Wiesenfest mit historischem Festzug	95691 Hohenberg a.d. Eger	Stadtverwaltung 09233/1541 www.stadt-hohenberg.de
Mitte Juli		
Wiesenfest	95460 Bad Berneck	Kurverwaltung 09273/574374/75 www.badberneck.de
Altstadtfest	95615 Marktredwitz	Tourist Information 09231/501128 www.fichtelgebirge.org/user/ stadt.marktredwitz
Mitte Juli		
Skapuliermarkt	82418 Murnau	Tourist Information 08841/61410 www.murnau.de
Mitte Juli		
Sonnenwaldfest	94572 Schöfweg	Tourist Information Freyung 08551/57122
Ilzer Haferlfest	94032 Passau	Tourist Information 0851/955980 www.passau.de
Mitte/Ende Juli		
Seefest	83700 Rottach-Egern	Kuramt 08022/671341 www.rottach-egern.de
Mitte Juli bis Anfang August, Wochenenden		
Freilichtspiel »Der Guttensteiner«	92444 Rötz	Tourismusbüro 09976/902073 www.roetz.de
3. Woche		
Lichterfest	95680 Bad Alexandersbad	Tourist Information 09232/99250 www.badalexandersbad.de

Stillerfest	91183 Abenberg	Stadtverwaltung 09178/98800 www.abenberg.de
3. Wochenende		
Fränkisches Kirschenfest	91362 Pretzfeld	Gemeindeverwaltung 09194/73470 www.pretzfeld.de
Bürger- und Heimatfest	91075 Neunkirchen	Ordnungsamt 09134/70550
Historisches Parkfest	97769 Bad Brückenau	Verkehrsamt 09741/80228 www.bad-brueckenau.de
Pandurenfest (hist. Straßenfest)	94518 Spiegelau	Tourist Information 08553/960017 www.spiegelau.de
meist 3. Wochenende		
Schmalzlerfest (Volksfest mit Wettschnupfen)	94157 Perlesreut	Tourist Information 08555/961910 www.perlesreut.de
um den 3. Montag		
Die Kinderzeche (s. S. 166)	91550 Dinkelsbühl	Touristservice 09851/90240 www.dinkelsbuehl.de
2 Wochen vor Ferienbeginn		
Tänzelfest (s. S. 170)	87600 Kaufbeuren	Verkehrsverein 08341/40405 www.kaufbeuren.de/tourismus
vorletztes Wochenende		
Ritterturnier (Mittelalterlicher Markt)	93336 Schloss Hexenagger	Schloss Hexenagger 09442/918310 www.schloss-hexenagger.de
vorletztes oder letztes Wochenende		
Lichterfest	96465 Neustadt b. Coburg	Stadtverwaltung 09568/810 www.neustadt-bei-coburg.de
meist eines der letzten Juliwochenenden		
Ammerlander Waldfest	82541 Münsing	Gemeindeverwaltung 08177/930193 www.muensing.de
letztes Wochenende vor Ferienbeginn		
Fischertag (s. S. 171)	87700 Memmingen	Stadtinformation 08331/850172 www.memmingen.de
anschließend (alle 4 Jahre: 2004; . . .)		
Wallenstein-Sommer (s. S. 171)		
vor Ferienbeginn (alle 4 Jahre: 2003; 2007; . . .)		
Ruethenfest (s. S.170)	86899 Landsberg/Lech	Fremdenverkehrsamt 08191/128246 www.landsberg.de
4. Wochenende		
»Jodok-Ritt« (Pferdewallfahrt)	92723 Tännesberg	Verwaltungsgemeinschaft 09655/92000
um Annatag (26. Juli), 10 Tage		
Annafest	91301 Forchheim	Tourist Information 09191/714338 www.forchheim.de
Ende Juli, um Annatag (26. Juli)		
Anna-Bergfest	92237 Sulzbach-Rosenberg	Tourist Information 09661/510110 www.sulzbach-rosenberg.de
letztes Wochenende		
Altstadtfest	96231 Staffelstein	Tourist Information 09573/4129 www.btl.de/staffelstein
ab letztes Wochenende (9 Tage)		
Bierfest	95326 Kulmbach	Touristservice 09221/958841 www.stadt-kulmbach.de
letzter Sonntag		
Magdalenenfest	95698 Neualbenreuth	Gästeinformation 09638/933250 www.neualbenreuth.de
letzte Juliwoche		
Wörnitz-Wasserfest (mit Bootskorso, Feuerwerk)	86732 Oettingen	Verkehrsamt 09082/70951 www.oettingen.de

Ende Juli		
Burgfestspiele	92331 Parsberg	Fremdenverkehrsamt 09492/905767 www.parsberg.de
Tavernenfest	94163 Saldenburg	Tourist Information 08551/57122 www.bayerwald-info.de
Bachfest	82541 Münsing	Gemeindeverwaltung 08177/930193 www.muensing.de
Burgfest	85072 Eichstätt Willibaldsburg	Tourist Information 08421/98800 www.eichstätt.de
letztes Wochenende		
Rakoczy-Fest (Stadtfest mit Umzug)	97688 Bad Kissingen	Staatsbad GmbH 0971/80480 www.badkissingen.de
letztes Juliwochenende bis 1. Augustwoche		
»Pichelsteiner-Fest«	94209 Regen	Tourist Information 09921/2929 www.regen.de
Maria-Hilf-Bergfest	92224 Amberg	Tourist Information 09621/10239 www.amberg.de
Ende Juli bis Anfang August		
Jakobi-Dult	80331 München	Tourist Information 089/23330211 www.muenchen-tourist.de
Ende Juli/Anfang August		
Spessartfestwoche	97816 Lohr	Tourist Information 09352/848460 www.lohr.de
Ende Juli/Anfang August (alle 3 Jahre: 2003; . . .)		
Wallenstein-Festspiele	90518 Altdorf	Wallensteinbüro 09187/2745 www.altdorf.de
Ende Juli/Anfang August		
Sommernachtsfest	95440 Bayreuth	Tourismuszentrale 0921/88588 www.bayreuth.de
Ende Juli/Anfang August		
Schützenfest	96450 Coburg	Tourist Information 09561/74180 www.coburg.de
Ende Juli bis Anfang September, Wochenenden		
Ritterschauspiele (s. S.170)	83088 Kiefersfelden	Verkehrsamt 08033/976527 www.kiefersfelden.de

August

August (alle 2 Jahre: 2002; 2004; . . .)		
Caspar-Hauser-Festspiele	91522 Ansbach	Amt für Touristik 0981/51243 www.ansbach.de
August		
Seefest	83684 Tegernsee	Tegernseer Tal-Gemeinschaft 08022/180149 www.tegernsee.de
Altstadtfest	96145 Seßlach	Tourist Information 09569/922540 www.sesslach.de
Anfang August		
Ritterspiele	97238 Aub	Info-Telefon 09335/99941 www.ritterspiele-aub.de
Anfang/Mitte August		
Scharlachrennen	86720 Nördlingen	Verkehrsamt 09081/4380 oder 84116 www.noerdlingen.de
1. Freitag		
Altbayerisches Krautfest	93077 Bad Abbach/ Oberndorf	Kurverwaltung 09405/95990 www.badabbach.de

1. Samstag		
Marktfest	87484 Nesselwang	Tourist Information 08361/923040 www.nesselwang.de
meist 1. Samstag		
Maluma-Fest (Altstadtfest)	95659 Arzberg	Stadtverwaltung 09233/4040 www.arzberg.de
»Waldkirchner Dreschersuppe« (hist. Brauchtumsfest)	91065 Waldkirchen	Tourismusbüro 08581/20250 www.waldkirchen.de
1. Wochenende		
Fest der Porzelliner	95100 Selb	Tourist Information 09287/883118 www.selb.de
Fischerfest (Volksfest)	87497 Wertach	Tourist Information 08365/266 www.wertach.de
Salzsäumerfest (s. S. 187)	94481 Grafenau	Tourist Information 08552/962343 www.grafenau.de
Volksfest	94424 Arnstorf	Tourismusbüro 08723/96100 www.arnstorf.de
Rochus-Wallfahrt zum Petersberg	83126 Flintsbach am Inn	Verkehrsamt 08034/306620 www.flintsbach.de
Bürgerfest	93444 Kötzting	Kurverwaltung 09941/602150 www.koetzting.de
1. Sonntag		
Kellerfest mit Festzug	95359 Kasendorf	Gemeindeverwaltung 09228/99960
8. August		
Friedensfest	86150 Augsburg	Tourismusinformation 0821/502070 www.regio-augsburg.de
um 1. Sonntag		
Burgfest	91161 Hilpoltstein	Kulturamt 09174/978607 www.hilpoltstein.de
ab 2. Freitag (10 Tage)		
Gäubodenfest und Ostbayernschau	94315 Straubing	Tourist Information 09421/944351 www.straubing.de
2. Wochenende		
Sommernachts- und Walpotenfest	95460 Bad Berneck	Kurverwaltung 09273/574374/75 www.badberneck.de
2. Sonntag		
Lorenzimarkt	84453 Mühldorf am Inn	Fremdenverkehrsamt 08631/612228 www.muehldorf.de
2. bis 3. Sonntag		
Drachenstich-Festspiele (s. S. 187)	93437 Furth i. Wald	Tourist Information 09973/50980 www.furth.de
um Mariä Himmelfahrt		
Juravolksfest	92318 Neumarkt/ Oberpfalz	Kulturamt 09181/255125 www.stadt.neumarkt.de
letztes Wochenende		
Siedlerfest	95615 Marktredwitz	Tourist Information 09231/501128 www.fichtelgebirge.org/user/ stadt.marktredwitz
Mariä Himmelfahrt		
Geißkopfkirchweih	94253 Bischofsmais	Tourist Information 09920/940444 www.bischofsmais.de
Schwedenprozession	96260 Weismain	Stadtverwaltung 09575/921329 www.weismain.de
Burglmesse *Sonntag nach Burglmesse (s.o.)* **Bergkilbe**	87538 Balderschwang	Verkehrsamt 08328/1056 www.balderschwang.de

um Mariä Himmelfahrt (4 Tage)		
Limesfest (Geschichte der Burg)	85110 Kipfenberg	Tourist Information 08465/941042 www.altmuehlnet.de
Sonntag nach Mariä Himmelfahrt		
»**Stumme Prozession**« (s. S.190)	86946 Vilgertshofen	Rathaus 08194/333
Mitte August		
Allgäuer Festwoche	87435 Kempten	Tourist Information 0831/2525482 www.kempten.de
Volksfest	93309 Kelheim	Verkehrsamt 09441/701234 www.landkreis-kelheim.de
3. Wochenende		
Woizkirwa	92237 Sulzbach-Rosenberg	Tourist Information 09661/510110 www.sulzbach-rosenberg.de
Bartholomäus (24. August)		
Ludwigs-Bergfeuer	82487 Oberammergau	Verkehrsbüro 08822/92310 www.oberammergau.de
um Bartholomäus		
Kerwa am Sand (s. S. 185)	96033 Bamberg	Fremdenverkehrsamt 0951/871161 www.bamberg.de
Wochenende um Bartholomäus		
Almer Wallfahrt	83471 Berchtesgaden	Kurdirektion 08652/9670 www.berchtesgadenerland.de
letztes Wochenende		
Hist. Bürgermahlzeit	97070 Würzburg	Tourist Information 0931/372660 www.wuerzburg.de
Museumsfest	97650 Fladungen	Fremdenverkehrsamt 09778/919120 www.fladungen.de
Hopfenzupferfest in Haunstetten	85126 Kinding	Gemeindeverwaltung 08467/84010 www.altmuehlnet.de
Mittelalterliche Kirchweih	91344 Waischenfeld Burg Rabeneck	Tourist Information 09202/960117 www.waischenfeld.de
ab letztem Samstag (10 Tage)		
Herbstfest (größtes Volksfest Südostbayerns)	83022 Rosenheim	Tourist Information 08031/3659061 www.rosenheim.de
letzter Sonntag		
Hist. Markt und Jahrmarkt	87459 Pfronten	Verkehrsamt 08363/69888 www.pfronten.de
Rosstag (mit Pferdefestzug)	83700 Rottach-Egern	Kuramt 08022/671341 www.rottach-egern.de
Rosstag	93444 Kötzting	Kurverwaltung 09941/602150 www.koetzting.de
Ende August		
Herbstfest am Dutzendteich (Volksfest)	90400 Nürnberg	Tourismuszentrale 0911/23360 www.nuernberg.de
Hist. Burgfest	87480 Weitnau-Kleinweiler	Tourismusbüro 08375/920241/42 www.allgaeu.org
Ende August/Anfang September		
Herbstplärrer/Herbstdult	86150 Augsburg	Tourist Information 0821/502070 www.regio-augsburg.de
Michaelis-Messe	97922 Lauda-Königshofen	Stadtverwaltung 09343/5010 www.lauda-koenigshofen.de
letztes August- bis 1. Septemberwochenende		
Traditionsvolksfest mit int. Schützen- und Trachtenzug	84453 Mühldorf am Inn	Fremdenverkehrsamt 08631/612228 www.muehldorf.de

letztes August- und erste 2 Septemberwochenenden		
Hist. Heimatspiel »Die Schutzfrau von Münnerstadt«	97702 Münnerstadt	Tourismusbüro 09733/810528 www.muennerstadt.de
August/September		
Herbstdult	93047 Regensburg	Tourist Information 0941/5074410 www.regensburg.de

September

September		
Altstadtfest	91541 Nürnberg	Tourismuszentrale 0911/23360 www.nuernberg.de
Sonntag im September		
Erntedankfest mit Trachtenzug	83022 Rosenheim	Tourist Information 08031/3659061 www.rosenheim.de
Anfang September		
Herbstdult	94032 Passau	Tourist Information 0851/955980 www.passau.de
Mittelalterlicher Markt	94078 Freyung Schloss Wolfstein	Stadtverwaltung 08551/57122 www.bayerwald-info.de
An einem Wochenende im September		
Hist. Schäfertanz	91541 Rothenburg	Verkehrsamt 09861/40492 www.rothenburg.de
Anfang/Mitte September (alle 3 Jahre: 2001; . .)		
Hist. Stadtmauerfest	86720 Nördlingen	Verkehrsamt 09081/4380 oder 84116 www.noerdlingen.de
letzter Sonntag vor Schulbeginn		
Stadtfest »Leben in einer alten Stadt«	91550 Dinkelsbühl	Touristservice 09851/90240 www.dinkelsbuehl.de
1. Wochenende (alle 2 Jahre)		
Egerland-Tag	95615 Marktredwitz	Tourist Information 09231/501128 www.fichtelgebirge.org/user/stadt.marktredwitz
1. Wochenende		
Reichsstadt-Festtage und Schäfertanz (s. S.204)	91541 Rothenburg	Verkehrsamt 09861/40492 www.rothenburg.de
1. Woche		
Rosenberg Kirwa	92237 Sulzbach-Rosenberg	Tourist Information 09661/510110 www.sulzbach-rosenberg.de
1., 2. oder 3. Wochenende		
Herbstfest	95688 Friedenfels	Verkehrsamt 09683/923115 www.friedenfels.de
11. September		
Almabtrieb und Viehscheid in vielen Orten im Allgäu; z.B.	87541 Hindelang	Gästeinformation 08324/8920 www.hindelang-allgaeu.de
2. Sonntag		
Leonhardiritt	94481 Grafenau	Tourist Information 08551/962343 www.grafenau.de
Erntedankfest	94149 Kößlarn	Gemeindeverwaltung 08536/96170
Altstadtfest	91154 Roth	Tourist Information 09171/848330 www.roth.de
Trachtenwallfahrt	95698 Neualbenreuth	Gästeinformation 09638/933250 www.neualbenreuth.de
Kirchweihmarkt	95686 Fichtelberg	Verkehrsbüro 09272/97033 www.fichtelberg.de

Mitte September bis Anfang Oktober		
Münchner Oktoberfest (s. S. 203)	80331 München	Tourist Information 089/23 33 02 11 www.muenchen-tourist.de
3. Wochenende		
Korbmarkt (Volksfest)	96215 Lichtenfels	Verkehrsamt 095 71/79 50 www.lichtenfels-city.de
3. Sonntag		
Septembermarkt	84529 Tittmoning	Verkehrsamt 086 83/700 710 www.tittmoning.de
4. Wochenende		
Viehabtrieb und Viehscheid	87538 Obermaiselstein	Verkehrsbüro 083 26/277 www.obermaiselstein.de
letztes Wochenende (5 Tage)		
Mooswiesenfest mit Umzug	91555 Feuchtwangen	Kulturamt 098 52/904 44 www.feuchtwangen.de
letzter Samstag		
Michaelimarkt	83224 Grassau	Kulturamt 098 52/90 44 www.grassau.de
letzter Sonntag		
Michaelimarkt	93354 Siegenburg	Gemeindeverwaltung 094 44/978 40 www.siegenburg.de
Michaeli-Ritt	83334 Inzell	Touristikbüro 086 65/988 50 www.inzell.de
Sonntag vor Michaeli (29. September)		
Michaelimarkt	84359 Simbach am Inn	Stadtverwaltung 085 71/60 60
29. September		
Turamichele-Tag	86150 Augsburg	Tourismusinformation 08 21/50 20 70 www.regio-augsburg.de
Ende September/Anfang Oktober		
Tegernseer Woche für Brauchtum und Kultur	83684 Tegernsee	Tegernseer Tal-Gemeinschaft 080 22/180 149 www.tegernsee.de

Oktober

Wochenende nach Michaeli		
Michaelis-Kirchweih mit Erntedankumzug (s. S. 216)	90760 Fürth	Tourist Information 09 11/740 66 15 www.fuerth.de
1. Wochenende		
Leonhardi-Umritt	94136 Kellberg	Gemeindeverwaltung Thyrnau 085 01/911 70 www.btl.de
1. Sonntag		
Erntedankfest	95698 Neualbenreuth	Gästeinformation 096 38/93 32 50 www.neualbenreuth.de
Erntedank- und Kürbisfest mit Umzügen	91346 Wiesenthal	Verkehrsamt 091 96/194 33 www.wiesenthal.de
Herbstmarkt	84264 Bad Birnbach	Kulturverwaltung 085 63/96 30 40 www.badbirnbach.de
1. und 2. Woche		
Herbstmarkt	97959 Assamstadt	Bürgermeisteramt 062 94/42 02 10 www.assamstadt.de
2. Wochenende		
Wendelinusmarkt	63913 Amorbach	Verkehrsamt 093 73/209 40 www.amorbach.de

2. Sonntag und Montag		
Gallimarkt (ältestes Volksfest der Hallertau)	84048 Mainburg	Fremdenverkehrsamt 08751/70423 www.mainburg.de
2. Wochenende		
Hist. Festspiel »Der Meistertrunk« (s. S. 204)	91541 Rothenburg	Verkehrsamt 09861/40492 www.rothenburg.de
2. Samstag		
»Kirchta-Singen«	82497 Unterammergau	Verkehrsamt 08822/6400 www.unterammergau.de
2. Sonntag		
Wendelinsritt auf den Kinberg (s. S. 211)	88175 Scheidegg	Gästeservice 08381/89555 www.scheidegg.de
3. Sonntag		
Kirchweihfest	95688 Friedenfels	Verkehrsamt 09683/923115 www.friedenfels.de
3. und 4. Woche		
Herbstdult	92224 Amberg	Tourist Information 09621/10239 www.amberg.de
3. oder 4. Wochenende		
Leonhardi-Ritt	83358 Seebruck	Gemeindeverwaltung 08667/7139 www.seebruck.de
4. Wochenende		
Kathrainermarkt	87435 Kempten	Tourist Information 0831/2525482 www.kempten.de
4. Sonntag		
Simon-Judi-Markt	84453 Mühldorf am Inn	Fremdenverkehrsamt 08631/612228 www.muehldorf.de
letzter Samstag		
Leonhardi-Ritt	84359 Simbach am Inn	Stadtverwaltung 08571/6060
letzter Sonntag		
Simon- und Judämarkt	83022 Rosenheim	Tourist Information 08031/3659061 www.rosenheim.de
Leonhardiumritt	84332 Hebertsfelden	Stadtinformation 08721/96360
Leonhardi-Ritt	83224 Grassau	Verkehrsbüro 08641/2340 www.grassau.de
Leonhardi-Ritt	82497 Unterammergau	Verkehrsamt 08822/6400 www.unterammergau.de
Ende Oktober		
Herbstdult	80331 München	Tourist Information 089/23330211 www.muenchen-tourist.de
Herbstmarkt	86720 Nördlingen	Verkehrsamt 09081/4380 oder 84116 www.noerdlingen.de
Leonhardifest mit Reiterprozession	94542 Grongörgen	Gemeindeverwaltung 08535/960613
31.Oktober		
Spitzelmarkt	93309 Kelheim	Verkehrsamt 09441/701234 www.landkreis-kelheim.de

November

Anfang November		
Martinimarkt	95444 Bayreuth	Tourismuszentrale 0921/88588 www.bayreuth.de
1. Samstag und Sonntag		
Leonhardifest und Leonhardiritt	94072 Bad Füssing	Kurverwaltung 08531/975540 www.bad-fuessing.de

1. Samstag		
Kerwe	97896 Freudenberg/Main	Stadtverwaltung 09375/92000 www.freudenberg-main.de
Sonntag um Leonhard (6. November)		
Leonhardiritt	94065 Waldkirchen	Tourismusbüro 08581/20250 www.waldkirchen.de
6. November		
Leonhardifahrt (s. S.233)	83646 Bad Tölz	Tourismusbüro 08581/20250 www.badtoelz.de
Leonhardifahrt	83708 Kreuth	Kurverwaltung 08029/1819 www.kreuth.de
Sonntag nach Leonhard		
Leonhardi-Ritt mit Leonhardi-Kirta	94089 Neureichenau	Tourismusbüro 08583/960120 www.neureichenau.de
Samstag vor oder nach Martini (11. November)		
Miltacher Martiniritt	93468 Miltach	Verkehrsamt 09944/341523 www.miltach.de
Sonntag um Martini (11. November)		
Martinimarkt	82467 Garmisch-Partenkirchen	Kurverwaltung 08821/1800 www.garmisch-partenkirchen.de
11. November		
Martinsumzug	87448 Waltenhofen	Gästeinformation 08303/79029 www.waltenhofen.de
Wolfauslassen (Umzug)	94075 Freyung	Stadtverwaltung 08551/57122 www.bayerwald-info.de
11. November		
Martinszug	83126 Flintsbach am Inn	Verkehrsamt 08034/306620 www.flintsbach.de
3. Sonntag		
Kathreinmarkt	84529 Tittmoning	Verkehrsamt 08683/700710 www.tittmoning.de
Buß- und Bettag		
Martinimarkt	96260 Weismain	Stadtverwaltung 09575/921329 www.weismain.de
1. Adventssonntag		
Andreasmarkt	95466 Weidenberg	Gemeindeverwaltung 09278/97725 www.weidenberg.de
Adventszeit		
Christkindlmarkt	83022 Rosenheim	Tourist Information 08031/3659061 www.rosenheim.de
Weihnachtsmarkt	96000 Bamberg	Fremdenverkehrsamt 0951/871161 www.bamberg.de
Christkindlesmarkt (s. S. 272)	90403 Nürnberg	Tourismuszentrale 0911/23360 www.nuernberg.de
Christkindlesmarkt	95440 Bayreuth	Tourismuszentrale 0921/88588 www.bayreuth.de
Weihnachtsmarkt	96450 Coburg	Tourist Information 09561/74180 www.coburg.de
Christkindlesmarkt (s. S. 268)	86100 Augsburg	Tourist Information 0821/502070 www.regio-augsburg.de
Christkindlesmarkt	93047 Regensburg	Tourist Information 0941/5074410 www.regensburg.de
Weihnachtsmarkt	91522 Ansbach	Amt für Kultur und Touristik 0981/51243 www.ansbach.de
Christkindlmarkt (s. S. 272)	80331 München	Tourist Information 089/23330211 www.muenchen-tourist.de

Weihnachtsmarkt	97070 Würzburg	Tourist Information 0931/3726 60 www.wuerzburg.de
Weihnachtsmarkt vor historischer Kulisse	86720 Nördlingen	Verkehrsamt 09081/4380 oder 84116 www.noerdlingen.de
Weihnachtsmarkt	97232 Schlossruine Giebelstadt	Verwaltungsgem. 09334/8080 www.giebelstadt.de
Reiterlesmarkt (Alt-Rothenburger Weihnacht)	91541 Rothenburg	Verkehrsamt 09861/40492 www.rothenburg.de

Dezember

Dezember, im Rahmen des Christkindlesmarktes		
Lichterzug der Schulkinder	90400 Nürnberg	Tourismuszentrale 0911/233 60 www.nuernberg.de
3 Wochen im Dezember		
Weihnachtsmarkt (größter im Allgäu)	87435 Kempten	Tourismusinformation 0831/2525482 www.kempten.de
1. Advent bis 6. Januar		
Krippenweg mit 34 Stationen	96000 Bamberg	Fremdenverkehrsamt 0951/871161 www.bamberg.de
Adventswochenenden		
Perchtenlaufen	85614 Kirchseeon	Gemeindeverwaltung 08091/5520 www.kirchseeon.de
2. bis 4. Adventwoche		
Lucretiamarkt (trad. Handwerkermarkt)	93047 Regensburg	Tourist Information 0941/5074410 www.regensburg.de
5. / 6. Dezember, 1. und 2. Advent, Heiligabend		
Buttnmandllaufen (s. S. 268)	verschiedene Orte im Berchtesgadener Land	Kurdirektion 08652/9670 www.berchtesgadenerland.de
2. Sonntag		
Nikolausballonfahrt	87527 Sonthofen	Gästeamt 08321/615291 www.sonthofen.de
13. Dezember		
Lichterschwemmen (s. S. 270)	82256 Fürstenfeldbruck	Stadtverwaltung 08141/280 www.fuerstenfeldbruck.de
Woche vor Heiligabend und am 24. Dezember		
Weihnachtsschießen (s. S. 268)	83471 Berchtesgaden	Kurdirektion 08652/9670 www.berchtesgadenerland.de
letztes Adventswochenende		
Dorfadvent	83334 Inzell	Touristikbüro 08665/98850 www.inzell.de
24. Dezember		
»Strohberta« (Umzug)	95367 Trebgast	Ordnungsamt 09227/93712
Weihnachtsschießen der Gebirgsschützen	83246 Unterwössen	Gästeinformation 08641/8205 www.unterwoessen.de
Stefaniritt	82327 Tutzing	Gemeindeverwaltung 08158/25020 www.tutzing.de
26. Dezember		
Stephaniritt	84513 Erharting bei Mühldorf	Fremdenverkehrsamt 08631/612228 www.muehldorf.de
28. Dezember		
Rauhnacht (Wintervertreibung)	Sankt Englmar	Tourist Information 09965/840320 www.sankt-englmar.de

31. Dezember

Silvesterumritt	82299 Türkenfeld	Gemeindeverwaltung 08193/93070
Große Lichterprozession	91344 Waischenfeld	Tourist Information 09202/960117 www.waischenfeld.de
Traditioneller Sterngang	82487 Oberammergau	Verkehrsbüro 08822/92310 www.oberammergau.de
Traditionelles Neujahrsanblasen	Flintsbach am Inn	Verkehrsamt 08034/306620 www.flintsbach.de

Berlin

März

Mitte März bis Mitte April

Frühlingsfest Lunapark	12524 Berlin	Schaustellerverband 030/2133290 oder Tourismus Marketing 030/2647480 www.berlin-tourism.de

April

Anfang April bis Mitte April

Britzer Baumblüte	12359 Berlin Parchimer Allee, Neukölln	Schaustellerverband 030/2133290 oder Tourismus Marketing 030/2647480 www.berlin-tourism.de

letztes Wochenende (3 Wochen)

Neuköllner Maientage	10967 Berlin Volkspark Hasenheide	Schaustellerverband 030/2133290 oder Tourismus Marketing 030/2647480 www.berlin-tourism.de

Mai

Ende Mai bis Mitte Juni

Steglitzer Festwochen	12359 Berlin Steglitz	Schaustellerverband 030/2133290 oder Tourismus Marketing 030/2647480 www.berlin-tourism.de

Pfingsten

Pfingsten

Karneval der Kulturen	10969 Berlin Kreuzberg	Projektbüro Karneval der Kulturen 030/6224232 www.berlin-tourism.de

Juni

1. Wochenende (alle 2 Jahre: 2001; 2003; ...)

Spandauer Havelfest	13585 Berlin Spandau	Kulturamt Spandau 030/3303-5823 oder Tourismus Marketing 030/2647480 www.berlin-tourism.de

3. Wochenende **Köpenicker Sommer** (s. S. 150)	12555 Berlin Köpenick	Kulturamt Köpenick 030/6584-4256 oder Tourismus Marketing 030/2647480 www.berlin-tourism.de

August

Anfang August (ab Fr – 10 Tage) **Gauklerfest** (großes Stadtfest)	10117 Berlin Unter den Linden	Gauklerfest GmbH, 03375/295148 www.gauklerfest.de
Ende August bis Mitte September **Freie Scholle: Bezirksfest**	13405 Berlin Tegel	Schaustellerverband 030/2133290 oder Tourismus Marketing 030/2647480 www.berlin-tourism.de

September

2. Wochenende **Burgtage auf der Zitadelle Spandau**	13585 Berlin Spandau	Kulturamt Spandau 030/3303-5823 oder Tourismus Marketing 030/2647480 www.berlin-tourism.de
Mitte September bis Mitte Oktober **Oktoberfest**	1xxxx Berlin wechselnde Veranstaltungsorte	Schaustellerverband 030/2133290 oder Tourismus Marketing 030/2647480 www.berlin-tourism.de

November

Mitte November **Jüdische Kulturtage**	1xxxx Berlin viele Veranstaltungsorte	Herden GmbH 030/2839230 www.berlin-tourism.de
Ende November bis 2. Weihnachtsfeiertag **Weihnachtsmarkt an der Gedächtniskirche Breitstallplatz**	10789 Berlin	Schaustellerverband 030/2133290 oder Tourismus Marketing 030/2647480 www.berlin-tourism.de

Dezember

an den 4 Wochenenden vor Weihnachten **Spandauer Weihnachtsmarkt** (einer der größten Weihnachtsmärkte Deutschlands)	13585 Berlin Spandau	Kulturamt Spandau 030/3303-5823 oder Tourismus Marketing 030/2647480 www.berlin-tourism.de

Brandenburg

Februar

Anfang Februar (unabhängig von Fastnacht) **Traditionelle Fastnachts-Veranstaltungen in Spreewaldtracht**	15913 Neu Zauche	Info: Gasthaus zum Oberspreewald 035475/468 www.spreewald-tourismuszentrale.de
Februar **Zampern** (Heischegang; Fastnachtsumzug in sorb. Tracht)	03096 Burg/Spreewald	Tourist Information 035603/417 www.burg-spreewald.de

Fastnacht

Fastnachtszeit **Zampern**	03130 Tschernitz	Fremdenverkehrsverein Spremberg 03563/4530 www.spremberg.de
Freitag **Fastnacht Trachtenpolonaise** (Umzug in Spreewaldtracht)	15913 Straupitz	Verkehrsverein 035475/15082 www.spreewald-tourismuszentrale.de
Samstag **Zampern**	03185 Maust bei Cottbus	Stadtverwaltung Cottbus 0355/6122430 www.cottbus.de

Ostern

Sonntag **Ostereierkullern auf dem Eierberg**	15848 Friedland/Mark	Amt Friedland 033676/6090
ca. 1 Woche nach Ostern **Blütenfest**	14542 Werder (Havel)	Tourismusinformation 03327/43110 www.werder-havel.com

April

April **Tulpenfest im holländischen Viertel**	14482 Potsdam	Stadtinformation 0331/275580 www.potsdam.de
2. Wochenende **Frühlingsfest**	15306 Sachsendorf/ Madlow	Stadtverwaltung Cottbus 0355/6122430 www.cottbus.de
letztes Wochenende **Frühlingsfest**	17291 Prenzlau	Stadtinformation 03984/865141 www.prenzlau.de
Ende April **Höllbergfest** (Hexennacht – ein höllisches Vergnügen)	15926 Langengrassau Höllberghof	Fremdenverkehrsverein 03542/3668 www.spreewald-online.de
30. April **Walpurgisnacht**	15344 Strausberg	Tourist Information 03341/311066 www.strausberg.de

Mai

Mai **Fürstenwalder Frühlingswochen**	15517 Fürstenwalde	Stadtverwaltung 03361/557-0 www.fuerstenwalde-spree.de

Rolandfest	14776 Brandenburg	Brandenburg-Info 03381/19433 www.stadt-brandenburg.de
Anfang Mai		
Maifest (alle 2 Jahre mit Wahl der Spremberger Spreenixe)	03130 Spremberg	Fremdenverkehrsverein 03563/4530 www.spremberg.de
Rheinsberger Hafenfest	16831 Rheinsberg	Kulturamt 033931/39007 www.rheinsberg.de
1. Wochenende		
Mai- und Hafenfest	16816 Neuruppin	Tourismusinformation 03391/45460 www.ruppin.de
2. Wochenende		
Blütenfest (trad. Volksfest mit Wahl der Blütenkönigin)	03130 Bohsdorf	Fremdenverkehrsverein Spremberg 03563/4530 www.spremberg.de
letzter Samstag		
Stadtfest	17291 Prenzlau	Stadtinformation 03984/865141 www.prenzlau.de
letztes Wochenende		
Sandower Bürgerfest	03042 Cottbus	Stadtverwaltung Cottbus 0355/6122430 www.cottbus.de
Ende Mai (alle 2 Jahre; 2001; 2003; ...)		
Trad. Bassewitz-Fest (mittelalterl. Spektakel)	16866 Kyritz	Fremdenverkehrsverein Ostprignitz 033971/52331 www.kyritz.de
Himmelfahrt		
Rheinsberger Möskefest (»Waldmeisterfest«: Kinderfest)	16831 Rheinsberg	Kulturamt 033931/39007 www.rheinsberg.de

Pfingsten

Sonntag		
Reiterfest (Volksfest mit Reiterspielen)	14547 Salzbrunn	Stadtverwaltung Beelitz 033204/3910 www.beelitz.de
Montag		
Mühlenfest	15913 Straupitz	Verkehrsverein 035475/15082 www.spreewald-tourismuszentrale.de

Juni

Juni		
Böhmisches Weberfest	14482 Potsdam	Stadtinformation 0331/275580 www.potsdam.de
Musik- und Heimatfest (mit Handwerker-, Bauern- und Vergnügungsmarkt)	15926 Luckau	Fremdenverkehrsverband Niederlausitz 03544/3050 www.luckau.de
Strausberger Festtage	15344 Strausberg	Tourist Information 03341/311066 www.strausberg.de
Trachtenkahnfahrt	15913 Neu Zauche	Info: Gasthaus zum Oberspreewald 035475/468 www.spreewald-tourismuszentrale.de
Sabinchenfest	14929 Treuenbrietzen	Tourist Information 033748/12102 www.treuenbrietzen.de
Anfang Juni		
Roland- und Schützenfest	19348 Perleberg	Informationsbüro 03876/612259 www.staedtenetz-prignitz.com

1. Wochenende		
Burgfest	14793 Ziesar	Bürgermeisteramt 033830/60883 www.ziesar.de
Spargelfest	14547 Beelitz, Mark	Stadtverwaltung 033204/3910 www.beelitz.de
Wochenende vor Sommeranfang		
Mittelalterliches Spektakel	19336 Plattenburg	Kulturverein Prignitz 03876/616973 www.fremdenverkehr-prignitz.de
2. Wochenende		
Heimatfest	16567 Schönfließ	Kulturamt 03364/566498 www.eisenhuettenstadt.de
meist 2. Wochenende		
Hussitenfestspiele (s. S. 150)	16321 Bernau	Fremdenverkehrsamt 03338/761919 www.bernau-bei-berlin.de
Mitte Juni		
Deutsch-polnisches Jugendfest	15230 Frankfurt	Tourist Information 0335/325216 www.ostbrandenburg.de
Stadtfest	03042 Cottbus	Stadtverwaltung 0355/6122430 www.cottbus.de
Stadtfest	17268 Templin	Tourist Information 03987/2631 www.templin-online.de
3. Wochenende		
Johannismarkt (Volksfest mit Kahnkorso)	15913 Straupitz	Verkehrsverein 035475/15082 www.spreewald-tourismuszentrale.de
Sonntag um den 24. Juni		
Johannisreiten	03229 Casel (Niederlausitz)	Gemeindebüro 035602/869 www.niederlausitz.de
letztes Wochenende		
Kahnnächte	15907 Lübben	Tourist Information 03546/3090 www.luebben.com
letzte Woche		
Peter-und-Paulmarkt (trad. Stadtfest)	01968 Senftenberg	Amt für Kultur 03573/701260 www.senftenberg.de
Ende Juni		
Pritzwalker Festtage	16928 Pritzwalk	Stadtverwaltung 03395/7608-0 www.staedtenetz-prignitz.com
Ende Juni/Anfang Juli (alle 2 Jahre: 2001; ...)		
Hist. Hofspektakel rund um das Ruppiner Tor *im Wechsel (2002; 2004; ...) mit* **Geronseefest**	16775 Gransee	Museum Gransee 03306/21606

Juli

Juli		
Museumsfest a. d. Dolzke (mit Wahl der Gurkenkönigin)	03222 Lehde	Fremdenverkehrsverein 03542/3668 www.spreewald-online.de
Strausseeschwimmen (seit 75 Jahren)	15344 Strausberg	Tourist Information 03341/311066 www.strausberg.de
Stadtfest	15344 Strausberg	Tourist Information 03341/311066 www.strausberg.de
Anfang Juli		
Havelfest	14776 Brandenburg	Brandenburg-Info 03381/19433 www.stadt-brandenburg.de

Ritterfest und hist. Ritterspiele	16775 Zernikow	AQUA Zehdenick Strukturentwicklungs-Gesellschaft
Hist. Altstadtfest	16866 Kyritz	Fremdenverkehrsverein Ostprignitz 033971/52331 www.kyritz.de
1. Wochenende		
Neptunfest	14806 Belzig	Kur- und Freizeit Belzig GmbH 033841/34815 www.belzig.de
Spreewald- und Schützenfest (trad. Stadtfest mit Kahnkorso etc.)	03222 Lübbenau	Fremdenverkehrsverein 03542/3668 www.spreewald-online.de
Mitte Juli		
Historisches Fest (mittelalterl. Spiele)	17268 Templin	Tourist Information 03987/2631 www.templin-online.de
Mitte Juli; letztes Wochenende vor den Ferien (alle 2 Jahre: 2002; 2004; ...);		
»Die Schweden kommen« (hist. Spektakel) (s. S. 176) *im Wechsel (2001; 2003; ...) mit* **Burgfest / Stadtfest**	16909 Wittstock	Kulturamt 03394/429-142 www.wittstock.de
letzter Samstag		
Fest der Fischer, Jäger und Landwirte (s. S. 171)	03226 Leipe/Spreewald	Fremdenverkehrsverein 03542/3668 www.spreewald-online.de
letztes Wochenende		
Kahnnächte	15907 Lübben	Tourist Information 03546/3090 www.luebben.com
Ende Juli		
Neptunfest (Volksfest)	15230 Frankfurt	Tourist Information 0335/325216 www.ostbrandenburg.de
Stadt- und Hafenfest	19322 Wittenberge	Tourist Information 03877/402721 www.staedtenetz-prignitz.com

August

August		
Burgfest	14823 Raben	Burg Rabenstein 033848/60221
Hafenfest am Spreewaldhafen	03222 Lübbenau	Fremdenverkehrsverein 03542/3668 www.spreewald-online.de
Potsdamer Schlössernacht	14482 Potsdam	Stadtinformation 0331/275580 www.potsdam.de
Anfang August		
Schützen- und Dorffest	15528 Spreenhagen	Kulturamt 033633/87112
Reiterfest in Diehlo	15890 Eisenhüttenstadt	Kulturamt 03364/566498 www.eisenhuettenstadt.de
1. Samstag		
Altruppiner Korsofahrt	16816 Altruppin	Tourismusinformation 03391/45460 www.ruppin.de
1. Sonntag		
Stollenreiten (traditionelle Reiterspiele auf den Stoppelfeldern)	15913 Neu Zauche	Info: Gasthaus zum Oberspreewald 035475/468 www.spreewald-tourismuszentrale.de
1. Wochenende		
Storchenfest mit hist. Modenschau	16833 Linum	033922/50204 (Frau Nickel)
2. Wochenende		
Mühlenfest	14542 Werder	Tourismusinformation 03327/43110 www.werder-havel.com

Heimatfest	03130 Spremberg	Fremdenverkehrsverein 03563/4530 www.spremberg.de
3. Samstag		
Museumsfest (Wie lebte man vor 100 Jahren im Spreewald/Sorben)	03222 Lehde	Fremdenverkehrsverein 03542/3668 www.spreewald-online.de
4. Wochenende		
Reiterfest (Brauchtum wie Hahnrupfen, Stollenreiten etc.)	03226 Raddusch	Tourismusverband 035433/72299 www.spreewald-tourismuszentrale.de
letztes vollständiges Wochenende (alle 2 Jahre: 2002; 2004; . . .)		
Sängerfest	03238 Finsterwalde	Tourist Information 03531/703079 www.finsterwalde.de
letztes Wochenende		
Burgfestwoche	14806 Belzig	Kur- und Freizeit Belzig GmbH 033841/34815 www.belzig.de
Kahnnächte	15907 Lübben	Tourist Information 03546/3090 www.luebben.com
Fürstenberger Brückenfest	15890 Eisenhüttenstadt	Kulturamt 03364/566498 www.eisenhuettenstadt.de
Heimat- und Trachtenfest (s. S. 186)	03096 Burg/Spreewald	Tourist Information 035603/417 www.burg-spreewald.de
Historisches Schlossfest	16775 Löwenberg	Tourismusbüro 033094/51114
Ende August		
Hansefest (Volksfest)	15230 Frankfurt	Tourist Information 0335/325216 www.ostbrandenburg.de

September

September		
Stadtfest	14776 Brandenburg	Brandenburg-Info 03381/19433 www.stadt-brandenburg.de
Erntefest in Hohenstein	15344 Strausberg	Tourist Information 03341/311066 www.strausberg.de
Anfang September		
Reiterfest (Brauchtum wie Hahnrupfen, Stollenreiten etc.)	03226 Märkischheide	Tourismusverband 035433/72299 www.spreewald-tourismuszentrale.de
Mühlenfest	16928 Pritzwalk	Stadtverwaltung 03395/7608-0 www.staedtenetz-prignitz.com
1. Wochenende		
Schützenfest	16775 Gransee	Museum Gransee 03306/21606
Mitte September		
Templiner Stadtmauerfest	17268 Templin	Tourist Information 03987/2631 www.templin-online.de
3. Wochenende		
Ernte- und Schützenfest (Volksfest)	14542 Werder	Tourismusinformation 03327/43110 www.werder-havel.com
Spreewaldfest (Trad.Stadtfest mit Kahnkorso)	15907 Lübben	Tourist Information 03546/3090 www.luebben.com
4. Wochenende		
Michaelismarkt	03130 Spremberg	Fremdenverkehrsverein 03563/4530 www.spremberg.de
Michaelismarkt (Markttreiben mit Erntefest)	15913 Straupitz	Verkehrsverein 035475/15082 www.spreewald-tourismuszentrale.de

letzter Samstag
Herbstfest 17291 Prenzlau Stadtinformation 0 39 84/86 51 41 www.prenzlau.de

letztes Wochenende
Schützen- und Herbstfest 14547 Beelitz, Mark Stadtverwaltung 03 32 04/39 10 www.beelitz.de
Altstadtfest Altberesinchen 15230 Frankfurt Tourist Information 03 35/32 52 16 www.ostbrandenburg.de

Ende September
Dorffest 03222 Lehde Fremdenverkehrsverein 0 35 42/36 68 www.spreewald-online.de

Ende September/Anfang Oktober
Mittelalterliches Spektakel 16831 Rheinsberg Kulturamt 03 39 31/3 90 07 www.rheinsberg.de

Oktober

1. Woche
»**Nudelwoche**« (alles rund um die Kartoffel) 17291 Prenzlau Stadtinformation 0 39 84/86 51 41 www.prenzlau.de

3. Oktober
Erntedankfest Höllberghof 15926 Langengrassau Fremdenverkehrsverein 03542/3668 www.spreewald-online.de

um den 3. Oktober
Herbsttage 16775 Gransee Museum Gransee 0 33 06/2 16 06
Oktoberfest 16909 Wittstock Kulturamt 0 33 94/4 29-142 www.wittstock.de

1. Samstag
Erntefest mit Fuchsjagd 14547 Salzbrunn Stadtverwaltung Beelitz 03 32 04/39 10 www.beelitz.de

1. Wochenende
Herbstfest 03130 Spremberg Fremdenverkehrsverein Spremberg 0 35 63/45 30 www.spremberg.de

Erntedanktag
Erntedankfest mit Bauernmarkt 16816 Neuruppin Tourismusinformation 0 33 91/4 54 60 www.ruppin.de

Ende Oktober
Großes Abfischen 03222 Lehde Fremdenverkehrsverein 0 35 42/36 68 www.spreewald-online.de
Erntedankfest auf der Dolzke-Insel 03222 Lehde Fremdenverkehrsverein 0 35 42/36 68 www.spreewald-online.de

November

1. Wochenende
St. Hubertus a. d. Dolzke-Insel 03222 Lehde Fremdenverkehrsverein 0 35 42/36 68 www.spreewald-online.de

um Sankt Martin
Martinimarkt (Volksfest) 16816 Neuruppin Tourismusinformation 0 33 91/4 54 60 www.ruppin.de

11. November
Umzug im Karnevalsauftakt 03130 Spremberg Fremdenverkehrsverein 0 35 63/45 30 www.spremberg.de

Dezember

Anfang Dezember **Advent im Schloss**	01968 Senftenberg	Amt für Kultur 03573/701260 www.senftenberg.de
1. Wochenende **Böhmischer Weihnachtsmarkt**	14482 Potsdam	Stadtinformation 0331/275580 www.potsdam.de
Wochenende nach Nikolaus **Sintaklaas besucht das holländische Viertel**	14482 Potsdam	Stadtinformation 0331/275580 www.potsdam.de
Adventssamstage **Lichterfeste**	03130 Spremberg	Fremdenverkehrsverein 03563/4530 www.spremberg.de
Adventssonntage **Traditionelles Turmblasen vom Rathausturm**	03130 Spremberg	Fremdenverkehrsverein 03563/4530 www.spremberg.de
24. Dezember (Heiligabend) **Turmblasen**	15890 Eisenhüttenstadt	Kulturamt 03364/566498 www.eisenhuettenstadt.de

Bremen

Januar

6. Januar **Eiswette**	28215 Bremen	Touristik Zentrale 0421/308000 www.bremen-tourism.de

Ostern

eine Woche vor und eine Woche nach Ostern **Osterwiese** (Volksfest)	28215 Bremen	Touristik Zentrale 0421/308000 www.bremen-tourism.de

Mai

Ende Mai **Frühjahrsmarkt**	27501 Bremerhaven	Tourist Info 0471/43000 www.bremerhaven-tourism.de

Juni

Anfang Juni **Vegesacker Hafenfest** (s. S. 150)	28215 Bremen	Touristik Zentrale 0421/308000 www.bremen-tourism.de

Juni/Juli

Ende Juni/Anfang Juli **Breminale**	28215 Bremen	Touristik Zentrale 0421/308000 www.bremen-tourism.de

August

August **Freimarkt**	27501 Bremerhaven	Tourist Info 0471/43000 www.bremerhaven-tourism.de

September

September **Hafenfest**	28215 Bremen	Touristik Zentrale 0421/308000 www.bremen-tourism.de
Anfang September **Vegesacker Markt**	28215 Bremen Vegesack	Touristik Zentrale 0421/308000 www.bremen-tourism.de

Oktober

2. Hälfte Oktober **Bremer Freimarkt** (größtes trad. Volksfest in Norddeutschland – s.S.215)	28215 Bremen Bürgerweide	Touristik Zentrale 0421/308000 www.bremen-tourism.de
zeitgleich mit Freimarkt **Historischer Markt zu Bremen**	28215 Bremen Liebfrauenkirchhof	Touristik Zentrale 0421/308000 www.bremen-tourism.de
mittlerer Samstag während des Freimarkts **Großer Freimarktsumzug** (s. S. 215)	28215 Bremen	Tourist Info 0471/43000 www.bremerhaven-tourism.de

November/Dezember

Donnerstag vor 1. Advent bis 23. Dezember **Weihnachtsmarkt**	28215 Bremen	Tourist Info 0471/43000 www.bremerhaven-tourism.de

Hamburg

März

letztes Wochenende (4 Wochen) **Hamburger Dom** (Frühlingsfest)	20099 Hamburg	Tourismus-Zentrale 040/300510 oder 30051300 www.hamburg-tourism.de

Mai

1. oder 2. Wochenende **Hafengeburtstag**	21079 Hamburg	Tourismus-Zentrale 040/300510 oder 30051300 www.hamburg-tourism.de
Mitte Mai **Japanisches Kirschblütenfest an der Außenalster** (s. S. 128)	20000 Hamburg entlang der Außenalster	Tourismus-Zentrale 040/300510 oder 30051300 www.hamburg-tourism.de

Juli

1. Wochenende **Eppendorfer Landstraßenfest** (ca. 200 000 Besucher)	20251 Hamburg Eppendorfer Landstraße zwischen Marktplatz und Eppendorfer Baum	Info: Uwe Bergmann Agentur 040/46882211 www.uwebergmannagentur.de oder www.hamburg-tourism.de
Mitte Juli (10 Tage) **Fleetinsel Festival**	21129 Hamburg Fleetinsel	Info: Uwe Bergmann Agentur 040/46882211 www.uwebergmannagentur.de oder www.hamburg-tourism.de
letzter Freitag (4 Wochen) **Sommerdom »Hummelfest«**	20251 Hamburg	Tourismus-Zentrale 040/300510 oder 30051300 www.hamburg-tourism.de

August

Mitte August (Samstag) **Erikastraßenfest**	20251 Hamburg Erikastraße	Info: Uwe Bergmann Agentur 040/46882211 www.uwebergmannagentur.de oder www.hamburg-tourism.de

September

1. Hälfte September (Fr–So) **Altonale** (ca. 250 000 Besucher)	22765 Hamburg Ottensen/Altona-Altstadt	Info: Uwe Bergamnn Agentur 040/46882211 www.uwebergmannagentur.de oder www.hamburg-tourism.de

November

1. Freitag (4 Wochen) **Winterdom »Dommarkt«** (s. S. 234)	20099 Hamburg	Tourismus-Zentrale 040/300510 oder 30051300 www.hamburg-tourism.de
Ende November bis Heiligabend (4 Wochen) **Weihnachtsmarkt Ottensen** (skandinavisches Weihnachtsdorf)	22765 Hamburg Ottenser Hauptstraße	Info: Uwe Bergmann Agentur 040/46882211 www.uwebergmannagentur.de oder www.hamburg-tourism.de

Dezember

Adventszeit bis 23. Dezember **Hanseatischer Weihnachtsmarkt**	20095 Hamburg	Tourismus-Zentrale 040/300510 oder 30051300 www.hamburg-tourism.de

Hessen

Fastnacht

Fastnachtsdienstag		
Feuerradrollen (s. S. 54)	69434 Hirschhorn-Langental	Verkehrsamt 06272/1742 www.hirschhorn.de
Eieressen und Fastnachtskehraus	36358 Herbstein	Tourist Information 06643/960019 www.herbstein.de
Wochenende nach Fastnacht		
Babenhäuser Fischmarkt (Volksfest)	64832 Babenhausen	Stadtverwaltung 06073/60274 www.babenhausen.de

März

2. Wochenende		
Barbarossamarkt	63571 Gelnhausen	Fremdenverkehrsamt 06051/830333 www.gelnhausen.de
Faselmarkt (Jahr- und Krammarkt, seit über 500 Jahren)	35510 Butzbach	Amt für Kultur 06033/995159 www.butzbach.de
Mitte März		
Frühlingsfest	63667 Nidda	Stadtverwaltung 06043/80060 www.nidda.de
4. Donnerstag		
Frühjahrsmarkt	65510 Idstein	Fremdenverkehrsamt 06126/78215 www.idstein.de
Ende März bis Anfang April (2 Wochen)		
Frühjahrsmesse	35390 Gießen	Stadt- und Touristikinformation 0641/19433 www.giessen.de

Ostern

14 Tage vor Ostern		
Frühlingsmarkt	36341 Lauterbach	Verkehrsbüro 06641/184112 www.lauterbach-hessen.de
10 Tage vor Ostern bis 10 Tage danach		
Frühjahrs-Dippemess	60329 Frankfurt	Tourismus GmbH 069/21238800 www.frankfurt-tourismus.de
Karfreitag		
Passionsspiele	64625 Bensheim	Tourist Information 06251/14117 www.bensheim.de
Ostersamstag		
Osterfeuer	34359 Reinhardshagen	Touristik Agentur 05544/950350 www.hessennet.de/reinhardshagen
ab Ostersamstag (eine Woche)		
Frühlingsfest	37269 Eschwege	Tourist Information 05651/331985 www.eschwege.de
Dienstag nach Ostern		
Ostermarkt (Krammarkt)	34626 Neukirchen (Knüllgebirge)	Stadtverwaltung 06694/8080 und 80812 www.neukirchen.com
3 Wochen nach Ostern (11 Tage)		
Frühjahrsmesse	64283 Darmstadt	Tourist Information 06151/132782 www.darmstadt.de

4. Wochenende nach Ostern		
Kerb	64584 Biebesheim am Rhein	Gemeindeverwaltung 06258/806-0

April

April (alle 2 Jahre: 2001; 2003; ...)		
Hexenmarkt	65510 Idstein	Fremdenverkehrsamt 06126/78215 www.idstein.de
Dienstag nach dem 23. April (Georg)		
Georgimarkt	64625 Bensheim	Tourist Information 06251/14117 www.bensheim.de
29.–30. April		
Walpurgisnacht	64665 Alsbach Alsbacher Schloss	Gemeindeverwaltung 06257/50080 www.schloss-alsbach.org
30. April		
Walpurgisnacht	64625 Bensheim Schloss Auerbach	Tourist Information 06251/14117 www.schloss-auerbach.de
Maifeuer	35329 Gemünden	Gemeindeverwaltung 06634/96060
30. April-1. Mai		
Lahnuferfest	35390 Gießen	Stadt- und Touristikinformation 0641/19433 www.giessen.de
30. April-2. Mai		
Maifest	35088 Battenberg Dodenau	Verkehrsamt 06452/93440 www.battenberg-eder.de
letztes Wochenende		
Frühlingsmarkt	35764 Sinn	Gemeindeverwaltung 02772/5007-0
Ende April bis Anfang Mai		
Bergsträßer Weinfrühling	mit zahlr. Veranstaltungen an der Bergstraße	Tourist Information, 64625 Bensheim 06251/14117 www.bensheim.de

Mai

Mai oder Juni		
Dorfbrunnenfest	63303 Dreieich-Götzenhain	Stadtverwaltung 06103/601-123 www.dreieich.de
Emmelius-Markt	35614 Aßlar	Stadtverwaltung 06441/8030 www.asslar.de
Mai oder Juni (alle 2 Jahre: 2001; 2003; ...)		
Königreichfest	36103 Flieden	Gemeindeverwaltung 06655/7960
Mai oder Juni (alle 5 Jahre: 2004; 2009; ...)		
Geleitsfest (mit großem Festumzug)	63500 Seligenstadt	Verkehrsbüro 06182/87177 www.seligenstadt.de
Mai bis Oktober (jedes letzte Wochenende)		
»Kuckucks-Markt«	36199 Rotenburg an der Fulda	Verkehrsamt 06623/5555 oder 19433 www.rotenburg.de
Mai		
Altstadtfest	65824 Schwalbach am Taunus	Stadtverwaltung 06196/804-0 www.schwalbach.de
1. Mai		
Maifest	34329 Nieste	Gemeindeverwaltung 05605/94410

1. Wochenende		
Mittelalterliches Spektakulum	64678 Lindenfels	Touristikservice 06255/2425 oder 30611 www.lindenfels.de
Freienfelser Ritterspiele (größtes nichtkommerzielles Mittelalterfest – s. S. 127)	35796 Freienfels	Gemeindeverwaltung 06471/94300 oder Info: Bernd Fremdt 06471/4481 www.freienfels.de
Brunnenfest	34246 Vellmar	Stadtverwaltung 0561/8292-0 www.vellmar.de
Frühlings- und Weinfest	36304 Alsfeld	Touristcenter 06631/182165 www.stadt.alsfeld.de
Frühjahrsmarkt	65520 Bad Camberg	Kurverwaltung 06434/6005 www.bad-camberg.de
Kirmes	63699 Kefenrod	Gemeindeverwaltung 06049/96060
über den 2. Sonntag		
Maimarkt	64739 Höchst i. Odw.	Gemeindeverwaltung 06163/70823 www.odenwald.de
2. Wochenende		
Maimarkt	61169 Friedberg	Amt f. Fremdenverkehr 06031/72460 www.friedberg-hessen.de
Frühjahrsmarkt	64521 Groß-Gerau	Stadtverwaltung 06152/716-277 www.kreis-gross-gerau.de
Mitte Mai		
Johannifest	34466 Wolfhagen	Kulturamt 05692/991882 www.hessennet.de/wolfhagen
letztes Wochenende		
Kirmes	35329 Gemünden	Gemeindeverwaltung 06634/96060
Ende Mai		
Offenbacher Woche (Stadtfest)	63001 Offenbach am Main	Offenbach-Information 069/8065-2052 www.offenbach.de

Himmelfahrt

Himmelfahrt		
Akademischer Frühschoppen	36304 Alsfeld	Touristcenter 06631/182165 www.stadt.alsfeld.de
Himmelfahrtsmarkt	34621 Frielendorf	Verkehrsbüro 05684/7827 www.frielendorf.de
Prangerfest auf der Burg	65817 Eppstein	Stadtverwaltung 06198/3050 www.eppstein.de
Himmelfahrt (Do–So)		
Assmannshäuser Rotweinfest	65385 Rüdesheim-Assmannshausen	Tourist Information 06722/19433 www.ruedesheim.de

Pfingsten

Wochenende vor Pfingsten		
Salatkirmes	37290 Meißner	Gemeindeverwaltung Abterode 05657/9896-24 www.werra-meissner.de
Montag vor Pfingsten		
Igelfest	35104 Lichtenfels-Fürstenberg	Stadtverwaltung 05636/979715
ab Freitag vor Pfingsten (10 Tage)		
Bienenmarkt	64720 Michelstadt	Tourist Information 06066/74146 www.michelstadt.de

Pfingsten (Fr–Di)		
Pfingstmarkt	36304 Alsfeld	Touristcenter 06631/182165 www.stadt.alsfeld.de
Pfingstsamstag		
Brunnenfest	34560 Fritzlar	Tourist Information 05622/988-643 www.fritzlar.de
Pfingsten		
Ritterturnier	64625 Bensheim Schloss Auerbach	Tourist Information 06251/14117 www.schloss-auerbach.de
Burgfest	65462 Ginsheim-Gustavsburg	Kulturbüro 06134/55760 www.ginsheim-gustavsburg.de
Haaner Kerb	63303 Dreieich	Stadtverwaltung 06103/601-123 www.dreieich.de
Schottener Pfingstmarkt (seit über 540 Jahren)	63679 Schotten	Tourist Information 06044/66-0/-51 www.schotten.de
Brunnenfest	65439 Flörsheim am Main	Stadtverwaltung 06145/955-0 www.floersheim-main.de
Brunnenfest	37242 Bad Sooden-Allendorf	Kur-GmbH 05652/9587-18 oder 19433 www.bad-sooden-allendorf.de
Weinfest	64673 Zwingenberg	Tourist Information 06251/7003-51 www.zwingenberg-bergstrasse.de
Pfingsten (Sa–Di)		
Babiller Pfingstkirmes	34626 Neukirchen (Knüllgebirge)	Stadtverwaltung 06694/8080 und 80812 www.neukirchen.com
Wäldchestag (s. S.126)	60329 Frankfurt am Main	Tourismus GmbH 069/21238800 www.frankfurt-tourismus.de
Pfingstmontag		
Wäldchestag	65817 Eppstein	Stadtverwaltung 06198/3050 www.eppstein.de
Dienstag nach Pfingsten		
Pfingstmarkt	35708 Haiger	Stadtverwaltung 02773/811-0 www.haiger.de
Wochenende nach Pfingsten (Trinitatis) (Fr–Mo)		
Trinitatiskirmes	35279 Neustadt bei Marburg	Verkehrsverband 06421/405381 www.marburg-biedenkopf-tourismus.de
Wochenende nach Pfingsten		
Brunnenfest	61440 Oberursel	Stadtverwaltung 06171/502307 www.oberursel.de
2. Wochenende nach Pfingsten		
Salatkirmes (s. S. 135)	34613 Schwalmstadt	Verkehrsbüro der Schwalm 06691/71212 www.schwalmstadt.de

Fronleichnam

Mittwoch vor Fronleichnam		
Johannismarkt (seit über 640 Jahren)	36355 Grebenhain	Gemeindeverwaltung 06644/9627-0 www.grebenhain.de
Fronleichnam		
Prozessionen im Raum Amöneburg (s. S. 125)	35287 Amöneburg	Pfarrbüro 06424/92230

Juni

Wochenende vor Sommerferienbeginn		
Altstadtfest	35708 Haiger	Stadtverwaltung 02773/811-0 www.haiger.de
Sommerfest	65439 Flörsheim am Main	Stadtverwaltung 06145/955-0 www.floersheim-main.de
Juni		
Bembelfest	63303 Dreieich-Buchschlag	Stadtverwaltung 06103/601-123 www.dreieich.de
Markt- und Ritterturnier auf der Burg Herzberg	36287 Breitenbach am Herzberg	Gemeindeverwaltung 06675/551
Historischer Geleitsmarkt (mit hist. Kostümen)	63500 Seligenstadt	Verkehrsbüro 06182/87177 www.seligenstadt.de
Mainuferfest	63001 Offenbach am Main	Offenbach-Information 069/8065-2052 www.offenbach.de
Anfang/Mitte Juni		
Rosentage	65343 Eltville am Rhein	Kultur- und Gästeamt 06123/90980 www.eltville.de
1. Wochenende		
Altrheinfest	65462 Ginsheim-Gustavsburg	Kulturbüro 06134/55760 www.ginsheim-gustavsburg.de
Kiliansmarkt	34497 Korbach	Tourist Information 05631/53-232 www.korbach.de
1. oder 2. Wochenende		
Mossemer Salatkerb	64756 Mossautal	Gemeindeverwaltung 06062/4019 www.mossautal.de
2. Wochenende		
Viehmarkt und Heimatfest	34369 Hofgeismar	Stadtverwaltung 05671/999000 www.hofgeismar.de
Lamboyfest (s. S. 152)	63450 Hanau	Kulturamt 06181/29511 www.hanau.de
Laubacher Ausschussfest (trad. Schützenfest seit über 450 Jahren)	35321 Laubach	Tourismusbüro 06405/921321 www.laubach-online.de
Mitte Juni		
Sonnwendfeuer	35329 Gemünden	Gemeindeverwaltung 06634/96060
Altstadtfest	61169 Friedberg	Amt für Fremdenverkehr 06031/72460 www.friedberg-hessen.de
Rosen- und Lichterfest	60329 Frankfurt am Main	Tourismus GmbH 069/21238800 www.frankfurt-tourismus.de
Mitte Juni (alle 3 Jahre: 2003; 2006; ...)		
Altstadtfest	63165 Mühlheim/Main	Stadtverwaltung 06108/601-0 www.muehlheim.de
3. Woche		
Bürgerfest	64625 Bensheim	Tourist Information 06251/14117 www.bensheim.de
3. Wochenende		
Stadtfest	36179 Bebra	Tourstik-Service 06622/501-124 www.bebra.de
um den 24. Juni (Johanni)		
Johannisfest	64823 Groß-Umstadt	Kulturamt 06078/781-264 www.gross-umstadt.de

um den 24. Juni		
Johannisfest	34613 Schwalmstadt	Verkehrsbüro der Schwalm 06691/71212 www.schwalmstadt.de
Johannisfest	64653 Lorsch	Stadtverwaltung 06251/5967-0 www.hessennet.de
Ende Juni (um den 24. Juni)		
Johannismarkt	64658 Fürth/Odenwald	Verkehrsamt 06253/20016 www.gemeinde-fuerth.de
letzte Woche		
Bergsträßer Weinmarkt	64646 Heppenheim	Verkehrsamt 06252/13171/2 www.heppenheim.de
letztes volles Wochenende		
Ebbelwoifest	63225 Langen	Pressestelle der Stadt 06103/203-125/126 www.langen.de
letztes Wochenende		
Heimat- und Schützenfest	36205 Sontra	Tourist Information 05653/977717 www.sontra.de

Juli

Juli oder August		
Hooschebaafest	63303 Dreieich-Sprendlingen	Stadtverwaltung 06103/601-123 www.dreieich.de
Anfang Juli		
Stadtfest	63628 Bad Soden	Tourist Information 06056/744-144 www.badsoden-salmuenster.de
Anfang Juli (alle 3 Jahre: 2003; 2006; . . .)		
Ochsenfest	35573 Wetzlar	Tourist Information 06441/99-338 www.wetzlar.de
1. Wochenende (Sa–Mo)		
Überwälder Heimatfest	69483 Wald-Michelbach	Verkehrsamt 06207/947134 www.wald-michelbach.de
1. Wochenende		
Heinerfest	64283 Darmstadt	Tourist Information 06151/132782 www.darmstadt.de
Prämienmarkt (Volksfest und Tierschau)	36304 Alsfeld	Touristcenter 06631/182165 www.stadt.alsfeld.de
Heimat- und Strandfest	36199 Rotenburg an der Fulda	Verkehrsamt 06623/5555 oder 19433 www.rotenburg.de
Sekt- und Biedermeierfest	65343 Eltville am Rhein	Kultur- und Gästeamt 06123/90980 www.eltville.de
1. Wochenende (oder Wochenende vor Sommerferienbeginn)		
Johannisfest (s. S. 168)	37269 Eschwege	Tourist Information 05651/331985 www.eschwege.de
2. Wochenende		
Kesperkirmes (mit Wahl der Kirschenkönigin)	37213 Witzenhausen	Tourist Information 05542/60010 www. kesperkirmes.de
Kirmes	35329 Gemünden	Gemeindeverwaltung 06634/96060
Bachgassenfest	64625 Bensheim	Tourist Information 06251/14117 www.bensheim.de
Schiersteiner Hafenfest	65001 Wiesbaden Schierstein	Tourist Information 0611/1729780 oder 313589 www.wiesbaden.de

Mitte Juli		
Weindorf an der Totenkirche	34613 Schwalmstadt-Treysa	Verkehrsbüro der Schwalm 06691/71212 www.schwalmstadt.de
Wochenende, das dem 13. Juli am nächsten liegt (alle 2 Jahre: 2001; 2003; ...)		
Historischer Beselicher Markt	65614 Beselich	Gemeindeverwaltung 06484/91230
3. Wochenende		
Rheingauer Weinfest	65307 Bad Schwalbach	Kurverwaltung 06124/502430 und 5020 www.bad-schwalbach.de
Altstadtfest	64673 Zwingenberg	Tourist Information 06251/7003-51 www.zwingenberg-bergstrasse.de
3. Wochenende (Fr–Mi)		
Jakobimarkt (seit 1350)	35327 Ulrichstein	Verkehrsamt 06645/961014 www.ulrichstein.de
4. volles Wochenende		
Stadtfest	35216 Biedenkopf	Verkehrsbüro 06461/95010 www.biedenkopf.de
letzte volle Woche		
Wiesenmarkt (größtes Volksfest in Südhessen)	64711 Erbach	Touristik-Information 06062/6439 www.odenwald.de/erbach
letzter Dienstag		
Krammarkt (seit über 200 Jahren)	36355 Grebenhain	Gemeindeverwaltung 06644/9627-0 www.grebenhain.de
letztes Wochenende		
Adorfer Kram- und Viehmarkt (seit über 480 Jahren)	34519 Diemelsee-Adorf	Tourist Information 05633/91133 www.diemelsee.de
Weserbeleuchtung	34359 Reinhardshagen	Touristik Agentur 05544/950350 www.hessennet.de/reinhardshagen
Ende Juli/Anfang August		
Rheinisches Fischerfest (s. S. 168)	64579 Gernsheim	Stadtverwaltung 06258/108-0
»Zissel«: Altstadt- und Wasser-Fest (s. S. 169)	34117 Kassel	Kassel Service GmbH 0561/707707 www.kassel.de

August

August		
Traditionelle Burschenkirmes	35216 Weifenbach und 35216 Dexbach	Verkehrsbüro 06461/95010 www.biedenkopf.de
August (alle 2 Jahre: 2001; 2003; ...)		
Mittelalterliches Burgfest	35216 Biedenkopf	Verkehrsbüro 06461/95010 www.biedenkopf.de
August (alle 2 Jahre: 2002; 2004; ...)		
Lichterfest	37247 Großalmerode	Verkehrsamt 05604/933526
August (alle 7 Jahre: 2002; ...)		
Grenzgangfest	35094 Lahntal Goßfelden	Gemeindeverwaltung 06420/82300 www.lahntal.de
August (alle 7 Jahre: 2005; ...)		
Grenzgangsfest	35216 Biedenkopf	Verkehrsbüro 06461/95010 www.biedenkopf.de
Anfang August		
Bierfest	63001 Offenbach am Main	Offenbach-Information 069/8065-2052 www.offenbach.de
Altstadtfest	63628 Salmünster	Tourist Information 06056/744-144 www.badsoden-salmuenster.de

meist 1. Wochenende (Fr–Mo)		
Kram- und Viehmarkt	34454 Bad Arolsen	AWT-Tourist Information 05691/8944-0 www.arolsen.de
1. Wochenende		
Stadt- und Heimatfest	36304 Alsfeld	Tourist Center 06631/182165 www.stadt.alsfeld.de
Kirmes und Heimatfest	37247 Großalmerode	Verkehrsamt 05604/933526
Mainfest	60329 Frankfurt	Tourismus GmbH 069/21238800 www.frankfurt-tourismus.de
Traditionelles Burgfest	65620 Waldbrunn	Gemeindeverwaltung 06479/2090
2. Wochenende		
Fischerfest	65795 Hattersheim am Main	Stadtverwaltung 06190/970-103 www.hattersheim.de
Hutzelkirmes (mit Festzug)	34613 Schwalmstadt	Verkehrsbüro der Schwalm 06691/71212 www.schwalmstadt.de
Dippe- und Brunnenfest	61381 Friedrichsdorf	Stadtverwaltung 06172/7310 www.friedrichsdorf.de
Altstadtfest	64521 Groß-Gerau	Stadtverwaltung 06152/716-277 www.kreis-gross-gerau.de
Waldfest	64832 Babenhausen	Stadtverwaltung 06073/60274 www.babenhausen.de
Mitte August (alle 7 Jahre: 2001; 2008; ...)		
Grenzgangfest	35083 Wetter	Verkehrsamt 06423/820 www.wetter-hessen.de
3. Wochenende		
Rüdesheimer Weinfest	65385 Rüdesheim/Rhein	Tourist Information 06722/19433 www.ruedesheim.de
Erntedank- und Heimatfest	37242 Bad Sooden-Allendorf	Kur-GmbH 05652/9587-18 oder 19433 www.bad-sooden-allendorf.de
Sommernachtsfest (ca. 40 000 Besucher)	65812 Bad Soden/Taunus	Verkehrsamt 06196/67070-13/-14 www.bad-soden.de
Mittelalterlicher Markt	63001 Offenbach am Main	Offenbach-Information 069/8065-2052 www.offenbach.de
3. volles Wochenende		
Stadtfest	35390 Gießen	Stadt- und Touristikinformation 0641/19433 www.giessen.de
4. Wochenende		
Erntefest	37213 Witzenhausen	Tourist Information 05542/60010 www.witzenhausen.de
letztes Wochenende		
Museumsuferfest	60329 Frankfurt am Main	Tourismus GmbH 069/21238800 www.frankfurt-tourismus.de
Burgfest	65817 Eppstein	Stadtverwaltung 06198/3050 www.eppstein.de
Großes Lichterfest	36364 Bad Salzschlirf	Kur- und Tourismus GmbH 06648/2266 www.bad-salzschlirf.de
Marktbrunnenfest	34626 Neukirchen (Knüllgebirge)	Stadtverwaltung 06694/8080 und 80812 www.neukirchen.com
Heimatfest	34246 Vellmar	Stadtverwaltung 0561/8292-0 www.vellmar.de
letzter Montag		
Verlobter Tag (Gedenktag anlässlich der Pest 1666)	65439 Flörsheim am Main	Stadtverwaltung 06145/955-0 www.floersheim-main.de
um den 5. Sonntag nach dem 1. August (Fr–Mo)		
Laternenfest	61348 Bad Homburg vor der Höhe	Stadtverwaltung 06172/100-325 www.bad-homburg.de

Ende August/Anfang Sept. (alle 7 Jahre: 2007; . .)		
Grenzgangsfest	35117 Münchhausen	Gemeindeverwaltung 06457/91220

September

September		
Salzekuchenessen	35329 Gemünden	Gemeindeverwaltung 06634/96060
Äppelwoifest	65520 Bad Camberg	Kurverwaltung 06434/6005 www.bad-camberg.de
Herbstmarkt	61169 Friedberg	Amt f. Fremdenverkehr 06031/72460 www.friedberg-hessen.de
Burgfest (mit Handwerkermarkt)	63303 Dreieich	Stadtverwaltung 06103/601-123 www.dreieich.de
September (alle 7 Jahre: 2006; . . .)		
Grenzgangsfest	35117 Münchhausen	Gemeindeverwaltung 06457/91220
Anfang September		
Park- und Lichterfest	34117 Kassel	Kassel Service GmbH 0561/707707 www.kassel.de
1. Wochenende		
Ritterfest (mittelalt. Brauchtum, Essen, Kämpfe)	69434 Hirschhorn	Verkehrsamt 06272/1742 www.hirschhorn.de
Schippelfest	37247 Großalmerode	Verkehrsamt 05604/933526
Altstadtfest	35510 Butzbach	Amt für Kultur 06033/995159 www.butzbach.de
Weinfest	36037 Fulda	Tourismus und Kongressmanagement 0661/102-345 www.fulda.de
1. bis 2. Wochenende		
Winzerfest	64625 Bensheim	Tourist Information 06251/14117 www.bensheim.de
ab 2. Freitag (10 Tage)		
Herbst-Dippemess	60329 Frankfurt am Main	Tourismus GmbH 069/21238800 www.frankfurt-tourismus.de
2. Wochenende		
Herbstmarkt	64521 Groß-Gerau	Stadtverwaltung 06152/716-277 www.kreis-gross-gerau.de
Babenhäuser Altstadtfest	64832 Babenhausen	Stadtverwaltung 06073/60274 www.babenhausen.de
Stadtfest und Weinfest	36037 Fulda	Tourismus und Kongressmanagement 0661/102-345 www.fulda.de
Historischer Markt	36304 Alsfeld	Tourist Center 06631/182165 www.stadt.alsfeld.de
2. Sonntag		
Erbacher Kerwemarkt (größtes Straßenfest des Odenwalds)	64711 Erbach	Touristik-Information 06062/6439 www.odenwald.de/erbach
3. Wochenende		
Edertaler Michaelismarkt	34549 Edertal	Gemeindeverwaltung 05623/80812 www.edertal.de
Kerwe	64653 Lorsch	Stadtverwaltung 06251/5967-0 www.hessennet.de
3. volles Wochenende		
Kartoffel- und Weinfest	35216 Biedenkopf	Verkehrsbüro 06461/95010 www.biedenkopf.de
vorletzter Sonntag		
Michaelismarkt	34613 Schwalmstadt-Treysa	Verkehrsbüro der Schwalm 06691/71212 www.schwalmstadt.de

letztes Wochenende		
Jakobsmarkt	35102 Lohra	Gemeindeverwaltung 06462/2007-0 www.lohra.de
Gallusmarkt	63654 Büdingen	Touristikinformation 06042/96370 www.buedingen.de
letzter Sonntag		
Apfelmarkt	35573 Wetzlar Naturschutzzentrum	Tourist Information 06441/99-338 www.wetzlar.de
Ende September		
Erntedankmarkt	61273 Wehrheim	Gemeindeverwaltung 06081/5890 www.wehrheim.de
Ende September/Anfang Oktober		
Kirchweihfest	64720 Michelstadt	Tourist Information 06061/74146 www.michelstadt.de
Ende September/Anfang Oktober (1 Woche)		
Herbstmesse	35390 Gießen	Stadt- und Touristikinformation 0641/19433 www.giessen.de

Oktober

Oktober		
Gallusmarkt (größter Markt in Mittelhessen)	35573 Wetzlar	Tourist Information 06441/99-338 www.wetzlar.de
Owwedäler Kerb	63303 Dreieich-Offenthal	Stadtverwaltung 06103/601-123 www.dreieich.de
3. Oktober		
Gradierwerk-Fest	63619 Bad Orb	Kurdirektion Bad Orb GmbH 06052/83-0 www.bad-orb.de
Stadtfest	63303 Dreieich	Stadtverwaltung 06103/601-123 www.dreieich.de
1. Wochenende		
Kirmes	35329 Gemünden	Gemeindeverwaltung 06634/96060
2. Wochenende		
Schelmenmarkt (größtes Heimatfest im Kinzigtal)	63571 Gelnhausen	Fremdenverkehrsamt 06051/830333 www.gelnhausen.de
Residenzmarkt	35781 Weilburg	Fremdenverkehrs-Marketing GmbH 06471/1330 www.weilburg.de
Mittelalterlicher Markt	34497 Korbach	Tourist Information 05631/53-232 www.korbach.de
Elisabethmarkt	35037 Marburg	Marburg Tourismus 06421/99120 www.marburg.de
Mitte Oktober		
Grünberger Gallusmarkt	35305 Grünberg	Verkehrsamt 06401/804-54 www.gruenberg.de
um den 16. Oktober (Mo–Mo)		
Lullusfest (ältestes Volksfest Deutschlands – s. S. 215)	36251 Bad Hersfeld	Touristik-Service 06621/87359 www.bad-hersfeld.de
ab Donnerstag, der dem 20. Oktober am nächsten liegt (bis Sonntag)		
Lukasfest	35708 Haiger	Stadtverwaltung 02773/811-0 www.haiger.de
vorletztes Wochenende		
Katharinenmarkt (seit über 680 Jahren)	35510 Butzbach	Amt für Kultur 06033/995159 www.butzbach.de

November

ab Samstag vor 1. Mittwoch		
Nikelsmarkt (seit 1370)	35469 Allendorf/Lumda	Stadtverwaltung 06407/911231 www.allendorf-lumda.de
1. November		
Allerheiligenmarkt	35410 Hungen	Stadtverwaltung 06402/850 www.hungen.de
um den 11. November (Martin)		
Martinimarkt	35745 Herborn	Verkehrsamt 02772/708-223 www.herborn.de
14 Tage nach Allerheiligen		
Martinsmarkt	36205 Sontra	Tourist Information 05653/977717 www.sontra.de
Ende November bis kurz vor Weihnachten		
Märchenweihnachtsmarkt (s. S. 271)	34117 Kassel	Kassel Service GmbH 0561/707707 www.kassel.de
Ende November bis kurz vor Weihnachten		
Traditioneller Weihnachtsmarkt	60329 Frankfurt	Tourismus GmbH 069/21238800 www.frankfurt-tourismus.de
Wochenende nach Totensonntag		
Katharinenmarkt	36396 Steinau an der Straße	Verkehrsamt 06663/96310 www.steinau.de
Dienstag nach dem 25. November (Katharina)		
Katharinenmarkt	65549 Limburg an der Lahn	Verkehrsamt 06431/6166 www.limburg.de
Freitag vor 1. Advent bis 4. Advent		
Odenwälder Weihnachtsmarkt	64720 Michelstadt	Tourist Information 06061/74146 www.michelstadt.de

Dezember

Adventszeit		
Weihnachtsmarkt	36037 Fulda	Tourismus und Kongressmanagement 0661/102-345 www.fulda.de
1. Samstag		
Barbaramarkt	35764 Sinn	Gemeindeverwaltung 02772/5007-0
1. Adventswochenende		
Historischer Weihnachtsmarkt	69239 Neckarsteinach	Stadtverwaltung 06229/9200-0 www.neckarsteinach.de
ab 1. Donnerstag im Dezember (5 Tage)		
Andreasmarkt	65185 Wiesbaden	Tourist Information 0611/1729780 www.wiesbaden.de
2. Adventswochenende		
Nicolai-Markt	34393 Grebenstein	Stadtverwaltung 05674/7050
Märchenweihnachtsmarkt	34311 Naumburg	Kurverwaltung 05625/790915 www.naumburg-hessen.de
2. und 3. Adventswochenende		
Weihnachtsmarkt	63303 Dreieichenhain	Stadtverwaltung 06103/601-123 www.dreieich.de
3. oder 4. Adventswochenende		
Schwälmer Weihnachtsmarkt	34613 Schwalmstadt	Verkehrsbüro der Schwalm 06691/71212 www.schwalmstadt.de

24. Dezember (20.00 Uhr) **»Christkindchenwiegen«**	34497 Korbach St. Kilianskirche	Tourist Information Korbach 05631/53-232 www.korbach.de
28. Dezember **Scherzmarkt**	34613 Schwalmstadt-Treysa	Verkehrsbüro der Schwalm 06691/71212 www.schwalmstadt.de
letzter Werktag vor Silvester **Neujahrsmarkt**	35274 Kirchhain	Verkehrsverband 06421/405381 www.marburg-biedenkopf-tourismus.de

Mecklenburg-Vorpommern

Januar

1. Januar **Neujahrsbaden**	23946 Ostseebad Boltenhagen	Kurverwaltung 038825/3600 www.boltenhagen.de

Karneval

Karneval **Straßenkarneval**	19303 Dömitz	Dömitz-Information 038758/22112

Ostern

Gründonnerstag **Aufstellen eines Osterbaumes**	18230 Ostseebad Rerik	Kurverwaltung 038296/78429 www.rerik.de
Sonntag **Osterfest**	18273 Güstrow	Stadtverwaltung 03843/769360 www.guestrow.de

April

letztes Wochenende **Traditionelle Flottenparade** (s. S. 105)	19055 Schwerin	Weiße Flotte Schwerin 0385/5811596 www.schwerin.de
Stromerwachen (trad. Eröffnung der Badesaison)	18119 Warnemünde	Tourist Information 0381/548000 www.warnemuende.de
um den 30. April **Walpurgisnacht auf der Alten Burg Penzlin**	17217 Penzlin	Verkehrsverband 039931/51381/2 www.mecklenburgische-seenplatte.de

Mai

Anfang Mai **Nordischer Klang**	17461 Greifswald	Fremdenverkehrsamt 03834/522-121 oder Kulturamt 03834/521351 www.greifswald.de

1. Mai		
Traditionelles Anbaden der Binzer Hoteliers	18609 Ostseebad Binz	Kurverwaltung 038393/2084 oder 038393/30675 www.ostseebad-binz.de
2. Wochenende		
Eröffnung der Badesaison	23946 Ostseebad Boltenhagen	Kurverwaltung 038825/3600 www.boltenhagen.de
Mai oder Juni		
Bürgermeisterschwimmen	19294 Neu-Göhren	Amt Malliß 038750/3030
Barockfest (s. S. 130)	19288 Ludwigslust	Information 03874/666851 www.museum-schwerin.de

Pfingsten

eine Woche vor Pfingsten		
Hechtfest (Aufführung der Hechtsage, Festumzug etc.)	17166 Teterow	Tourist Information 03996/172028 www.teterow.de
Pfingsten		
Klosterfest	18311 Ribnitz-Damgarten	Kulturamt 03821/895080 www.ribnitz-damgarten.de
Barther Tonnenfest	18356 Barth	Stadtinformation 038231/2464 www.entdeckemv.de
Altstadtfest	17139 Malchin	Stadtverwaltung 03994/640312 www.malchin.de
Pfingstmarkt	18001 Rostock	Rostock Presseamt 0381/3811576 www.rostock.de
eine Woche nach Pfingsten		
Tonnenabschlagen	18311 Ribnitz-Damgarten	Kulturamt 03821/895080 www.ribnitz-damgarten.de
Peenefest	17106 Hansestadt Demmin	Stadtinformation 03998/225077 www.demmin.de

Juni

Juni		
Tonnenabschlagen	18375 Wieck	Tourismusverband 038324/6400 www.fischland-darss-zingst.de
Juni bis September		
Vineta-Festspiele (s. S.155)	17406 Usedom Freilichtbühne Zinnowitz	Kurverwaltung 038377/4920 www.zinnowitz.de
Anfang Juni		
Hafenfest	23966 Wismar	Wismar-Information 03841/19433 www.wismar.de
1. Samstag		
Mühlenfest	18292 Kuchelmiß	Gemeinde 038456/60153
1. Wochenende		
Burgfest	19306 Neustadt-Glewe	Kulturamt 038757/22495 www.stadt-neustadt-glewe.de
Mitte Juni		
Binzer Seebrückenfest	18609 Ostseebad Binz	Kurverwaltung 038393/2084 oder 30675 www.ostseebad-binz.de
2. oder 3. Wochenende		
Reuter-Festspiele	17153 Stavenhagen	Tourist Information 039954/283-50 www.stavenhagen.de

3. Wochenende		
Badewannenregatta	17206 Röbel	Verkehrsverband 039931/51381/2 www.mecklenburgische-seenplatte.de
Lindenfest	19288 Ludwigslust Schlossplatz	Stadtinformation 03874/666851 www.museum-schwerin.de
letztes Wochenende		
Baaber Mitsommerfest	18528 Baabe	Fremdenverkehrsverband Rügen e.V. 03838/80770 www.ruegen.de
letztes Wochenende im Juni bis 1. Wochenende im September		
Störtebeker-Festspiele (s. S. 154)	18528 Ralswiek	Störtebeker-Festspiele 03838/31100 www.stoertebeker.de
Ende Juni		
Traditionelles Burgfest	17255 Wesenberg	Verkehrsverband 039931/51381/2 www.mecklenburgische-seenplatte.de
Hafenfest	17373 Ueckermünde	Kulturamt 039771/284-37 oder Verkehrsverband 03834/891-0 www.ueckermuende.de

Juli

Juli		
Inselfest	23999 Insel Poel	Kurverwaltung 038425/20347 www.insel-poel.de
Juli (alle 2 Jahre: 2001; 2003; ...)		
Schlossfest	19055 Schwerin	Schwerin-Information 0385/5925212 oder 565738 www.schwerin.de
Anfang Juli		
Warnemünder Woche	18119 Warnemünde	Tourist Information 0381/548000 www.warnemuende.de
Anfang Juli		
Plauer Badewannenrallye (mit buntem Markttreiben)	19395 Plau am See	Tourist Information 038735/45678 www.plau.de
1. Wochenende		
Havelfest	17237 Kratzeburg	Gemeinde Kratzeburg 039822/20226
2. Sonntag		
Tonnenabschlagen	18347 Ostseebad Wustrow	Kurverwaltung Wustrow 038220/251 www.ostseebad-wustrow.de
3. Wochenende		
Seefest	17207 Röbel	Verkehrsverband 039931/51381/2 www.mecklenburgische-seenplatte.de
Hafenfest	18374 Zingst	Kurverwaltung Zingst 038232/8150 oder 81586 www.entdeckemv.de
Fischerfest	17461 Greifswald	Fremdenverkehrsamt 03834/522-121 oder 521351 www.greifswald.de
3. Sonntag		
Tonnenabschlagen	18375 Prerow	Tourismusverband 038324/6400 www.fischland-darss-zingst.de
Tonnenabschlagen	18347 Ahrenshoop	Kurverwaltung 038220/234 www.ostseebad-ahrenshoop.de
Wochenende um den 20. Juli		
Wallensteintage (s. S. 173)	18430 Stralsund	Stralsund-Information 03831/24690 oder 287060 www.stralsund.de

letztes Wochenende		
Hafftage	17373 Ueckermünde	Kulturamt 03971/284-37 oder Verkehrsverband 03834/891-0 www.ueckermuende.de
Tonnenabschlagen	18311 Ribnitz-Damgarten	Kulturamt 03821/895080 www.ribnitz-damgarten.de
Barther Segel- und Hafentage	18356 Barth	Stadtinformation 038231/2464 www.entdeckemv.de
Hafenfest	18347 Ostseebad Dierhagen	Kurverwaltung 038226/201 www.ostseebad-dierhagen.de
Ende Juli		
Binzer Sommerfest	18609 Ostseebad Binz	Kurverwaltung 038393/2084 oder 30675 www.ostseebad-binz.de
Güstrower Festwochen	18273 Güstrow	Stadtverwaltung 03843/769360 www.guestrow.de
Tonnenabschlagen	18311 Klockenhagen	Tourismusverband 038324/6400 www.fischland-darss-zingst.de

August

August (alle 2 Jahre: 2001; 2003; . . .)		
Internationales Trachten- und Volkstanzfest	17159 Dargun	Stadtverwaltung 039959/22381
Anfang August		
Windjammer Hanse-Sail	18119 Warnemünde	Tourist Information 0381/548000 www.warnemuende.de
Kleines Fest im großen Park	19288 Ludwigslust Schlosspark	Stadtinformation 03874/666851 www.museum-schwerin.de
Seebrückenfest	19294 Ostseebad Göhren	Fremdenverkehrsverband Rügen 03838/80770 www.ruegen.de
1. Wochenende		
Historisches Marktspektakel	18230 Ostseebad Rerik	Kurverwaltung 038296/78429 www.rerik.de
Seebrückenfest	23946 Ostseebad Boltenhagen	Kurverwaltung 038825/3600 www.boltenhagen.de
Tonnenabschlagen	18375 Born	Tourismusverband 038324/6400 www.fischland-darss-zingst.de
Kummerower Lichterfest	17139 Kummerow	Tourismusverband 03994/224755 www.kummerow.de
2. Wochenende		
Hanse-Sail Rostock	18001 Rostock	Rostock Presseamt 0381/3811576 www.rostock.de
2. Samstag		
Tonnenabschlagen	18347 Ostseebad Dierhagen	Kurverwaltung 038226/201 www.ostseebad-dierhagen.de
2. Wochenende		
Burgfest	17094 Burg Stargard	Tourist Information 039603/20895 www.burg-stargard.de
vorletztes Wochenende		
Lübzer Turmfest	19386 Lübz	Stadtverwaltung 038731/23581 oder Brauerei Lübz 36023 www.mvweb.de
letztes Wochenende		
Bützower Gänsemarkttage	18246 Bützow	Stadtverwaltung 038461/65120 oder
Vier-Tore-Fest (mit Mittelaltermarkt)	17030 Neubrandenburg	Fremdenverkehrsverein 0395/5442318 www.neubrandenburg.de

letzte Woche (Sa)
Blüten- und Trachtenfest — 18465 Stremlow — Strukturförderverein 038320/71320 www.trebeltal.de

Ende August
Penzliner Burgfest — 17217 Penzlin — Verkehrsverband 039931/51381/2 www.mecklenburgische-seenplatte.de

September

September
Altstadtfest Schwerin — 19055 Schwerin — Schwerin-Information 0385/5925212 www.schwerin.de

Anfang September
Stromfest (mit Kür des »Warnemünder Dorschkönigs«, abendl. Bootskorso) — 18119 Warnemünde — Rostocker Seehunde 0381/699213 oder Tourist Information 0381/548000 www.warnemuende.de

1. Wochenende
Zeesbootregatta — 18356 Bodstedt — Bootswerft Rammin 038231/81694
Lichterfest — 18230 Ostseebad Rerik — Kurverwaltung 038296/78429 www.rerik.de

Samstag nach dem 15. September
Fest der Moorgeister (s. S. 202) — 18181 Ostseebad Graal-Müritz — Tourismus und Kurbetrieb 038206/7030 www.graal-mueritz.de

3. Samstag
Althäger Fischerregatta — 18347 Ahrenshoop — Kurverwaltung 038220/234 www.ostseebad-ahrenshoop.de

3. Wochenende
Schützenfest — 19306 Neustadt-Glewe — Kulturamt 038757/22495 www.stadt-neustadt-glewe.de

Ende September (meist 3. Wochenende)
Mecklenburgisches Herbstfest — 18258 Göldenitz — Landschulmuseum 038208/264

Oktober

1. Wochenende
Deutsches Bernsteinfest — 18586 Ostseebad Göhren — Tourismusverband Rügen 03838/80770 www.ruegen.de

Ende Oktober
Erntedankfest (mit alter Tracht) — 19406 Groß Raden — Freilichtmuseum 03847/2252 www.gross-raden.de

November

Anfang November
Martinimarkt — 19370 Parchim — Stadtinformation 03871/212843 www.parchim.de

11. November
Zingster Straßenkarneval — 18374 Zingst — Kurverwaltung Zingst 038232/8150 oder 81586 www.entdeckemv.de

ab einer Woche vor 1. Advent (3 Wochen)
Weihnachtsmarkt — 23966 Wismar — Tourist Information 03841/19433 www.wismar.de

Ende November bis kurz vor Weihnachten
Weihnachtsmarkt — 18001 Rostock — Rostock Presseamt 0381/3811576 www.rostock.de

Dezember

1. Advent
Weihnachtsmarkt — 18430 Stralsund — Stralsund-Information 03831/24690 www.stralsund.de

3. Advent
Dörpwihnachten up de Tellowsche Däl — 17168 Tellow Thünen-Museum — Tourist Information, 17166 Teterow, 03996/172028 www.teterow.de

Niedersachsen

Februar

Februar
Bergdankfest — 37539 Bad Grund — Touristik GmbH 05327/7007-0 www.harz-web.de/bad-grund

Februar/März
Kiekermarkt-Frühjahrsmarkt — 29525 Uelzen — Stadt Uelzen 0581/800440 www.uelzen.de

Fastnacht

Wochenende vor Fastnachtssonntag
Dammer Karneval (s. S. 53) — 49401 Damme — Fremdenverkehrsamt 05491/6620 www.damme.de

Samstag bis Dienstag
Höckelsche Fastnacht (Rheinische Karnevalsbräuche) — 37157 Höckelheim bei Northeim — Tourist Information Northeim 05551/913066 www.northeim.de

Sonntag
Karnevalsumzug (der größte in Norddeutschland) — 38100 Braunschweig — Tourist Information 0531/19433 www.braunschweig.de

Karnevalsumzug (ca. 30 000 Besucher) — 31840 Hessisch Oldendorf — Carnevalsclub 05751/7105 www.hessisch-oldendorf.de

Stöckter Faslamsumzug (trad. norddeutsche Fastnacht) — 21423 Stöckte — Stadt Winsen/Luhe 04171/657136 www.winsen-luhe.de

Dienstag
Fastlohmd (trad. Fastnachtsfeier der Bergleute) — 37444 St. Andreasberg — Städt. Kurverwaltung 05582/80336 www.sankt-andreasberg.de

Mittwoch/Donnerstag nach Aschermittwoch
Fastnachtsmarkt — 37115 Duderstadt — Stadtverwaltung 05527/841200 www.duderstadt.de

Ostern

3. Montag vor Ostern
Störtebeker Spende - Heringe und Brot vom Seeräuber (s. S. 94) — 27283 Verden/Aller — Tourist Information 04231/12317 oder 807180 www.verden.de

2. Sonntag vor Ostern
Spenneweih (hist. Lauf der Kinder; Altstadt gegen Neustadt) — 37170 Uslar — Touristik-Information 05571/922400 www.uslar.de

Freitag		
Meppener Kreuztracht (s. S.93)	49716 Meppen	Verkehrsverein 05931/153106 www.meppen.de
Freitag bis Montag		
Osterfest	29389 Bad Bodenteich	Tourist Information 05824/3543 www.bad-bodenteich.de
Samstag		
Osterfeuer auf dem Glockenberg	37444 St. Andreasberg	Städt. Kurverwaltung 05582/80336 www.sankt-andreasberg.de
Sonntag		
Osterfeuer	37431 Bad Lauterberg	Kur- und Touristikbetrieb 05524/92040 www.badlauterberg.de

April

April		
Kiwittmarkt (Volksfest)	26441 Jever	Verkehrsamt 04461/71010 www.stadt-jever.de
vorletztes Wochenende		
Aper Frühjahrsmarkt	26689 Apen	Gemeinde 04489/73-32 www.apen.de
letztes Wochenende		
Buerbeerfest (»Bauernbierfest« mit Umzug am Sonntag)	29439 Lüchow (Wendland)	Tourist Information 05841/126-249 www.luechow.de
Promenadenfest	31785 Hameln	Verkehrsverein 05151/202 6179 www.hameln.de
Burgspektakel und mittelalterlicher Markt	29389 Bad Bodenteich	Tourist Information 05824/3543 www.bad-bodenteich.de
30. April		
Walpurgisfeier im Altenauer Hexenkessel	38707 Altenau	Tourist Information 05328/8020 www.harztourismus.com
Walpurgisfest	38700 Braunlage	Kurbetriebsgesellschaft 05520/93070 www.braunlage.de
Walpurgis	37539 Bad Grund	Touristik GmbH 05327/7007-0 www.harz-web.de/bad-grund
Hahnenkleer Walpurgisfeier	38644 Goslar-Hahnenklee	Kurverwaltung 05325/5104-0 www.hahnenklee.de
Große Walpurgisfeier	37431 Bad Lauterberg	Kur- und Touristikbetrieb 05524/92040 www.badlauterberg.de
Walpurgisfeier	37444 St. Andreasberg	Städt. Kurverwaltung 05582/80336 www.sankt-andreasberg.de

Mai

Mai		
Mittelalterliches Spektakulum im Schlosspark	26180 Rastede	Tourist Information 04402/939823 www.rastede.de
Frühlingsfest	37115 Duderstadt	Stadtverwaltung 05527/841200 www.duderstadt.de
Allerlay Speyß vonn Spiess ... (hist. Kulturfest)	38518 Gifhorn	Kreisarchäologie Gifhorn 05371/3014 www.gifhorn.de
Mai bis September (je 1. o. 2. Wochenende)		
Mittelalter und Mehr auf Burg Bodenteich	29389 Bad Bodenteich	Tourist Information 05824/3543 www.bad-bodenteich.de

1. Wochenende		
Altländer Blütenfest (s. S. 125)	21635 Jork	Gemeindeverwaltung 04162/91470 www.jork.de
Frühjahrsmarkt	26655 Westerstede	Stadtverwaltung 04488/55-204 www.westerstede.de
2. Wochenende		
Maimarkt	26871 Papenburg	Stadt Papenburg 04961/82301 www.papenburg.de
Mitte Mai bis Mitte September (an jedem Sonntag)		
Rattenfänger-Freilichtspiele (s. S. 128)	31785 Hameln	Verkehrsverein Hameln 05151/2026179 www.hameln.de
Ende Mai		
Matjestage	26720 Emden	Verkehrsverein 04921/97400 www.emden.de

Himmelfahrt

Tag vor Himmelfahrt (Beginn)		
Stadtfest	21423 Winsen/Luhe	Stadtverwaltung 04171/6570 www.winsen-luhe.de
Wochenende zw. Himmelfahrt u. Pfingsten		
Fischerkreidag (Volksfest mit Torfkahnregatta)	31515 Steinhude	Fremdenverkehrsamt 05033/95010 www.steinhuder-meer.de

Pfingsten

Pfingsten		
Stadtfest	27749 Delmenhorst	Verkehrsverein 04221/120479 www.delmenhorst.de
Pfingsten (alle 3 Jahre: 2002; 2005; . . .)		
Kivelingsfest (trad. Volksfest)	49808 Lingen/Ems	Stadt Lingen, Verkehrsbüro 0591/9144-144 www.lingen.de
Samstag und Sonntag (alle 5 Jahre: 2004; . . .)		
Historischer Schüttenhof (Kampfspiele in hist. Kostümen)	37194 Bodenfelde	Tourist Information 05572/9369-25 www.weserbergland.com
Samstag bis Montag		
Mittelalterlicher Markt	38100 Braunschweig	Tourist Information 0531/19433 www.braunschweig.de
Sonntag		
Hähne-Wettkrähen	29549 Bad Bevensen	Kurverwaltung 05821/570 www.bad-bevensen.de
Sonntag bis Dienstag		
Gildefest	27793 Wildeshausen	Stadt Wildeshausen 04431/88108 www.wildeshausen.de
Montag		
Traditionelles Polsterbergtreffen	Polsterberg (zwischen Altenau und Clausthal-Zellerfeld)	Kurbetriebsgesellschaft 05328/802-0 www.harztourismus.com
eine Woche nach Pfingsten		
Pfingstmarkt	26603 Aurich	Stadtverwaltung 04941/120 www.aurich.de
2. Wochenende nach Pfingsten		
Johannimarkt	26409 Wittmund	Kulturamt 04462/983236 www.wittmund.de

2. Wochenende nach Pfingsten (alle 4 Jahre: 2002; 2006; . . .)		
Schützenfest (seit 1842; Kampfspiel in hist. Kostümen)	31840 Hemeringen bei Hameln	Verkehrsverein Hameln 05151/2026179 www.hameln.de

Juni

Juni		
Spargelmarkt	31582 Nienburg	Touristbüro 05021/87355 www.nienburg-online.de
1. Wochenende		
Stadtfest	29614 Soltau	Soltau-Touristik 05191/828282 www.soltau.de
Domweih-Volksfest (s. S. 155)	27283 Verden/Aller	Tourist Information 04231/12317 oder 807180 www.verden.de
1. oder 2. Wochenende		
Wiesenblütenfest mit Kuhaustrieb (s. S. 154)	37444 St. Andreasberg	Städt. Kurverwaltung 05582/80336 www.sankt-andreasberg.de
Mitte Juni (um Sommeranfang)		
Sonnenschirmfest (Stadtfest)	37619 Bodenwerder	Verkehrsbüro 05533/40541 www.bodenwerder.de
24. Juni		
Johannisfest	37539 Bad Grund	Touristik GmbH 05327/7007-0 www.harz-web.de/bad-grund
1. Wochenende nach Johanni		
Pellkartoffeltafel (s. S. 153)	31582 Nienburg	Touristbüro 05021/87355 www.nienburg-online.de
letztes Wochenende		
Scheibenschießen mit großem Umzug	31582 Nienburg	Touristbüro 05021/87355 www.nienburg-online.de
Ende Juni		
Volksfest der Schützengesellschaft	31134 Hildesheim	Verkehrsverein 05121/17980 www.hildesheim.de
Flachsfest in der »Kraul´schen Diele«	29479 Jameln bei Dannenberg	Tourist Information 05861/808190 www.dannenberg.de

Juli

Juli		
Inselmarkt (Volksfest)	26548 Norderney	Stadtverwaltung 04932/9200 www.norderney.de
Juli oder August		
Stadtfest	21301 Lüneburg	Lüneburg Marketing GmbH 04131/2076620 www.lueneburg.de
etwa zwei Wochen vor den Sommerferien		
Altstadtfest	38200 Salzgitter	Stadt Salzgitter 05341/839-0 www.salzgitter.de
1. Wochenende		
Jadefest (über 100000 Besucher) (s. S. 175)	26354 Wilhelmshaven	Tourist Information 04421/19433 www.wilhelmshaven.de
ab 1. Wochenende (10 Tage)		
Schützenfest (s. S. 169)	30159 Hannover	Information 0511/16849700 www.hannover.de
um das 1. Wochenende		
Schützen- und Volksfest (Freischießen)	38640 Goslar	Kulturamt 05321/75780 www.goslar.de

um den 15. Juli		
Stadtfest	26720 Emden	Verkehrsverein 04921/97400 www.emden.de
2. Wochenende		
Schützenfest	37115 Duderstadt	Stadtverwaltung 05527/841200 www.duderstadt.de
2. oder 3. Wochenende		
Walsroder Brauchtumstage (mit Backofenfest)	29664 Walsrode	Tourist Information 05161/19433 www.walsrode.de
3. Wochenende		
Bürgermarkt	26401 Wittmund	Kulturamt 04462/983236 www.wittmund.de
Samstag vor dem letzten Sonntag im Juli		
Germanischer Fünfkampf (s. S. 172)	21762 Otterndorf	Tourist Information 04751/919131 www.otterndorf.de
Samstag nach dem Germanischen Fünfkampf		
Altstadtfest (ca. 50 000 Besucher)	21762 Otterndorf	Tourist Information 04751/919131 www.otterndorf.de
Ende Juli bis Mitte August		
Maschseefest (s. S. 169)	30159 Hannover	Hannover Information 0511/301420 oder 19433 www.hannover.de

August

August		
Altstadtfest	38518 Gifhorn	Tourist Information 05371/88175 www.gifhorn.de
1. Wochenende		
Harzer Jodlerwettstreit (s. S. 186)	38678 Clausthal-Zellerfeld	Kurbetriebsgesellschaft 05323/81024 www.harztourismus.com
1. Wochenende (alle 2 Jahre: 2002; 2004; . . .)		
Heidmärkerfest	29386 Hankensbüttel	Gemeindeverwaltung 05832/83-0 www.hankensbuettel.de
1. Sonntag		
Historisches Burgfest	21354 Bleckede	Tourist Information 05852/390788 www.bleckede.de
1. vollständiges Wochenende		
Brunauseefest	29646 Bispingen	Fremdenverkehrsamt 05194/39850 www.lueneburger-heide.de
2. Samstag		
Lichterfest (ca. 30 000 Besucher) (s. S. 186)	37619 Bodenwerder	Verkehrsbüro 05533/40541 www.bodenwerder.de
ab 2. Samstag (9 Tage)		
Heideblütenfestwoche (mit Festumzug und Wahl der Heidekönigin)	21385 Amelinghausen	Tourist Information 04132/920919 www.amelinghausen.de
2. Wochenende		
Seeparkfest	29389 Bad Bodenteich	Tourist Information 05824/3543 www.bad-bodenteich.de
Strandfest (größtes Fest der Südheide)	29683 Fallingbostel Dorfmark	Tourist Information 05163/1339 www.verkehrsverein-dorfmark.de
Lopauseefest	21385 Amelinghausen	Tourist Information 04132/920919 www.amelinghausen.de
Wochenende der 32. Woche		
Altstadtfest	26441 Jever	Verkehrsamt 04461/71010 www.stadt-jever.de

Wochenende um Mariä Himmelfahrt		
Stoppelmarkt (s. S. 190)	49377 Vechta	Stadt Vechta 04441/886109 www.vechta.de
Mitte August		
Altstadtfest	29220 Celle	Tourist Information 05141/1212 www.celle.de
3. Wochenende		
Steinhuder Meer in Flammen (mit Bootskorso)	31515 Steinhude	Verkehrsamt Wunstorf 05033/95010 www.steinhuder-meer.de
um den 24. August (4 Tage)		
Salz- und Lichterfest (Bartholomäusfest)	38667 Bad Harzburg	Kur- und Wirtschaftsbetriebe 05322/75330 www.bad-harzburg.de
5 Tage bis zum letzten Dienstag im August		
Brokser Heiratsmarkt	27305 Bruchhausen-Vilsen	Tourist Information 04252/3910 www.bruchhausen-vilsen.de
letztes Wochenende		
Heideblütenfest	21244 Holm-Seppensen	Tourist Information 04181/282810 www.ferienregion-nordheide.de
Heideblütenfest	29308 Meißendorf	Tourist Information Winsen/Aller 05143/912212 www.winsen-aller.de
Heideblütenfest	29640 Schneverdingen	Tourist Information 05193/93180 www.schneverdingen.de
letztes Wochenende im August oder erstes Wochenende im September		
Magnifest (trad. Stadtteilfest)	38100 Braunschweig	Tourist Information 0531/19433 www.braunschweig.de

September

September		
Traditionelles Erntefest	19273 Neuhaus, Elbe	Tourist Information 038841/20747
Altstadtfest	31785 Hameln	Verkehrsverein 05151/2026179 www.hameln.de
September (alle 2–3 Jahre: 2002)		
Historisches Marktfest	29439 Lüchow Rundlingsdorf Satemin	Tourist Information Lüchow 05841/126-249 www.luechow.de
Anfang September		
Stadtfest	21244 Buchholz i. d. Nordheide	Tourist Information 04181/282810 www.ferienregion-nordheide.de
1. Wochenende im September bis 1. Wochenende im November		
Apfeltage	im Alten Land	Gemeindeverw. Jork, 04162/91470 oder Tourismusverein 04162/2745 www.jork.de
1. Wochenende		
Heideblütenfest	29525 Westerweyhe bei Uelzen	Tourist Information 0581/800442 www.uelzen.de
Ellernfest (großes Volksfest)	26180 Rastede	Tourist Information 04402/939823 www.rastede.de
Stadtfest	31134 Hildesheim	Verkehrsverein 05121/17980 www.hildesheim.de
Blütenfest	26639 Wiesmoor	Stadtverwaltung 04944/3050 www.wiesmoor.de
Alte Handwerkerstraße (s. S. 202)	21300 Lüneburg	Lüneburg Marketing GmbH 04131/2076620 www.lueneburg.de

Sehusafest (s. S.204)	38723 Seesen	Tourist Information 05381/75243 www.seesen.de
1. Sonntag		
Scharmbecker Erntefest (Norddeutschlands größtes Erntefest)	21423 Scharmbeck bei Winsen/Luhe	Stadt Winsen/Luhe 04171/657136 www.winsen-luhe.de
2. Wochenende (alle 2 Jahre: 2002; 2004; . . .)		
Historischer Korn- und Hansemarkt	49740 Haselünne	Stadtverwaltung 05961/50932
2. Wochenende		
Eulenmarkt	31224 Peine	Verkehrsverein 05171/48200 www.peine.de
2. Sonntag		
Erntefest (mit Erntezug)	29646 Steinbeck bei Bispingen	Tourist Information 05194/19433 www.lueneburger-heide.de
3. Freitag		
Buchweizendreschfest (mit Wahl des Buchweizenkönigs)	29646 Bispingen	Tourist Information 05194/19433 www.lueneburger-heide.de
3. Wochenende		
Kartoffelfest	29643 Neuenkirchen	Tourist Information 05195/5139 www.neuenkirchen.de
2 Wochen vor Erntedank		
Katharinenmarkt (hist. Markt)	27318 Hoya	Samtgemeinde 04251/8150 www.hoya-info.de
letzter Samstag		
Grenzbeziehung (Volksfest)	31785 Hameln	Verkehrsverein 05151/2026179 www.hameln.de
letztes Wochenende		
Rübenmarkt (Volksfest)	27308 Kirchlinteln	Gemeindeverwaltung 04236/870 oder 8713 www.kirchlinteln.de
Stoppelfest	49740 Haselünne	Stadtverwaltung 05961/50932
Honigfest (Volksfest mit Brauchtum)	29649 Wietzendorf	Verkehrsverein 05196/2190 www.wietzendorf.de
letztes Wochenende (Sa–Di)		
Emsbürener Großkirmes	48488 Emsbüren	Gemeindeverwaltung 05903/93050 www.emsbueren.de
ab letztem Wochenende		
Kramermarkt (s. S. 204)	26122 Oldenburg	Verkehrsverein 0441/15744 www.oldenburg-tourist.de
letzter Mittwoch und Donnerstag im September		
Lafferder Markt (seit über 200 Jahren)	31246 Lahstedt	Gemeinde Lahstedt 05172/98900 www.lahstedt.de
Ende September		
Kartoffelmarkt	21385 Amelinghausen	Tourist Information 04132/920919 www.amelinghausen.de

Oktober

Anfang Oktober		
Brüllmarkt (Volksfest)	26441 Jever	Verkehrsamt 04461/71010 www.stadt-jever.de
Erntedanktag		
Kirchplatzfest	37444 St. Andreasberg	Städt. Kurverwaltung 05582/80336 www.sankt-andreasberg.de
1. Samstag		
Kartoffelmarkt	27356 Rotenburg/ Wümme	Informationsburo 04261/71100 www.rotenburg-wuemme.de

1. Sonntag		
Erntefest (mit Umzug)	27419 Sittensen	Tourist Information 04282/930049 www.sittensen.de
Eichsfelder Apfel- und Birnenmarkt	37115 Duderstadt	Stadtverwaltung 05527/841200 www.duderstadt.de
Kartoffelfest	21382 Brietlingen	Tourist Information Scharnebeck 04136/90721 www.scharnebeck.de
ab 2. Mittwoch (5 Tage)		
Gallimarkt (»Oktoberfest Ostfrieslands«)	26789 Leer	Stadtverwaltung 0491/9782-0 www.leer.de
2. Wochenende		
Gallusmarkt (Volksfest; seit über 400 Jahren)	29456 Hitzacker	Kurverwaltung 05862/96970 www.hitzacker.de
2. Wochenende		
Eulenfest (trad. Stadtfest)	37574 Einbeck	TouristInfo 05561/916-121 www.einbeck-online.de
2. Sonntag		
Kartoffelfest (bäuerlicher Markt)	27749 Delmenhorst	Verkehrsverein 04221/120479 www.delmenhorst.de
um den 20. Oktober (Fr–Di)		
Beestmarkt (Volksfest)	26506 Norden	Stadtverwaltung 04931/9230 www.norden.de
um den 25. Oktober		
Steckenpferdreiten	49074 Osnabrück	Amt für Kultur 0541/3233451 oder 19433 www.osnabrueck.de
letztes Wochenende		
Oktoberfest	37619 Bodenwerder	Verkehrsbüro 05533/40541 www.bodenwerder.de
Aper Herbstmarkt	26689 Apen	Gemeinde Apen 04489/7332 www.apen.de

November

Anfang November		
Herbstmarkt	26655 Westerstede	Stadtverwaltung 04488/55-204 www.westerstede.de
1. Wochenende		
Martinimarkt	21369 Dahlenburg	Tourist Information 05851/8628 www.dahlenburg.de
1. Sonntag		
Kartoffelsonntag (mit Trachtenumzug)	29451 Dannenberg	Tourist Information 05861/808190 www.dannenberg.de
Mittwoch/Donnerstag nach Buß- und Bettag		
Martinimarkt	37115 Duderstadt	Stadtverwaltung 05527/841200 www.duderstadt.de
Mittwoch vor 1. Advent bis 23. Dezember		
Weihnachtsmarkt rund um den Löwen und den Dom	38100 Braunschweig	Tourist Information 0531/19433 www.braunschweig.de
Donnerstag vor 1. Advent bis Freitag vor 4. Advent		
Lambertimarkt	26100 Oldenburg	Verkehrsverein 0441/15744 www.oldenburg-tourist.de
Donnerstag vor 1. Advent bis 22. Dezember		
Weihnachtsmarkt	29220 Celle	Tourist Information 05141/1212 www.celle.de

Freitag vor 1. Advent bis 21. Dezember **Weihnachtsmarkt**	31780 Hameln	Verkehrsverein Hameln 05151/2026179 www.hameln.de

Dezember

1. Adventswochenende **Schlossmarkt zum Advent**	38518 Gifhorn	Tourist Information 05371/88175 www.gifhorn.de
1. Advent bis 21. Dezember **Weihnachtsmarkt**	31134 Hildesheim	Verkehrsverein 05121/17980 www.hildesheim.de
1. Wochenende **Historischer Christmarkt** (s. S. 271)	21335 Lüneburg	Lüneburg Marketing GmbH 04131/2076620 www.lueneburg.de
2. Adventswochenende **Nostalgischer Weihnachtsmarkt**	29342 Wienhausen	Gemeindeverwaltung 05149/181-0 www.wienhausen.de
Heiligabend (22.00 Uhr) **Rundgang der Osteroder Weihnachtssänger**	37520 Osterode	Fremdenverkehrsamt 05522/318333 www.osterode.de

Nordrhein-Westfalen

Januar

2. Woche **Reinoldusfest der Steinhauergilde**	51789 Lindlar	Gemeindeverwaltung 02266/960 oder 440665 www.lindlar.de

Karneval

Donnerstag vor Rosenmontag **Traditionelle Weiberfastnacht**	53111 Bonn Beuel	Tourist Information 0228/19433 www.bonn.de
Karneval **Karneval** (s. S. 56) **mit Rosenmontagsumzug**	48127 Münster	Tourist Information 0251/19433 www.muenster.de
Samstag **Traditioneller Geisterzug** (s. S. 52)	53945 Blankenheim	Verkehrsbüro 02449/8333 www.blankenheim-ahr.de
Sonntag bis Dienstag **Rheinischer Karneval mit großen Festumzügen**	in Köln, Düsseldorf, Bonn; Aachen; und in vielen Orten der Eifel	Landesverkehrsverkehrsverband Rheinland 0228/3629-21/-22 www.rheinland-info.de
Montag **Kranzreiten**	33129 Delbrück	Verkehrsverein 05250/98410 www.stadt-delbrueck.de

Dienstag (Veilchendienstag) **Lazarus Strohmanus** (s. S. 55)	52428 Jülich	Kulturamt 02461/63240 www.juelich.de
Aschermittwoch **Schöppenmarkt in Dülken**	41747 Dülken bei Viersen	Referat für Wirtschaftsförderung 02162/101247 www.duelken.de

Palmsonntag

bis Palmsonntag (9 Tage) **Palmkirmes**	45600 Recklinghausen	Stadtverwaltung 02361/501351 www.recklinghausen.de
Palmsonntag (mit Samstag) **Ostermarkt**	47533 Kleve	Tourist Information 02821/19433 www.stadt-kleve.de

Ostern

ab Donnerstag vor Laetare (6 Tage) **Frühjahrssend** (große Kirmes)	48100 Münster	Tourist Information 0251/19433 www.muenster.de
ab 3. Samstag vor Ostern (9 Tage) **Ostermarkt**	48712 Gescher	Stadtinfo 02542/98011 www.gescher.de
um Ostern **Osterkirmes**	40000 Düsseldorf	Werbeamt 0211/89938-07/-27 www.duesseldorf.de
Karfreitag **Kreuztracht**	33119 Delbrück	Verkehrsverein 05250/98410 www.stadt-delbrueck.de
Kreuztrachtprozession in Gehrden	33034 Brakel	Tourist Info 05272/360269 www.brakel.de
ab Ostersamstag **Frühjahrsbend** (Volksfest)	52062 Aachen	Verkehrsverein 0241/1802960 www.aachen.de
Ostersamstag **Hallenberger Osternacht**	59969 Hallenberg	Stadtverwaltung 02984/3030 www.stadt-hallenberg.de
Ostern (Sa–Mo) **Ostermarkt**	51379 Leverkusen-Opladen	Stadtverwaltung 0214/4060 www.leverkusen.de
Ostersamstag bis Weißer Sonntag (kein Jahrmarkt am Ostersonntag) **Jahrmarkt anno dazumal** (s. S. 93)	53887 Mechernich Freilichtmuseum	Tourist Information 02443/49099800 www.mechernich.de
Ostersonntag **Oster-/Feuerräderlauf** (s. S. 92)	32676 Lügde	Tourist Information 05281/979642 www.lippe-online.de/stadt/luegde
Ostern (So + Mo) **Ostermarkt**	53894 Mechernich Burg Satzvey	Burg Satzvey 02256-1834 oder 1000 www.burgsatzvey.de
14 Tage nach Ostern **Kleesamenmarkt**	33428 Harsewinkel	Stadtverwaltung 05247/935182 www.harsewinkel.de

zwischen Ostern und Pfingsten		
Hänneschen Kirmes	50667 Köln	Köln Tourismus 0221/221-23343 www.koeln.de

April

Mitte April		
Pott´s Brauereifest und Frühlingskirmes	59302 Oelde	LGS Touristik GmbH 02522/92001 www.oelde.de
2. Hälfte April		
Luna-Park (älteste Kirmes Paderborns)	33000 Paderborn	Verkehrsverein 05251/88-2980 www.paderborn.de
3. Wochenende		
Stadtlohner Frühling	48703 Stadtlohn	Kulturamt 02563/87-30/-31 www.stadtlohn.de
letzter Samstag		
Bochumer Maiabendfest (s. S. 103)	44000 Bochum	Verkehrsverein 0234/963020 oder 19433 www.bochum.de
Maitrensenfeier	46325 Borken	Verkehrsamt 02861/939252 www.borken.de
30. April		
Hexenfest und Walpurgisnacht	53894 Mechernich Burg Satzvey	Burg Satzvey 02256-1834 oder 1000 www.burgsatzvey.de
Mailehen (s. S. 104)	52441 Linnich Körrenzig	Stadtverwaltung 02462/99080 www.stadt-linnich.de
Maifeier (mit vorherigem Eiersammeln und Versteigerung der Maimädchen)	53947 Nettersheim-Marmagen	Gemeindeverwaltung 02486/78-0 www.nettersheim.de
Maisingen	53947 Nettersheim-Holzmülheim	Gemeindeverwaltung 02486/78-0 www.nettersheim.de

Mai

Mai oder Juni		
Radschläger-Turnier (trad. Brauchtumsveranstaltung)	40000 Düsseldorf	Werbeamt 0211/89938-07/-27 www.duesseldorf.de
Historischer Jahrmarkt	52062 Aachen Kornelimünster	Verkehrsverein 0241/1802960 www.aachen.de
Mai		
Weinwoche	50667 Köln	Köln Tourismus 0221/221-23343 www.koeln.de
Bördetag (Stadtfest)	59494 Soest	Kulturamt 02921/103323 www.soest.de
1. Mai		
Maiumzug	53947 Nettersheim-Marmagen	Gemeindeverwaltung 02486/78-0 www.nettersheim.de
St. Georgsritt	53894 Kallmuth bei Mechernich	Stadtverwaltung 02443/490 www.mechernich.de
Wochenende nach bzw. einschl. 1. Mai		
Maimarkt	52348 Düren	Stadtverwaltung 02421/252000 www.dueren.de
1. Samstag		
»Rhein in Flammen am Siebengebirge« (s. S. 132)	Rheinabschnitt von Linz über Bad Honnef und Königswinter bis Bonn	Landesverkehrsverband Rheinland 0228/3629-21/-22 www.rheinland-info.de

1. Wochenende		
Quirinus Kirmes	53909 Zülpich	Stadtverwaltung 02252/520 www.zuelpich.de
Maikirmes in Ründeroth	51766 Engelskirchen-Rüderoth	Verkehrsamt 02263/83137 www.engelskirchen.de
2. Wochenende		
Niederrheinischer Pottbäckermarkt	47809 Krefeld	Verkehrs- und Werbeamt 02151/861501 www.krefeld.de
Dienstag nach Muttertag		
Ahlener Geranienmarkt	59227 Ahlen	Ahlener Werbegemeinschaft 02382/3642 www.ahlen.de
3. Wochenende (Sa–Di)		
Kirmes (mit »Häusertaufe« am Di)	53947 Nettersheim-Engelgau	Gemeindeverwaltung 02486/78-0 www.nettersheim.de
letztes Wochenende (Himmelfahrt/Pfingsten an diesem Wochenende, dann 1 Woche früher)		
Leineweber-Markt (Stadtfest)	33000 Bielefeld	Tourist Information 0521/516999 www.bielefeld.de

Himmelfahrt

Himmelfahrt		
Telgter Kutschenwallfahrt (mit über 100 Gespannen)	48291 Telgte	Stadt-Touristik 02504/77571 www.telgte.de
Gymnicher Ritt (s. S.127)	50374 Erftstadt	Stadtverwaltung 02235/4090 www.erftstadt.de

Pfingsten

Pfingsten und Wochenende davor oder danach		
Ritterfestspiele der Renaissance um 1531	53894 Mechernich Burg Satzvey	Burg Satzvey 02256-1834 oder 1000 www.burgsatzvey.de
Pfingsten (Fr–Mo)		
Brüggener Burgfest	41379 Brüggen	Verkehrsamt 02163/5270 www.brueggen.de
Pfingsten (Sa–Mo)		
Flachsmarkt (größter historischer Handwerkermarkt in Deutschland)	47809 Krefeld Stadtteil Linn	Verkehrs- und Werbeamt 02151/861501 www.krefeld.de
Pfingsten (Sa–Di)		
Pfingstmarkt	52511 Geilenkirchen	Stadtverwaltung 02451/6290 www.geilenkirchen.de
Mailehen (mit Maibaumaufrichten und Eiersingen)	53773 Hennef-Stoßdorf	Verkehrsamt 02242/19433 www.hennef.de
Pfingstsonntag		
Pfingstenkranz (trad. Tanz um den geschmückten Pfingstkranz)	59302 Oelde	LGS Touristik GmbH 02522/92001 www.oelde.de
Pfingstsingen	53947 Nettersheim-Tondorf	Gemeindeverwaltung 02486/78-0 www.nettersheim.de
Pfingstsonntag und Montag		
Burgfest in Eicks	53894 Mechernich	Stadtverwaltung 02443/490 www.mechernich.de
Pfingstmontag		
Brunnenfest	58600 Iserlohn	Stadtverwaltung 02371/217-0 www.iserlohn.de

Wochenende nach Pfingsten **Dreifaltigkeitskirmes**	48249 Dülmen	Stadtverwaltung 02594/12100 www.duelmen.de
eine Woche nach Pfingsten **Nostalgischer Jahrmarkt**	48346 Ostbevern	Verkehrsverein 02532/19433 www.ostbevern.de
Sonntag nach Pfingsten **Frühjahrsmarkt**	52152 Simmerath	Gemeindeverwaltung 02473/6070 www.simmerath.de

Fronleichnam

Fronleichnam **Mülheimer Gottestracht** (s. S. 131)	50667 Köln	Köln Tourismus 0221/221-23343 www.koeln.de
Fronleichnam bis Sonntag **Sacramentimarkt** (Kirmes mit Kunst-, Handwerker- und Bauernmarkt)	46325 Borken	Verkehrsamt 02861/939252 www.borken.de

Juni

Juni oder Juli (ein Wochenende vor Sommerferienbeginn) **Parkfest**	45127 Essen Revierpark Nienhausen	Touristikzentrale 0201/19433 www.essen.de
Anfang Juni **Südparkfest**	45600 Recklinghausen	Stadtverwaltung 02361/501351 www.recklinghausen.de
3. Wochenende **Vitus-Kirmes**	59302 Oelde Ortsteil Lette	LGS Touristik GmbH 02522/92001 www.oelde.de
ab Donnerstag vor letztem Sonntag (5 Tage) **Sommersend** (große Kirmes)	48100 Münster	Tourist Information 0251/19433 www.muenster.de
24. Juni (Johanni) **Johanniläuten der Nachbarschaften**	46325 Borken	Verkehrsamt 02861/939252 www.borken.de
Freitag um den 24. Juni **Johanni-Altstadtfest**	46325 Borken	Verkehrsamt 02861/939252 www.borken.de
Wochenende nach dem 24. Juni **Johanni-Kirmes**	48653 Coesfeld	Stadtverwaltung 02541/939101 www.coesfeld.de
Eifeler Landkirmes	52152 Simmerath	Gemeindeverwaltung 02473/6070 www.simmerath.de
Wochenende, das dem 24. Juni am nächsten liegt **Schützenfest** *(alle 2 Jahre: 2002; 2004; ...)* **Schnadegang** (s. S. 151)	59929 Brilon	Verkehrsverein 02961/96990 www.brilon.de
Wochenende nach dem 29. Juni **Peter-und-Paul-Kirmes**	53111 Bonn Beuel	Tourist Information 0228/19433 www.bonn.de
Peter-und-Paul-Kirmes	51766 Engelskirchen-Ründeroth	Verkehrsamt 02263/83137 www.engelskirchen.de

Juli

Juli (meist 1. Ferienwochenende) **Parkfest im Grugapark**	45127 Essen	Touristikzentrale 0201/19433 www.essen.de
Anfang Juli (9 Tage) **Krammarkt anlässlich der Wallfahrtsoktav**	52396 Heimbach	Stadt Heimbach 02446/8080 www.heimbach-eifel.de
1. Wochenende **Traditionsschützenfest**	57319 Bad Berleburg	Touristikverein 02751/9363-3 www.bad-berleburg.de
Nostalgischer Jahrmarkt	49470 Ibbenbüren	Tourist Information 05451/931-777 www.ibbenbueren.de
Sommerfest mit Entenrennen	53947 Nettersheim-Pesch	Gemeindeverwaltung 02486/78-0 www.nettersheim.de
Mitte Juli **Marktplatzfest**	53639 Königswinter	Tourismus GmbH Siebengebirge 02223/917711 www.koenigswinter.de
2. Hälfte Juli **Schützen- und Heimatfest mit größter Kirmes am Rhein** (s. S. 167)	40000 Düsseldorf Rheinwiesen	Werbeamt 0211/89938-07/-27 www.duesseldorf.de
3. Samstag **Rurseefest**	52152 Simmerath Woffelsbach/Rurberg	Gemeindeverwaltung 02473/6070 www.simmerath.de
vorletztes oder letztes Wochenende **Sparrenburgfest** (mittelalterliches Spektakulum)	33000 Bielefeld	Tourist Information 0521/516999 www.bielefeld.de
ab Samstag nach dem 23. Juli (9 Tage) **Liborifest** (s. S. 172)	33000 Paderborn	Verkehrsverein 05251/88-2980 www.paderborn.de
Wochenende nach dem 26. Juli (Anna) **Annakirmes** (s. S. 167)	52348 Düren	Stadtverwaltung 02421/252000 www.dueren.de
letztes Wochenende **Schützen- und Heimatfest**	42499 Hückeswagen	Stadtverwaltung 02192/88109 www.hueckeswagen.de
Jakobi Kirmes	59387 Ascheberg	Gemeindeverwaltung 02593/609-0 www.ascheberg.de

August

August (um Sommerferienende) **Derletal-Fest**	53111 Bonn Duisdorf	Tourist Information 0228/19433 www.bonn.de
ab 1. Freitag (10 Tage) **Cranger Kirmes**	44623 Herne	Verkehrsverein 02323/162844 www.herne.de
1. Wochenende **Seenachtsfest**	53945 Blankenheim	Verkehrsbüro 02449/8333 www.blankenheim-ahr.de
Annenkirmes (größte Innenstadtkirmes im Weserbergland)	33034 Brakel	Tourist Information 05272/360-269 www.brakel.de
2. Wochenende **Kälkenfest** (mit hist. Kostümen und Trachten)	34414 Warburg	Fremdenverkehrsamt 05641/92-555 www.warburg.de

Wochenende vor dem 3. Dienstag		
Wendsche Kärmetze (ca. 200 000 Besucher)	57482 Wenden	Verkehrsamt 02762/406301 www.wenden.de
um den 15. August (Mariä Himmelfahrt)		
Heimatfest (mit Pferdeumritt, Stadtprozession, Kirmes)	48231 Warendorf	Stadtverwaltung 02581/54-0 www.warendorf.de
letzte zwei Wochenenden		
Sommerfest an der Gruga mit Großkirmes	45127 Essen	Touristikzentrale 0201/19433 www.grugahalle.de
letztes volles Wochenende		
Bürgerschützenfest (s. S. 189)	41400 Neuss	Stadtverwaltung 02131/90-01 www.neuss.de
letztes Wochenende (Fr–Di)		
Beecker Kirmes (größte Kirmes am Niederrhein)	47000 Duisburg	Duisburg-Agentur 0203/2833172 www.duisburg.de
letztes Wochenende		
Altstadtfest	41379 Brüggen	Verkehrsamt 02163/5270 www.brueggen.de
Ritterfestspiele des Mittelalters um 1230	53887 Mechernich Burg Satzvey	Burg Satzvey 02256-1834 oder 1000 www.burgsatzvey.de
Stoppelmarkt	48720 Rosendahl	Gemeindeverwaltung 02547/77-0 www.rosendahl.de
letzte Woche		
Essener Woche (größte deutsche Binnensee-Regatta)	45127 Essen Baldeneysee	Touristikzentrale 0201/19433 www.essen.de
letzter Mittwoch und Donnerstag		
Rehmer Markt	32540 Bad Oeynhausen-Rheme	Stadtverwaltung 05731/14-0 www.badoeynhausen.de
letzter Samstag		
Sommerfest	53111 Bonn Bad Godesberg	Tourist Information 0228/19433 www.bonn.de
Wochenende vor dem letzten Montag		
Kirmes und Lambertusmarkt	48268 Greven	Verkehrsverein 02571/1300 www.greven.net
Ende August		
Linner Burgen-, Trachten- und Heimatfest	47809 Krefeld Stadtteil Linn	Verkehrs- und Werbeamt 02151/861501 www.krefeld.de
Ende August/Anfang September		
Ludgerus-Fest	45127 Essen Werden	Touristikzentrale 0201/19433 www.essen.de

September

September		
Erntefest mit traditionellem Landfrauenkaffee	57489 Drolshagen	Stadtverwaltung 02761/970-0
Wochenende (Fr–Mo) um den 1. Sonntag		
Ibbenbürener Großkirmes	49470 Ibbenbüren	Tourist Information 05451/931-777 www.ibbenbueren.de
Wochenende nach dem 4. September (Irmgard)		
Irmgardis Schlussoktav in Süchteln	41700 Viersen Süchteln	Referat für Wirtschaftsförderung 02162/101247 www.viersen.de
1. Wochenende		
Europamarkt der Kunsthandwerker	52062 Aachen	Verkehrsverein 0241/1802960 www.aachen.de

Bierbrunnenfest	32312 Lübbecke	Stadtverwaltung 05741/276-0 www.luebbecke.de
1. und 2. Wochenende		
Ritterfestspiele des Mittelalters um 1230	53887 Mechernich Burg Satzvey	Burg Satzvey 02256-1834 oder 1000 www.burgsatzvey.de
über den 2. Sonntag (Fr–Di)		
Pützchens Markt (s. S.201)	53111 Bonn Beuel	Tourist Information 0228/19433 www.bonn.de
Dienstag nach dem 8. September Kirmes ab Samstag davor		
Mariä-Geburts-Markt (großer Kram- und Pferdemarkt)	48291 Telgte	Stadt-Touristik 02504/77571 www.telgte.de
2. Wochenende		
Halterner Heimatfest	45721 Haltern	Stadtagentur 02364/933-366 www.haltern.de
Havixbecker Septemberfest	48329 Havixbeck	Werbegemeinschaft 02507/33117 www.havixbeck.de
Leinenmarkt	49545 Tecklenburg	Touristik GmbH 05482/93890 www.stadt-tecklenburg.de
2. oder 3. Wochenende		
Stadtfest	52062 Aachen	Verkehrsverein 0241/1802960 www.aachen.de
Hülser Bottermaat (ca. 40 000 Besucher)	47899 Krefeld Stadtteil Hüls	Verkehrs- und Werbeamt 02151/861501 www.krefeld.de
Wochenende nach dem 14. September (Kreuzerhöhung)		
Große Kreuztracht	48653 Coesfeld	Stadtverwaltung 02541/939101 www.coesfeld.de
17. September		
Lambertusfest	48100 Münster	Tourist Information 0251/19433 www.muenster.de
3. Samstag		
Stadtlohner Herbst	48703 Stadtlohn	Kulturamt 02563/87-30/-31 www.stadtlohn.de
3. Wochenende		
Katharinenmarkt (mehr als 200 000 Besucher)	33129 Delbrück	Verkehrsverein 05250/98410 www.stadt-delbrueck.de
Stadtfest	52348 Düren	Stadtverwaltung 02421/252000 www.dueren.de
Kreuzerhöhungsfest	45721 Haltern	Stadtagentur 02364/933-366 www.haltern.de
Straßenfest im Severinviertel (ca. 700 000 Besucher)	50667 Köln	Info: Werbepraxis von der Gathen 02235/680330 www.werbepraxis.de
3. Sonntag		
Burgfest mit historischem Jahrmarkt	53940 Hellenthal Burg Reifferscheid	Verkehrsamt 02482/85115 www.hellenthal.de
Großes Billerbecker Stadtfest	48727 Billerbeck	Stadtverwaltung 02543/7313 www.billerbeck.de
4. Wochenende		
Dellbrücker Meile (Straßenfest mit ca. 500 000 Besuchern)	50667 Köln	Info: Werbepraxis von der Gathen 02235/680330 www.werbepraxis.de
letztes Wochenende		
Historischer Flachsmarkt	41844 Wegberg	Stadtverwaltung 02434/830 oder 3535 www.flachsmuseum.de
Westfälischer Kartoffelmarkt	59063 Hamm	Stadtverwaltung 02381/170 www.hamm.de

Huxori-Markt	37671 Höxter	Fremdenverkehrsamt 05271/19433 www.hoexter.de
letzter Sonntag		
Bauernmarkt	46348 Raesfeld-Erle	Stadtverwaltung 02865/9550 www.raesfeld.de
Wochenende, dem 29. September am nächsten		
Michaelskirmes	53111 Bonn Bad Godesberg	Tourist Information 0228/19433 www.bonn.de
Ende September		
Altstadtfest	45600 Recklinghausen	Stadtverwaltung 02361/501351 www.recklinghausen.de
Ende September (alle 5 Jahre: 2005; ...)		
Historischer Erntedankumzug	48346 Ostbevern	Verkehrsverein 02532/19433 www.ostbevern.de
Ende September/Anfang Oktober (alle 2 Jahre: 2001; 2003; ...)		
Erntedankfest mit historischem Erntedankzug	53945 Blankenheim	Verkehrsbüro 02449/8333 www.blankenheim-ahr.de
Ende September bis Anfang Oktober		
Reinholdi-Markt	32791 Lage/Lippe	Stadtverwaltung 05232/6010 www.lage-virtuell.de

Oktober

Oktober		
Spökenkiekermarkt	33428 Harsewinkel	Stadtverwaltung 05247/935182 www.harsewinkel.de
Oktober (Ende der Herbstferien)		
Herbstmarkt	52152 Simmerath	Gemeindeverwaltung 02473/6070 www.simmerath.de
Erntedanktag		
Wittgensteiner Brotmarkt (s. S. 215)	57319 Bad Berleburg	Touristikverein 02751/9363-3 www.bad-berleburg.de
über 1. Wochenende (Fr–Mo)		
Winzerfest	53639 Königswinter	Tourismus GmbH Siebengebirge 02223/917711 www.koenigswinter.de
1. Wochenende		
Kirmes (mit Umzug von Ärzebär und Königin)	53947 Nettersheim-Frohngau	Gemeindeverwaltung 02486/78-0 www.nettersheim.de
1. Wochenende (Sa–Di)		
Michael-Kirmes	53909 Zülpich	Stadtverwaltung 02252/520 www.zuelpich.de
2. Wochenende		
Haarener Oktoberfest	52525 Waldfeucht	Gemeindeverwaltung 02455/3990 www.waldfeucht.de
Viktor-Kirmes	48249 Dülmen	Stadtverwaltung 02594/12100 www.duelmen.de
über 3. Wochenende (Do–Mo)		
Bocholter Herbstkirmes (größtes Volksfest im Münsterland)	46393 Bocholt	Stadtinformation 02871/5044 www.bocholt.de
3. Sonntag		
Kiepenkerlsonntag (Trachtengruppen des Münsterlandes)	48703 Stadtlohn	Kulturamt 02563/87-30/-31 www.stadtlohn.de
3. Wochenende		
Herbstkirmes	48401 Rheine	Stadtverwaltung 05971/939-0 www.rheine.de

vorletztes Wochenende **Historischer Jahrmarkt**	53894 Mechernich Kommern	Stadtverwaltung 02443/490 www.mechernich.de
ab Donnerstag vor dem 4. Sonntag (6 Tage) **Herbstsend** (große Kirmes)	48100 Münster	Tourist Information 0251/19433 www.muenster.de
4. Wochenende (Sa–Di) **Simon-Juda-Markt** »SIM-JÜ« (s. S. 217)	59368 Werne	Verkehrsverein 02389/534080 www.werne.de
letzter Sonntag **Pottbäckersonntag**	48607 Ochtrup	Verkehrs- und Werbegemeinschaft 02553/98180 www.stadt-ochtrup.de
Ende Oktober **Fettmarkt**	48231 Warendorf	Stadtverwaltung 02581/54-0 www.warendorf.de

November

vor Allerheiligen **Allerheiligenkirmes**	45600 Recklinghausen	Stadtverwaltung 02361/501351 www.recklinghausen.de
Wochenende nach Allerheiligen **Allerheiligenmarkt**	48336 Sassenberg	Stadtverwaltung 02583/309-0 www.sassenberg.de
Sonntag nach Allerheiligen **Historischer Kappesmarkt**	46348 Raesfeld	Stadtverwaltung 02865/9550 www.raesfeld.de
ab Mittwoch nach Allerheiligen bis Sonntag **Allerheiligenkirmes** (seit 1338)	59494 Soest	Kulturamt 02921/103323 www.soest.de
10. November **Sankt Martin**	40000 Düsseldorf	Werbeamt 0211/89938-07/-27 www.duesseldorf.de
11. November (11.11 Uhr) **Hoppeditz Erwachen** (närrischer Karnevalsauftakt in der Altstadt)	40000 Düsseldorf	Werbeamt 0211/89938-07/-27 www.duesseldorf.de
11. November **Mühlenritt der Narrenakademie Dülken** (s. S.234)	41751 Dülken bei Viersen	Referat für Wirtsch.-förderung 02162/101247 www.duelken.de
Donnerstag vor Totensonntag bis kurz vor Weihnachten **Weihnachtsmärkte in der Düsseldorfer Innenstadt**	40000 Düsseldorf	Werbeamt 0211/89938-07/-27 www.duesseldorf.de
Samstag vor Totensonntag bis kurz vor Weihnachten **Aachener Weihnachtsmarkt**	52062 Aachen	Verkehrsverein 0241/1802960 www.aachen.de
Ende November bis 23. Dezember **Weihnachtsmärkte**	50667 Köln	Köln Tourismus 0221/221-23343 www.koeln.de

Dezember

Anfang Dezember bis kurz vor Weihnachten		
Mittelalterlicher Weihnachtsmarkt	53721 Siegburg bei Bonn	Tourist Information 02241/96985-30 www.siegburg.de
Adventszeit		
Hochlarer Krippenspiel	45600 Recklinghausen	Stadtverwaltung 02361/501351 www.recklinghausen.de
an den 4 Adventswochenenden		
Weihnachtsmarkt mit Krippenspielen	52156 Monschau	Tourist Information 02472/19433 www.monschau.de
1. Adventswochenende (Fr–So)		
Printenmarkt	53887 Mechernich Freilichtmuseum	Tourist Information 02443/490 oder 99800 www.mechernich.de
Montag nach dem 1. Advent		
Andreasmarkt	52441 Linnich	Stadtverwaltung 02462/99080 www.stadt-linnich.de
1., 2. und 3. Wochenende		
Historische Burgweihnacht (s. S. 272)	53894 Mechernich Burg Satzvey	Burg Satzvey 02256/1834 oder 1000 www.burgsatzvey.de
Freitag vor oder nach Nikolaus		
Markedag	48720 Rosendahl	Gemeindeverwaltung 02547/77-0 www.rosendahl.de
26. Dezember		
Bäreleere (Volksfest und Geisteraustreibung)	57319 Bad Berleburg Dotzlar	Touristikverein 02751/9363-3 www.bad-berleburg.de

Rheinland-Pfalz

Fastnacht

Fastnacht		
Mainzer Fastnacht mit großem Rosenmontagszug (s. S. 27)	55116 Mainz	Touristik Zentrale 06131/286210 www.mainz.de
Fastnacht (Do–Di)		
Fastnachtsmarkt	67059 Ludwigshafen	Tourist Information 0621/512035 www.ludwigshafen.de
Fastnachtsmarkt	67657 Kaiserslautern Volkspark	Tourist Information 0631/19433 www.kaiserslautern.de
Fastnachtssamstag (ab 18.00 Uhr)		
Ürziger FastNachtsumzug	54539 Ürzig	Verkehrsbüro 06532/2620 www.uerzig.de
Fastnachtssonntag		
Fastnachtszug	56203 Höhr-Grenzhausen	Tourist Information 02624/19433 www.hoehr-grenzhausen.de
Rosenmontag		
Rosenmontagsumzug	57562 Herdorf	Stadtverwaltung Herdorf 02744/92230 www.herdorf.de

Fastnachtsdienstag		
Veilchendienstagsumzug	56564 Neuwied Heimbach-Weis	Amt für Stadtmarketing 02631/802-260 www.neuwied.de
Sonntag nach Fastnacht		
Winteraustreibung (Abbrennen von Burgen, Kreuzen und Rädern aus Stroh und Reisig)	in verschiedenen Orten der Südeifel	Tourist Information Oberes Kylltal 06597/2878 www.eifeltour.de/Obere-Kyll.htm

März

zur Mandelblüte		
Mandelblütenfest	67433 Neustadt/ Weinstraße	Tourist Information 06321/926856 www.neustadt.pfalz.com
2. oder 3. Wochenende		
Märzmarkt (mit Winterverbrennung und Umzug)	67269 Grünstadt/Pfalz	Stadtverwaltung 06359/805-0 www.gruenstadt.de
Ende März		
Moosemannsfest	56332 Alken	Touristik-Information 02607/4927 www.untermosel.de

Ostern

3. Sonntag vor Ostern (Laetare)		
Hansel-Fingerhut-Spiel (s. S.90)	67146 Forst bei Deidesheim	Tourist Information 06326/96770 www.deidesheim.de
Sommertagsauszug	76829 Landau	Landau-Tourist 06341/13180 www.landau.de
14 Tage vor Ostern		
Ostermarkt	56812 Cochem	Tourist Information 02671/60040 www.cochem.de
eine Woche vor Ostern		
Ostermarkt auf dem historischen Eiermarkt	55543 Bad Kreuznach	Tourist Information 0671/83600-50 www.bad-kreuznach.de
Ostern		
Fröhliches Ostereierkippen	56333 Winningen	Touristik-Information 02607/4927 www.untermosel.de
Osterhasenrennen	56330 Kobern-Gondorf	Touristik-Information 02607/4927 www.untermosel.de
Ostermontag		
Eierlage (s. S. 93)	54614 Schönecken	Tourist Information Prümer Land, 06551/505 www.eifeltour.de
Fest der fliegenden Brücke	56343 St. Goarshausen und 56329 St. Goar	Touristik-Information 06771/910-11 www.loreley.de

April

April		
Frühlingsfest mit Proklamation der Weinkönigin	53505 Altenahr	Verbandsgemeindeverwaltung 02643/809-0
Anfang April		
Frühjahrsmess	67059 Ludwigshafen	Tourist Information 0621/512035 www.ludwigshafen.de
Mitte/Ende April		
Blütenfest	67251 Freinsheim	Tourist Information 06353/1779 www.stadt.freinsheim.de

Ende April		
Mittelrheinischer Weinfrühling im Bopparder Hamm	56154 Boppard	Tourist Information 06742/3888 www.boppard.de
30. April		
Weinhexennacht (mit Proklamation der Weinhexe)	55430 Oberwesel	Tourist Information 06744/1521 www.oberwesel.com

Mai

Mai		
Binger Sektfest	55411 Bingen	Tourist Information 06721/184-201/-205 www.bingen.de
bis zum 1. Mai (3 Tage)		
Loschter Handkeesfescht	67363 Lustadt	Gemeindeverwaltung 06347/336
um den 1. Mai		
Fest der 100 Weine	67169 Kallstadt	Tourist Information 06353/935773 www.freinsheim.de
1. Wochenende		
Rotweinfest	55593 Wallhausen	Verbandsgemeindeverw. 0671/37143
Promenadenfest und Stadtfest	53424 Remagen	Tourist Information 02642/201-87 www.stadt-remagen.de
2. Samstag		
Amselkerwe	76833 Knöringen	Tourismusbüro 06345/3531 www.verein.suedliche-weinstrasse.de
2. Wochenende		
Kuckuckskerwe	76857 Wernersberg	Verkehrsamt 06346/2200 www.trifelsland.de
Ende Mai (alle 7 Jahre: 2006; ...)		
Waldumgang	67657 Kaiserslautern	Tourist Information 0631/19433 www.kaiserslautern.de
Ende Mai/Anfang Juni		
Maimarkt	67657 Kaiserslautern	Tourist Information 0631/19433 www.kaiserslautern.de

Himmelfahrt

um Himmelfahrt (4 Tage)		
Strohhutfest	67227 Frankenthal/Pfalz	Stadtverwaltung 06233/89-0 www.frankenthal.de
Himmelfahrt		
Kleines Weinfest am historischen Weinberg	53489 Sinzig-Bad Bodendorf	Verkehrsamt 02642/980500 www.sinzig-bad-bodendorf.de
Himmelfahrt (Do–So)		
Stadt- und Käsekönigsfest	67098 Bad Dürkheim	Tourist Information 06322/935156 www.bad-duerkheim.de
Himmelfahrt (Do–So) (alle 2 Jahre: 2001; ...)		
Mittelalterliches Burgfest auf der Marksburg	56338 Braubach/Rhein	Verkehrsamt 02627/976001 www.tal-der-loreley.de
ab Himmelfahrt (10 Tage)		
Europa-Volksfest	54290 Trier	Tourist Information 0651/97808-0 www.trier.de
Sonntag nach Himmelfahrt		
Wald- und Weinfest	54492 Erden	Gemeindeverwaltung 06532/4624

Pfingsten

Pfingsten **Bälzer Kirmes**	56154 Boppard	Tourist Information 06742/3888 www.boppard.de
Pfingsten (Fr–Di) **Pfingstmarkt** *Dienstag nach Pfingsten* **Geißbockversteigerung**	67146 Deidesheim	Tourist Information 06326/96770 www.deidesheim.de
Pfingsten (Sa–Mo) **Weinmarkt der Ahr**	53458 Ahrweiler	Verkehrsverein 02641/9773-50 www.bad-neuenahr-ahrweiler.de
Pfingsten (Sa–Di) **Heddesdorfer Pfingstkirmes** *Dienstag* **Trad. Pfingstritt**	56564 Neuwied-Heddesdorf	Tourismusbüro 02631/802456 www.neuwied.de
Wochenende nach Pfingsten (Fr–So) **Saubrunnenfest**	76879 Bornheim	Gemeindeverwaltung 06348/8808 www.verein.suedliche-weinstrasse.de
Sonntag nach Pfingsten **Happy Mosel** (autofreier Erlebnistag an der Mittelmosel)	54472 Brauneberg	Mosellandtouristik 06531/2091 www.mosellandtouristik.de
3. Sonntag nach Pfingsten **Orgelbornkirmes**	56154 Boppard	Tourist Information 06742/3888 www.boppard.de

Fronleichnam

ab Fronleichnam (Do–So) **Tage der offenen Weinkeller**	54472 Brauneberg	Touristikbüro 06534/933333 www.brauneberg-mosel.de
ab Fronleichnam (Do–Mo) **Owwergässer Winzerkerwe**	67480 Edenkoben/Pfalz	Verbandsgemeindeverwaltung 06323/959-0 www.edenkoben.de

Juni

Juni oder Juli (zu Beginn der Sommerferien) **Altstadtfest**	56068 Koblenz	Koblenz-Touristik 0261/31304 www.koblenz.de
Juni **Weinblütenfest**	53557 Bad Hönningen	Kurverwaltung 02635/2272 www.bad-hoenningen-rhein.de
Juni (alle 2 Jahre: 2001; 2003; . . .) **Historisches Frühlingsfest**	67697 Otterberg/Pfalz	Touristikinformation 06301/31504 www.otterberg.de
Anfang Juni (alle 2 Jahre: 2002; 2004; . . .) **Mittelalterliches Spektakulum**	55430 Oberwesel	Tourist Information 06744/1521 www.oberwesel.com
1. Wochenende (Sa–So) **Internationaler Keramikmarkt in der Kannenbäckerstadt**	56203 Höhr-Grenzhausen	Tourist Information 02624/19433 www.hoehr-grenzhausen.de
1. Wochenende **Burgmarkt und Ritterturnier auf Burg Rheinfels**	56329 St. Goar	Touristik-Information 06741/383 www.tal-der-loreley.de

Sprudelndes Sinzig (Stadtfest)	53489 Sinzig	Verkehrsamt 02642/980500
Altstadtfest	67251 Freinsheim/Pfalz	Tourist Information 06353/17 79 www.stadt.freinsheim.de
Altstadtfest	76887 Bad Bergzabern	Verbandsgemeindeverwaltung 06343/701-0 www.bad-bergzabern.de
Cityfest	55543 Bad Kreuznach	Tourist Information 0671/83600-50 www.bad-kreuznach.de
Mitte Juni		
Parkfest	67059 Ludwigshafen	Tourist Information 0621/512035 www.ludwigshafen.de
Mittelalterliches Hexen- und Gauklerfest	56333 Winningen	Touristik-Information 02607/4927 www.untermosel.de
Mitte/Ende Juni		
Altstadtfest	54290 Trier	Tourist Information 0651/97808-0 www.trier.de
Hatzenporter Sommersonnenwende	56332 Hatzenport	Touristik-Information 02607/4927 www.untermosel.de
2. oder 3. Wochenende		
Weinblütenfest	53508 Mayschoß	Tourist Information 02643/8308 www.mayschoss.de
3. Wochenende		
Weinfest unter den Linden	67256 Weisenheim	Tourist Information 06353/935773 www.freinsheim.de
Schützenfest mit historischem Trinkzug	53458 Ahrweiler	Verkehrsverein 02641/9773-50 www.bad-neuenahr-ahrweiler.de
Weinblütenfest der Mittelmosel	54347 Neumagen-Dhron	Tourist Information 06507/6555 www.weinbluetenfest.de
Wochenende, dem 24. Juni am nächsten		
Mainzer Johannisnacht (s. S. 153)	55116 Mainz	Touristik Centrale 06131/286210 www.mainz.de
letztes Wochenende (Fr–Mo)		
Nonnensuselfest	76889 Pleisweiler-Oberhofen	Gemeindeverwaltung 06343/2984 www.verein.suedliche-weinstrasse.de
letztes Wochenende		
Straßenfest in der Weingasse	56850 Enkirch	Gemeindeverwaltung 06541/4140 www.enkirch.de
Stadtfest	67059 Ludwigshafen	Tourist Information 0621/512035 www.ludwigshafen.de
Internationales Sommerfest (Straßenfest)	54516 Wittlich	Tourist Information 06571/4086 www.wittlich.de
Mittelalterliches Lager der Spiel- und Handwerksleut	56812 Cochem	Tourist Information 02671/60040 www.cochem.de
letzter Sonntag		
Tal toTal (autofreier Erlebnistag)	von Koblenz bis Bingen, Rüdesheim bis Lahnstein	Touristik-Information 06741/383 www.tal-der-loreley.de
Ende Juni		
Weinfest an der Römerkelter	67098 Bad Dürkheim	Tourist Information 06322/935156 www.bad-duerkheim.de
Ende Juni/Anfang Juli		
Sommernacht der Rose (mit Proklamation der Dame der Rose)	53458 Ahrweiler Kurpark	Verkehrsverein 02641/9773-50 www.bad-neuenahr-ahrweiler.de
Wein- und Burgenfest	56330 Kobern-Gondorf	Touristik-Information 02607/4927 www.untermosel.de

Juli

Juli		
Burgenzauber	56812 Cochem	Tourist Information 02671/60040 www.cochem.de
Bad Neuenahrer Bergfest	53458 Bad Neuenahr	Verkehrsverein 02641/9773-50 www.bad-neuenahr-ahrweiler.de
1. Samstag		
Der Rhein im Feuerzauber um das Binger Loch	55411 Bingen	Tourist Information 06721/184-201/-205 www.bingen.de
1. Wochenende		
Bäckerjungenfest (s. S. 165)	56626 Andernach	Touristikbüro 02632/949399 www.andernach.de
Altstadtfest	67657 Kaiserslautern	Tourist Information 0631/19433 www.kaiserslautern.de
Internationales Trachtenfest der Mosel mit Weinfest	54536 Kröv	Verbandsgemeindeverwaltung 06541/706-0 www.kroev.de
1. oder 2. Wochenende		
Kurpark der Jahrhundertwende	55583 Bad Münster	Kurverwaltung 06708/6150 www.bad-muenster-am-stein.de
2. Wochenende (Fr–Di)		
Brezelfest (s. S. 173)	67346 Speyer/Pfalz	Verkehrsamt 06232/142-392 www.speyer.de
2. Wochenende		
Trierer Moselfest	54290 Trier	Tourist Information 0651/97808-0 www.trier.de
Weinkirmes mit Montagsmarkt	54492 Zeltingen-Rachtig	Verkehrsbüro 06532/2404 www.bernkastel-kues.de
2. Hälfte Juli		
Brauneberger Weinfest	54472 Brauneberg	Touristikbüro 06534/933333 www.brauneberg-mosel.de
Sonntag vor dem 23. Juli und Sonntag darauf		
Jakobsmarkt (seit über 100 Jahren)	53424 Remagen	Tourist Information 02642/201-87 www.stadt-remagen.de
3. Wochenende		
Kirschenkirmes	56858 Altlay	Tourist Information Zeller Land 06542/70122 www.zell-mosel.de
Magdalenenkirmes	56859 Bullay	Tourist Information Zeller Land 06542/70122 www.zell-mosel.de
Stadtmauerfest	67251 Freinsheim/Pfalz	Tourist Information 06353/1779 www.stadt.freinsheim.de
Rheinuferfest (mit Feuerwerk)	56154 Boppard	Tourist Information 06742/3888 www.boppard.de
Winzertrachten- und Weinbrunnenfest	56850 Enkirch	Gemeindeverwaltung 06541/4140 www.enkirch.de
Brunnenfest	76829 Leinsweiler/Pfalz	Gemeindeverwaltung 06345/919084 www.leinsweiler.de
um 3. Sonntag (Sa–Mo)		
Schützen- und Heimatfest	56329 St. Goar	Touristik-Information 06741/383 www.tal-der-loreley.de
letztes Wochenende		
St.-Anna-Fest	54470 Bernkastel-Kues	Verkehrsbüro 06531/4023 www.bernkastel-kues.de
Hafenfest auf der Jungau	55218 Ingelheim	Stadtverwaltung 06132/782-0 www.ingelheim.de

letztes Wochenende (alle 2 Jahre: 2002; . . .)		
Altstadtfest	67697 Otterberg/Pfalz	Touristikinformation 06301/31504 www.otterberg.de
Ende Juli		
Eiermarktfest auf dem historischen Eiermarkt	55543 Bad Kreuznach	Tourist Information 0671/83600-50 www.bad-kreuznach.de

August

August und September		
Burgfestspiele	56108 Lahnstein Burg Lahneck	Verkehrsamt 02621/914-171/-172 www.rhein-lahn-info.de
August		
Burgfest (mit Feuerwerk)	53505 Altenahr	Verbandsgemeinde 02643/809-0
1. Sonntag nach dem 3. August		
Zeltinger Weinkirmes mit großer öffentlicher Riesling-Weinprobe	54492 Zeltingen-Rachtig	Verkehrsbüro 06532/2404 www.bernkastel-kues.de
1. Wochenende		
Enkircher Fest (Weinfest)	56850 Enkirch	Gemeindeverwaltung 06541/4140 www.enkirch.de
Burgfest	56812 Cochem	Tourist Information 02671/60040 www.cochem.de
Wein- und Heimatfest in Ellenz	56821 Ellenz-Poltersdorf	Mosellandtouristik 06531/2091 www.mosellandtouristik.de
1. Wochenende (Sa–Mo)		
Internationales Hansenfest	56329 St. Goar	Touristik-Information 06741/383 www.tal-der-loreley.de
1. Sonntag		
Burgfest Trifels	76855 Annweiler	Verbandsgemeindeverwaltung 06346/301-102 www.trifelsland.de
Erlkönig Regatta	56343 St. Goarshausen	Touristik-Information 06771/910-11 www.loreley.de
um den 10. August (Laurentius) (Sa–Mi)		
Laurentiuskirmes	54550 Daun	Kur- und Verkehrsamt 06592/9513-0 www.daun.de
Sonntag, dem 10. August am nächsten		
Laurentiussegen mit Wallfahrt (s. S. 181)	55435 Gau-Algesheim bei Bingen	Verbandsgemeindeverwaltung 06725/910-0 www.gau-algesheim.de
2. Samstag		
Rhein in Flammen (mit großem Feuerwerk)	Koblenz, Lahnstein, Rhens, Brey, Spay, Braubach	Koblenz-Touristik 0261/31304 www.koblenz.de
2. Wochenende		
Kaisertafel	67346 Speyer/Pfalz	Verkehrsamt 06232/142-392 www.speyer.de
Winzerfest in Bruttig	56814 Bruttig-Fankel	Gemeindeverwaltung 02671/915297 www.bruttig-fankel.de
Großes Wein- und Straßenfest in Zeltingen	54492 Zeltingen-Rachtig	Verkehrsbüro 06532/2404 www.bernkastel-kues.de
Mitte August		
Traditionelles Heimat- u. Weinfest	56814 Ernst	Mosellandtouristik 06531/2091 www.mosellandtouristik.de
ab Sonntag nach dem 16. August (So–So)		
Rochusfest (s. S. 186)	55411 Bingen	Tourist Information 06721/184-201/-205 www.bingen.de

2. oder 3. Wochenende		
Wein- und Straßenfest in Kues	54470 Bernkastel-Kues	Verkehrsbüro 06531/4023 www.bernkastel-kues.de
3. Wochenende Samstag		
Kirmes in Waldbreitbach »Wied in Flammen«	56588 Waldbreitbach bei Neuwied	Verkehrsamt 02638/4017 www.waldbreitbach-vg.de
Grünesputschefest	66976 Rodalben	Verbandsgemeindeverwaltung 06331/234-180 www.rodalben.de
Großer Jahrmarkt	55543 Bad Kreuznach	Tourist Information 0671/83600-50 www.bad-kreuznach.de
Säubrennerkirmes	54516 Wittlich	Tourist Information 06571/4086 www.wittlich.de
Weinfest mit Festumzug	54340 Leiwen	Tourist Information 06507/3100 www.leiwen.de
3. Wochenende (Fr–So)		
Historisches Weinfest	53458 Bad Neuenahr Heimersheim	Verkehrsverein 02641/9773-50 www.bad-neuenahr-ahrweiler.de
3. Wochenende		
Bopparder Weinkost	56154 Boppard	Tourist Information 06742/3888 www.boppard.de
4. Wochenende		
Ländliches Weinfest	53458 Bad Neuenahr Walporzheim	Verkehrsverein 02641/9773-50 www.bad-neuenahr-ahrweiler.de
letztes volles Wochenende (Sa–So)		
Historisches Burgfest	54531 Manderscheid	Kurverwaltung 06572/921549 www.manderscheid.de
ab letztes Wochenende (9 Tage)		
Backfischfest (s. S.190)	67547 Worms	Tourist Info 06241/8538800 www.worms.de
letztes Wochenende		
Weinstraßenfest in Rachting	54492 Zeltingen-Rachtig	Verkehrsbüro 06532/2404 www.bernkastel-kues.de
Nahe-Weinfest	55593 Wallhausen	Verbandsgemeindeverw. 0671/37143
Mittelalterliches Burgfest	66978 Merzalben	Kreisverwaltung 06331/809-126 www.merzalben.de
letztes Wochenende (ab Freitag)		
Bartholomäusmarkt	56130 Bad Ems	Bad Ems Touristik 02603/94150 www.rhein-lahn-info.de/bad-ems
letzter Sonntag		
Blumenkorso (s. S. 185)	56130 Bad Ems	Bad Ems Touristik 02603/94150 www.blumenkorso.de
Erlebnistag Deutsche Weinstraße	67433 Neustadt/ Weinstraße	Tourist Information 06321/926856 www.neustadt.pfalz.com
Ende August/Anfang September		
Barbarossa-Woche	67657 Kaiserslautern Volkspark	Tourist Information 0631/19433 www.kaiserslautern.de
Ältestes deutsches Winzerfest	56333 Winningen	Touristik-Information 02607/4927 www.untermosel.de
letztes Wochenende im August und 1. Wochenende im September		
Mainzer Weinmarkt (s. S. 188)	55116 Mainz	Touristik Zentrale 06131/286210 www.mainz.de
ab letztem Wochenende im August oder 1. Wochenende im September (11 Tage)		
Winzerfest	55411 Bingen	Tourist Information 06721/184-201/-205 www.bingen.de

September

Anfang September		
Internationales Fischerstechen auf der Roseninsel	55543 Bad Kreuznach	Tourist Information 0671/83600-50 www.bad-kreuznach.de
Weinmarkt	55430 Oberwesel	Tourist Information 06744/1521 www.oberwesel.com
Samstag zum Weinmarkt		
Rhein in Flammen – Nacht der 1000 Feuer (mit Schiffskorso)		
1. Wochenende (ab Donnerstag)		
Weinfest der Mittelmosel	54470 Bernkastel-Kues	Verkehrsbüro 06531/4023 www.bernkastel-kues.de
1. Wochenende		
Nahe-Weinfest	55593 Sommerloch	Verbandsgemeindeverw. 0671/37143
Saarweinfest	54439 Saarburg	Verbandsgemeindeverwaltuung 06581/81-0 www.saarburg.de
Winzerfest	56349 Kaub	Verkehrsamt 06774/222 www.rhein-lahn-info.de/kaub
1. Wochenende (Fr–Mo)		
Winzerfest	53458 Ahrweiler	Verkehrsverein 02641/9773-50 www.bad-neuenahr-ahrweiler.de
1. Wochenende (Sa–Mo)		
Quetschekerb	56329 St. Goar-Biebernheim	Touristik-Information 06741/383 www.tal-der-loreley.de
Wochenende nach dem 8. September (Fr–So)		
Kellerkirmes	56820 Mesenich	Gemeindeverwaltung 02673/4524
folgender Mittwoch		
Verbrennung des Kirmesmannes		
2. Wochenende		
City- und Brunnenfest	56203 Höhr-Grenzhausen	Tourist Information 02624/19433 www.hoehr-grenzhausen.de
meist 2. Wochenende (Fr–Mo)		
Purzelmarkt (s. S. 200)	76831 Billigheim-Ingenheim/Pfalz	Tourismusbüro Südl. Weinstraße 76829 Leinsweiler, 06345/3531 www.verein.suedliche-weinstrasse.de
2. Wochenende		
Weinfest	56321 Rhens	Verkehrsamt 02628/960542 www.tal-der-loreley.de
Weinmarkt und Altstadtfest	53458 Ahrweiler	Verkehrsverein 02641/9773-50 www.bad-neuenahr-ahrweiler.de
2. Wochenende (Fr–Sa)		
Altstadtfest	67346 Speyer/Pfalz	Verkehrsamt 06232/142-392 www.speyer.de
2. Mittwoch und Donnerstag		
Zwiebelmarkt	56154 Boppard	Tourist Information 06742/3888 www.boppard.de
Mitte September		
Schängelmarkt in der Koblenzer Altstadt	56068 Koblenz	Koblenz-Touristik 0261/31304 www.koblenz.de
Quetschefest	56812 Cochem Ortsteil Sehl	Tourist Information 02671/60040 www.cochem.de
2. Hälfte September		
Wein- und Straßenfest an der längsten Nussbaumallee der Mosel	54472 Brauneberg	Touristikbüro 06534/933333 www.brauneberg-mosel.de

2. und 3. Wochenende		
Dürkheimer Wurstmarkt (s. S. 199)	67098 Bad Dürkheim	Tourist Information 06322/935156 www.bad-duerkheim.de
um den 3. Samstag (Fr–So)		
Jahrmarkt der Jahrhundertwende	56329 St. Goar	Touristik-Information 06741/383 www.tal-der-loreley.de
Woche vor 3. Samstag (außer So&Mo)		
Weinwoche	56343 St. Goarshausen	Touristik-Information 06771/910-11 www.loreley.de
3. Samstag		
Rhein in Flammen	56329 St.Goar und 56343 St. Goarshausen	Touristik-Information 06741/383 www.tal-der-loreley.de
3. Wochenende		
Mittelalterlicher Markt mit Ritterturnier	55583 Bad Münster-Ebernburg	Kurverwaltung 06708/6150 www.bad-muenster-am-stein.de
Traditionelles Weinfest	53424 Remagen	Tourist Information 02642/201-87 www.stadt-remagen.de
4. Wochenende		
Großes Weinfest der Südlichen Weinstraße	67480 Edenkoben/Pfalz	Verbandsgemeindeverwaltung 06323/959-0 www.edenkoben.de
letztes Wochenende (Fr–So)		
Weinlesefest	54536 Kröv	Verbandsgemeindeverwaltung 06541/706-0 www.kroev.de
letztes Wochenende im September bis 1. Wochenende im Oktober		
Rotweinfest	55218 Ingelheim	Stadtverwaltung 06132/782-0 www.ingelheim.de
Ende September/Anfang Oktober		
Weinfeste	56154 Boppard	Tourist Information 06742/3888 www.boppard.de
Oktoberfest	67059 Ludwigshafen	Tourist Information 0621/512035 www.ludwigshafen.de

Oktober

Anfang Oktober		
Weinlesefest *2. Sonntag* **Umzug**	67433 Neustadt/ Weinstraße	Tourist Information 06321/926856 www.neustadt.pfalz.com
1. Samstag		
Herbst- und Weinlesefest	56343 St. Goarshausen	Touristik-Information 06771/910-11 www.loreley.de
1. Wochenende		
Weinlesefest	55422 Bacharach	Rhein-Nahe-Touristik 06743/2968 www.tal-der-loreley.de
Winzer-, Wein- und Straßenfest	54492 Erden	Gemeindeverwaltung 06532/4624
Großes Weinfest anlässlich der St. Remigius-Kirmes	54536 Kröv	Verbandsgemeindeverwaltung 06541/706-0 www.kroev.de
Sickinger Grumbeeremarkt	66917 Wallhalben	Verbandsgemeindeverwaltung 06375/921-0 www.wallhalben.de
Traditionelles Winzerfest	56338 Braubach/Rhein	Verkehrsamt 02627/976001 www.tal-der-loreley.de
1. oder 2. Wochenende		
Römisches Kelterfest	54498 Piesport	Verkehrsbüro 06507/2027

ab Samstag um den 18. Oktober (9 Tage)		
Lukasmarkt	56727 Mayen/Eifel	Stadtverwaltung 02651/88-0 www.mayen.de
Mitte/Ende Oktober		
Römisches Kelterfest	54472 Brauneberg	Touristikbüro 06534/933333 www.brauneberg-mosel.de
Mitte bis Ende Oktober		
Oktobermarkt	67657 Kaiserslautern	Tourist Information 0631/19433 www.kaiserslautern.de
3. Wochenende		
Fest des Federweißen	76829 Landau	Landau-Tourist 06341/13180 www.landau.de
letzter Samstag im Oktober bis 1. Sonntag im November		
Spätjahrsmess	67059 Ludwigshafen	Tourist Information 0621/512035 www.ludwigshafen.de

November

Anfang November		
Fest des Federweißen	56333 Winningen	Touristik-Information 02607/4927 www.untermosel.de
1. Samstag		
Katharinenmarkt	57627 Hachenburg	Tourist Info 02662/801-0 www.hachenburg-vg.de
1. Wochenende		
Federweißenfest	56812 Cochem	Tourist Information 02671/60040 www.cochem.de
um den 11. November		
Stutzenfest (ritterliche Aufnahme neuer Bürger; in alter Tracht)	67273 Weisenheim am Berg	Tourist Information 06353/935773 www.freinsheim.de
Samstag nach dem 11. November		
Martinsfest mit Schaubildern	53458 Ahrweiler	Verkehrsverein 02641/9773-50 www.bad-neuenahr-ahrweiler.de
2. Wochenende		
Fest des Neuen Weines	56812 Cochem	Tourist Information 02671/60040 www.cochem.de
Freitag vor Totensonntag bis 22. Dezember		
Weihnachtsmarkt	67059 Ludwigshafen	Tourist Information 0621/512035 www.ludwigshafen.de
Donnerstag vor 1. Advent bis 22. Dezember		
Weihnachtsmarkt (Krippe mit lebensgroßen Holzfiguren)	55116 Mainz	Touristik Zentrale 06131/286210 www.mainz.de
Donnerstag vor dem 1. Advent bis 4. Advent		
Nikolausmarkt	76829 Landau	Landau-Tourist 06341/13180 www.landau.de

Dezember

an allen Adventswochenenden		
Weihnachtsmarkt	67146 Deidesheim	Tourist Information 06326/96770 www.deidesheim.de
Weihnachtsmarkt	54470 Bernkastel-Kues	Verkehrsbüro 06531/4023 www.bernkastel-kues.de

ab 1. Donnerstag (10 Tage)		
Weihnachtsmarkt mit lebender Krippe	56626 Andernach	Touristikbüro 02632/949399 www.andernach.de
2. Wochenende		
Weihnachtsmarkt	56203 Höhr-Grenzhausen	Tourist Information 02624/19433 www.hoehr-grenzhausen.de
Romantischer Weihnachtsmarkt	55430 Oberwesel	Tourist Information 06744/1521 www.oberwesel.com

Saarland

Januar

Januar		
Lehenausrufen	66663 Merzig/ Besseringen	Tourist Information 06861/72120 www.merzig.de

Februar

2. Februar oder 3. Februar		
Lichtmessmarkt	66625 St. Wendel	Tourist Information 06851/93955-0 www.sanktwendel.de

Fastnacht

Donnerstag		
Gresentag	66793 Saarwellingen	Tourist Information 06838/9007-0 www.saarwellingen.de
1. Fastensonntag		
Erbsenrad (Feuerrad) von Wadrill	66687 Wadern/Wadrill	Tourist Information 06871/50793 www.wadern.de

Palmsonntag

Donnerstag nach Palmsonntag		
Palmmarkt	66625 St. Wendel	Tourist Information 06851/93955-0 www.sanktwendel.de

April

1. April		
Biereichenfest	66663 Merzig	Tourist Information 06861/72120 www.merzig.de
letzte Woche (3 Wochen)		
Maifest (Volksfest)	66104 Saarbrücken Saarterrassen	Tourist Information 0681/938090 www.saarbruecken.de
letzter Sonntag		
Viezstraßen-Fest	66663 Merzig	Tourist Information 06861/72120 www.merzig.de

Mai

1. Mai		
Quirinusritt (trad. Reiterwallfahrt) (s. S. 132)	66706 Perl	Stadtverwaltung 06867/66-0 www.perl-mosel.de
2. Samstag		
Maimarkt	66564 Ottweiler	Tourist Information 06824/3511 www.ottweiler.de
3. Wochenende		
Maifest (Stadtfest)	66424 Homburg	Tourist Information 06841/101166 www.homburg.de
Ende Mai/Anfang Juni		
Stadtfest	66625 St. Wendel	Tourist Information 06851/939 55-0 www.sanktwendel.de

Pfingsten

Donnerstag vor Pfingsten		
Pfingstmarkt	66625 St. Wendel	Tourist Information 06851/93955-0 www.sanktwendel.de
1. Samstag nach Pfingsten		
Lesler-Tag (trad. Fest mit Pferde- und Haustiersegnung)	66802 Überherrn Linslerhof	Tourist Information 06836/909121 www.ueberherrn.de

Juni

Juni		
Altstadtfest	66104 Saarbrücken	Tourist Information 06843/80140 www.saarbruecken.de
1. Woche		
Altstadtfest	66564 Ottweiler	Tourist Information 06824/3511 www.ottweiler.de
1. Sonntag		
Historischer Markt	66440 Blieskastel	Tourist Information 06842/52075 www.blieskastel.de
2. Wochenende		
Waderner Maad (Stadtfest mit historischem Rahmenprogrogramm)	66687 Wadern	Tourist Information 06871/50793 www.wadern.de
Wochenende nach dem 17. Juni		
Altstadtfest	66440 Blieskastel	Tourist Information 06842/52075 www.blieskastel.de

Juli

Juli (alle 2 Jahre: 2002; 2004; ...)		
Mittelalterliche Ritterspiele	66802 Überherrn Teufelsburg	Tourist Information 06836/909121 www.ueberherrn.de
1. Wochenende		
Jägersburger Strandfest (Kirmes)	66424 Homburg	Tourist Information 06841/101166 www.homburg.de
1. Wochenende		
Ingobertusfest (Stadtfest)	66386 St. Ingbert	Tourist Information 06894/13515 www.st-ingbert.de

1. Wochenende **Burg- und Weiherfest**	66557 Illingen	Kulturamt 06825/409250 www.illingen.de
2. bis 3. Wochenende **Webenheimer Bauernfest**	66440 Blieskastel/ Webenheim	Tourist Information 06842/52075 www.blieskastel.de
Ende Juli/Anfang August **Mittelaltermarkt**	66625 Nohfelden	Tourist Information 06852/19433 www.nohfelden.de
Ende Juli/Anfang August **Annenmarkt** (Kirmesabschluss)	66606 St. Wendel	Tourist Information 06851/93955-0 www.sanktwendel.de

August

August (alle 3 Jahre: 2003; 2006; . . .) **Brückbachfest** (Dorf- und Heimatfest Fest der Rötelkrämer)	66649 Oberthal	Landkreis St. Wendel 06852/90110 www.oberthal.de
August **Linsentage** (Heimatfest; mit Wahl der Linsenkönigin)	66663 Merzig/Besseringen	Tourist Information 06861/72120 www.merzig.de
Anfang August **Fest der Saarschleife**	66693 Mettlach/Orscholz	Tourist Information 06864/8334 www.mettlach.de
1. Wochenende **Stephanusfest** (Kirmes)	66557 Illingen	Kulturamt 06825/409250 www.illingen.de
1. Wochenende **Schlossfest**	66793 Saarwellingen	Tourist Information 06838/9007-0 www.saarwellingen.de
1. Wochenende (Fr–Di) **Wurstmarkt** (Volksfest)	66459 Kirkel	Tourist Information 06841/80980 www.kirkel.de
14. August (abends) bis 15. August (ganztägig) **Sehndorfer Kirmes mit Lichterprozession**	66706 Perl/Sehndorf	Stadtverwaltung 06867/66-0 www.perl-mosel.de
15. August **Mittelaltermarkt**	66459 Kirkel	Tourist Information 06841/80980 www.kirkel.de
um den 15. August **Römertag** (Darstellung röm. Lebens – s. S. 189)	66706 Perl/Borg	Stadtverwaltung 06867/66-0 www.perl-mosel.de
letztes Wochenende **Saarländisches Moselweinfest**	66706 Perl/Nennig	Stadtverwaltung 06867/66-0 www.perl-mosel.de

September

um den 2. Sonntag **Grüne Woche** (mit Pferderennen am 2. So und Markt am folgenden Di)	66822 Lebach	Tourist Information 06881/59-0 www.lebach.de
3. Wochenende (Fr–So) **Orschholzer Erntedank- und**	66693 Mettlach	Tourist Information 06864/8334

Heimatfest	Orscholz	www.mettlach.de
3. Montag		
Wallfahrt zur Oranna-Kapelle (Patronin des dt.-franz. Grenzraums)	66802 Überherrn, Berus	Tourist Information 06836/909121 www.ueberherrn.de
ab 4. Wochenende (11 Tage)		
Oktoberfest (Volksfest)	66104 Saarbrücken Saarterrassen	Tourist Information 06843/80140 www.saarbruecken.de

Oktober

Anfang Oktober		
Oktoberfest (Volksfest)	66663 Merzig	Tourist Information 06861/72120 www.merzig.de
1. Samstag		
Viezfest	66663 Merzig/ Besseringen	Tourist Information 06861/72120 www.merzig.de
1. Sonntag		
Erntedankumzug	66793 Saarwellingen-Schwarzenholz	Tourist Information 06838/9007-0 www.saarwellingen.de
2. Sonntag		
Illinger Wurstmarkt	66557 Illingen	Kulturamt 06825/409250 www.illingen.de
2. Wochenende		
Kirmes	66386 St. Ingbert	Tourist Information 06894/13233 www.st-ingbert.de
3. Wochenende		
Oktoberfest (Stadtfest)	66424 Homburg	Tourist Information 06841/101166 www.homburg.de
Wochenende nach dem 18. Oktober		
Wendelskirmes	66606 St. Wendel	Tourist Information 06851/93955-0 www.sanktwendel.de
letztes Wochenende (wenn 1. November ein Mo oder Di, dann ein Wochenende früher)		
Wein- und Kellertage (ca. 20000 Besucher)	66706 Perl/Nennig	Stadtverwaltung 06867/66-0 www.perl-mosel.de

November

Ende November bis 23. Dezember		
Christkindl-Markt	66104 Saarbrücken	Tourist Information 06843/80140 www.saarbruecken.de

Dezember

1. Adventswochenende		
Trad. Weihnachtsmarkt	66773 Schwalbach	Tourist Information 06834/571-0 www.schwalbach-saar.de
um den 6. Dezember		
Nikolausmarkt	66424 Homburg	Tourist Information 06841/101166 www.homburg.de
1. Sonntag		
Keltenfest »Druidenzauber«	66453 Gersheim/ Reinheim	Tourist Information 06843/80140 www.gersheim.de

Sachsen

Januar

2. Hälfte		
Schneeskulpturen-Wettbewerb	01776 Hermsdorf	Hotel Altes Zollhaus 035057/540 www.zollhaus-hotel.de
25. Januar		
Oberlausitzer Vogelhochzeit (s. S. 26)	Oberlausitz, verschiedene Gemeinden	Tourismusverband Oberlausitz 03591/48770 www.oberlausitz.de

Februar

Anfang Februar		
Schifferfastnacht (mit Umzug)	01814 Bad Schandau Postelwitz	Kurverwaltung 035022/90030 oder 19433 www.bad-schandau.de
Schifferfastnacht (s. S. 57)	01814 Bad Schandau Schmilka	Kurverwaltung 035022/90030 oder 19433 www.bad-schandau.de

Fasching

Samstag vor dem Faschingswochenende		
Straßenfasching mit alemannischen Gilden und Guggemusik	08393 Meerane	Stadtverwaltung 03764/540 www.meerane.de
Sonntag		
Traditioneller Ski- und Eisfasching (mit Umzug)	01778 Geising	Tourist Information 035056/38912 www.geising.de
Skifasching	09484 Oberwiesenthal	Touristen-Info 037348/12855 www.oberwiesenthal.de

Ostern

2. Sonntag vor Ostern		
Sorbischer Ostereiermarkt	02959 Schleife	Sorbisches Kulturzentrum 035773/77230
Ostern		
Mittelalterliche Osterspiele (s. S. 92)	04703 Leisnig Burg Mildenstein	Staatl. Schlossbetrieb 034321/12652 www.leisnig.de
Leipziger Ostermessespektakel	04109 Leipzig	Marktamt 0341/1235920 www.leipzig.de
Sonntag		
Osterreiterprozessionen (s. S. 92)	Oberlausitz, verschiedene Orte: z. B. Bautzen	Tourismusverband Oberlausitz-Niederschlesien 03591/48770 www.oberlausitz.de
eine Woche nach Ostern		
Hauptquartal der Bergbrüderschaft mit Festumzug	09427 Ehrenfriedersdorf	Tourismusagentur 037346/6870 www.ehrenfriedersdorf.de

April

April		
Frühlingsfest (Volksfest)	08371 Glauchau	Stadtverwaltung 03763/65225 www.glauchau.de
Frühlingsfest	01067 Dresden	Kulturdezernat 0351/4888901 www.dresden.de
Ende April		
Gesundbrunnenfest (Waldfest, das auf eine alte Sage zurückgeht)	04849 Bad Düben	Stadtinformation 034243/52886 www.heidespa.de
Dresdner Dampflokfest	01067 Dresden	Deutsche Bahn AG 0351/4614149 www.dresden.de
ab Ende April (3 Wochen)		
Frühjahrsmarkt	01067 Dresden	Marktamt 0351/4881600 www.dresden.de
Sonntag vor dem 1. Mai		
Maifeuer	04886 Stehla	Verein Ostelbien 03421/718290 www.ostelbien.de
um den 30. April		
Marktgrafenfest auf der Albrechtsburg (Volksfest rund um das Mittelalter)	01662 Meißen	Tourist Information 03521/41940 www.meiland.de
30. April		
Hexenvertreibung	08396 Waldenburg	Info 037608/21000 www.das-muldental.de
Hexenbrennen (s. S. 104)	Oberlausitz, verschiedene Orte	Tourismusverband Oberlausitz-03591/48770 www.oberlausitz.de
Walpurgisnacht	04703 Leisnig Burg Mildenstein	Staatl. Schlossbetrieb 034321/12652 www.leisnig.de
Walpurgisnacht/Hexenfeuer	08393 Meerane	Stadtverwaltung 03764/540 www.meerane.de
Hexenbrennen (mit Maibaumsetzen und großem Fackelzug)	02708 Löbau	Tourist Information 03585/450450 www.loebau.de

Mai

Mai		
Töpfermarkt	01662 Meißen	Tourist Information 03521/41940 www.meiland.de
Mittelalterliches Ritterspektakulum	04703 Leisnig Burg Mildenstein	Staatl. Schlossbetrieb 034321/12652 www.leisnig.de
Mai bis September		
Historische Mönchszüge Berg Oybin (s. S. 132)	02797 Oybin	Tourist Information 035844/73311 www.oybin.com
1. Mai		
Maibaumfest	04849 Bad Düben	Stadtinformation 034243/52886 www.heidespa.de
Traditionelle Dampferparade der Sächsischen Dampfschifffahrt	01067 Dresden	Sächsische Dampfschifffahrt 0351/86609-0 www.saechsische-dampfschiffahrt.de
Birkenfest (Stadt- und Volksfest)	04680 Colditz	Fremdenverkehrsverein 034381/43519 www.colditz.de
Anfang Mai		
Frühlingsfest (Heimatfest)	04886 Döbrichau	Verein Ostelbien 03421/718290 www.ostelbien.de

Pillnitzer Barockfrühling	01067 Dresden	Kulturdezernat 0351/4888901 www.dresden.de
1. Wochenende		
Blütenfest im Obstanbaugebiet (mit Wahl der Blütenkönigin)	01809 Dohna OT Röhrsdorf	Stadtverwaltung 03529/56360
2. Wochenende		
Blütenfest (Volksfest)	04703 Leisnig	Gästeamt Leisnig 034321/12062 www.leisnig.de
Mitte Mai (vor Muttertag)		
Blumenmarkt (Auftaktveranstaltung zu »Meerane im Blumenschmuck«)	08393 Meerane	Stadtverwaltung 03764/540 www.meerane.de
letzter Samstag		
BIWAK Donnerschläge und Gewehrsalven (die Bwg im Jahre 1813)	01833 Stolpen	Burg Stolpen 035973/2340 www.burg-stolpen.de

Himmelfahrt

Himmelfahrt		
Heiratsmarkt (traditioneller Markt mit Volksfest)	01612 Diesbar-Seußlitz	Tourist Information 035267/50909 www.meiland.de/elbweindoerfer
Schauflößen (Darstellen der trad. Flößerei, Volksfest)	08269 Muldenberg	Fremdenverkehrsamt Muldenberg 037465/6761 www.gruenbach.de
Burgfest (historische Bräuche im Erzgebirge)	09429 Wolkenstein	Gästebüro Wolkenstein 037369/9899
Donnerstag nach Himmelfahrt		
Tage des historischen Handwerks	09548 Seiffen Freilichtmuseum	Gemeindeverwaltung 037362/8438 www.seiffen.de

Pfingsten

Pfingsten		
Altstadtfest (Volksfest rund um den hist. Kern Meißens)	01662 Meißen	Tourist Information 03521/41940 www.meiland.de
Elbeparkfest (Volksfest)	01665 Zehren	Tourist Information 035267/50909 www.meiland.de/elbweindoerfer
Weesensteiner Mittelalterfest (Ritter- und Freilichtspiele)	01809 Müglitztal Schloss Weesenstein	Schloss Weesenstein 035027/5436 www.schloss-weesenstein.de
Meilerfest	01737 Tharandt	Fremdenverkehrsverein 035203/2733 www.tharandt.de
Trad. Pfingstfest (mit Bergparade)	09477 Jöhstadt	Stadtverwaltung 037343/8050 www.joehstadt.de
Park- und Blütenfest (Volksfest)	02953 Kromlau	Tourist Information Weißwasser 03576/207126 www.weisswasser.de
Montag		
Deutscher Mühlentag (alle Mühlen am Ort sind geöffnet)	04849 Bad Düben	Stadtinformation 034243/52886 www.heidespa.de
14 Tage nach Pfingsten		
Annaberger Kät (s. S. 149)	09456 Annaberg-Buchholz	Stadtverwaltung 03733/425139 www.annaberg-buchholz.de

Juni

Juni		
Eichfest (Dorffest)	04680 Hohnbach	Fremdenverkehrsverein Muldenland 034381/43519 www.colditz.de
Spitzenfest (Volksfest)	08523 Plauen	Tourist Information 03741/2911027 www.plauen.de
Großes Barockfest (Markt mit barockem Feuerwerk)	01824 Königstein	Festung Königstein 035021/64607 www.festung-koenigstein.de
Juni (alle 2 Jahre: 2002; 2004; ...)		
Auszugsfest der Torgauer Geharnischten (s. S. 154)	04860 Torgau	Informations-Center 03421/712571 www.torgau.de
Anfang Juni		
Heimatfest (Volksfest mit Fackelumzug)	04509 Badrina	Heimatverein Badrina 034208/70396
Haldenfest (Bergmannsfest)	09618 Brand-Erbisdorf	Fremdenverkehrsgem. 037322/2550 www.silbernes-erzgebirge.de
Lindenfest (Dorffest)	04680 Möseln	Fremdenverkehrsverein Muldenland 034381/43519 www.colditz.de
1. Wochenende		
Pieschener Hafenfest (Volksfest)	01067 Dresden/Pieschen	Kulturdezernat 0351/4888901 www.dresden.de
2. Wochenende		
Waldenburger Töpfermarkt	08396 Waldenburg (Töpferstadt)	Info 037608/21000 www.das-muldental.de
24. Kalenderwoche		
Schiebocker Tage (Volksfest)	01877 Bischofswerda	Aktionsgemeinschaft 03594/703942 www.schiebocktage.de
3. Wochenende		
Bahnhofs- und Schützenfest	08355 Rittersgrün	Verkehrsverein 037757/7243 www.rittersgruen.de
Wochenende um den 21. Juni		
Sonnenwendlauf (Sonnenwendfeuer mit Tanz)	04849 Bad Düben	Stadtinformation 034243/52886 www.heidespa.de
letztes Wochenende		
Gänsebrunnenfest	04880 Dommitzsch	Stadtverwaltung 034223/4390 www.dommitzsch.de
Brunnenfest	08645 Bad Elster	Tourist Information 037437/71461 www.bad-elster.de
Brunnenfest (Volksfest)	04651 Bad Lausick	Kur GmbH 034345/27903 oder 19433 www.badlausick-online.de
Sommersonnenwendfeier	04668 Großbothen	Fremdenverkehrsverein Muldenland 034381/43519 www.colditz.de
Erzgebirgisches Köhlerfest	08326 Sosa	Gemeindeverwaltung 037752/8121 www.sosa-erzgebirge.de
Elbhangfest (s. S. 151)	01067 Dresden	Elbhangfest e.V. 0351/2683832 www.elbhangfest.de
Bierzug von Walddorf nach Eibau	02739 Eibau-Walddorf	Fremdenverkehrsamt 03586/702051 www.oberlausitz-spreequell-land.de
Ende Juni		
Bergstadtfest (Volksfest, historischer Markt, Bergparade)	09599 Freiberg	Fremdenverkehrsamt 03731/273266 www.freiberg.de
Wochenende nach Peter und Paul (29. Juni)		
Peter-Paul-Markt (mittelalterliches Stadtfest)	04509 Delitzsch	Tourist Information 034202/55721 www.stadt-delitzsch.de

Juli

Juli		
Vogelwiese (s. S. 167)	01067 Dresden	Marktamt 0351/4881600 www.dresden.de
Historischer Besiedlungszug (s. S. 168)	09669 Frankenberg OT Langenstriegis	Verein Besiedlungszug 037206/81099 www.frankenberg-sachsen.de
Juli (alle 2 Jahre: 2001; 2003; . . .)		
Parkfest (Volksfest)	08485 Lengenfeld	Stadtverwaltung Lengenfeld 037606/3050 www.lengenfeld.de
Anfang Juli		
Park- und Schlossfest	04680 Podelwitz	Fremdenverkehrsverein Muldenland 034381/43519 www.colditz.de
Schloss- und Marktfest	09306 Rochlitz	Stadtverwaltung 03737/783167
Steinfest	04519 Mocherwitz	Gemeindeverwaltung Schönwölkau 034295/7920
Schauflößen (Darstellen der trad. Flößerei, Volksfest)	08269 Muldenberg	Fremdenverkehrsamt Muldenberg 037465/6761 www.gruenbach.de
»Würfeln, Raufen und . . .« (Die Burg im 30-jährigen Krieg)	01833 Stolpen	Burg Stolpen 035973/2340 www.burg-stolpen.de
Anfang Juli bis Ende August		
Mittelsächsischer Kultursommer (s. S. 171)	zahlreiche Einzelveranstaltungen an verschiedenen Orten	Projektbüro Mittelsächsischer Kultursommer, 09306 Rochlitz, 03737/770582 www.mittelsachsen.de
2. Wochenende		
Burgfest auf Schloss Rochsburg	09328 Lunzenau	Museum Schloss Rochsburg 037383/6703 www.lunzenau.de
3. Wochenende		
Neptunfest	02953 Halbendorf	Tourist Information Weißwasser 03576/207126 www.weisswasser.de
22. Juli		
Bergstreittag (s. S. 173)	08289 Schneeberg	Tourist Information 03772/19433 www.schneeberg.de
um den 25. Juli (Jakobus)		
Jacobimarkt (trad. Volksfest)	02727 Neugersdorf	Stadtverwaltung 03586/780823 www.neugersdorf.de
letztes Wochenende		
Schlossspektakel auf Hinter- und Vorder-Glauchau	08371 Glauchau	Stadtverwaltung 03763/65225 www.glauchau.de
meist eine Woche vor Ferienbeginn (alle 5 Jahre: 2005; 2010; . . .)		
Schul- und Heimatfest (Festumzug, Kirmes; seit 1837)	04741 Gleisberg	Stadtverwaltung Roßwein 034322/46611 www.rosswein.de

August

August		
Forstfest (s. S. 187)	01917 Kamenz	Kulturamt 03578/7000131 www.kamenz.de
August/September		
Stadtfest	08371 Glauchau	Stadtverwaltung 03763/65225 www.glauchau.de
1. Wochenende		
Historisches Altmarktfest (Volksfest und trad. Handwerk)	08209 Auerbach/Vogtland	Fremdenverkehrsamt 03744/81450 www.stadt-auerbach.de

Mitte August		
Turmfest (am einzigen gusseisernen Aussichtsturm in Europa)	02708 Löbau	Tourist Information 03585/450450 www.loebau.de
3. Wochenende		
Dresdner Stadtfest	01067 Dresden	Kulturdezernat 0351/4888901 www.dresden.de
Dampfschifffest mit Flottenparade	01067 Dresden	Sächsische Dampfschifffahrt 0351/86609-0 www.saechsische-dampfschiffahrt.de
vorletztes Wochenende		
Mittelalterliches Burg- und Altstadtfest	04703 Leisnig	Burg Mildenstein 034321/12652 www.leisnig.de
Wein- und Schützenfest (mit Wahl der Weinkönigin)	01612 Diesbar-Seußlitz	Tourist Information 035267/50909 www.meiland.de/elbweindoerfer
Michael-Kohlhaas-Festtage (Volksfest mit hist. Hintergrund; Festumzug)	04849 Wellaune	Stadtinformation Bad Düben 034243/52886 www.heidespa.de
Ende August		
Parkfest (Volksfest)	08393 Meerane	Stadtverwaltung 03764/540 www.meerane.de

September

September		
Ostelbisches Wein- und Winzerfest	04886 Arzberg	Verein Ostelbien 03421/718290 www.ostelbien.de
Kloster- und Erntefest im Kloster Buch	04703 Leisnig	Gästeamt Leisnig 034321/12062 www.leisnig.de
Renaissancefest im Alten Jagdschloss	04779 Wermsdorf	Gemeindeverwaltung 034364/81110 oder 81132 www.wermsdorf.de
Anfang September		
Lichtenhainer Blumenfest (trad. Volksfest mit Festumzug)	01855 Lichtenhain bei Sebnitz	Tourismusverband Sächs. Schweiz 035022/49530 www.sebnitz.de
Schauflößen (Darstellen der trad. Flößerei, Volksfest)	08269 Muldenberg	Fremdenverkehrsamt Muldenberg 037465/6761 www.gruenbach.de
Burgfest (Lagerfeuer und Darstellung Völkerschlacht)	04838 Eilenburg	Fremdenverkehrsverein 03423/759795 www.eilenburg.de
Dresdner Herbstmarkt	01067 Dresden	Marktamt 0351/4881600 www.dresden.de
Hengstparade (Pferdeschau, Volksfest)	01468 Moritzburg	Tourist Information 035207/85410
Burgfestspiele (trad. Musiktheater- und Schauspielaufführungen)	01662 Meißen	Albrechtsburg 03521/470710 www.meiland.de
Anfang September (alle 5 Jahre: 2004, 2009; ...)		
Bergfest mit großem Bergaufzug	09496 Pobershau	Tourist Information 03735/23436 www.pobershau.de
1. Wochenende		
Spreequellfest (Volksfest)	02739 Eibau-Walddorf	Fremdenverkehrsamt 03586/702051 www.oberlausitz-spreequell-land.de
2. Sonntag		
Historisches Markttreiben im Stil der Renaissancezeit	08056 Zwickau	Kulturamt 0375/834120 www.zwickau.de
2. Wochenende		
Blumenfest (mit Wahl der Blumenkönigin)	04720 Döbeln	Döbeln-Information 03431/711150 www.doebeln.de
Stoppelfest (Volksfest)	04838 Doberschütz	Gemeindeverwaltung 034244/5400 www.doberschuetz.de

letztes volles Wochenende		
Weinfest (Volksfest; Umzug)	01662 Meißen	Tourist Information 03521/41940 www.meiland.de
letztes Wochenende		
Annaberger Klöppeltag	09456 Annaberg-Buchholz	Stadtverwaltung 03733/425139 www.annaberg-buchholz.de
letztes Wochenende (Beginn)		
Leipziger Markttage (Marktfest und Kultur)	04109 Leipzig	Marktamt 0341/1235920 www.leipzig.de
Ende September		
Natur- und Fischerfest	02956 Rietschen	Tourist Information Niesky 03588/25580 www.nol-kreis.de
Dorffest	04509 Badrina	Gemeindeverwaltung Schönwölkau 034295/7920

Oktober

Oktober		
Oktoberfest	01067 Dresden	Kulturdezernat 0351/4888901 www.dresden.de
Erntedankfest	04680 Schloss Podelwitz	Fremdenverkehrsverein Muldenland 034381/43519 www.colditz.de
Oktober (alle 2 Jahre: 2001; 2003; ...)		
Altstadtfest	04860 Torgau	Kulturhaus 03421/903523 www.torgau.de
Anfang Oktober		
Vugelbeerfest	08312 Lauter	Landratsamt Aue 03771/277170
1. Samstag		
Teichplatzfest (Volksfest)	08393 Meerane	Stadtverwaltung 03764/540 www.meerane.de
1. Wochenende		
Fischerfest	02906 Weigersdorf-Altteich	Tourist Information Niesky 03588/25580 www.nol-kreis.de
Stadtfest	04668 Grimma	Fremdenverkehrsamt 03437/919853 oder 985828 5 www.grimma.de
Wochenende vor dem 16. Oktober		
Völkerschlacht 1813 (s. S.216)	bei Leipzig	Zweckverband 034297/43788 www.voelkerschlacht1813.de
2. Wochenende		
Horstseefischen (Fischerfest mit über 350-jähriger Tradition)	04779 Wermsdorf	Gemeineverwaltung 034364/8110 oder 81132 www.wermsdorf.de
Fischerfest	02953 Bad Muskau	Bad Muskau Touristik 035771/50492 www.bad-muskau.de
Schaufischen	02906 Klitten	Tourist Information Niesky 03588/25580 www.nol-kreis.de
3. Wochenende		
Fischerfest (Abfischen der Schwarzen Lache)	02906 Kreba-Neudorf	Tourist Information Niesky 03588/25580 www.nol-kreis.de
letztes Wochenende		
Historischer Fischzug (Volksfest)	01468 Moritzburg	Tourist Information 035207/85410
31. Oktober		
Fischerfest	02906 Petershain-Fischereihof	Tourist Information Niesky 03588/25580 www.nol-kreis.de

November

Ende November bis Ende Dezember		
Striezelmarkt (s. S. 269)	01067 Dresden	Marktamt 0351/4881695 www.dresden.de
Freitag vor 1. Advent bis kurz vor Weihnachten		
Weihnachtsmarkt	09111 Chemnitz	Kulturamt 0371/4883130 www.chemnitz.de
Samstag vor 1. Advent		
Große Bergparade der erzgebirgischen Bergbrüderschaften (s. S. 233)	09111 Chemnitz	Kulturamt 0371/4883130 www.chemnitz.de

Dezember

Anfang Dezember		
Neustädter Advent	01067 Dresden	Kulturdezernat 0351/4888901 www.dresden.de
Stollenmarkt (mit Bergaufzug)	09618 Brand-Erbisdorf	Fremdenverkehrsgem. 037322/2550 www.silbernes-erzgebirge.de
Dresdner Stollenfest (s. S. 269)	01067 Dresden	Marktamt 0351/4881600 www.dresden.de
Weihnachtsmarkt (mit Märchenumzug und Bergparade)	08340 Schwarzenberg	Landratsamt Aue 03771/277170 www.schwarzenberg.de
Schlossweihnacht	04680 Schloss Podelwitz	Fremdenverkehrsverein Muldenland 034381/43519 www.colditz.de
Anfang Dezember bis kurz vor Weihnachten		
Weihnachtsmarkt	04109 Leipzig	Marktamt 0341/1235920 www.leipzig.de
1. Hälfte Dezember		
Bergaufzug	08056 Zwickau	Kulturamt 0375/834120 www.zwickau.de
1. Adventswochenende		
Tage der erzgebirgischen Folklore	09111 Chemnitz	Kulturamt 0371/4883130 www.chemnitz.de
Bergadvent (Bergaufzug und Weihnachtsmarkt)	09496 Pobershau	Tourist Information 03735/23436 www.pobershau.de
Schwibbogenfest	09429 Wolkenstein	Tourismusverband 03733/188000 www.tourismus-erzgebirge.de
Märchenweihnacht	08309 Eibenstock	Tourismusverband 03733/188000 www.tourismus-erzgebirge.de
1. Adventswochenende bis kurz vor Weihnachten		
Weihnachtsmarkt mit »Lebendigem Spielzeug«	09548 Seiffen	Gemeindeverwaltung 037362/8438 www.seiffen.de
Weihnachtsmarkt	09456 Annaberg-Buchholz	Stadtverwaltung 03733/425139 www.annaberg-buchholz.de
Christmarkt	09599 Freiberg	Fremdenverkehrsamt 03731/273266 www.freiberg.de
Weihnachtsmarkt	08289 Schneeberg	Tourist Information 03772/19433 www.schneeberg.de
1. Advent		
Vorweihnachtlicher Bergaufzug	09419 Thum	Tourismusverband 03733/188000 www.tourismus-erzgebirge.de

1. Wochenende im Dezember		
Nikolausfest in der Pfefferkuchenstadt	01896 Pulsnitz	Pulsnitz Information 035955/44246 www.pulsnitz.de
Samstag vor 2. Advent		
Mettenschicht	09477 Jöhstadt	Stadtverwaltung 037343/8050 www.joehstadt.de
2. Advent		
Historischer Weihnachtsmarkt	04736 Waldheim	Stadtverwaltung Waldheim 034327/570 www.zschopautal.de
Vorweihnachtlicher Bergaufzug	08289 Schneeberg	Tourist Information 03772/19433 www.schneeberg.de
2. Adventswochenende		
Vorweihnachtlicher Bergaufzug	09366 Stollberg	Tourismusverband 03733/188000 www.tourismus-erzgebirge.de
Bergparade	09599 Freiberg	Fremdenverkehrsamt 03731/273266 www.freiberg.de
»Colditzer Schlossweihnacht«	04680 Colditz	Schloss Colditz 034381/43777 www.colditz.de
Lichtelfest	08289 Schneeberg	Tourist Information 03772/19433 www.schneeberg.de
Bergadvent (Bergaufzug und Weihnachtsmarkt)	09496 Pobershau	Tourist Information 03735/23436 www.pobershau.de
2. Adventswochenende bis kurz vor Weihnachten		
Weihnachtsmarkt	09366 Stollberg	Tourismusverband 03733/188000 www.tourismus-erzgebirge.de
Weihnachtsmarkt	08340 Schwarzenberg	Tourismusverband 03733/188000 www.tourismus-erzgebirge.de
Weihnachtsmarkt	09496 Marienberg	Tourismusverband 03733/188000 www.tourismus-erzgebirge.de
Samstag vor 3. Advent		
Große Bergparade	09548 Seiffen	Gemeindeverwaltung 037362/8438 www.seiffen.de
3. Advent		
Großer Bergaufzug	09496 Marienberg	Tourismusverband 03733/188000 www.tourismus-erzgebirge.de
3. Adventswochenende		
»Original Johanngeorgenstädter Schwibbogenfest«	08349 Johanngeorgenstadt	Tourismusverband 03733/188000 www.tourismus-erzgebirge.de
Männelmarkt	09573 Augustusburg	Tourismusverband 03733/188000 www.tourismus-erzgebirge.de
4. Adventswochenende		
Jahresabschlussparade	09456 Annaberg-Buchholz	Stadtverwaltung 03733/425139 www.annaberg-buchholz.de
4. Advent		
Bergparade	09468 Geyer	Tourismusverband 03733/188000 www.tourismus-erzgebirge.de

Sachsen-Anhalt

Januar

Januar bis Dezember (jeweils an einem Sonntag im Monat)

Schausieden in historischen Kostümen — 39218 Schönebeck Bad Salzelmen — Verkehrsverein 03928/410810 www.landkreis-schoenebeck.de

1. Samstag nach Silvester

»Wurstsingen« (Heischegang) — 39638 Roxförde — Tourist Information Gardelegen 03907/42266 www.gardelegen.de

2. und 4. Samstag im Januar und Februar

Taubenmarkt (s. S. 29) — 06618 Naumburg — Touristservice 03445/201614 www.naumburg.de

Winterferien

Eisblumenfest — 38820 Halberstadt — Stadtinformation 03941/551815 www.halberstadt.de

Februar

1. Sonntag nach dem 2. Februar

Lichtmessfest — 06237 Spergau — Gemeindeverwaltung 034446/20257 www.spergau.de

Lichtmessfest — 39218 Glinde — Magdeburger Tourismusverband 0391/738790 www.tasa.de

2. Wochenende

Traditionelles Bördeschlachtefest — 39221 Eggersdorf »Zu den zwei Linden« — Verkehrsverein 03928/410810 www.landkreis-schoenebeck.de

um den 16. Februar

Fastnacht mit Umzug (seit 360 Jahren) — 38899 Stiege — Tourist Information 039459/71229 www.harzinfo.de/stiege

Fastnacht

Fastnacht

Fasselom und Bärenleihe (trad. Fastnachtsumzüge) — Jahrstedt, Nettgau, Gladdenstedt, Lindstedt — Fremdenverkehrsverband Altmark 039322/3460 www.tasa.de

Montag

Großer Rosenmontagsumzug — 06366 Köthen — Tourist Information 03496/19433 www.koethen-anhalt.de

März

letztes Wochenende

Frühlingserwachen — 06786 Wörlitz — Tourismusagentur Sachsen-Anhalt GmbH 0391/7384333 www.tasa.de

Ende März

Naumburger Weinwoche (Weine aus dem Saale-Unstrut-Gebiet) — 06618 Naumburg — Touristservice 03445/201614 www.naumburg.de

Ostern

Samstag

Osterfeuer — 06507 Bad Suderode — Kurverwaltung 039485/510 www.harzinfo.de/bad-suderode

Sonntag		
Osterprozession/Kaiserfrühling	06484 Quedlinburg	Quedlinburg-Information 03946/905624 www.quedlinburg.de
Ostern		
Osterfeuer in zahlreichen Orten im Harz	06547 Stolberg	Harzer Verkehrsverband 034654/317 www.harzinfo.de

April

30. April		
Walpurgisnacht (s. S.104) in zahlreichen Orten im Harz	06547 Stolberg	Harzer Verkehrsverband 034654/317 www.harzinfo.de
Walpurgisnacht	06648 Eckartsberga Eckartsburg	Eckartsburg 034467/204154 www.eckartsburg.de
Walpurgisfeier	06507 Bad Suderode	Kurverwaltung 039485/510 www.harzinfo.de/bad-suderode
Walpurgisnacht rund um den Hexentanzplatz (mit Teufelsauftritt)	06502 Thale	Tourist Information 03947/2597 www.thale.de
Walpurgisnacht am Gradierwerk	39218 Schönebeck Bad Salzelmen	Verkehrsverein 03928/410810 www.landkreis-schoenebeck.de
30. April-2. Mai		
Walpurgis	38875 Elend	Kurverwaltung 039455/375 www.harzinfo.de/elend
Ende April/Anfang Mai		
Frühlingsfest (Volksfest)	38855 Wernigerode	Tourismus GmbH Wernigerode 03943/633035 www.wernigerode.de

Mai

1. Mai		
Ritterspektakel	06648 Eckartsberga Eckartsburg	Eckartsburg 034467/204154 www.eckartsburg.de
um den 5. Mai (Europatag)		
Europafest	06886 Lutherstadt Wittenberg	WittenbergKultur e.V. 03491/419260 www.wittenberg.de
Anfang Mai		
Altstadtfest	06618 Naumburg	Touristservice 03445/201614 www.naumburg.de
1. Wochenende		
Haus- und Hoffest	06628 Bad Kösen Kloster Pforta	Landesweingut 034463/3000 www.natuerlich-saale-unstrut.de
Spargelfest	39261 Zerbst	Landkreis 034901/91250 www.stadt-land.de/anhalt-zerbst
2. Woche		
Volks- und Schützenfest	38820 Halberstadt	Stadtinformation 03941/551815 www.halberstadt.de
2. oder 3. Wochenende		
Pfännerfest mit hist.Gewerken und »Pfänneressen« (s. S. 133)	39218 Schönebeck Bad Salzelmen	Fremdenverkehrsverein Elbe-Saaleauen, Schönebeck, 03928/410810 www.landkreis-schoenebeck.de
Mitte Mai		
Fliederblütenfest	39596 Arneburg	Tourist Information 039321/51817 www.arneburg-krusemark.de

3. Wochenende		
Maiblumenfest	06886 Lutherstadt Wittenberg	WittenbergKultur e.V. 03491/419260 www.wittenberg.de
4. Wochenende		
Kellerfest	06632 Freyburg	Verkehrsverein 034464/27260 www.natuerlich-saale-unstrut.de
letzter Samstag		
Forellenfest	38871 Ilsenburg	Tourist Information 039452/19433 www.ilsenburg.de
letztes Wochenende		
Orangenfest	06785 Oranienbaum	Landkreis 034901/91250 www.stadt-land.de/anhalt-zerbst
Stadtfest	06406 Bernburg	Stadtinformation 03471/626096 www.bernburg.de
Ende Mai		
Margarethenfest (Volksfest)	06905 Bad Schmiedeberg	Tourist Information 034925/19433 www.bad-schmiedeberg-online.de
Ende Mai/Anfang Juni		
Kastanienblütenfest	06507 Friedrichsbrunn	Tourist Information 039487/288 www.friedrichsbrunn.de
Straßenfest (mit hist. Kostümen)	39240 Calbe (Saale)	Verkehrsverein 03928/410810 www.landkreis-schoenebeck.de

Himmelfahrt

Himmelfahrt (Donnerstag bis Sonntag)		
Quellenfest	06647 Bad Bibra	Tourist Information 034465/19433 www.burgenland.de
um Himmelfahrt		
Himmelfahrtfest	06886 Lutherstadt Wittenberg	WittenbergKultur e.V. 03491/419260 www.wittenberg.de

Pfingsten

14 Tage vor Pfingsten		
»**Klein Pfingsten**« (ältestes Volksfest im Kreis Osterburg)	39619 Arendsee Zießau	Tourist Information 039384/27164 www.altmarkweb.de/arendsee
Pfingsten		
Traditionelles Schützenfest	38899 Hasselfelde	Kurverwaltung 039459/71369 oder 19433 www.harzinfo.de/hasselfelde
Innenstadtfest	39108 Magdeburg	Magdeburger Tourismusverband Elbe-Börde-Heide 0391/738790
Kaiserfrühling Quedlinburg (hist. Spielszenarien)	06484 Quedlinburg	Quedlinburg-Information 03946/905621 www.quedlinburg.de
Freie Nacht (Pfingsten) und **Hunnebrössel** (Pfingstmontag)	39649 Dannefeld (Altmark)	Verkehrsverein 039008/87114 www.altmarkweb.de/jod
Montag		
Mühlentag	38871 Ilsenburg	Tourist Information 039452/19433 www.ilsenburg.de
Finkenmanöver (Volksfest mit Pfingstwurstbraten)	38877 Benneckenstein	Kurverwaltung 039457/2612 www.benneckenstein-luftkurort.de
Mittwoch nach Pfingsten		
Knoblauchmittwoch (Volksfest)	06268 Querfurt	Stadtinformation 034771/23799 www.proregio.de

Wochenende nach Pfingsten		
Eierbetteln	06667 Leißling	Gemeindeverwaltung Burgwerben 03443/804038 www.burgwerben.de

Juni

Juni oder Juli		
Schlossfest (mit hist. Festumzug)	06217 Merseburg	Merseburg-Information 03461/213730
Juni		
Ablassfest	06636 Memleben	Fremdenverkehrsges. Saale-Unstrut-Elster 034464/3030 www.burgenland.de
Weinblütenfest	06618 Großjena	Fremdenverkehrsges. Saale-Unstrut-Elster 034464/3030 www.burgenland.de
Sommerweinfest	06268 Steigra	Fremdenverkehrsges. Saale-Unstrut-Elster 034464/3030 www.burgenland.de
Burgspektakel (Burg in Flammen)	39245 Gommern	Tourismusagentur Sachsen-Anhalt 0391/7384333 www.tasa.de
Grimmfest	39340 Haldensleben Schloss Hundisburg	Tourist Information 03904/40411 www.deutschlandreise.de/haldensleben
Schifferfest	39240 Breitenhagen	Verkehrsverein 03928/410810 www.landkreis-schoenebeck.de
Anfang Juni		
Waldfest	38899 Hasselfelde	Kurverwaltung 039459/71369 www.harzinfo.de/hasselfelde
Naumburger Mittelaltertage	06618 Naumburg	Touristservice 03445/201614 www.naumburg.de
1. Wochenende		
Brühl- und Schlossfest	06712 Zeitz Schloss Moritzburg	Zeitz-Information 03441/83291 www.zeitz.de
Mittelaltertage	06648 Eckartsberga Eckartsburg	Eckartsburg 034467/204154 www.eckartsburg.de
Brunnenfest	06628 Bad Kösen	Fremdenverkehrsges. Saale-Unstrut-Elster 034464/3030 www.burgenland.de
2. Wochenende		
Burgfest	39624 Kalbe (Milde)	Stadtverwaltung 039080/97122
»Luthers Hochzeit« (s. S. 156)	06886 Lutherstadt Wittenberg	WittenbergKultur e.V. 03491/419260 www.wittenberg.de
Mitte Juni		
Mittelalterliches Burgfest	06268 Querfurt	Stadtinformation 034771/23799 www.proregio.de
Köthener Kuhfest	06366 Köthen	Tourist Information 03496/19433 www.koethen-anhalt.de
Stadt- und Spargelfest	39606 Osterburg	Stadtinformation 03937/895012 www.osterburg.de
21. Juni		
Mittsommernachtsfest	06618 Naumburg	Touristservice 03445/201614 www.naumburg.de
3. Wochenende		
Rathausfest	38855 Wernigerode	Tourismus GmbH Wernigerode

Rosenfest	06406 Bernburg	Stadtinformation 03471/626096 www.bernburg.de
Salzlandfest	39418 Staßfurt	Stadt-Information 03925/981295 www.stassfurt-online.de
Freischießen (Schützenfest)	38899 Stiege	Tourist Information 039459/71229 www.harzinfo.de/stiege
Traditionelles Kurparkfest mit historischem Umzug	39218 Schönebeck Bad Salzelmen	Verkehrsverein 03928/410810 www.landkreis-schoenebeck.de
letztes Wochenende (Sa: Umzug; So: Peter-und-Paul-Messe)		
Hussiten-Kirschfest (s. S. 153)	06618 Naumburg	Touristservice 03445/201614 www.naumburg.de
letztes Wochenende		
Berg- und Rosenfest	06526 Sangerhausen	Tourist Information 03464/19433 www.sangerhausen-tourist.de
Behringer Brunnenfest	06507 Bad Suderode	Kurverwaltung 039485/510 www.harzinfo.de/bad-suderode
Brunnenfest	06231 Bad Dürrenberg	Tourist Information 03462/19433 www.stadt-bad-duerrenberg.de
Altmärkisches Heimatfest	an wechselndem Ort in der Altmark	Tourist Information Stendal 03931/19433 www.stendal.de
Ende Juni		
Altstadtfest	39624 Kalbe (Milde)	Stadtverwaltung 039080/97122
Rolandfest	39576 Stendal	Tourist Information 03931/19433 www.stendal.de
Ende Juni (alle 2 Jahre: 2002; 2004; ...)		
Lindenblütenfest der Franckeschen Stiftungen	06110 Halle	Halle-Tourist e.V. 0345/2023340 www.halle.de
Ende Juni/Anfang Juli		
Schönburgfest	06618 Schönburg	Touristservice Naumburg 03445/201614 www.naumburg.de
Ende Juni/Anfang Juli (alle 2 Jahre: 2002; ...)		
Salzwedeler Parkfest	29410 Salzwedel	Tourist Information 03901/422438 www.salzwedel.de

Juli

Juli (jedes Wochenende)		
»Unter dem freien Himmel« (ein Luther-Open-Air-Spektakel)	06886 Lutherstadt Wittenberg	WittenbergKultur e.V. 03491/419260 www.wittenberg.de
Anfang Juli		
Schlossfest	06667 Weißenfels	Stadtinformation 03443/303070 www.weissenfels.de
1. Wochenende		
Birkenfest	38889 Altenbrak	Kurverwaltung 039456/205 www.harzinfo.de/altenbrak
2. Woche		
Sommerfest	38820 Halberstadt	Stadtinformation 03941/551815 www.halberstadt.de
3. Wochenende		
Rosenfest (Volksfest mit Festumzug)	06785 Schleesen	Verwaltungsgem. Bergwitzsee 034921/724-0
meist letztes Wochenende		
Volks- und Schützenfest	06507 Friedrichsbrunn	Tourist Information 039487/288 www.friedrichsbrunn.de

letztes Wochenende **Goldene Lausfesttage** (Volksfest; Themen zur Stadtgeschichte)	39629 Bismark	Stadtverwaltung 039089/9760 www.stadt-bismark.de
letztes Wochenende (eine Woche) **Heimat- und Schützenfest**	39261 Zerbst	Landkreis 034901/91250 www.stadt-land.de/anhalt-zerbst
letztes Wochenende **Ritterspiele auf der Burg und Festung Regenstein**	38889 Blankenburg	Kurverwaltung 03944/2898 www.blankenburg.de
letzter Sonntag **Trad. Schaumähen** (alte Mähtechnik, hist. Trachten)	38486 Kunrau	Verkehrsverein 039008/87114 www.altmarkweb.de/jod
Ende Juli **Burgfest**	39435 Egeln Wasserburg	Magdeburger Tourismusverband 0391/738790 www.tasa.de
Ende Juli/Anfang August (Sonntag) **Historische Ernte und Bördehochzeit** (s. S. 167)	39221 Eikendorf	Verkehrsverein 03928/410810 www.landkreis-schoenebeck.de

August

August (jedes Wochenende) **»Unter dem freien Himmel«** (ein Luther-Open-Air-Spektakel)	06886 Lutherstadt Wittenberg	WittenbergKultur e.V. 03491/419260 www.wittenberg.de
August **Heimat-, Wein- und Schützenfest**	06636 Laucha	Fremdenverkehrsges. Saale-Unstrut-Elster 034464/3030 www.burgenland.de
1. Wochenende **Hüttenröder Grasedanz**	38889 Hüttenrode/Harz	Kurverwaltung Blankenburg 03944/2898 www.blankenburg.de
um den 12. August **Gartenfest zum Geburtstag von Fürst Franz**	06786 Wörlitz	Landkreis 034901/91250 www.stadt-land.de/anhalt-zerbst
2. Wochenende **Schul- und Heimatfest**	06917 Jessen	Stadtverwaltung 03537/2765 www.jessen.de
Hansefest (Hansetradition und Braukunst)	39638 Gardelegen	Tourist Information Gardelegen 03907/42266 www.gardelegen.de
Mittelalterspektakel auf Schloss Neuenburg	06632 Freyburg	Verkehrsverein 034464/27260 www.natuerlich-saale-unstrut.de
Laurentiusmarkt	06869 Coswig	Landkreis 034901/91250 www.stadt-land.de/anhalt-zerbst
Köhlerfest	38899 Hasselfelde	Kurverwaltung 039459/71369 oder 19433 www.harzinfo.de/hasselfelde
3. Wochenende **Brunnenfest**	06246 Bad Lauchstädt	Fremdenverkehrsbüro 034635/21634 http://members.aol.com/badlauch
vorletztes Wochenende **Historisches Schlossfest**	38871 Ilsenburg	Tourist Information 039452/19433 www.ilsenburg.de
4. Wochenende **Naumburger Weinfest/Holzmarkt** (Volksfest)	06618 Naumburg	Touristservice 03445/201614 www.naumburg.de

letztes Wochenende		
Heimat- und Schifferfest	06862 Roßlau	Landkreis 034901/91250 www.stadt-land.de/anhalt-zerbst
Laternenfest (seit 1928)	06110 Halle	Halle-Tourist e.V. 0345/2023340 www.halle.de
Bierer-Berg-Fest	39218 Schönebeck Bad Salzelmen	Verkehrsverein 03928/410810 www.landkreis-schoenebeck.de
Ende August/Anfang September		
Sommerfest (Volksfest)	38855 Wernigerode	Tourismus GmbH Wernigerode 03943/633035 www.wernigerode.de

September

September		
Heidefest (mit Wahl der Heidekönigin)	39326 Colbitz	Magdeburger Tourismusverband 0391/738790 www.tasa.de
Burgfest	39279 Loburg	Landkreis 034901/91250 www.stadt-land.de/anhalt-zerbst
Großes Hafenfest	39108 Magdeburg	Magdeburger Tourismusverband 0391/738790 www.magdeburg.de
Salzfest	06110 Halle	Halle-Tourist e.V. 0345/2023340 www.halle.de
Anfang September		
Laurentiade	38877 Benneckenstein	Kurverwaltung 039457/2612 www.benneckenstein-luftkurort.de
1. Wochenende		
Garnisonsfest (s. S. 200)	38889 Blankenburg	Kurverwaltung 03944/2898 www.blankenburg.de
Pferde- und Heiratsmarkt (großer traditioneller Pferdemarkt)	39539 Havelberg	Tourist Information 039387/88224 www.havelberg.de
Altstadtfest	38820 Halberstadt	Stadtinformation 03941/551815 www.halberstadt.de
Park- und Lichterfest	06628 Bad Kösen	Fremdenverkehrsges. Saale-Unstrut-Elster 034464/3030 www.burgenland.de
meist 1. Wochenende		
Kobermännchenfest (Altstadtfest)	06526 Sangerhausen	Tourist Information 03464/19433 www.sangerhausen-tourist.de
1. Sonntag		
Harzer Jodlerwettstreit – 2. Teil (1. Teil in Clausthal-Zellerfeld)	38889 Altenbrak	Kurverwaltung 039456/205 www.harzinfo.de/altenbrak
2. Wochenende		
Burgfest	06198 Wettin	Fremdenverkehrsamt 034607/20543 www.wettin.de
Traditioneller Pflaumenkuchenmarkt	39221 Großmühlingen	Magdeburger Tourismusverband 0391/738790 www.tasa.de
Burgfest (Nachstellung eines hist. Ereignisses; Mittelaltermarkt)	39590 Tangermünde	Tourist Information Tangermünde 039322/3710 www.tangermuende.de
Winzerfest	06632 Freyburg	Fremdenverkehrsverein 034464/27260 www.natuerlich-saale-unstrut.de
Pflaumenkuchenmarkt (trad. Volksfest)	06425 Plötzkau	Fremdenverkehrsverband Bernburg und Anhalt e.V. 03471/372030 www.tasa.de

Altstadtfest	39340 Haldensleben	Tourist Information 03904/40411 www.deutschlandreise.de/haldensleben
Mitte September		
Altstadtfest	38855 Wernigerode	Tourismus GmbH Wernigerode 03943/633035 www.wernigerode.de
Traditioneller Heiratsmarkt	39221 Welsleben	Fremdenverkehrsverein Elbe-Saaleauen, Schönebeck, 03928/410810 www.landkreis-schoenebeck.de
3. Samstag		
Kartoffelfest	39307 Genthin	Magdeburger Tourismusverband Elbe-Börde-Heide 0391/738790 www.tasa.de
3. Wochenende		
Wiesenmarkt (größtes Volksfest Mitteldeutschlands)	06295 Lutherstadt Eisleben	Kulturhaus 03475/602926 www.wiesenmarkt.de
letztes Wochenende		
Wittenberger Töpfermarkt (einer der schönsten Deutschlands)	06886 Lutherstadt Wittenberg	WittenbergKultur e.V. 03491/419260 www.wittenberg.de
Ende September		
Historisches Hof- und Handwerkerfest (mit Umzug und Kostümen)	39249 Barby Kunsthof	Verkehrsverein 03928/410810 www.landkreis-schoenebeck.de

Oktober

Anfang Oktober		
Traditionelle Heimat- und Erntedankfeste	39249 Tornitz und 39443 Atzendorf	Verkehrsverein 03928/410810 www.landkreis-schoenebeck.de
3. Oktober		
Rathausfest	39108 Magdeburg	Magdeburger Tourismusverband 0391/738790 www.magdeburg.de
Freikreuzfest	39397 Kroppenstedt	Magdeburger Tourismusverband 0391/738790 www.tasa.de
1. Wochenende		
Fischerfest	39291 Wüstenjerichow	Magdeburger Tourismusverband 0391/738790 www.tasa.de
Bollenmarkt	39261 Zerbst	Landkreis 034901/91250 www.stadt-land.de/anhalt-zerbst
1. Sonntag		
Herbstmarkt (Volksfest)	06712 Zeitz Schloss Moritzburg	Zeitz-Information 03441/83291 www.zeitz.de
2. Wochenende		
Traditionelles Bördeschlachtefest	39221 Eggersdorf »Zu den zwei Linden«	Verkehrsverein 03928/410810 www.landkreis-schoenebeck.de
letztes Wochenende		
Abfischen	39264 Deetz	Landkreis 034901/91250 www.stadt-land.de/anhalt-zerbst
Martinimarkt (trad. Handwerk, Brauchtum)	38486 Klötze	Tourist Information 03909/19433 www.stadt-kloetze.de
Ende Oktober		
Pelltüffeleten	39624 Kalbe (Engersen)	Stadtverwaltung 039080/97122
31. Oktober		
Reformationsfest (s. S. 217)	06886 Lutherstadt Wittenberg	WittenbergKultur e.V. 03491/419260 www.wittenberg.de

November

11. November		
Karnevalsumzug zum Auftakt der Session	06366 Köthen	Tourist Information 03496/19433 www.koethen-anhalt.de
Ende November bis kurz vor Weihnachten		
Weihnachtsmarkt	38820 Halberstadt	Stadtinformation 03941/551815 www.halberstadt.de

Dezember

1. Advent		
Festlicher Advent	06786 Wörlitz	Landkreis 034901/91250 www.stadt-land.de/anhalt-zerbst
1. Advent bis kurz vor Weihnachten		
Weihnachtsmarkt	06618 Naumburg	Touristservice 03445/201614 www.naumburg.de

Schleswig-Holstein

Januar

2. Woche		
Schipperhöge (Umzug d. Schifferbrüderschaft)	21481 Lauenburg	Tourist Information 04153/520267 www.lauenburg-elbe.de

Februar

Februar		
Hahnebierfest und Boßeln (Eggenfest)	25746 Heide	Tourist Information 0481/6850-117 www.stadt-heide.de
6. Februar		
Traditioneller Oeversee-Marsch	24988 Oeversee	Gemeindeverwaltung 04638/88-0 www.oeversee.de
21. Februar		
Biikebrennen mit Winsup un Schink	25845 Nordstrand	Kurverwaltung 04842/8232 www.nordstrandtourist.de
Biike-Brennen (s. S. 58)	auf den Inseln, Halligen und entlang der nordfriesischen Küste	Nordsee-Tourismus-Service, 25806 Husum, 01805/066077 www.nordseetourismus.de
Biike-Brennen (s. S. 57)	25980 Insel Sylt	Kurverwaltung 04651/3370 www.westerland.de
22. Februar		
Petritag	25980 Insel Sylt	Kurverwaltung 04651/3370 www.westerland.de
letztes volles Wochenende (Do–So)		
Kieler Umschlag (s. S. 55)	24103 Kiel	Tourist Info 0431/679100 www.kiel-tourist.de

Ende Februar		
Dänische Woche	25704 Meldorf	Fremdenverkehrsverein 04832/7045 www.meldorf.de

März

März		
Krokusblüte (mehr als 4 Mio. Krokusse im Schlossgarten)	25806 Husum	Nordsee-Tourismus 01805/066077 www.nordseetourismus.de
vorletztes Wochenende (18 Tage)		
Frühjahrsmarkt	23570 Lübeck	Tourismuszentrale 04502/80430 www.luebeck-tourismus.de

Ostern

um Ostern		
Ostermarkt auf dem Marktplatz	23611 Bad Schwartau	Stadtverwaltung 0451/2000-0 www.bad-schwartau.de
Ostern		
Osterfest	24351 Damp	Touristik GmbH 04352/808045 www.damp.de
Samstag		
Osterfeuer an der Festwiese	23611 Bad Schwartau	Stadtverwaltung 0451/2000-0 www.bad-schwartau.de

April

letztes Wochenende April bis 1. Wochenende Mai		
Meldorf-Woche (mit trad. Ringreiten)	25704 Meldorf	Fremdenverkehrsverein 04832/7045 www.meldorf.de
Ende April/Anfang Mai		
Dommarkt	24837 Schleswig	Tourismusinformation 04621/24878 www.schleswig.de
Ende April/Anfang Mai (3 Tage)		
Ochsenmarkt	22844 Norderstedt	Info: Uwe Bergmann Agentur, 20251 Hamburg, 040/46882211 www.uwebergmannagentur.de
Ende April bis Mitte Mai		
Ringelganstage	auf den Halligen	Nordsee-Tourismus 01805/066077 www.nordseetourismus.de
30. April		
Maifeuer in Dithmarschen	in fast allen Orten und Dörfern Dithmarschens	Nordsee-Tourismus 01805/066077 www.nordseetourismus.de

Mai

Mai		
Rungholttage (auf den Spuren versunkener Siedlungen)	25849 Pellworm	Kurverwaltung 04844/18940 www.pellworm.de
Mai oder Juni		
Nordseewoche (einzige Hochseeregatta Deutschlands)	27498 Helgoland	Nordsee-Tourismus 01805/066077 www.nordseetourismus.de

1. Mai		
Maibaumfest	24997 Wanderup	Gemeindeverwaltung 04606/272 www.tourismus-nord.de
meist 2. Samstag		
Ringreiten	24997 Wanderup Reitplatz	Gemeindeverwaltung 04606/272 www.tourismus-nord.de
Mitte Mai (19. bis 20. Kalenderwoche - 10 Tage)		
Markt »Anno Dazumal«	23570 Lübeck	Tourismuszentrale 04502/80430 www.luebeck-tourismus.de
Ende Mai		
Frühjahrsmarkt	21502 Geesthacht	Tourist Information 04152/836258 www.geesthacht.de
letztes Wochenende		
Ringreiten	24969 Linnau	Gebietsgemeinschaft 04638/898404 www.tourismus-nord.de
30. April und 1. Mai		
Tanz in den Mai und Maifeier	23611 Bad Schwartau auf dem Marktplatz	Stadtverwaltung 0451/2000-0 www.bad-schwartau.de

Himmelfahrt

Himmelfahrt		
»Anbaden«	23669 Timmendorfer Strand	Kurverwaltung 04503/35770 www.timmendorfer-strand.de
ab Himmelfahrt (4 Tage)		
Kappelner Heringstage	24376 Kappeln	Tourist Information 04642/4027 www.kappeln.de
Wochenende nach Himmelfahrt		
»Rum-Regatta« (s. S. 128)	24939 Flensburg	Tourist Information 0461/23090 www.flensburg-tourist.de

Pfingsten

Pfingsten		
Albersdorfer Pfingstfest (mit Festumzug, Königsschießen)	25767 Albersdorf	Nordsee-Tourismus 01805/066077 www.nordseetourismus.de
Pfingstmontag		
Mühlentag	25718 Friedrichskoog	Nordsee-Tourismus 01805/066077 www.nordseetourismus.de
Dienstag nach Pfingsten		
Tanz um den Roland der Bramstädter Fleckensgilde von 1677	24576 Bad Bramstedt	Tourismusbüro 04192/50627 www.bad-bramstedt.de
2. Wochenende nach Pfingsten		
Holmer Beliebung	24837 Schleswig	Tourismusinformation 04621/24878 www.schleswig.de

Juni

Juni		
Großes Vogelschießen der Schützengilde von 1595	23795 Bad Segeberg	Tourist Info 04551/96490 www.badsegeberg.de
Haffkruger Fischdorf	23683 Scharbeutz Kurpark Haffkrug	Kurbetrieb 04503/77090 oder 770944 www.scharbeutz.de
Juni bis August		
Ringreiterfeste	25980 Sylt	Kurverwaltung 04651/3370 www.westerland.de

Anfang Juni bis Ende Juni		
Nordfriesische Lammtage	in zahlreichen Orten Nordfrieslands	Nordsee-Tourismus 01805/066077 www.nordseetourismus.de
2. Wochenende		
Volks- und Schützenfest	23611 Bad Schwartau	Stadtverwaltung 0451/2000-0 www.bad-schwartau.de
3. Wochenende		
Glückstädter Matjeswochen	25348 Glückstadt	Tourist Information 04124/937585 www.glueckstadt-elbe.de
um den 24. Juni (Johanni)		
Gildefest (Schiebenscheeten)	25361 Krempe	Amtsverwaltung Krempermarsch 04824/38 90-0
Wochenende nach dem 24. Juni (Johanni)		
Mittsommerfest	23669 Timmendorfer Strand	Kurverwaltung 04503/35770 www.timmendorfer-strand.de
letzte volle Woche (ab Samstag – 9 Tage)		
Kieler Woche	24103 Kiel	Tourist Info 0431/679100 www.kiel-tourist.de
erstes Wochenende der Kieler Woche		
Aalregatta (Auftaktregatta)	24340 Eckernförde	Touristik GmbH 04351/71790 www.eckernfoerde.de
Ende Juni (Sonntag)		
Ringreiten	25849 Pellworm	Kurverwaltung 04844/18940 www.pellworm.de
Ende Juni bis Ende August		
Karl-May-Spiele (s. S. 154)	23795 Bad Segeberg	Tourist Info 04551/96490 www.badsegeberg.de
ab dem letzten Freitag im Juni (17 Tage)		
Volks- und Erinnerungsfest (s. S. 171)	23570 Lübeck	Tourismuszentrale 04502/80430 www.luebeck-tourismus.de
1. Sonntag während dieser Zeit		
Volksfestzug durch die Altstadt (s. S. 171)		
letztes Wochenende		
Ringreiten	25845 Nordstrand	Kurverwaltung 04842/8232 www.nordstrandtourist.de

Juli

Juli		
Neustädter Altstadtfest	23730 Neustadt	Tourist Information 04561/407478 www.neustadt-ostsee.de
Wurst-, Schinken- und Kartoffeldorf	23683 Scharbeutz Kurpark Klingberg	Kurbetrieb 04503/77090 oder 770944 www.scharbeutz.de
Kutterregatta (s. S. 168)	25718 Friedrichskoog	Nordsee-Tourismus 01805/066077 www.nordseetourismus.de
Niendorfer Hafentage	23669 Timmendorfer Strand	Kurverwaltung 04503/35770 www.timmendorfer-strand.de
Anfang Juli (alle 2 Jahre: 2002; 2004; ...)		
Heider Marktfrieden (s. S. 169)	25746 Heide	Tourist Information 0481/6850-117 www.stadt-heide.de
Anfang Juli (alle 2 Jahre: 2001; 2003; ...)		
Hafenfest	23769 Burg/Fehmarn	Kurverwaltung 04371/50050 www.fehmarn-info.de
Anfang Juli (alle 2 Jahre: 2002; 2004; ...)		
Altstadtfest	23769 Burg/Fehmarn	Kurverwaltung 04371/50050 www.fehmarn-info.de

1. Woche		
Schützenfest	23701 Eutin	Kur GmbH 04521/70970 www.eutin.de
1. Mittwoch bis Sonntag darauf		
Eckernförder Festtage	24340 Eckernförde	Touristik GmbH 04351/71790 www.eckernfoerde.de
1. Wochenende		
Heimat- und Schützenfest der Ahrensböker Gill von 1490	23623 Ahrensbök	Gemeindeverwaltung 04525/4950 www.ahrensboek.de
Ringreiten	25845 Nordstrand	Kurverwaltung 04842/8232 www.nordstrandtourist.de
2. Mittwoch		
Gildefestivitäten (mit Umzug)	24306 Plön	Tourist Information 04522/50950 www.tourist Info-ploen.de
2. Samstag		
Ringreiten	24969 Riesbriek	Gebietsgemeinschaft 04638/898404 www.tourismus-nord.de
2. Wochenende		
Stadtfest	24321 Lütjenburg	Tourist Information 04381/419941 oder 19433 www.stadt-luetjenburg.de
Mitte Juli		
Waldfest	23746 Kellenhusen	Kurverwaltung 04364/49750 www.kellenhusen.de
meist 3. Wochenende		
Heiligenhafener Hafenfesttage	23773 Heiligenhafen	Kurverwaltung 04362/90720 www.heiligenhafen.de
letzte volle Woche		
Travemünder Woche (weltweit zweitgrößte Segelregatta)	23570 Travemünde	Tourismuszentrale 04502/80430 www.luebeck-tourismus.de
letztes Wochenende		
Brarupmarkt (Stadtfest und Traditionsmarkt)	24392 Süderbrarup/ Schlei	Amt Süderbrarup 04641/78-0 www.suederbrarup.com
Friedrichstädter Festtage	25840 Friedrichstadt	Nordsee-Tourismus 01805/066077 www.nordseetourismus.de
Ende Juli		
Ulmenfest (Volksfest)	25764 Wesselburen	Nordsee-Tourismus 01805/066077 www.nordseetourismus.de
Ende Juli/Anfang August		
»Ostsee in Flammen«	23743 Grömitz	Tourismus Service 04562/2560 www.groemitz.de

August

August		
Zehnteles Schlotzerfest	23683 Scharbeutz Kurpark Scharbeutz	Kurbetrieb 04503/77090 oder 770944 www.scharbeutz.de
Twebakken-Regatta (Wettsegeln in alten Holmer Fischerkähnen)	24837 Schleswig	Tourismusinformation 04621/24878 www.schleswig.de
August (alle 5 Jahre: 2005; 2010; ...)		
Holzmarktfest (mit Festumzug)	25712 Burg	Fremdenverkehrsamt 04825/1444 www.luftkurort-burg.de
Anfang August		
Bredstedter Markttage	25821 Bredstedt	Nordsee-Tourismus 01805/066077 www.nordseetourismus.de

1. Hälfte August		
Husumer Hafentage (mit Krabbenkutter-Korso)	25813 Husum	Nordsee-Tourismus 01805/066077 www.nordseetourismus.de
1. Hälfte August (alle 2 Jahre: 2002; 2004; . . .)		
Wikingertage (s. S. 189)	24837 Schleswig	Tourismusinformation 04621/24878 www.schleswig.de
1. Wochenende		
Seebrückenfest	23746 Kellenhusen	Kurverwaltung 04364/49750 www.kellenhusen.de
Mittelalterlicher Markt	24306 Plön Schloss Plön	Tourist Information 04522/50950 www.tourist Info-ploen.de
2. Wochenende (Fr–So)		
Klosterfest (ca. 80 000 Besucher)	23743 Grömitz Klosterdorf Cismar	Kloster Cismar 04366/1080 www.cismar.de
2. Wochenende		
Kutterregatta	25761 Büsum	Kurverwaltung 04834/9090 www.buesum.de
Eckernförder Piratentage (Volksfest)	24340 Eckernförde	Touristik GmbH 04351/71790 www.eckernfoerde.de
Travemünder St. Lorenz-Markt	23570 Travemünde	Tourismuszentrale 04502/80430 www.luebeck-tourismus.de
Mitte August		
Traveufer Festival	23570 Lübeck	Info: Uwe Bergmann Agentur, 20251 Hamburg, 040/46882211 www.uwebergmannagentur.de
3. Samstag		
Amtsringreiten Schafflund	an wechselnden Orten um 24963 Tarp	Gebietsgemeinschaft 04638/898404 www.tourismus-nord.de
3. Wochenende		
Stadtfest	23701 Eutin	Kur GmbH 04521/70970 www.eutin.de
vorletztes oder letztes Wochenende		
Bartholomäus-Markt	23795 Bad Segeberg	Tourist Info 04551/96490 www.badsegeberg.de
Ende August/Anfang September		
Sommerjahrmarkt	25348 Glückstadt	Tourist Information 04124/937585 www.glueckstadt-elbe.de

September

September		
Flensburger Fördewoche	24901 Flensburg	Tourist Information 0461/23090 www.flensburg-tourist.de
Anfang September		
Kartoffelfest	23746 Kellenhusen	Kurverwaltung 04364/49750 www.kellenhusen.de
Pferdemarkt (Peermarkt, Ägidimarkt)	24837 Schleswig	Tourismusinformation 04621/24878 www.schleswig.de
1. Wochenende		
Büsumer Krabben- und Fischtage (Volksfest)	25761 Büsum	Kurverwaltung 04834/9090 www.buesum.de
1. Wochenende (alle 2 Jahre: 2002; 2004; . . .)		
Stadtfest	23611 Bad Schwartau	Stadtverwaltung 0451/2000-0 www.bad-schwartau.de

2. volles Wochenende (alle 2 Jahre: 2001; . . .)		
Lübecker Hafenfest	23570 Lübeck	Tourismuszentrale 04502/80430 www.luebeck-tourismus.de
2. volles Wochenende (alle 2 Jahre: 2002; . . .)		
Altstadtfest (mit mittelalterlichem Markt)	23570 Lübeck	Tourismuszentrale 04502/80430 www.luebeck-tourismus.de
2. Hälfte September		
Meldorfer Weberfest	25704 Meldorf	Fremdenverkehrsverein 04832/7045 www.meldorf.de
3. Woche		
Dithmarscher Kohltage	Kreis Dithmarschen	Touristikzentrale 04834/90010 swww.nordseeferien-dithmarschen.de
3. Wochenende		
Glückstädter Herbstvergnügen	25348 Glückstadt	Tourist Information 04124/937585 www.glueckstadt-elbe.de
Ende September		
Rübentage	24837 Schleswig	Tourismusinformation 04621/24878 www.schleswig.de

Oktober

Oktober		
Herbstmarkt	21502 Geesthacht	Tourist Information 04152/836258 www.geesthacht.de
um den 3. Oktober		
Oktoberfest	23570 Lübeck	Tourismuszentrale 04502/80430 www.luebeck-tourismus.de
1. Wochenende, Fr–So; *(alle 2 Jahre: 2001; 2003; . . .)*		
Karpenfest	23858 Reinfeld	Stadtverwaltung 04533/2001-0 www.reinfeld-aktuell.de
1. Sonntag		
Erntedankfest	23701 Eutin	Kur GmbH 04521/70970 www.eutin.de
Mitte Oktober		
Husumer Krabbentage	25806 Husum	Nordsee-Tourismus 01805/066077 www.nordseetourismus.de

November

um den 11. November		
Martinsmarkt	23611 Bad Schwartau	Stadtverwaltung 0451/2000-0 www.bad-schwartau.de
Ende November bis kurz vor Weihnachten		
Weihnachtsmarkt mit Zwergenwald	23611 Bad Schwartau	Stadtverwaltung 0451/2000-0 www.bad-schwartau.de
ab Samstag vor 1. Advent (9 Tage)		
Weihnachtsmarkt im Heiligen-Geist-Hospital	23552 Lübeck	Tourismuszentrale 04502/80430 www.luebeck-tourismus.de
Samstag vor 2. Advent bis 3. Advent		
Weihnachtlicher Schwahlmarkt	24837 Schleswig	Tourismusinformation 04621/24878 www.schleswig.de

Dezember

Adventszeit		
Weihnachtsmärchenwald an der Marienkirche	23570 Lübeck	Tourismuszentrale 04502/80430 www.luebeck-tourismus.de
Weihnachtsmärkte (Rathausmarkt; Breite Straße; Koberg)	23570 Lübeck	Tourismuszentrale 04502/80430 www.luebeck-tourismus.de
2. Adventswochenende		
Fischers Wiehnacht	23669 Timmendorfer Strand	Kurverwaltung 04503/35770 www.timmendorfer-strand.de
2. Weihnachtsfeiertag bis Neujahr		
Travemünder Neujahrsmarkt	23570 Travemünde	Info: Uwe Bergmann Agentur, 20251 Hamburg, 040/46882211 www.uwebergmannagentur.de

Thüringen

Januar

2. Januar		
Hullefraa'nsnacht (Austreibung böser Geister; alter germ. Brauch)	98666 Schnett	Masserberg Info 036870/57015 www.masserberg.de
letzter Donnerstag		
Kalter Markt	98631 Römhild	Verwaltungsgemeinschaft Gleichberge 036948/8810

Februar

jedes Wochenende		
Taubenmarkt (seit 1672)	99625 Kölleda	Verwaltungsgemeinschaft 03635/4500 www.koelleda.de

Karneval

Samstag		
Wasunger Karneval (seit 1524) Historischer Festumzug (s. S. 58)	98634 Wasungen	Tourist Information 036941/71505 www.th-online.de/kommunales/wasungen
Sonntag		
Närrisches Altstadtfest mit Festumzug	99084 Erfurt	Kulturdirektion 0361/6551943 www.erfurt.de
Dienstag		
Strohbärumzug	07768 Orlamünde	Verwaltungsgemeinschaft Südl. Saaletal, 036424/59133 www.onlinewerkstatt.de/saaletal

März

Sonntag nach Frühlingsanfang		
Winteraustreiben	99885 Ohrdruf	Kulturamt 03624/330210

Ostern

ab 3. Samstag vor Ostern (9 Tage)

Traditionelle Festwoche zum Sommergewinn (s.S. 90)	99817 Eisenach	Tourismusinfo 03691/19433 www.eisenach-tourist.de

Wochenende vor Ostern

Ostermarkt	96515 Sonneberg	Stadtverwaltung 03675/880-116 www.sonneberg.de
Ostereiermarkt	98544 Zella-Mehlis	Fremdenverkehrsamt 03682/482840 www.suhl.com

um Ostern

Frühlingsfest	99974 Mühlhausen	Stadtinformation 03601/452335 www.muehlhausen.de
Frühlingsfest	99310 Arnstadt	Arnstadt-Information 03628/602049 www.arnstadt.de

Ostern (Fr–Mo)

Mittelalterfest auf der Leuchtenburg	07768 Seitenroda Leuchtenburg	Stadtverwaltung, 036424/770 www.onlinewerkstatt.de/saaletal

Samstag

Ostermarkt	99894 Friedrichroda	Kur- und Tourismus GmbH 03623/33200 www.friedrichroda.de
Entenrennen (Volksfest)	99084 Erfurt	Kulturdirektion 0361/6551943 www.erfurt.de

April

April

Erfurter Altstadtfrühling	99084 Erfurt	Kulturdirektion 0361/6551943 www.erfurt.de

Wochenende um den 23. April (St. Georg)

St. Georgsfest	99887 Georgenthal	Tourist Information 036253/38108 www.itip.com/georgenthal

30. April

Walpurgisnacht mit Maibaumsetzen	99084 Erfurt Domplatz	Kulturdirektion 0361/6551943 www.erfurt.de
Walpurgisnacht	98544 Zella-Mehlis	Fremdenverkehrsamt 03682/482840 www.suhl.com
Walpurgis auf der Leuchtenburg	07768 Seitenroda Leuchtenburg	Stadtverwaltung, 036424/770 www.onlinewerkstatt.de/saaletal
Höhenfeuer auf dem »Köpfchen«	99897 Tambach-Dietharz	Verkehrsamt 036252/34430 www.tambach-dietharz.de

Mai

Mai

GutsMuths-Rennsteiglauf	Rennsteig	Tourismusamt Suhl 03681/742722 www.suhl.com
Schloss- und Museumsfest	99706 Sondershausen	Schlossmuseum 03632/663120 www.sondershausen.de
Heinrichser Maifest	98527 Suhl	Kultur- und Tourismusamt 03681/742722 www.suhl.com

Mai (alle 2 Jahre: 2001; 2003; . . .)

Stadtfest	99885 Ohrdruf	Kulturamt 03624/330210

Anfang Mai

Blütenfest	04626 Schmölln	Stadtverwaltung 034491/7621 www.schmoelln-thueringen.de

1. Mai		
Walpurgisfest	99310 Arnstadt	Arnstadt-Information 03628/602049 www.arnstadt.de
1. Wochenende		
Altenburger Skatbrunnenfest (s. S. 125)	04600 Altenburg	Tourist Information 03447/19433 www.stadt-altenburg.de
Gothardusfest	99867 Gotha	Gotha-Information 03621/854036 www.gotha.de
1. Sonntag		
Kornmarktfest	99947 Bad Langensalza	Stadtverwaltung 03603/859-0 www.badlangensalza.de
Ottilienfest am Domberg	98527 Suhl	Kultur- und Tourismusamt 03681/742722 www.suhl.com
2. Wochenende (Fr–Mo)		
Frühlingsfest im Wolkenrasen	96515 Sonneberg	Stadtverwaltung 03675/880-116 www.sonneberg.de
2. Samstag		
Blumenmarkt	99438 Bad Berka	Kurverwaltung 036458/19433 www.bad-berka.de
Mitte Mai		
Bergbahnfest (mit Bergbahnlauf)	98744 Lichtenhain	Fremdenverkehrsamt 036705/62123
Fliederfest	06567 Bad Frankenhausen	Stadtverwaltung 034671/72038 www.bad-frankenhausen.de
letzter Samstag		
Zunftmarkt (s. S. 133)	07318 Saalfeld	Saalfeld-Information 03671/33950 www.saalfeld.de
letztes Wochenende		
Stadtfest	06556 Artern	Stadtverwaltung 03466/32550 www.artern.de
Ende Mai		
Schützenfest	98724 Lauscha	Fremdenverkehrsamt 036702/22944 www.lauscha.de
Ende Mai/Anfang Juni		
Altstadtfest	07407 Rudolstadt	Tourist Information 03672/424543 www.rudolstadt.de
Unstrutfest	06571 Roßleben	Gemeindeverwaltung 034672/86333 www.roszleben.de

Himmelfahrt

Himmelfahrt		
Heiratsfest (Volksfest)	07422 Paulinzella	Heimatverein 036739/21302
Blütenfest	99438 Tiefengruben	Kurverwaltung 036458/5790 www.tiefengruben.de
Himmelfahrt (Do–So)		
Blütenfest	99438 Bad Berka	Kurverwaltung 036458/19433 www.bad-berka.de
Mittelalterliches Burgspektakel	99869 Wandersleben Burg Gleichen	Museum für Stadtgeschichte 036202/82440
Wippertusfest	99625 Kölleda	Verwaltungsgemeinschaft 03635/4500 www.koelleda.de
Wochenende nach Himmelfahrt		
Karpfenpfeiferfest (Straßenfest)	07931 Zeulenroda	Stadtverwaltung 036628/48112 www.zeunet.de

Pfingsten

Pfingsten (Fr–Di)		
Kuhschwanzfest mit Umzug am Dienstag (s. S. 126)	98673 Eisfeld	Tourist Information 03686/300602 www.stadt-eisfeld.de
Pfingsten (Fr–So)		
Trachtenfest	98593 Floh-Seligenthal	Fremdenverkehrsamt 03683/606894 www.floh-seligenthal.de
Pfingsten		
Mittelalterfest auf der Creuzburg	99831 Creuzburg	Fremdenverkehrsbüro 036926/98047
Stadtfest	99974 Mühlhausen	Stadtinformation 03601/452335 www.muehlhausen.de
Heiratsmarkt	36452 Kaltennordheim	Tourismusgemeinschaft »Thüringer Rhön« 036966/81220
Burgfest	99448 Kranichfeld	Fremdenverkehrsamt 036450/42021 oder 19433 www.kranichfeld.de
Montag		
Marienbrunnenfest	99706 Hachelbich	Verwaltungsgem. 034671/6600
Butzelmannfest	07407 Rudolstadt	Tourist Information 03672/424543 www.rudolstadt.de
14 Tage nach Pfingsten		
Schützenfest	99897 Tambach-Dietharz	Verkehrsamt 036252/34430 www.tambach-dietharz.de
14 Tage nach Pfingsten (1 Woche)		
Park- und Heimatfest	99510 Apolda	Kulturamt 03644/562876 www.apolda.de
4 Wochen nach Pfingsten		
Brunnenfest (mit Festumzug)	99947 Bad Langensalza	Stadtverwaltung 03603/859-0 www.badlangensalza.de

Juni

Juni		
Mittelalterliches Burgfest an der Kemenate	07768 Orlamünde	Verwaltungsgem. 036424/59133 www.onlinewerkstatt.de/saaletal
Seefest	36433 Bad Salzungen	Tourist Information 03695/693420 www.badsalzungen.de
Brunnenfest	99310 Arnstadt	Arnstadt-Information 03628/602049 www.arnstadt.de
Park- und Schlossfest	07973 Greiz	Tourist Information 03661/19433 www.greiz.de
Lindenfest	96528 Effelder	Landratsamt Sonneberg 03675/871454 www.bnv-son.de
Arnstädter Wollmarkt (seit 1850)	99310 Arnstadt	Arnstadt-Information 03628/602049 www.arnstadt.de
Juni oder Juli		
Brunnenfest	99974 Mühlhausen	Stadtinformation 03601/452335 www.muehlhausen.de
Anfang Juni		
Dorffest des Georg-Kresse-Vereins (in historischen Kostümen)	07950 Dörtendorf	Stadtverwaltung, 036622/761-0/-24 www.zeunet.de
Gregoriusfest	99326 Stadtilm	Stadtverwaltung 03629/66880 www.stadtilm.de

1. Samstag		
Suhler Kinderfest (größtes Kinderfest in Südthüringen)	98527 Suhl	Kultur- und Tourismusamt 03681/742722 www.suhl.com
1. Wochenende		
Cityfest	99610 Sömmerda	Sömmerda Information 03634/350241 www.soemmerda.de
Brunnenfest	96523 Steinach	Landratsamt Sonneberg 03675/871454 www.bnv-son.de
1. Sonntag		
Finnmännchenfest	99947 Bad Langensalza	Stadtverwaltung 03603/859-0 www.badlangensalza.de
2. Wochenende		
Rolandfest	99734 Nordhausen	Tourist Information 03631/902154 www.nordhausen.de
Brunnenfest	99438 Bad Berka	Kurverwaltung 036458/19433 www.bad-berka.de
Mitte Juni		
Sommernachtstraum (Kinder- und Familienfest)	07545 Gera	Stadtverwaltung 0365/838-0 www.gera.de
3. Wochenende		
Krämerbrückenfest (s. S. 151)	99084 Erfurt	Kulturdirektion 0361/6551943 www.erfurt.de
meist 3. Wochenende		
Brunnenfest	07806 Neustadt an der Orla	Kulturamt 036481/85120 www.neustadtanderorla.de
um den 20. Juni		
Burgfest	04626 Posterstein Burg Posterstein	Museum Burg Posterstein 034496/22595
Wochenende nach Sommersonnenwende		
Dombergfest	98527 Suhl	Kultur- und Tourismusamt 03681/742722 www.suhl.com
Donnerstag, der dem 25. Juni am nächsten liegt		
Brezeltag (traditionelles Schul- und Kinderfest)	07381 Pößneck	Fremdenverkehrsamt 03647/412295 www.poessneck.de
letztes Wochenende		
Warthefest	99195 Nöda	Gemeindeverwaltung 036204/70265
Lindenblütenfest	99189 Walschleben	Verwaltungsgemeinschaft »Gera-Aue« 036201/66620/21
Pfefferbergfest	04626 Schmölln	Stadtverwaltung 034491/7621 www.schmoelln-thueringen.de
Osterburgfest mit Mittelaltermarkt	07570 Weida Osterburg	Kulturamt 036603/54130 www.weida.de
Rosenfest	07778 Dornburg	Rosenfest Verein 036427/22540
Rosenfest	99448 Kranichfeld	Fremdenverkehrsamt 036450/42021 oder 19433 www.kranichfeld.de
meist letzter Sonntag		
Bergseefest	98593 Floh-Seligenthal Ebertswiese am Rennsteig	Fremdenverkehrsamt 03683/606894 www.floh-seligenthal.de
Ende Juni (Samstag)		
Fröbel-Kinderfest	07422 Bad Blankenburg	Tourist Information 036741/19433 www.bad-blankenburg.de
Ende Juni		
Blütenfest im Rennsteiggarten	98559 Oberhof	Oberhof-Information 036842/22143 www.oberhof.de

Traditionelles Jodlertreffen	99734 Nordhausen	Tourist Information 03631/902154 www.nordhausen.de
Ende Juni/Anfang Juli		
Burg- und Stadtfest	98553 Schleusingen	IG Stadtfest 036841/42703 www.schleusingen.de

Juli

Juli		
Schlossfest	99310 Arnstadt	Arnstadt-Information 03628/602049 www.arnstadt.de
Stadtfest	36433 Bad Salzungen	Tourist Information 03695/693420 www.badsalzungen.de
Dorffest (mit Hummelflug und Bärenlauf)	07356 Lobenstein-Friesau	Fremdenverkehrsamt 036651/2543 www.lobenstein-info.de
14 Tage vor Sommerferienbeginn		
Flößerfest	98590 Wernshausen	Stadtverwaltung 036848/3830 www.wernshausen.de
Anfang Juli		
Triebeser Schützenfest	07950 Triebes	Stadtverwaltung 036622/761-0/-24 www.zeunet.de
1. und 2. Wochenende		
Vogelschießen	96515 Sonneberg	Stadtverwaltung 03675/880-116 www.sonneberg.de
1. Wochenende		
Internationales Bettenrennen (ca. 30 000 Besucher)	99894 Friedrichroda	Kur- und Tourismus GmbH 03623/33200 www.bettenrennen.de
Galgenbergfest	96528 Schalkau	Landratsamt Sonneberg 03675/871454 www.bnv-son.de
Salz- und Quellenfest	99518 Bad Sulza	Kurgesellschaft 036461/19433 oder 82110 www.bad-sulza.de
um den 7. Juli		
Schlossfest	04600 Altenburg	Tourist Information 03447/19433 www.stadt-altenburg.de
2. Wochenende (Fr–So)		
Kirschfest	99636 Rastenberg	Stadtverwaltung 036377/767-0 www.rastenberg.de
Mitte Juli		
Zinselhöhlenfest	96515 Meschenbach	Landratsamt Sonneberg 03675/871454 www.bnv-son.de
Köstritzer Schwarzmarkt	07586 Bad Köstritz	Tourist Information 036605/86059 www.bad-koestritz.de
3. Wochenende		
Mittelalterliches Burgfest	99631 Weißensee	Stadtverwaltung 036374/22012 www.runneburg.de
Hütesfest	98617 Meiningen	Tourist Information 03693/44650 www.meiningen.de
Oberlinder Kirchweih	96515 Sonneberg	Stadtverwaltung 03675/880-116 www.sonneberg.de
letztes Wochenende		
Brotteröder Kirmes (trad. Heimatfest mit Umzug)	98599 Brotterode	Gästeinformation 036840/3333 www.brotterode.de
Ende Juli		
Glasmacher- und Mondstürerfest	96515 Ernsthal	Landratsamt Sonneberg 03675/871454 www.bnv-son.de

August

August oder September (alle 2 Jahre: 2001; ...)		
Historischer Markt	04639 Gößnitz	Stadtverwaltung 034493/700
im Wechsel mit (alle 2 Jahre: 2002; ...)		
Hof- und Brunnenfest		
Anfang August		
Köppleinkirchweih	98724 Lauscha	Fremdenverkehrsamt 036702/22944 www.lauscha.de
1. Samstag im August		
Bergfest auf dem Adlersberg	98553 St. Kilian	Kultur- und Tourismusamt 03681/742722 www.suhl.com
1. Wochenende		
Altstadtfest	99734 Nordhausen	Tourist Information 03631/902154 www.nordhausen.de
Wald- und Jägerfest (mit Markt)	99894 Friedrichroda	Kur- und Tourismus GmbH 03623/33200 www.friedrichroda.de
Wehder Kirchweih	96515 Sonneberg Wehde	Stadtverwaltung 03675/880-116 www.sonneberg.de
Schlossparkfest	96515 Almerswind	Landratsamt Sonneberg 03675/871454 www.bnv-son.de
2. Wochenende		
Vogelschießen	96528 Schalkau	Landratsamt Sonneberg 03675/871454 www.bnv-son.de
Brunnenfest	06556 Artern	Stadtverwaltung 03466/32550 www.artern.de
Lavendelfest (mit Wahl der Lavendelkönigin – s. S. 185)	07422 Bad Blankenburg	Tourist Information 036741/19433 www.bad-blankenburg.de
um den 20. August		
Altstadtfest	07580 Ronneburg	Stadtverwaltung 036602/5360 www.ronneburg.de
3. Wochenende (Fr–Mo)		
Kirchweih	96523 Steinach	Landratsam Sonneberg 03675/871454 www.bnv-son.de
3. Wochenende		
Bartholomäusmarkt (seit über 300 Jahren)	06571 Wiehe	Stadtverwaltung 034672/890 www.stadt-wiehe.de
Funkenburgfest	99718 Westgreußen Funkenburg	Freilichtmuseum 03636/704616 www.th.schule.de/kyf/fvhgym/funkenburg.htm
Weinfest (mit Krönung der thür. Weinprinzessin)	99518 Bad Sulza	Kurgesellschaft 036461/19433 oder 82110 www.bad-sulza.de
3. volles Wochenende		
Marktfest	07356 Lobenstein	Fremdenverkehrsamt 036651/2543 www.lobenstein-info.de
letzte volle Augustwoche		
Vogelschießen	07407 Rudolstadt	Tourist Information 03672/424543 www.rudolstadt.de
letzte Woche		
Kirmes (mit Umzug)	99974 Mühlhausen	Stadtinformation 03601/452335 www.muehlhausen.de
Sonntag um 28. August		
Kickelhahnfest	98693 Ilmenau	Ilmenau-Information 03677/202358 www.ilmenau.de

letztes Wochenende (ab Mittwoch davor)		
Schmalkalder Bartholomäusfest und Hirschessen (s. S. 189)	98574 Schmalkalden	Tourist Information 03683/403182 www.schmalkalden.de
letztes Wochenende		
Gehlberger Glasmarkt	98554 Gehlberg	Gemeinde Gehlberg 036845/50500 www.gehlberg.de
Detscherfest	07318 Saalfeld	Saalfeld-Information 03671/33950 www.saalfeld.de
Wasserfest	99631 Weißensee	Stadtverwaltung 036374/22012 www.th-online.de/kommunales/ weissensee-thueringen
Mittelalterstadtfest	99947 Bad Langensalza	Stadtverwaltung 03603/859-0 www.badlangensalza.de
Traditionelles Stadtfest	07931 Zeulenroda	Stadtverwaltung 036628/48112 www.zeunet.de

September

September		
Herbstjahrmarkt	99734 Nordhausen	Tourist Information 03631/902154 www.nordhausen.de
Stadtfest	99310 Arnstadt	Arnstadt-Information 03628/602049 www.arnstadt.de
September (alle 2 Jahre: 2001; 2003; ...)		
Großes Suhler Schützenfest	98501 Suhl	Kultur- und Tourismusamt 03681/742722 www.suhl.com
1. Wochenende		
Meuselwitzer Stadtfest	04610 Meuselwitz	Kulturverwaltung 03448/2498 www.meuselwitz.de
Dorffest	04603 Nobitz	Gemeindeverwaltung 03447/31080 www.nobitz.de
Weidscher Kuchenmarkt (s. S. 204)	07570 Weida	Kulturamt 036603/54130 www.weida.de
1. Sonntag		
Buchbergfest	07768 Orlamünde	Verwaltungsgem. 036424/59133 www.onlinewerkstatt.de/saaletal
2. Wochenende (Fr–So)		
Kulturfest am Klosterturm (mit Turmblasen)	99706 Göllingen	Gesellsch. d. Freunde d. Klosterruine 034671/63692
2. Wochenende		
Großes Wintersdorfer Dorffest	04610 Wintersdorf	Gemeindeverwaltung 03448/44200 www.wintersdorf.de
Ruppertusmarkt (mit Fackelzug, Markt und Zunftstraße)	98544 Zella-Mehlis	Fremdenverkehrsamt 03682/482840 www.suhl.com
Altstadtfest	96515 Sonneberg	Stadtverwaltung 03675/880-116 www.sonneberg.de
Petersbergfest	99084 Erfurt	Kulturdirektion 0361/6551943 www.erfurt.de
Mitte September		
Historischer Bauernmarkt	06567 Bad Franken-hausen	Stadtverwaltung 034671/72038 www.bad-frankenhausen.de
Augustenthaler Köhlerfest	96529 Mengersgereuth-Hämmern	Landratsam Sonneberg 03675/871454 www.bnv-son.de
Dahlienfest	07545 Gera	Stadtverwaltung 0365/838-0 www.gera.de

3. Wochenende		
Rositzer Kirmes	04617 Rositz	Gemeindeverwaltung 034498/45412 www.rositz.de
letztes Wochenende		
Stadt- und Museumsfest	96515 Sonneberg	Stadtverwaltung 03675/880-116 www.sonneberg.de
Ende September/Anfang Oktober		
Höhlerfest	07545 Gera	Stadtverwaltung 0365/838-0 www.gera.de
Großes Erntefest im Freilichtmuseum Hohenfelden	99448 Hohenfelden	Freilichtmuseum 036450/31228 www.weimarer.land.de

Oktober

Anfang Oktober		
Oktoberfest (Volksfest)	99084 Erfurt	Kulturdirektion 0361/6551943 www.erfurt.de
Theresienfest	98646 Hildburghausen	Stadtverwaltung 03685/7740 www.hildburghausen.de
Proklamation der Salzkönigin	36433 Bad Salzungen	Tourist Information 03695/693420 www.badsalzungen.de
um den 3. Oktober		
Zwiebelmarkt (s. S. 215)	99510 Apolda	Kulturamt 03644/562876 www.apolda.de
3. Oktober		
Marktbrunnenfest	07768 Kahla	Stadtverwaltung 036424/770 www.onlinewerkstatt.de/saaletal
1. Wochenende		
Altstadtfest	04600 Altenburg	Tourist Information 03447/19433 www.stadt-altenburg.de
Kirmes	98544 Zella-Mehlis	Fremdenverkehrsamt 03682/482840 www.suhl.com
Zwiebelmarkt	06556 Artern	Stadtverwaltung 03466/32550 www.artern.de
2. Wochenende (Fr+Sa)		
Große Schlachtnachstellung 1806 (Schlacht bei Jena)	99518 Auerstedt	Heimat- und Traditionsverein 036461/23983
2. Wochenende		
Zwiebelmarkt	99421 Weimar	Tourist Information 03643/24000 www.weimar.de
vorletztes Wochenende		
Traditionelle Trachtenkirmes	98631 Westenfeld	Verwaltungsgemeinschaft Gleichberge 036948/8810
letztes Wochenende (1 Woche)		
Altenfelder Kirmes (seit 250 Jahren)	98701 Altenfeld	Fremdenverkehrsbüro 036781/42318

November

10. November		
Martini	99734 Nordhausen	Tourist Information 03631/902154 www.nordhausen.de
Ökumenische Martinsfeier (s. S. 234)	99084 Erfurt	Kulturdirektion 0361/6551943 www.erfurt.de

Ende November bis kurz vor Weihnachten **Erfurter Weihnachtsmarkt**	99084 Erfurt und v.a. Städte	Kulturdirektion 0361/6551943 www.erfurt.de

Dezember

Adventszeit **Herrscheklasmarkt** (Weihnachtsmarkt)	98574 Schmalkalden	Tourist Information 03683/403182 www.schmalkalden.de
1. und 2. Adventswochenende **Kugelmarkt** (s. S. 271)	98724 Lauscha	Fremdenverkehrsamt 036702/22944 www.lauscha.de
3. Adventswochenende (Do–So) **Sonneberger Weihnachtsmarkt**	96515 Sonneberg	Stadtverwaltung 03675/880-116 www.sonneberg.de
24. Dezember **Trad. Lichterfest** (s. S. 272)	07381 Pößneck	Stadtverwaltung 03647/5000 www.poessneck.de
27. Dezember **Strohbärumzug**	07422 Milbitz bei Rottenbach	Tourismus GmbH 036739/22256 www.rottenbach.de
27.–30. Dezember **Fest zwischen den Jahren**	99894 Friedrichroda	Kur- und Tourismus GmbH 03623/33200 www.friedrichroda.de

Bibliographie

Adam, Birgit/Drews, Gerald: Die schönsten Weihnachtsmärkte in Deutschland. München 1999
Adam, Birgit/Drews, Gerald: Die schönsten Ritterspiele, Mittelaltermärkte, Altstadtfeste in Deutschland. München 1999
Bächtold-Stäubli, Hanns/Hoffmann-Krayer, Eduard (Hg.): Handwörterbuch des deutschen Aberglaubens. 10 Bde. Nachdruck Berlin 1987
Bartos-Höppner, Barbara: Norddeutsche Feste und Bräuche. Frankfurt/Main 1987
Bausinger, Hermann: Alte Bräuche, frohe Feste zwischen Flensburg und Oberstdorf, Aachen und Bayreuth. Ostfildern 1984
Becker-Huberti, Manfred: Feiern – Feste – Jahreszeiten. Lebendige Bräuche im ganzen Jahr – Geschichten, Lieder und Legenden. Freiburg 1998
Bernhard, Marianne: Altes Brauchtum. München 1985
Buschmann, Volker/Vordermaier, Andrea: Der Festeführer Rhein-Main 1999/2000. Mainz 1999
Cox, Harvey: Das Fest der Narren. Stuttgart 1970
Ekrutt, Joachim W.: Der Kalender im Wandel der Zeiten. 5000 Jahre Zeitrechnung. Stuttgart 1972
Erich, Oswald A./Beitl, Richard: Wörterbuch der deutschen Volkskunde. Stuttgart 1974
Everding, Willi: Von Advent bis Zuckerfest. Feste und Brauchtum im Jahreslauf. Bielefeld 1996
Fehrle, Eugen: Feste und Volksbräuche im Jahreslauf europäischer Völker. Kassel 1955
Gorys, Erhard: Lexikon der Heiligen. München 1997
Heilmannseder, Marianne: Brauchtum und historische Feste. Altbayern und Nordtirol. Rosenheim 1992
Helm, Eve Marie: Hasenöhrl und Kirmesfladen. München 1984
Kirchhoff, Hermann: Christliches Brauchtum. München 1995
Keller, Hiltgard L.: Reclams Lexikon der Heiligen und der biblischen Gestalten. Stuttgart 1987
Korf, G.: Ostern. Brauchtumsdokumentation im Museum. Kommern o.J.
Küster, Jürgen: Wörterbuch der Feste und Bräuche im Jahreslauf. Herder 1985
Lehmann, Hedi: Volksbrauch im Jahreslauf. München 1964
Mezger, Werner: Narrenidee und Fastnachtsbrauch. Konstanz 1991
ders.: Narretei und Tradition. Die Rottweiler Fasnet. Stuttgart 1984
Michael, Roland: Schönes Wetter heute? Kalendersprüche und Bauernregeln aus fünf Jahrhunderten. Gütersloh o.J.
Moser, Dietz-Rüdiger: Bräuche und Feste im christlichen Jahreslauf. Graz 1993
Müller-Kaspar, Ulrike: Handwörterbuch des Aberglaubens. 3 Bde. Wien 1996
Nichtweiß, Barbara: Kulinarisch durch das christliche Leben. Mainz 1997
Petzold, Leander: Volkstümliche Feste. Ein Führer zu Volksfesten, Märkten und Messen in Deutschland. München 1983
Raabe, Lis: Alte Weihnachtsbräuche. München 1984
Rauchenecker, Herbert: Lebendiges Brauchtum. München 1985
Reinsberg-Düringsfeld, Otto Freiherr von: Das festliche Jahr. Leipzig 1898
Schauber, Vera/Schindler, Hanns Michael: Heilige und Namenspatrone im Jahreslauf. Augsburg 1999
Schönfeldt, Sybill: Das große Ravensburger Buch der Feste und Bräuche. Ravensburg 1980
Spröer, Susanne: Feste und Ereignisse in Deutschland. Ostfildern 1996
Vincon, Herbert: Die Feste des Christentums. Gütersloh 1997
Weber-Kellermann, Ingeborg: Bildatlas spezial. Volksfeste in Deutschland. Hamburg 1981
dies.: Das Weihnachtsfest. Eine Kultur- und Sozialgeschichte der Weihnachtszeit. München 1987
Vossen, Rüdiger: Ostereier, Osterbräuche. Vom Symbol des Lebens zum Konsumartikel. Hamburg 1995
ders.: Weihnachtsbräuche in aller Welt. Hamburg 1985
Wurch, Ernest: Brauchtum und Folklore in Europa. Kehl 1980

Bildnachweis

H. Angermüller/Tourist-Information Worms: S. 191; W. Bahnmüller, Geretsried: S. 24, 54, 187, 224; Büro für Kultur und Tourismus, Gengenbach: S. 43, 182, 271 (R. Vetter); Congress- und Tourismus-Zentrale Nürnberg: S. 273; F. Damm/Köln Tourismus Office: S. 46; S. Dittrich/Dresden Werbung und Tourismus GmbH: S. 261; Erfurt Tourismus Gesellschaft: S. 152; R.T. Frank, Karlsruhe: S. 56; Fremdenverkehrsbüro Schönebeck: S. 178; Sankt Georgsverein, Traunstein: S. 88; Hameln Marketing und Tourismus: S. 129; P.-A. Hassiepen: S. 221; E. Herger: S. 267; R. Hetz/Referat für Arbeit und Wirtschaft, Film- und Fotoservice, München: S. 28, 37, 110, 203; P. Hirth/transit-Archiv, Leipzig: S. 217; C. Juricz/Kulturreferat Ravensburg: S. 173; D. Knoblauch, Annaberg-Buchholz: S. 164; E.-M. Kraiss/Tourismus GmbH Schwäbisch-Hall: S. 134; Krüger/Frankfurt Tourismus & Congress GmbH: S. 75, 127; R. Kühn, Bautzen: S. 92; A. Kunert, München: S. 195; Kurdirektion Berchtesgadener Land, Marketing: S. 194; Kurverwaltung Bad Säckingen: S. 61; Kurverwaltung Kötzting, Bad Kötzting: S. 120; Landesbildstelle Württemberg, Stuttgart: S. 73, 188; B.M. Mayer/Gemeinde Oberammergau: S. 70; P.E. Rattelmüller: S. 116, 269; T. Schwarz: S. 73; J. Sliva, Prag: S. 95; Stadt Mainz: S. 146; D. Stumpe, Lügde: S. 80; Stuttgart Marketing GmbH: S. 201; Tänzelfestverein Kaufbeuren: S. 170; O. Teubner/Gräfe & Unzer Verlag, München: S. 216; Tourismus GmbH Bad Waldsee: S. 41; Tourismus GmbH Schönebeck: S. 178; Tourismus-Zentrale Hamburg: S. 234, Tourist-Information Bad Hersfeld: S. 216; Tourist Information Verden/Aller: S. 94; M. Varsängi/Tourismus Information Bad Tölz: S. 233; Weiße Flotte, Schwerin: S. 107; zeitpunkte medien, Bad Segeberg: S. 154

Trotz aller Bemühungen konnten nicht alle Inhaber von Bildrechten ermittelt werden. Sie werden gebeten, ihre Ansprüche beim Verlag geltend zu machen.

Register